참여적 박물관

니나 사이먼 지음
이홍관 · 안대웅 옮김

NINA SIMON

★ 전략·기획·설계·운영 ★

참여적 박물관

THE PARTICIPATORY MUSEUM

연암서가

옮긴이

이홍관

상명대와 시카고대(The Univ. of Chicago)에서 사진과 예술사학을 전공하였다. 국립아시아문화전당 어린이문화원, 경기창작센터, 백남준아트센터, 서울시립미술관, 일현미술관 등에서 큐레이터로 일하였고, 미술관 전시뿐만 아니라 다양한 역사관, 체험관, 페스티벌 등의 기획에 참여했다. 현장경험과 예술론적 지식을 바탕으로, 최근에는 박물관 교육 및 미술사 분야의 학술서 번역과 연구활동을 진행하고 있다. 살아있는 교육의 중심 현장으로서의 박물관, 관람자의 목소리가 주인이 되는 문화 기관을 꿈꾸며 그것을 실현하기 위한 실천의 길을 모색하고 있다.

안대웅

국민대학교에서 회화를, 동대학원에서 미술이론을 전공했다. 경기창작센터와 경기도미술관에서 어시스턴트 큐레이터로 일하면서 미술현장을 배웠다. 미술 전문지 월간 〈퍼블릭아트〉에서 기자로 일했고, 공동체와 참여적 미술을 다루는 온라인 저널 〈똑똑 커뮤니티와 아트〉를 편집하고 운영했다.

참여적 박물관

2015년 12월 15일 초판 1쇄 발행
2019년 11월 15일 초판 2쇄 발행

지은이 | 니나 사이먼
옮긴이 | 이홍관·안대웅
펴낸이 | 권오상
펴낸곳 | 연암서가

등 록 | 2007년 10월 8일(제396-2007-00107호)
주 소 | 경기도 고양시 일산서구 호수로 896, 402-1101
전 화 | 031-907-3010
팩 스 | 031-912-3012
이메일 | yeonamseoga@naver.com
ISBN 978-89-94054-78-0 03900

값 25,000원

옮긴이의 말

이 책은 방문자가 함께하는 전시와 문화 프로그램을 만들어내기 위한 안내서이다. "참여적 박물관participatory museum"의 기획이 일반적인 전시나 프로그램의 기획과 다른 점은, 기획과정에서 전시의 완성될 외형보다 그것이 개관 후 관객과 주고받게 될 상호작용과 운영에 중점을 둔다는 점이다. 그래서 이런 참여적 기획과정은 전시의 개관과 같은 스케줄에 기계적으로 맞춰지기보다는 상시적이고 지속적인 과정으로서 시도와 수정을 계속해 나가는 과정에 가깝다. 또, 이 일은 철저히 현장을 중심으로 실무적으로 이루어져야 하는 기획으로서, 지식, 이론, 혹은 의지만을 가지고 할 수 없는 부분도 가지고 있다.

지금까지 한국에서 전시 기획자가 탄생되어 온 과정을 보면, 특정 역사 분야나 미술 이론 교육을 받은 졸업자가 박물관과 미술관 등에서 일하게 되면서 큐레이터로 성장하는 방법이 주를 이루어 왔다. 이렇게 양성된 큐레이터는 자신의 전문 분야에 대한 깊은 지식과 해석을 전시를 통해 사람들과 널리 나눌 것이라고 기대된다. 하지만, 주지하다시피 전시를 만드는 전시기관 안에는 주제를 개발하여 전시로 엮는 전시 기획자나 전시물을 연구하거나 보존관리 하는 전문가 외에도, 전시 공간이나 기구를 어떻게 디자인할 것이며, 개관까지의 복잡한 프로세스를 어떻게 관리, 운영할 것인가, 홍보는 어떻게 하고 예산은 어떻게 확보할 것인가 등 수많은 세부적 전문 분야의 업무가 포함된다. 이런 것들은 실제로 전시 실무에 처음 착수하게 되는, 책 속에서 역사와 지식을 위주로 교육 받아 온 초보 전시 기획자들에게는 두렵고 큰 난관이 되고 있다.

그런데, 지금까지 우리가 해온 전시 기획의 관행을 반성해 볼 때 대두되는 더 큰 문제로, 이 모든 전시 기획의 세부 프로세스가 오로지 '개관'을 위해 맞추어져 왔다는 점을 지적하지 않을 수가 없다. 쉽게 말해, 일단 하나의 전시가 개관만 하고 나면, 관여했던 모든 학예사들은 손을 털고 다음 전시에 돌입한다. 이렇게 되면 몇 가지 문제가 발생한다. 첫째, 거의 모든 박물관은 지식의 공유나 문화의 확산을 기대하고 있지만, 막상 관객들은 전시에서 깊은 감동이나 열광을 느낄 무엇을 찾기가 쉽지 않다. 그런 것이 기획 과정에서 잘 고려되지 않기 때문이다. 둘째, 교육, 체험, 개관 이벤트 등 관객 참여 프로그램이 없지는 않더라도, 그것은 관람자에게 전시 주제나 전시물과 동떨어져 있어서 깊은 연관성을 유도하지 못하게 된다. 셋째, 관람자는 체험에 참여하더라도 자신의 행동이나 의견 제시가 무엇을 위한 것인지를 알지 못한 체 전시장을 떠나며, 그렇게 떠난 사람들은 다시 돌아오고 싶지 않을 것이다. 넷째, 문화 기관 역시 '운영'에 대한 계획을 망각함으로써 관람자의 행동이나 취향을 꼼꼼히 추적하거나, 관람자가 실제로 전시를 통해 얻은 감흥이나 교육효과와 같은 전시 본연의 기능에 대한 평가를 수행하지도 않게 된다. 결과적으로 볼 때, 지금까지 박물관, 미술관에서 이루어진 전시 기획은 관람자를 고려한다고 해도 '관람성'이라고 불리는 두루뭉술한 경험을 중심으로 할 뿐이었으며, 지식, 기술, 혹은 경험을 전달하는 교육적 효과와 계획도 배제되어 왔고, 다시 그것으로 인해 관람자의 외면과 방문자 감소, 그리고 나아가 전체적인 박물관 존재에 대한 회의와 부정이 반복되어 왔다. 한마디로, 문화 기관은 갈수록 관람자와는 '상관없는 곳'이 되어 온 것이다.

이 책에서 저자인 니나 사이먼Nina Simon은 문화 기관과 방문자 사이의 갈수록 증가하는 괴리감에 대한 해결책을 방문자의 참여 증진에서 찾는다. "문화 기관이 대중과 다시 연결되고, 그들의 현대적 생활 속에서 자신의 가치와 관여도를 표출할 수 있게 하려면 어떻게 해야 좋을까? 필자는 문화 기관이 관객을 문화적 참여자로 활발히 관여하게 하고 수동성을 벗어나게 이끌어야 한다고 믿는다. 더 많은 사람이 참여적인 배움과 엔터테인먼트 경험을 즐기고 그에 익숙해져 갈수록 그들은 문화 행사나 기관에서 단순한 '참석'을 넘어 더 많은 것을 원하게 된다."(20쪽) 특히 방문자의 이탈은 새로운 소통 기술, 즉 소셜 네트워크의 발전에 의한 것으로써, 문화 기관의 상호작용은 그에 비해 낙후된 것이라 저자는 진단하고 있으며, 그럼에도 불구하고 박물관은 실제 장소와 실제의 사물을 만날 수 있는 곳, 그 어느 곳보다도 전문적 지식이 축적되어 있는 곳으로서 여전히 유효한 매력을 지닌 곳이라고 저자는 낙관한다. 바로 이 점에서 출발하여, 박물관이 다시 관람자의 삶 속에서 매력적인 곳으로 변해 갈 소통의 방법을 모색해 나가는 것이 "참여적 박물관"이다.

그런데, 이러한 주장은 누구나 쉽게 말할 수 있는 원론적인 것임에도 불구하고, 사이먼의 주장이 설득력을 얻는 이유는 참여가 지금까지 모든 기관이 가져 왔던 가치를 전복하는 것이 아니라는 점, 즉 그것은 하나의 "또한and"으로서 기관의 미션mission 완수를 위한 또 하나의 도구라는 관점을 저자가 굳건히 견지하기 때문이다. 많은 문화 기관, 특히 정부나 정부산하 재단 등이 설립한 박물관, 미술관들이라면 전시와 같은 문화 프로그램을 통해 보다 많은 사람에게 혜택이 주어지고 사랑을 받게 될 것을 가장 중요한 목적으로 꼽고 있을 것이다. 저자는 그러한 근본적인 문화 기관의 목표 달성을 위해 참여 프로젝트가 필수적임을 강조하면서, 참여는 기관이 큰 규모의 투자나 개편이 아니라 소소하고 일상적인 변화, 운영진의 자발적인 변화를 수용함 속에서 조금씩 추진해 나가는 움직임 속에서 발현되는 것이라고 주장한다. 이런 저자의 관점과 방향을 이해한다면, 전시 기획자들은 행여나 참여적 전시 기획에 의해 지금까지 기관과 그곳의 운영자들이 가지고 있었던 전문성과 자부심이 오염되지나 않을까 하는 우려도 해소될 수 있을 것이다.(33~34쪽)

여기까지가 저자가 이 책의 근간으로 설정하는 참여에 대한 철학과 문제 제기이다. 그러면 이제 문제는 그러한 목표를 추구하기 위해 어디서부터 시작해야 할지, 지금 실행중인 프로젝트의 문제가 무엇인지를 기획자들이 착안하는 점이 될 것이다. 방문자 참여프로그램의 독특한 가치는 실무적으로 현장 적용이 일어나고, 그것이 성공적인 모범 사례가 되어, 계속해서 관람자를 방문하게 하고 선순환을 이루어 내야만 공염불이 아닌 현실이 될 것이다. 특히, 우리 주위에는 역사박물관과 미술관 외에도 과학관, 어린이박물관, 체험관, 기념관 등 수많은 특화된 전시 공간이 이미 존재하거나 새로 만들어지고 있는데, 이런 곳에서는 전문적인 소장품 확보, 연구나 큐레이팅에 못지않게 대관객 프로그램의 개발이 중요하다고 볼 수 있으며, 아쉽게도 그러한 특화 기관에 필요한 지식을 교육하는 곳이나 그들이 참조할 만한 자료도 매우 드문 것이 현실이다.

이 책은 위와 같은 문제의식에 공감하고 있을 많은 기획자와 독자들을 위한 획기적인 안내서가 될 것이다. 이 책은 몇 가지 점에서 관행적인 전시 기획에 대한 포괄적 대안이 된다.

첫째, 수많은 사례를 통해 더 나은 대안을 실무적으로 제시한다. 적지 않은 분량의 텍스트 중 매우 많은 부분이 실제의 기관에서 실행되었던 사례들을 자세하고 꼼꼼하게 분석하는 데 할애되고 있다. 이런 사례는 마치 '핸드북'과 같이 실무에 바로 적용할 수 있는 아이디어들로 가득하다.

둘째, 전시와 문화 기관의 운영을 전반적으로 아우르고 있다. 저자가 바라보는 기획은 특정 분야의 전문 지식에도, 빼어난 디자인(공간과 전시물 설계를 포함하는)에도 치중되어 있지 않다. 이 책 속의 사례들은 아이디어 착안, 소장품의 확보나 운영, 인터랙티브 방식을 포함한 기구 및 공간의 설계, 외부 단체 및 지역 커뮤니티와의 대화, 내부 직원(자원봉사자로부터 현장직, 정규직, 고위 운영진까지)의 변화, 나아가 문화 기관이 가지고 있는 미션 스테이트먼트의 중요성에 이르기까지, 하나의 문화 기관을 운영하기 위해 포함되는 전방위적인 활동과 모습을 모두 망라하고 있으며, 박물관과 미술관만이 아니라 도서관, 연구소, 교육 프로그램, 이벤트 등 문화와 관련된 다양한 기관의 사례도 풍부하게 언급하고 있다.

셋째, 그렇게 함으로써 이 책은 하나의 전시에 봉사하는 기획자, 디자이너, 현장 관리자, 에듀케이터, 홍보 담당자, 이벤트 기획자, 관리운영자 등 그 모든 이를 위한 참고서가 될 수 있다. 디자인, 역사, 미학 등 기존의 학제 속에서는 다루어지기는커녕 보이지도 않았던 실제 살아있는 문화 기관의 생생한 세부를 다룬다는 점에 있어서, 이 책은 문화기획자를 위한 하나의 온전한 교과서라 해도 과언이 아닐 것이며, 이 책을 읽는 어떤 세부 분야의 전시 전문가라도 자신의 영역 속에서 관람자를 참여시킬 좋은 아이디어를 구할 수 있을 것이다.

마지막으로, 이 책은 철저하게 목적론이 아닌 방법론을 따른다. 즉, 관람자라는 대상을 한 명의 인격으로 바라보고 그 사람을 어떻게 맞이하고 대해야 할까부터 시작하여(제2장), 사람들을 연결시킴으로써 얻을 수 있는 기대효과와 그것을 달성하기 위한 방법(3장), 전시물을 바라보고 설계하기 위한 방법(4장), 기관의 목적과 조직 문화에 대한 고려(5장) 등을 전반부에서 설명하고, 다음으로 이들을 박물관 정책이나 체계 속에서 다루기 위한 체계적, 분류적 접근법 들을 후반부에서 기술해 나간다(6장~9장). 마지막으로 10장과 11장에서는 평가, 유지관리 등을 다룸으로써 참여가 한 번뿐인 유행의 시도가 아니라 박물관 속에서 지속되고 중심이 되는 운영의 문화가 되도록 만들어 갈 방법까지 모색한다.

이런 탄탄하고도 방대한 구성을 만들어 내기란 결코 쉽지 않았을 것이다. 하나의 좋은 사례는 어떤 방향에서 보더라도 그저 종합적으로 좋은 사례이기에 해부와 분석이 까다로울 때가 많으며, 또한 하나의 사례가 탄생하기 위해 처음부터 정해진 계획서나 완전한 기록 자료가 있기는 힘들기에 사례를 중심으로 일관된 체계를 유지하는 실무서를 재구성한다는 것은 결코 말처럼 간단한 일은 아니기 때문이다. 따라서 이러한 책이 탄생한 것은 저자가 오랜 복잡한 실무 속에서 진정성 있게 노력하고, 실수하고, 반성하고, 다시 시도하기를 거듭했기 때문이라고 판단될 뿐이며, 그런 저자의 의지와 노력 덕분에 독자에게 이 책은 쉽게 읽히고 쉽게 필요한 내용을 찾아볼 수 있는 풍부한 자료집으로서 주어질 수 있었을 것이다.

어느 선배 전시 설계자는 전시 기획을 '기름막과 같이 널리 퍼져 있지만 얇디얇은 지식'으로 하는 일이라고 자조적으로 표현한 일이 있다.

그 말처럼, 전문가들이 득세하고 있는 미술관과 박물관을 조금만 벗어나서 보면 세상의 대부분의 전시는 사실 해당 분야의 전문적 지식의 깊이보다는 그것을 대중에게 홍보하거나 이해를 시켜야 하는 소통의 방법론이 업무적 핵심을 이룬다. 지식과 정보를 선택하고 다듬어 재미있게 이야기로 엮어내는 것, 세련되고 정교한 매체 기술을 가미하는 것, 아름답고 편안한 디자인을 추구하는 것, 공간을 인간적으로 설계하는 것 모두가 따지고 보면 이 소통의 '방법론'에 불과한 전시 실무 작업이라 해도 과장이 아닐 것이다.

역자가 이 책, 『참여적 박물관』을 처음 만나자 이내 깊이 빠져들게 된 이유도 바로 여기에 있다. (고백하건대, 역자도 사진과 예술사를 공부한 후 큐레이터의 길로 들어오게 되었다. 이 책에서 제시하는 문제는 역자가 오랫동안 씨름할 수밖에 없던 문제였다.) 이 책은 역자에게 전시 기획자 개인으로서 독대하고 있던 고민을 세상과 관람자를 통해 해소할 길을 제시해 주었고, 그것은 새로운 눈이 되어 역자로 하여금 전시를 둘러싼 모든 것을 바라볼 수 있게 해주었다. 자신의 노력이 사람들 속에서 사랑받기를 원한다면 이 책을 읽는 다른 전시 전문가들도 이에 공감하게 될 것이다. 다행히 이 책은 필체가 단순 명료하고 열정적이며, 긍정적인 가치와 철학으로 가득하기에 비록 번역본이라 해도 독자에게 쉽게 읽히고 이해될 것이라 생각되며, 참여적 전시 기획자들에게도 많은 영감을 줄 것으로 기대한다. 이 책을 번역하여 감히 세상에 내놓게 되어 더할 수 없는 기쁨을 느낀다.

꽃우물 화정에서
대표역자 이홍관

감사의 말

비록 저서도 아닌 번역서이지만, 많은 분들의 도움과 격려 속에 작업을 마치게 되어 감사드리고자 합니다. 이 놀라운 책을 처음 필자에게 소개해 준 싱가포르 국립문화유산위원회National Heritage Board의 카렌 친Karen Chin 선생님께 먼저 따뜻한 감사를 전합니다. Thanks Karen, for connecting me to this wonderful book. 그리고 산타크루즈의 멋진 멕시칸 식당에서부터 시작해 많은 시간 동안 자신의 노력을 기꺼이 소개해 준, 산타크루즈 MAH(Museum of Art and History, Santa Cruz)의 디렉터이자 이 책의 저자인 니나 사이먼Nina Simon 님께도 특별히 감사드립니다. Thank you Nina, for greeting us at some cool Mexican restaurant in Santa Cruz, and for allowing us so many precious hours to share your journey and knowledge. 또한, 이 책을 번역하려는 마음을 처음 품었을 때부터 많은 용기와 격려를 주셨던 김현수 회장님, 박우찬 부장님, 박신의 교수님께도 머리 숙여 감사드립니다. 아들 원빈이는 제가 미술이란 전공을 넘어 어린이박물관으로까지 관심을 넓히게 해준 계기를 만들어 주었습니다. "원빈아, 풍성한 문화의 세상 속에 당당히 '참여하는' 어린이로 자라길 바래."

이외에도 마땅히 감사드려야 할 많은 분들을 모두 언급하지 못해 아쉬움과 감사를 전합니다. 전시를 만든다는 그 기적과 같은 일에 임하고 있는 모든 전시 제작자 분들께 이 번역서가 조금이라도 도움이 된다면 더 바랄 것이 없겠습니다.

일러두기

번역 작업에 있어서는, 이 책이 단순 명료하며 구어적 필체로 쓰여져 있음을 감안하여, 가능한 한 한국어 번역본도 쉽고 빠르게 읽힐 수 있게 의역하고자 노력했다.

고유명사인 작품제목과 기관 명칭도, 독서의 흐름과 의미 전달을 위해 많은 경우 적당한 우리말로 의역하였다.(예: Art Museum, Museum of Art 등등 → 미술관 / 〈Sound Off!〉 → 〈소리질러!〉)

용어나 명칭의 원어(로마자) 표기는 본문 중 해당 명칭의 첫 번째 등장시에 괄호 없이 표기하였고, 색인에도 원어 표기를 넣었으므로 정확한 명칭이나 용어는 색인을 참고하면 좋을 것이다.

역자주는 행간에 중괄호 {}로 표시하였다.

이 책의 각주에는 참고문헌의 링크가 많으나, 웹상의 자료들이 오래 유지되지 않는 이유로 인해 이미 동작하지 않는 링크가 많음이 확인되었다. 이에 대해 독자의 양해를 구한다.

누구라도 핸드 자이브를 출 수 있음을 가르쳐주신

나의 아버지께

차례

서론

왜 참여인가?

2009년 말, 국가예술기금National Endowments for the Arts이 발표한 보고는 경각심을 일으키는 것이었다. 그것은 미국 내 예술 참여도에 관한 것이었다. 저자들은 서론에서 이렇게 일갈했다. "2008년 조사 결과는 한마디로 실망스럽다." 지난 20년 동안 박물관, 갤러리, 그리고 공연 예술 기관의 수는 줄어 왔고, 평균 연령에 비해 노령인 사람만이 계속 찾고 있다. 문화 기관들은 자신의 프로그램이 고유한 문화적이고 시민적인 가치를 제공하고 있다고 반박하겠지만, 그 사이 사람들은 점점 더 다른 곳을 찾아 즐기고, 배우고, 그리고 대화하게 되었다. 그들은 인터넷에서 자신의 예술 작품, 음악, 그리고 이야기를 공유한다. 그들의 정치 참여와 자원봉사 활동은 기록적으로 증가했다. 심지어 그들은 보다 많은 글을 읽는다. 그럼에도 불구하고 그들은 예전처럼 박물관 전시나 행사에 참석하지는 않는다.

문화 기관이 대중과 다시 연결되고 그들의 현대적 생활 속에서 자신의 가치와 참여의지를 표출할 수 있게 하려면 어떻게 해야 좋을까? 필자는 문화 기관이 관객을 문화적 참여자로 활발히 관여하게 하여 수동적 소비자로 전락됨을 막아야 한다고 믿는다. 더 많은 사람이 참여적인 배움과 엔터테인먼트 경험을 즐기고 그에 익숙해져 갈수록 그들은 문화 행사나 기관에서 단순한 '참석'을 넘어 더 많은 것을 원하게 된다. 소셜 웹은 놀랍고도 다양한 기구와 설계 기법을 도입해 참여를 훨씬 더 용이하게 만들었다. 방문자는 드넓은 정보의 소스와 새로운 문화적 시각과의 만남을 기대한다. 그들은 자신의 목소리에 답하고 자신을 진지하게 받아들여 줄 것을 기대한다. 자신이 소비하는 것에 대해 토론하고 공유하며 그것들을 재조합하려 한다. 사람들이 문화 기관에 능동적으로 참여할 수 있을 때 그 공간은 문화적이며 공동체적인 삶의 중심이 된다.

이 책에서는 문화 기관이 방문객의 참여를 유도하는 동시에 기관의 목적도 달성하기 위한 기술을 다룬다. 그것은 공동체적 참여가 나날이 확대되고 있는 소셜 웹과도 깊이 연관된 것이지만 이러한 생각이 순전히 새로운 것은 아니다. 문화 기관에 대한 관객의 참여는 최소한 백 년 이상 지속된 논의이다. 이 책의 기반이 된 세 가지 기본 이론은 다음과 같다.

1. 관람자 중심적 기관으로, 최소한 쇼핑몰이나 기차역과 비슷한 정도의 연관성과 유용성을 획득하기 위한 아이디어(이는 존 코튼 데이너, 일레인 호이먼 구리언, 그리고 스티븐 웨일에게 도움 받았다.)
2. 관객이 문화적 경험을 바탕으로 스스로 자신만의 의미를 구성하기 위한 아이디어 (이는 조지 헤인, 존 포크, 그리고 린 디어킹에게 도움 받았다.)

3. 프로젝트의 설계와 공공과 대면하는 문제 모두에 있어 사용자의 목소리가 그것을 도울 수 있고 강화시킬 수 있다는 아이디어(이는 캐틀린 맥린, 웬디 폴록, 그리고 디자인회사 IDEO에게 도움 받았다.)

이 책을 쓴 필자의 목적은 위의 생각들을 수정하거나 문제 제기를 하고자 하는 것이 아니라, 특정 기법이나 사례연구를 제시함으로써 오늘날의 기관이 현장에 적용할 수 있게 하려는 것이다. 이 일은 현란한 극장이나 거창한 전시를 필요로 하는 것이 아니다. 우리에게 필요한 것은 관객의 경험과 이야기, 그리고 능력을 진정으로 존중하고 관심을 가져주는 기관일 것이다.

필자가 정의하는 참여적 문화 기관이란 주어진 컨텐츠를 중심으로 방문자가 창작하고 공유하며 서로 연결되는 곳을 뜻한다. 창작이란 방문자가 자신의 생각, 물건, 그리고 창의적 표현을 기관과 다른 사람에게 기여한다는 뜻이다. 공유는 사람들이 기관에서 보거나 만들었던 것에 대해 이야기하고, 집에 가져가거나, 그것을 재조합하고 재배포함을 뜻한다. 연결이란 방문객이 다른 사람(임직원 혹은 다른 방문자)과 어떤 관심사를 공유함으로써 어울림을 뜻한다. 컨텐츠를 중심으로 한다는 것은 해당 기관이 중요하게 여기는 증거, 사물 혹은 생각을 중심으로 방문자의 대화와 창작이 일어난다는 뜻이다.

참여적 기술의 목표는 방문자가 능동적으로 관여하고자하는 기대를 충족하는 동시에 기관이 가진 미션과 핵심 가치를 보다 깊이 추구하는 것이다. 모든 사람에게 똑같은 컨텐츠를 제공함에서 벗어나, 참여적 기관은 다양하고 개인적이며 변화하는 컨텐츠를 수집하고 공유하며 방문자와 함께 만들어 제공한다. 방문자의 참여를 통해 참여적 기관은 방문자로 하여금 문화적 대상물, 과학적 증거, 혹은 역사적 기록물 등 전시물에 대해 반응하고 스스로 기여하게 한다. 사람들은 비전문가의 다양한 창작물과 의견을 전시하며, 전시된 컨텐츠를 둘러싸고 대화하거나 만나기 위한 장소로 기관을 활용한다. 무엇에 '관한', 누군가를 '위한' 것이기를 뛰어넘어, 참여적 기관은 방문자와 '함께' 만들어지고 운영된다.

문화 기관은 왜 방문자의 참여를 모아야 하는가? 모든 설계 과정이 그러하듯, 참여는 특정한 문제에 대처하기 위한 전략이다. 참여적 전략은 문화 기관의 관행을 대체하기 위한 것이 아니라 그것을 보다 향상시키기 위한 실무적 방법이다.

아래는 흔히 대중들이 표출하는 다섯 가지 불만족 사항으로 참여적 기법은 이런 사항에 대응하기 위한 것이다.

1. 문화 기관은 내 삶과 무관하다. 능동적으로 방문자의 생각, 이야기와 창작 작업을 요청하고 그에 반응함으로써 문화적 기관은 관객이 컨텐츠와 기관이 견실함을 유지하도록 개인적으로 기여하게 할 수 있다.
2. 기관은 절대 변하지 않는다. 나는 한 번 간 곳을 다시 찾을 이유를 모르겠다. 방문자가 실시간으로 생각을 공유하거나 다른 사람과 연결할 수 있는 플랫폼을 개발함으로써 문화 기관은 과도한 컨텐츠 개발 비용을 지속적으로 지출하지 않고도 늘 새로운 경험을 제공할 수 있다.
3. 기관의 목소리가 권위적이어서 나의 시각을 포함하지도 않고 전시를 이해하기 위한 맥락도 설명해 주지 않는다. 다양한 이야기와

목소리를 표출함으로써 문화 기관은 관객들이 자신의 시각을 다양한 관점의 맥락에서 순위를 정할 수 있게 한다.

4. 기관이란 곳은 내가 자신을 표출하거나 역사, 과학, 예술에 대해 기여할 수 있는 창의적인 곳이 아니다. 방문객의 참여를 유도함으로써 기관은 단순히 구경하기보다, 만들고 행동하기를 원하는 사람들의 관심에 기여할 수 있다.
5. 기관은 내가 친구든 모르는 사람이든 함께 생각을 이야기할 편안한 사교적 장소가 아니다. 개인이 서로 대화할 기회가 명확하게 드러나는 전시 설계를 통해 문화 기관은 전시 컨텐츠와 관련된 중요한 화두를 토론하기 위한 실제의 공간으로서의 자신을 적절히 차별화할 수 있다.

이러한 다섯 가지 도전으로 인해 참여의 추구는 타당성을 얻게 된다. 그것은 하나의 교육 프로그램에 관한 것일 수도 있고 총체적 관람 경험을 다루는 차원일 수도 있다. 이 도전은, 그리고 이 책의 요점은 이를 어떻게 하느냐에 관한 것이다. 기관의 핵심 가치와 함께하는 참여적 기법을 추구함으로써 기관들은 주위의 공동체와 더 긴밀히 연결되고 그들에게 꼭 필요한 기관이 될 수 있을 것이다.

이 책은 2부로 구성되었다. 제1부, 참여를 위한 설계에서는 문화 기관에서의 참여 프로그램에 관한 핵심 원론을 소개하는 동시에 전시, 교육 프로그램, 그리고 방문자 서비스를 더욱 참여적으로 만들기 위한 세 가지 접근법을 제시한다. 제2부, 참여를 위한 실무에서는 네 가지 참여 프로젝트의 유형을 제시하고, 기관의 미션에 한 걸음 더 가까이 가기 위해 참여를 어떻게 개발하고, 평가하고, 운영하며, 지속시킬 것인지에 관해 적절한 제안을 제공하고자 한다.

www.participatorymuseum.org는 이 책과 동반된 웹사이트이다. 이곳에서는 이 책의 전문, 모든 참조 자료로의 링크, 그리고 인쇄된 형태로 전달할 수 없는 멀티미디어 컨텐츠를 제공한다. 독자도 또한 이 웹사이트를 통해 의견이나 경험 사례를 공유하여 차후의 수정판에 기여할 수 있을 것이며, 또한 온라인상에서 책을 읽는 독자들에게 많은 영향을 줄 수 있을 것이다.

필자 역시 이 책을 쓰는 동안 참여적 과정을 통해 수백 명의 사람들로부터 관람자 참여에 관한 자신의 의견과 전문적 경험을 기여 받았다. 이 토론은 끝이 난 것이 아니다. 독자 여러분도 모두가 자신의 생각이나 질문을 www.participatorymuseum.org에 공유해 주기를 바라며, 그것을 통해 우리 모두가 문화 기관의 참여프로그램 실무를 둘러싼 하나의 공동체를 계속 꾸려나갈 수 있기를 기대한다.

제1부

참여를 위한 설계

THE PARTICIPATORY MUSEUM

제1장

참여의 기본 원리

2004년, 필자는 가족과 함께 시카고의 한 박물관을 방문한 적이 있다. 우리는 마지막 전시물을 확인했다. 이 전시물은 전시에 대한 반응을 자신만의 영상으로 만들어내는 의견 남기기 스테이션이었다. 필자는 방문자들이 만든 자유에 관한 영상을 넘겨가며 보았는데, 한마디로 한심할 뿐이었다. 영상들은 두 가지 범주 중 하나였다.

1. 누군가가 카메라를 들여다보며 알아들을 수 없는 말을 중얼거린다.
2. 십대의 청소년들이 열의에 들떠 소리를 지르거나 뛰어다니면서 "자아를 표출한다."

이것은 내가 꿈꿔 왔던 참여적 박물관이 아니었다. 하지만 참여자를 비난할 수는 없었다. 문제는 설계에 있기 때문이었다.

문화 기관이 참여적 전시 기술을 적용할 때, 관람자가 자신의 목소리를 남기면서, 동시에 그것을 더욱 값지고 의미 있는 경험으로 남에게도 선사할 수 있게 하려면 어떻게 개발해야 하는가? 이 질문은 의도나 희망 사항에 관한 것이 아니라, 바로 설계에 관한 질문이다. 그 목적하는 바가 대화이든 창의적 표현이든, 아니면 배움과 창작 작업을 함께하는 것이든, 그것을 증진시키고자 할 때 설계 과정은 단순한 하나의 질문이 될 것이다. 어떤 도구나 기법을 활용해야 원하는 바의 참여적 경험이 생산될 것인가?

전시 기획자들은 다양하게 표현되어 온 이 질문에 대해 방문 경험과 문화 기관의 목표를 기준으로 답해 왔다. 전문가들은 서로 다른 관객을 대상으로 할 때 레이블을 어떻게 달리 작성해야 할지를 알고 있다. 어떤 종류의 물리적 인터랙션이 경쟁적인 놀이를 유도하거나 심도 깊은 탐구를 이끌어내는지도 알고 있다. 전문가들은 언제나 정답을 찾아내지는 못할지라도 설계상의 결정에 따라 컨텐츠나 체험의 목표가 성공적으로 만족될 수 있을 것이라는 기대에 따라 움직이게 된다.

방문자가 창작하고, 공유하고, 다른 이와 연결하는 참여적 체험을 개발하려 할 때도 같은 설계적 사고방식이 적용된다. 전통적인 설계와 참여적 설계의 가장 중요한 차이는 기관과 사용자 간의 정보의 흐름을 관장하는 설계 기법의 차이이다. 기존의 전시와 프로그램에서는 기관이 방문자에게 컨텐츠를 제공하여 그들로 하여금 소비하게 하였다. 전시 기획자는 컨텐츠의 일관성과 높은 품질을 유지하며 모든 방문자가 그 관심이나 배경에 상관없이 신뢰할 수 있는 우수한 경험을 가져갈 수 있게 함에 중심을 두었다.

이에 반해, 기관의 참여적 프로젝트에서는 다방향적인 컨텐츠 경험을 지원한다. 기관은 '플랫폼'으로서 기능하며 서로 다른 사용자가 컨텐츠 창작자, 배급자, 소비자, 비평가, 그리고 협력자로서 활동할 수 있도록 연결시킨다. 이것은 기관이 방문 경험의 일관성을 보장하지 않는다는 말이다. 그 대신, 기관은 방문자들이 함께 만들어낸 다양한 경험의 기회를 제공하게 된다.

이 말은 조금 혼란스러울 수 있을 것이다. 혹은 대단히 흥미진진하게 들릴 수도 있을 것이다. 성공의 열쇠는 '혼란을 길들여 흥미롭게 되도록 하는 것'이라 할 수 있다. 참여적 모형이 성공한다는 것은 비전문가가 생성하고 공유하는 컨텐츠가 매력 있게 소통되고 전시될 수 있는 참여적 플랫폼의 설계 방법을 찾았다는 뜻이다. 여기에는 근본적인 전환이 내포되어 있다. 일관성 있게 전달되는 컨텐츠를 제작함과 동시에 참여적 기관은 그 컨텐츠가 의미 있게, 그리고 호소력 있게 방문객에게 공유되기 위한 가능성을 설계해야만 하는 것이다.

참여를 지원한다는 것은 방문자의 역량을 믿는다는 뜻으로, 여기에는 컨텐츠의 창작, 재혼합과 재분배가 포함된다. 또한 주어진 프로젝트가 기관의 최초 의도를 넘어 런칭 이후 성장하고 변화될 가능성에 대해

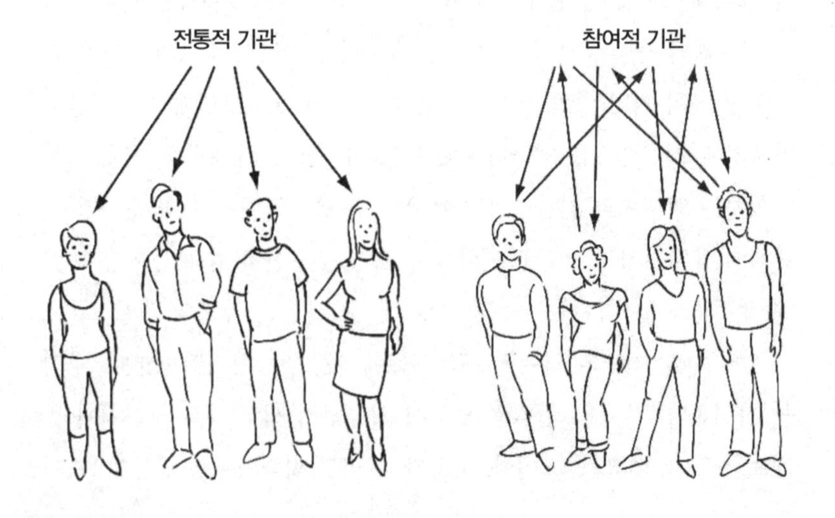

열린 자세를 가진다는 뜻이다. 참여적 프로젝트는 운영자, 방문자, 지역 사회 참여자, 투자자가 서로 관계를 형성하게 한다. 참여적 프로젝트들은 다양한 사람이 자신을 표출하고 기관의 실무에 관여할 수 있도록 새로운 길을 열어 준다.

물리적이며 가변적으로 참여를 설계하기

많은 기관들은 참여를 실험할 때 그것을 닫힌 문 뒤에서 하려고 한다. 문화 기관들이 새로운 프로젝트를 시도할 때 포커스 그룹을 활용한 역사는 짧지 않다. 어떤 박물관들은 지역사회의 구성원들과 전시를 함께 개발하는데, 그것은 특정 문화 집단의 고유한 경험을 전달하기 위해서, 혹은 비전문가의 창작 작품을 전시하고자 할 때이다. 이러한 참여적 설계 과정은 흔히 기관에 의해 독단적으로 규정되거나, 부족한 시간 속에 소수의 참여자만이 관계한다.

2000년대 중반, 사회적 관계망social networking 기술이 성장함에 따라 참여는 지금까지와 같이 드물게 제한적으로만 일어나던 것이기를 넘어서, 지금은 언제나, 누구나, 그리고 어디서나 일어나는 것이 되었다. 우리는 MIT의 연구원 헨리 젠킨스Henry Jenkins 교수가 불렀던 '컨버전스 문화convergence culture' 속에 이미 진입하여, 예술가나 고학력자가 아닌 일반인들도 문화적 산물을 가져다가appropriate 자신만의 파생 작품이나 담론을 만들어낼 수 있게 되었다.[1] 이에 대해 어떤 문화 기관은, 예컨대 음악 혹은 TV 스튜디오 몇몇이 그랬던 것처럼, 자신의 컨텐츠에 제한을 걸어 그러한 활용을 금지하는 식으로 반응하였다. 하지만 시간이 흐름에 따라 더 많은 컨텐츠 공급자들이 자신의 자산을 공개해 왔으며 사람들을 초대하여 창작, 공유와 그것을 통한 교류를 가능하게 하였다. 특히, 자신의 컬렉션으로 공공의 이익에 봉사할 의무를 가진 문화적 기관의 경우, 디지털화와 접근성 개방은 최우선의 과제가 되었다.

하지만 웹을 통한 방문자 참여는 시작일 뿐이다. 문화 기관은 박물관, 도서관, 미술관 등의 물리적 환경을 활용해 참여를 유도할 때 더욱 놀라운 기회를 펼칠 수 있다. 문화 기관은 인터넷 기업이 쉽게 제공하지 못하는 무엇을 가지고 있다. 물리적 공간, 진품 전시물, 그리고 경험 많은 실제 설계자가 그것이다. 만약 전문적 설계 기술을 소셜 웹 서비스에서 쏟아지는 참여의 교훈과 접목시킨다면 그 기관은 우리의 도시, 마을, 그리고 이웃에 위치한 참여의 장소로서 선도할 수 있을 것이다.

어떤 기관이 참여 프로젝트를 다루고자 한다면 그 운영진은 관람자 참여를 지속적으로 이끌어낼 수 있는 경험을 설계해 내야 할 것이다. 지금까지의 참여적 기구, 즉 커뮤니티의 자문위원회나 시범운영 포커스 그룹들은 중요하지만, 그러한 참여 형식은 그 설계자체가 폐쇄적이다. 참여가 최대한의 효과를 발휘하는 것은 설계자가 협력 기회를 모든 관심 있는 방문자에게로 확대했을 때이다. 그렇게 되려면 방문자 누구라도 기관에 기여하거나 관심 대상을 공유하거나, 다른 이와 교류하고, 또한 그들 스스로가 관련이 있는 사람, 존중받는 참여자로 느끼게 되는 정식 경로가 필요하다.

그렇다면 다음 질문이 필연적으로 뒤따를 것이다. "모든 방문자는 정

---

1 컨버전스 문화나 젠킨스가 쓴 동일한 제목의 서적에 대해서는 http://www.participatorymuseum.org/ref1-1/을 참조할 것.

말 이런 방식으로 문화 기관에 참여하길 원할까?" 답은 "아니오"다. 인터랙티브 전시물에서 손잡이를 한 번도 당기지 않는 사람이 있고, 레이블 읽기를 무시하는 사람들이 있는 것처럼, 방문자들 중에는 자신의 이야기를 공유하거나, 낯선 사람과 말하거나, 혹은 관람자가 만들어낸 컨텐츠를 소비하지 않을 사람도 많은 것이다. 정적인 전시물이 전달하는 권위 있는 지식을 즐기는 관람자도 항상 있는 법이다. 마찬가지로, 점점 더 방문자들은, 특히 새로운 사람들의 경우는, 자신의 목소리를 주어진 지식에 관해 진행 중인 토론의 장에 던질 기회를 즐겁게 여길 것이다.

많은 박물관 전문가들은, 일부 방문자들에게 참여적 경험이 순전히 보여 주기에 불과할 수도 있다고도 반박한다. 이것은 맞는 말이다. 하지만 그 반대도 맞다. 많은 사람들은 소셜 미디어에 깊이 관계하면서 참여적 플랫폼을 활용해 친구나 체험 활동의 동료, 혹은 사귀고픈 이성과 소통하는 일을 대단히 편안하게 생각한다. 어떤 사람들은 사교적이고 창의적인 레크리에이션 활동에 비해 박물관을 기피하기도 하는데, 그것은 박물관이 비사교적이고 활력이 떨어지며, 비참여적이기 때문이다. 인터랙티브 전시물이 박물관에 등장한 이유가 학습 효과에 대한 기대와 어린이 방문자들의 능동적 욕구를 수용하기 위한 것이었듯, 참여적 요소도 창의적 활동과 사회적 교류에 추가되어야만 문화적 참여를 원하는 방문자들을 불러들이게 될 것이다.

1992년, 일레인 호이먼 구리언Elaine Heumann Gurian은 "'또한'의 중요성The Importance of 'And'"이라는 제목의 글에서, 박물관들은 상충될 가능성이 있는 다양한 목표들에 대해 대처해야 하며, 여기에는 학예, 교육, 포용성inclusion, 그리고 보존학에 관련된 사항들이 포함된다고 하였다. 그녀는 우리가 너무 흔히 상이한 기관의 목표들을 서로 상충될 것으로 예상하고 공존할 수는 없는 것으로 생각하고 있다고 하면서, "복합적 조직은 하나 이상의 기본 임무가 공존함을 포용해야 한다"고 한다.[2] 물론 기관이 자신의 계획에 새로운 목표를 추가하려면 그것은 어쩔 수 없이 정책과 자원의 투입을 선택해야 하겠지만 그것으로 인해 다양한 관객을 위해 다양한 약속을 지키려는 능력이 반드시 저해 받아야 하는 것은 아니다.

참여적 기법들은 전문적 문화계 종사자들의 도구 상자에 포함될 '또 한'이다. 이 도구들은 어떤 기관이 사회와 관계하고, 다중의 목소리를 포함하며, 능동적으로 응답하여 지역사회 공간이 되려고 하는 노력에 대응될 것이다. 다시 한 번 인터랙티브 전시의 예를 들어보자. 인터랙티브 설계 기법은 기존의 주입식 컨텐츠 전시 방식을 보완하는 추가적 방법으로서, 그것이 성공적으로 전개되면 그 고유하고 특정적인 양방향 설계 특성을 통해 학습 경험을 전달할 수 있게 된다. 어떤 기관들, 특히 어린이박물관이나 과학박물관들은 인터랙티브 전시를 기본으로 하지만 미술관이나 역사박물관과 같은 곳은 인터랙티브 기법을 부수적으로만 활용한다. 인터랙티브 전시의 도입을 위해 기관이 통째로 뒤바뀌어야 하는 것이 아니며, 대다수의 문화 기관에서 인터랙티브 전시 기법은 전시물 해석을 돕기 위한 여러 기법들 중 하나일 뿐이다.

필자는 대부분의 박물관이 향후 20년간 참여적 경험을 관객 경험의 한 방식으로 확대 채용해 갈 것이라고 믿는다. 그 중 몇몇은 완전히 참여적 성격으로 변화할 것이며 그 변화에 의해 기관의 문화나 지역 사회의 이미지도 변화해 갈 것이다.[3] 그러나 보다 일반적으로는, 참여는 단지 하나의 설계 기법으로서 기관의 사회적 경험을 보완하기 위한 특수

2 일레인 호이먼 구리언의 책 『박물관의 문명화*Civilizing the Museum*』(2006) 14~18쪽을 참조할 것.

기능을 담당하게 될 것이다. 참여적 기법을 도입하려면 기관은 자신이 가지고 있는 권위나 관객 역할에 대한 기대를 어느 정도 수정해야 할 것이다. 하지만 이 변화의 크기는 해당 조직이 어느 정도의 의지를 가지느냐에 따라 그 규모가 다를 수 있다.

참여를 통한 최선의 결과

참여적 요소가 기관 안에서 수행하는 역할이 무엇이든, 그것이 쓸모가 있으려면 우선 잘 설계되어야 한다. 앞서 이 장의 초반에서 언급한 의견 영상 남기기 스테이션과 같은 것은 누구의 경험도 향상시키기 어렵다.

가장 잘 된 참여적 프로젝트라면 그것은 기관에 있어서나 관람자에 대해서나, 그리고 비참여적 관객에게 조차도 새로운 가치를 생성해 낸다. 창의적이고 새로운 가치를 추구하는 데 집중해야만 그 결과물은 유치함을 벗고 신선하게 다가올 것이다. 네덜란드의 할렘 오스트 도서관 Bibliotheek Haarlem Oost의 사례를 고려해 보자. 이 도서관은 독자들이 읽을 책에 대해 태그 키워드를 부여하게 할 방법을 찾고자 했다.[4] 책에 대해 "어린이에게 추천", "따분함", "웃김"과 같은 설명 문구를 부여하게 되면 기관의 카탈로그 시스템에 정보가 축적될 뿐만 아니라 미래 독자를 위한 추천이나 의견을 제공할 수 있을 것이다. 참여적인 태그 부여 활동

---

3 급진적으로 참여적인 기관의 예는 이 책 375쪽의 윙룩 아시아박물관Wing Luke Asian Museum의 사례연구를 살펴볼 것.

4 태그tag란 사람들이 어떤 아이템에 대한 특징을 기술하기 위해 부여하는 키워드를 뜻한다.

은 이렇게 기관과 독자 모두에게 도움을 줄 수 있다.

태그 활동을 어떻게 설계할 것인지는 어려운 문제였다. 가장 쉬운 방법이라면 독자들에게 집에서든 도서관에서든 도서관을 온라인 카탈로그에 직접 입력하게 하는 것이었다. 하지만 도서관을 설계한 건축가 얀 다비드 한라트Jan David Hanrath는 그렇게까지 할 독자가 아주 소수에 불과하리라는 것을 알고 있었다. 그래서 한라트의 팀은 매우 재치있는 방법을 고안했다. 바로 책 반환구를 더 많이 만드는 것이었다.

이 도서관은 여러 반환구 각각에 미리 지정된 태그 문구를 부착했다. 또한 개별 태그를 위한 책꽂이들을 도서관 안에 설치했다. 도서관 방문자가 책을 반환할 때는 그 책에 대한 적절한 설명이 부착된 서가나 반환구에 책을 가져다 두기만 하면 되었다. 이 태그들은 전자적으로 카탈로그 시스템과 연결되어 있었고 따라서 새로 부여된 의견은 즉각적으로 실제 방문자나 온라인 방문자에게 공개되었다.

미네소타 히스토리센터 밖에 설치된 전시 투표함으로, 할렘 오스트 도서관의 도서 반환구로부터 영감을 얻어 제작되었다.

책을 반환구에 집어넣는 행위를 "태그 붙이기"라고 부를 사람은 없을 것이다. 그래서 이것이 묘수인 것이다. 할렘오스트 도서관의 참여 기법은 손쉬우면서도 앞으로 좋은 책을 찾으러 오는 방문자에게 즉각적인 혜택을 돌려준다. 이런 방식은 그것을 도입하기 위해 지나친 하부구조나 운영비용 등의 장벽을 요구하지 않았다. 이것이 통한 이유는 태그 부여라는 핵심 아이디어를 영리하고 간단하게 풀이 했기 때문이었다. 이런 것이 바로 좋은 설계다.

분류하기 활동은 참여의 작은 형태겠지만, 그렇다고 그 쓸모가 줄어들지는 않는다. 필자가 도서 반환구 이야기를 미네소타 역사학회 히스토리센터Minnesota History Center(MHC)의 다니엘 스폭에게 이야기해 주자, 그는 이 모형을 자신의 기관에 적용할 방법을 찾았다. MHC의 방문자는 갤러리에 입장할 때 요금을 지불하고 버튼을 받아 착용한다. 그 후 방문자가 퇴장할 때는 흔히 이 버튼을 버렸고, 출구 근처에 지저분하게 쌓이는 일도 없지 않았다. 스폭의 팀에서는 아주 단순한 투표 기구를 설계하였는데, 방문자가 버튼을 바닥에 버리는 대신, 그 날 관람한 전시 중 가장 좋았던 것에 해당하는 투표함에 버튼을 던져 넣도록 한 것이었다. 이 간단한 참여 활동으로 인해 사람들은 쓰레기를 버린 것이 아니라 운영진에게 의견을 주고 간 것이 되었다. 이런 것이 바로 생산적 가치일 것이다.

참여는 어떤 모습으로 이루어질까?

버튼을 투표함에 던져 넣는 것은 높은 수준의 참여로 여겨지지는 않을 것이다. 많은 문화계 전문가들은 단 한 가지의 참여 방식에만 집중하는데, 그것이 바로 사용자 제작 컨텐츠user-generated content이다. 그러나 컨텐츠를 만들어내는 사람의 비중은 타인이 제작한 컨텐츠를 소비하는 사람, 그에 대해 의견을 개진하는 사람, 그것을 조직화하는 사람, 재구성하는 사람, 그리고 다른 소비자들에게 그것을 재배포하는 사람들로 이루어진 관람자 참여의 풍경 속에서 매우 협소한 한 조각에 불과할 뿐이다. 2008년 발간된 책 『여론 고조: 소셜 테크놀러지로 변화된 세상 속에서의 성공*Groundswell: Winning in a World Transformed by Social Technologies*』을 출판한 포레스터 리서치Forrester Research사는 '소셜 테크노그래픽스social technographics'라는 프로파일링 툴을 공개하였는데, 그것은 다양한 참여자들이 소셜 미디어에 온라인으로 참여하는 방식을 쉽게 이해하게 해주는 도구이다. 연구진은 온라인 참여자들을 행동에 따라 다음 여섯 가지 범주로 분류하였다.

1. 창작자(creator, 24퍼센트)는 컨텐츠를 만들어내거나 동영상으로 업로드하고 블로그를 작성한다.
2. 비평가(critique, 37퍼센트)는 리뷰를 올리거나 컨텐츠에 별점을 매기거나 소셜 미디어 사이트에 의견을 남긴다.
3. 수집가(collector, 21퍼센트)는 링크들을 분류하거나 컨텐츠를 모아 개인적으로 혹은 사회적으로 소비하게끔 한다.
4. 가입자(joiner, 51퍼센트)는 페이스북이나 링트인LinkedIn 같은 소셜 네트워킹 사이트의 계정을 유지한다.
5. 구경꾼(spectator, 73퍼센트)은 블로그를 읽거나 유튜브 동영상을 보거나 소셜 사이트를 방문한다.
6. 비활동자(inactive, 18퍼센트)는 소셜 사이트를 방문하지 않는다.[5]

5 이 통계는 2009년 미국의 18세 이상 성인에 대한 것이다. 국가, 성별, 그리고 나이대별의 최근 데이터는 다음 주소를 이용할 것. http://www.participatorymuseum.org/ref1-5/

각 비율을 더하면 100퍼센트를 넘는데, 이것은 이 범주들이 유연한 것으로서 많은 사람들이 하나 이상의 범주에 동시에 포함되기 때문이다. 필자는 이 다섯 범주에 모두 해당된다. 블로그를 작성할 때는 창작자, 다른 이의 사이트에 의견을 남길 때는 비평가, "즐겨찾기"를 구성할 때는 수집가, 다양한 소셜 네트워크에 대한 가입자, 그리고 소셜 미디어를 소비하는 구경꾼인 것이다. 이 비율은 국가, 성별, 혹은 연령에 따라서 계속 바뀌지만, 한 가지 변하지 않는 사실이 있었다. 창작자의 비중이 전체 풍경에서 크지 않다는 점이다. 사람들은 소셜 네트워크에 가입하거나 유튜브 동영상을 구경하고, 쇼핑 사이트에서 호감 가는 것들을 모으거나 책에 대해 리뷰하기를 보다 선호한 반면, 동영상을 제작하거나 블로그를 작성하고 사진을 온라인상에 게재하는 일은 많지 않다.

동시에, 소셜 웹에서 24퍼센트의 비율을 차지하는 창작자는 비중이 적지 않다고 할지라도, 일반적인 모든 참여적 사이트를 살펴보면 창작자의 비중은 훨씬 낮아진다. 유튜브의 경우, 동영상을 한번이라도 업로드하는 방문자는 단지 0.16퍼센트에 불과하며, 플리커Flickr의 경우 사진을 한 번이라도 게재하는 사람은 0.2퍼센트에 불과하다.[6] 2006년 제이콥 닐슨Jacob Nielsen은 참여도의 불평등을 다룬 기념비적 논문에서 "90-9-1" 원칙이라는 것을 소개했다. 이는 다음과 같은 주장이다. "대부분의 온라인 공동체에서 90퍼센트의 사용자는 기여하는 일 없이 은닉하는 사람들lurker이며, 9퍼센트의 사람들은 약간 기여를, 그리고 1퍼센트의 사용자들만이 거의 대부분의 활동을 행하는 사람들이다."[7]

---

6 이 통계의 출처는 90-9-1 웹사이트의 "행동의 원칙Principle in Action" 페이지로, 다음 주소를 이용할 것. http://www.participatorymuseum.org/ref1-6/

참여도의 불균형은 웹에만 국한되지는 않는다. 문화 기관이 제공하는 참여 기회들 중 심지어 대단히 인기가 높은 것의 경우라 할지라도 지극히 소수의 사람만이 그림을 그리거나, 의견을 남기거나, 혹은 전시에 기여한다. 참여도의 불평등성에서 놀라운 점은 실제 세상의 모습이 그렇다는 사실이라기보다, 오히려 웹에서조차 다르지 않다는 사실일 것이다. 어떤 사람들은 웹 기반 출판 도구가 모든 사람을 저널리스트, 음악가, 혹은 위키wiki의 기여자로 만들 것이라 신봉했다. 하지만 그런 일은 없었다. 누군가는 창작에 더 이끌리고 있지만 보다 많은 사람들은 다른 방식의 참여를 추구하면서 소셜 컨텐츠를 비평하고, 조직화하고, 혹은 구경한다. 여기서 문제는 창작 도구를 사용하기 쉽게 만든다는 단순한 문제가 아니다. 어떤 사람들은 절대로 웹에 창작물을 업로드하지 않으려 할 것이다. 그것이 아무리 쉬워도 말이다. 그래도 다행히 그런 사람들에게는 또 다른 종류의 참여 기회가 존재한다.

다양한 참여 형태를 독려하기

박물관 전문가들이 참여적 기획에 대해 반대할 때 자주 이야기하는 것은 "우리는 유튜브처럼 되고 싶지 않다"는 것이다. 필자는 박물관도 웃기는 고양이의 영상을 전시해야 한다고 생각하는 것은 아니지만 유튜브는 조심스럽고 신중하게 모든 유형의 소셜 미디어 참여자에게 응대하는 우수한 플랫폼이다.

---

7 제이콥 닐슨이 2006년 10월 발표한 논문 "참여도의 불균형: 더 많은 사용자의 기여를 장려하기Participation Inequality: Encouraging More Users to Contribute"를 참조할 것. http://www.participatorymuseum.org/ref1-7/

표면적으로 유튜브는 두 가지 참여자를 우선적으로 고려해 만들어진 것처럼 보인다. 동영상을 만들고 업로드하는 창작자와 그것을 구경하는 구경꾼이다. "당신을 방송하세요"라고 하는 유튜브의 광고 문구는 창작자를 겨냥한다. 모든 방문자 중 0.16퍼센트만이 동영상을 올린다고 하더라도 유튜브 설계자들은 이러한 창작자의 참여가 모든 방문자의 컨텐츠와 경험을 견인한다는 것을 알고 있다. 그 때문에 유튜브의 광고 문구는 비록 대다수의 방문자가 구경꾼이라 하더라도 "웃기는 고양이 영상을 구경하세요"라고 할 수는 없는 것이다.

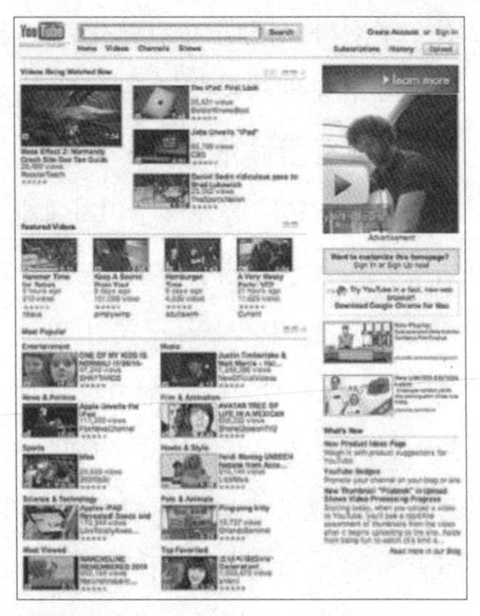

최상단의 네비게이션 바에서는 사용자들에게 동영상 업로드를 유도하지만, 유튜브 홈페이지의 대부분은 영상을 보거나 평가하도록 구성되어 있다. 메인 영역에서는 "추천 영상"을 표시하는 반면 사용자의 영상을 업로드하는 툴은 보이지 않는다.

유튜브 홈페이지를 좀 더 자세히 살펴보면 이와 다른 유형의 참여도 장려되고 있다는 점이 드러난다. 화면 면적의 중심부는 창작자 이외의 참여자를 위해 할당되고 있다. 유튜브에 가입한 사람들은 사이트를 둘러보다가 좋아하는 영상을 모아 둘 수 있다. 동영상에 대한 비평 의견을 올릴 수도 있으며 별점을 매기거나 원하면 응답 영상을 올릴 수도 있다. 이런 식으로 평가가 공개적으로 홈페이지에 게재되는데 그것을 다시 말하면 비평가와 그 의견이 동영상 창작자들과 동등한 수준으로 존중되고 있다는 뜻이다. 마지막으로, 유튜브는 각 동영상이 재생된 횟수를 표출한다. 사람들이 관람자로서 참여하는 그 모든 행동이 각각의 동영상의 상태에 영향을 주는 것이다. 단지 본다는 것만으로도 사람들은 이미 중요한 참여자가 되는 것이다.

유튜브는 모든 종류의 참여자에게 매력적인 서비스를 제공하지만 특히 설계자들은 구경꾼을 가입자로, 수집가로, 그리고 비평가로 변화시키기 위해 노력하지만, 오히려 창작자로 변화시키려고 노력하지는 않는다. 왜 이렇게 '중간' 참여자intermediate participants에 집중하는가? 첫째, 그러한 행동은 유도를 위한 장벽이 높지 않기 때문이다. 동영상을 만드는 것보단 그것에 별점을 매기는 것이 쉽다. 그래서 이러한 변화를 유도하기는 쉬울 것이다. 하지만 또 하나 근본적인 이유는 유튜브 플랫폼의 가치가 활동중인 비평가, 수집가, 그리고 가입자의 숫자에 보다 크게 의존한다는 사실로, 창작자의 숫자만이 중요하지는 않다는 점이다. 유튜브에게는 10퍼센트든 아니면 심지어 2퍼센트든 사용자가 동영상을 만들고 업로드하는 것은 중요하지 않다. 수백만 개의 질 낮은 동영상이 범람한다면 오히려 유튜브의 전체적 경험은 저하될 가능성이 높다. 컨텐츠가 많은 것은 단지 숫자에 불과할 뿐이다. 이와 대조적으로, 더 많은 해석, 평가와 토론으로 둘러싸인 컨텐츠가 많을 때, 사람들은 보다 쉽게 동영상과 대화에 접근할 수 있고 자신에게 가치가 더욱 큰 것을 찾기가 쉬워진다.

참여적 방식이 가진 다양성과 인기에도 불구하고 많은 박물관들은 오로지 창작자만을 바라보고 있다. 필자가 포레스터 리서치의 통계자료를 동료들과 공유할 때 항상 듣는 말은, "그래요, 하지만 생태계 다양성에 대한 사람들 자신의 이야기를 듣고 싶어요", 혹은 "우리의 방문자들은 정의에 관한 빼어난 영상을 만들 수 있을 것이라고 생각하는데요"라는 이야기였다. 많은 문화 전문가들은 참여적 경험을 통한 개방적 결말과 자기표현을 최상의 결과로 여긴다. 방문자들이 좋아하는 전시나 레이블 내용에 관해 자신의 의견을 개진하게 하는 것은 직접 컨텐츠를 만들어 내도록 독려하는 것에 비해 가치가 뒤떨어진다고 여기는 것이다.

여기에는 두 가지 점에서 문제가 있다. 첫째, 자기표현을 유도하는 전시에 매력을 느끼는 사람은 박물관 관람자 중 매우 소수에 불과하다. 대부분의 소셜 웹 플랫폼에서는 1퍼센트 이하의 사용자만이 스스로 독창적인 컨텐츠를 만들어낸다. 단지 1퍼센트의 방문자가 사용할 인터랙티브 전시를 설계하고픈 사람이 있을까? 물론 그럴 수도 있을 것이다. 하지만 더 폭넓은 매력을 가진 다른 전시물로 보완이 될 수 있을 때만 그러할 것이다. 박물관에서 관람자가 영상 방명록 키오스크를 만났는데, 스스로 영상을 만들고 싶지는 않은 경우를 가정해 보자. 그는 그 주어진 환경 하에서 창작자가 되지 않기를 선택한 것인데, 그럴 경우 그에겐 구경꾼이 되는 방법 외에는 방법이 없다. 하지만 그는 디스플레이되고 있는 영상에 별점을 매기고 싶을 수도 있고(즉, 평론가로서) 영상을 분류해 보고 싶을 수도 있다(즉, 수집가로서). 불행히도 그러한 풍부한 잠재력을 가진 참여적 경험, 즉 질서를 발견해 내는 자신의 능력을 개발하거나, 아이템을 비교하거나 대조시켜보는 것, 그리고 자신의 의견을 표현하는 것 등등은 대부분의 박물관 환경 속에서 찾아볼 수가 없다. 컨텐츠 제작을 용이하게 하면서도 그것을 분류하거나 순서를 매길 수 없도록 하는 일 때문에 많은 문화 기관들은 가장 우려했던 결과를 보게 된다. 질 낮은 컨텐츠들로 뒤죽박죽이 되는 난장판이 바로 그것이다.

제작자 위주로 생각할 때 봉착하는 두 번째 오류는 개방적 결말을 위한 자기표현을 위해서는 자기 주도적 창의력이 필요하리라는 믿음이다. 최근의 학습 이론들은 '교육적 보조장치instructional scaffolding' 개념을 바탕으로 하는데, 여기에서 교육자나 교재는 보조적 자원, 과업, 그리고 가이드를 제공함으로써 그것을 기초로 학생이 자신의 능력과 자신감을 쌓도록 이끈다.[8] 참여 활동에 관해 많은 교육자들은 보조장치scaffolding를 의도적으로 제거해야만 참가자가 자신의 창의적 경험을 온전히 전개할 수 있을 것이라고 여긴다. 그래서 개방적 결과를 지향하는 환경을 만들어내는데, 이것은 새로운 참여자 입장에서는 벅차게 느껴질 수 있다. 개방적 결과를 지향하는 활동의 참여자는 스스로 어떤 이야기를 하거나 만들어내려는 생각을 가지고 있어야 하고, 그래야만 자신의 기준에 부합하는 품질의 결과물을 생산할 수 있을 것이다. 다시 말해, 이는 쉽지 않은 일이고 특히 자유로이 방문한 박물관의 환경에서는 상당히 어려운 일이다. 길거리에서 어떤 사람을 갑자기 붙들고 앞으로 3분 동안 정의에 관한 자신의 생각을 영상으로 만들라고 한다면 어떻겠는가? 그것이 재미와 보상이 따르는 손쉬운 행위로 여겨지겠는가?

활짝 개방된 활동만이 가장 좋은 참여 활동은 아니다. 좋은 참여는 사람들로 하여금 그 활동에 편안히 참여할 수 있도록 보조장치를 제공해야 한다. 결과를 미리 지정해 주지 않더라도 보조장치를 제공할 수 있는 방식은 다양하다. 예를 들어, 의견 게시판을 하나 만들어 사람들이 좋아하는 대상을 선정하게 하고, 그렇게 선정한 이유를 설명하게 하는 것은 백지 카드 한 장에 "어떻게 생각하세요?"라는 질문에 답하게 하는 개방적 게시판에 비해 보다 잘 보조가 된 경험으로 다가온다. 시작 지점에

8 교육적 보조에 관한 기초적 자료는 레프 비고츠키Lev Vygotsky의 저술을 참고할 것. 박물관에 관한 논의는 조지 하인George Hein의 『박물관의 교육*Learning in the Museum*』(1998)을 참고할 것.

보조장치를 마련해 줌으로서 사람들은 보다 자신있게 참여할 수 있게 된다. 그것은 창작자, 비평가, 수집가, 가입자, 그리고 구경꾼 모두에게 해당된다.

참여는 누구와 관련될까?

참여적 프로젝트로부터 혜택을 받는 것은 관람자들만이 아니다. 모든 참여적 프로젝트에는 세 가지 핵심 관련자 집단이 존재한다. 기관, 참여자, 그리고 관람자이다. 여기서 관람자는 기관 방문자를 뜻할 수도 있겠으나 해당 프로젝트에 특별한 관심을 가지고 있을 다른 관련자들도 포함될 수 있다. 참여자의 이웃이나 동료 등이 이에 해당된다. 어떤 프로젝트가 성공하려면 그 프로젝트 운영자는 각 집단의 관심을 분별하고 충족시킬 수 있어야 할 것이다.

기관의 관점에서 보자면, 참여적 프로젝트는 기관의 미션(한 기관의 궁극적 존재 이유와 활동 목적을 뜻하며, 대부분의 기관은 그것을 미션 스테이트먼트의 형태로 명문화하여 보유, 공개한다.)에 부합되는 측면이 있어야 가치가 있을 것이다. 기관이 참여 프로젝트를 실시하는 이유는 그것이 재미있거나 흥미로워서라기보다는 해당 기관의 목표에 기여하는 바가 있기 때문일 것이다.

하지만 이것은 말처럼 행하기 쉬운 것은 아니다. 많은 문화적 전문가들은 방문자 경험을 제공하는 일에는 비교적 익숙한 반면 방문자가 어떻게 기관에게도 도움이 되는지에 대해서는 익숙하지 않다. 참여적 요소를 전시에 설계해 넣을 때 필자가 항상 떠올리는 질문은 다음과 같다.

어떻게 우리가 이를 활용할 수 있는가? 운영자가 아닌 방문자만이 제공할 수 있는 것은 무엇인가? 기관에 전반적으로 도움이 되는 의미 있는 일을 방문자가 행할 방법은 없을까? 운영자가 이런 질문에 확신을 가지고 쉽게 대답할 수 있을 때 기관과 참여자 모두는 참여로부터 강력한 결과를 얻어낼 수 있을 것이다.

사례연구

와일드센터Wild Center의 기후 컨퍼런스

뉴욕 주 투퍼레이크Tupper Lake에 소재한 와일드센터에서는 참여적 관계가 기관의 미션과 긴밀하게 연관되어 있다. 와일드센터는 조그마한 자연사 박물관으로서 계절적인 관객이 대부분이다. 하지만 이곳은 상당히 대담한 미션을 표방한다. "애디론댁Adirondacks에서 자연과 함께 살아가는 사람들에게 지속적으로 열정을 불붙이며, 세상의 모범이 된다"는 것이다. 운영 감독 스테퍼니 랫클리프Stephanie Ratcliffe는 열정에 불을 붙이고 모범을 수립하는 일에 공동체적 참여가 필수불가결한 요소라고 믿으면서, 기후 변화를 인간과 자연의 공존을 위한 현대의 핵심 관심사로 규정했다. 운영진은 기후 변화가 사업적 관점에서나 환경적 관점에서나 합당한 수준의 지역적 관심을 얻지 못하고 있다고 생각하였고, 이 문제에 대한 대화의 장소가 될 기회라고 생각했다.

2008년 와일드센터는 건축가, 정치인과 과학자를 초청하여, 함께 대화하는 일련의 기후 컨퍼런스를 시작하였다. 이 컨퍼런스는 애디론댁에서 기후 변화가 초래하는 특징적 위협을 지역이 이해하도록 하기 위한 구심체로 기능하였다. 그 저변의 메시지는 기후 문제에 관한 적극적 행동이 마을의 기능과 기업의 효율을 향상시킬 수 있다는 것이었다.

지역 시민들의 반응은 뜨거웠다. "더 푸른 애디론댁을 건설하기"를 주제로 행사가 있는 후 존 워렌이란 블로거는 이렇게 썼다.

2009년 11월, 애디론댁 기후 청년 정상회담을 위해 200명 이상의 학생과 학교 운영자들이 와일드센터에 모였다. 각 학교 팀은 탄소 배출량을 줄이기 위해 측정 가능한 단계들로 이루어진 기후 실천 계획을 만들었다.

> 2년 전 나는 지역의 공공 지도자들 누구도 지구적 기후 변화가 애디론댁(과 스키 관광 산업)에게 의미하는 바를 테이블 위에 의제로 올리지 않고 있음을 아쉬워했다. 다행히 이것이 변했다. 투퍼레이크의 와일드센터가 지구 온난화의 잠재적 충격(예컨대 파충류에 가해지는 충격)을 이웃들에게 알리는 역할을 맡으면서 지역의 건축가들에게 그러한 영향을 우회할 수 있는 방법을 알려주거나 과학자 회동을 조직해 애디론댁의 기후 변화 진행을 토론하고 평가하게 하였다.[9]

기후 컨퍼런스는 현재 와일드센터가 자신의 미션을 성취하기 위한 전략적 사업들 중 중심이 되었다.[10] 이 기관은 정책 입안자들의 전국적 혹은 지역적 회동을 주관하게 되었으며 이러한 행사의 보고서와 영상을 웹으로 보급해 왔다. 2009년, 와일드센터는 매년 애디론댁 기후 청년 정상회담Adirondack Youth Climate Summit을 발의하여 교육자, 고등학생과 대학생이 기후 변화와 관련

---

9 존 워렌의 2008년 10월 블로그 포스팅을 읽어볼 것. "와일드센터: 애디론댁 기후 변화의 지역 리더Wild Center: Local Leader on Adirondack Climate Change", http://www.participatorymuseum.org/ref1-9/

10 와일드센터의 기후변화 발의의 전문을 탐구해 볼 것. http://www.participatorymuseum.org/ref1-10/

된 연구와 행동에 대해 대화하는 자리를 마련하였다. 또한 이 기관은 애디론댁 기후 및 에너지 실천 계획Adirondack Climate and Energy Action Plan을 만들어낸 지역 협력체의 주관 파트너가 되었다.

기후 관련 행사들은 와일드센터를 국가적인 유력 기관일 뿐만 아니라 중요한 지역 사회의 자원이 되도록 하는데 도움을 주었다. 이렇게 고도의 전략으로 와일드센터가 위치한 지리적 지역 사회의 구성원을 함께 참여시킴으로써 이 신생 기관은 그 구성원들에게, 그리고 그들을 위한 강력한 발언자가 될 수 있었다.

참여자와 관람자가 얻는 것

기관들이 각각 다양한 목표를 가지듯, 참여를 통한 소득도 다양할 수 있다. 이러한 소득으로는 새로운 관람자를 영입하기, 방문자 기여 컨텐츠를 수집 및 보존하기, 방문자에게 교육적 경험을 전달하기, 매력적인 마케팅 전략을 만들어내기, 지역사회와 관여된 전시를 수행하기, 그리고 지역에서 대화의 장이 되기 등이 있다.

독자들은 참여적 프로젝트를 통해 자신의 기관이 도움을 받고자 하는 특별한 방식을 정의할 수 있을 것이며, 그것을 소속 기관의 미션 스테이트먼트와 연결시킬 준비가 되어있을 것이다. 어떤 박물관의 경우 방문자가 수집한 달팽이 껍질을 많이 모으는 일이 중요할 수도 있겠고, 다른 기관에서는 인종차별에 관해 방문자들이 자신의 의견을 토론할 공론의 장을 마련하는 데 가치를 둘 수도 있을 것이다. 마찬가지로 중요한 것은 명확하게 어떤 종류의 참여가 별로 도움이 안 될지를 밝혀두는 일이다. 달팽이 껍질의 기부는 어떤 기관에게는 환호할 일이겠지만 다른 곳에서는 성가신 일이 될 것이다.

불행히도 많은 문화 전문가들은 참여의 가치를 기관의 지도자나 관련자 모두에게 평범할 뿐인 소극적인 가치로 치부한다. 바로 '방문자들이 좋아할 것'이라는 기대이다. 그러나 이것은 확고한 가치가 되지 못하며 기관의 미션과 참여 프로젝트간의 관계를 폄하하는 것이다. 만약 참여를 '즐길거리'로서만 바라본다면 그것은 기관 전문가로서의 스텝에게도 참여자로서의 방문자에게도 모두에 대한 해악이 될 것이다.

물론 벽화를 그리거나 거대한 분자 모형을 함께 제작하는 일은 그냥 재미있는 일이기도 하다. 하지만 동시에 이러한 활동은 어떤 특별한 학습 스킬을 증진시키기도 하고 다른 사람을 위해 쓸모 있는 결과를 도출하기도 하며, 한 기관이 사교의 장소가 되는데 도움이 되기도 한다. 프로젝트의 목표를 조금 더 깊이 연구한다면 방문자가 재미 추구 이상을 성취할 가능성이 큰 프로젝트가 탄생할 것이다. 지오프 곳비 Geoff Godbey라는 펜실베이니아 주립대학의 여가 활동 교수는 이렇게 월스트리트저널지에 썼다. "만족도를 높이려면 여가는 업무의 가장 좋은 측면을 닮아야 할 필요가 있다. 도전성, 기능성, 그리고 중요성이다."[11] 참여적 프로젝트는 이러한 관심을 담아낼 수 있을 뿐 아니라 일반적 박물관 경험보다 의미가 충만한 경험을 만들어낸다.

참여적 프로젝트가 어려움을 겪는 것은 관객들로 하여금 운영자가 자신의 취향에 아첨한다는 인상을 주거나 시시한 활동으로 시간만 낭비하게 할 때이다. 참여적 활동이 인터랙티비티로 때워지거나 방문자

11 저레드 샌드버그Jared Sandberg의 2006년 7월 〈월스트리트 저널〉 기사에서 능동적 여가에 관한 내용을 읽어볼 것. http://www.participatorymuseum.org/ref1-11/

들끼리 그저 잡담이나 하는 곳이 되는 것은 막아야 할 것이다. 방문자들에게 실질적인 작업을 부탁하는 경우, 그 일은 기관에게도 유용한 것이어야 할 것이다. 참여적 프로젝트를 설계할 때, 내부 직원이라면 훨씬 더 빨리 정확하게 마칠 수 있는 것이라도 그것을 굳이 방문자에게 수행하도록 하는 것은 나쁜 일이 아니다. 하지만 그런 작업은 최종적으로 기관에게도 가치가 있는 것이어야 한다.[12] 박물관조차 방문자 참여의 결과물에 관심을 갖지 않는데 방문자가 참여 활동을 수행할 이유가 있을까?

참여자의 요구를 충족시키기

『모든 이가 몰려온다*Here Comes Everybody*』라는 책에서 공학자 클레이 셔키Clay Shirky는 참여적 메커니즘이 성공하기 위해 세 가지 필요 요소가 있다고 이야기했다. "설득력 있는 약속, 효과적인 도구, 그리고 수용할 만한 [참여자와의] 합의"가 그것이다.[13] 기관은 호소력 있는 참여 경험을 약속해야 한다. 기관은 참여의 도구에 대한 접근을 제공하여 쉽게 이해하고 활용할 수 있게 해야 한다. 그리고 기관과 참여자는 합의를 이루어야 하는데 여기에는 지적 자산의 관리, 프로젝트의 결과, 그리고 참여자에 대한 피드백 등이 포함되며 이들은 참여자의 필요성에 부합되어야 한다. 약속, 도구, 그리고 합의는 프로젝트가 진행됨에 따라 변하기도 하지만 언제나 방문자에게 무엇을 제공하며 무엇을 기대하는지를 명확하

12 참여에서 기대할 수 있는 다각적인 가치에 대한 더 깊은 논의는 283쪽을 참조할 것.

13 셔키의 2008년 저서 『모든 이가 몰려온다: 조직 없이 조직화하는 능력*Here Comes Everybody: The Power of Organizing without Organizations*』 11장을 참고할 것.

고 개방적으로 밝힐 수 있어야 한다. 그렇게 해주어야 방문자들은 자신의 시간과 능력이 존중받고 있음을 믿게 된다.

'자원봉사자'라는 단어로 '참여자'를 대치해 봄으로써 기관의 가장 헌신적인 조력자들이 관여하는 방식을 엿볼 수 있을 것이다. 자원봉사자와 직원은 기관에 대해 자신의 시간과 자원을 기부하려는 의지와 관심을 스스로 가지고 온 사람들이다. 너무나 흔히, 직원들은 자원자들에게 적합하고 효용성 있는 일을 찾아주기 위해 고민을 한다. 그러나 참여자들의 행동이 기관과 미래 고객에게 어떻게 가시적으로 도움이 될 것인지를 명확히 전달할 수 있어야 모든 유형의 자원자들이 열렬히 응답할 것이다.

약속에 대해서, 운영진은 참여자에게 근본적인 무언가를 제공할 필요가 있다. 바로 개인적인 자기 성취이다. 기관은 자신의 미션과 연계된 목표를 가지고 있으며 그것으로부터 어떤 활동에 가치를 두고 추구할지를 분명히 알고 있다. 하지만 참여자들은 광범위한 개인적 목표나 관심을 바탕으로 행동한다. 존 포크John Falk의 방문자와 정체성 충족 관련 연구에서 알 수 있는 것은, 방문자가 박물관 경험을 선택하고 즐길 때 그것은 특정한 자아 개념을 반영하고 향상시킬 수 있는 인지적 능력에 기반하여 이루어진다는 점이다.[14] 스스로가 창의적이라고 생각하는 사람은 관람자 기여 전시회에서 자신의 초상화를 기여하는 식으로만 만족할 것이다. 다른 사람과 나눌 만한 소중한 이야기를 가지고 있다고 생각하는 사람은 전시 컨텐츠와 관련하여 자신의 회상을 기록할 수 있는 기회를 얻었을 때 만족할 것이다. 또한 뭔가를 도울 수 있다고 생각하는

14 존 포크의 책『동일성과 박물관 방문자 경험*Identity and the Museum Visitor Experience*』(2009)을 볼 것.

사람이라면 보다 큰 목표를 위해 확실한 도움을 제공하는 헌신의 기회에 만족할 것이다.

공연을 감상하거나 수동적으로 전시를 보며 지나갈 때, 사람들은 이런 종류의 사회적이고 능동적인 만족감을 얻을 수 없다. 특히 박물관이 성인 방문자를 깊이 연구하여 자신의 창의적, 신체적, 혹은 인지적 능력을 발휘하도록 도전적인 과제를 제공하는 경우는 상당히 드물다. 게임 연구자 제인 맥고니걸Jane McGonigal은 사람들이 즐겁기 위해 필요한 네 가지를 이야기했다. "했을 때 만족스러울 일, 잘하고 있는 느낌, 자신이 좋아하는 사람과 함께하기, 그리고 보다 큰 무엇의 일부가 될 기회"가 그것이다.[15] 많은 이들은 박물관을 사교 집단과 함께 방문하여 자신이 좋아하는 사람들과 보다 넓은 맥락 안에서 시간을 보낸다. 컨텐츠를 창작하는 일은 방문자에게 만족스런 일거리를 선사하며 어떤 일을 잘 한다는 경험을 준다. 이러한 것을 조합해 사람들을 참여에 초대한다면 기관은 이 네 가지 요건을 모두 충족시킬 수 있을 것이다.

잠재적 참여자에게 참여 기회를 제공할 때는 자기 자신의 욕구를 충족시킬 방법, 그리고 보다 큰 효과를 가진 프로젝트에 기여할 방법을 명확히 제시해야 한다. 활동을 "그냥 재미로" 던지는 것이 기관과 연관된 참여의 가치를 훼손하는 것이듯, 그것은 동시에 방문자들이 의미 있고 흥미 있게 기여할 방법을 잘 이해할 수 없게 한다. 참여자가 프로젝트를 성공적으로 완수해야만 한다면, 그것이 분산된 자원자를 필요로 하는 연구 프로젝트이든, 다양한 의견을 요구하는 응답 수집 프로젝트이든,

15 맥고니걸은 2008년 12월 강연 "박물관 미래를 게임화하기Gaming the Future of Museums"에서 문화적 맥락에서 이 리스트를 제공해 주었다. 이 프레젠테이션의 슬라이드 22번에 해당 리스트가 수록되어 있다. http://www.participatorymuseum.org/ref1-15/

아니면 많은 손이 필요한 창작 프로젝트이든, 그 사실을 이야기해 주어야 한다. 가장 견실한 약속은 기관 측이 가지고 있는 실제적 필요성에서 발생한다.

도구에 관한 부분을 살펴보자. 참여자들에게는 어떻게 참여해야 할지에 대한 분명한 역할과 정보를 필요로 한다. 또한 도구는 가능한 한 다용도적이어야 한다. 모든 참여자가 동일한 방식으로, 또 동일한 수준으로 참여해야만 하는 것은 아니다. 임의적이고 자의적인 운영진의 개입은 바람직한 것이 아니지만, 다용도성은 참여 활동을 위한 좋은 자산이다. 참여자들은 자신에 맞추어 원할 때 원하는 방식으로 들어오고 나갈 수 있어야 바람직하다.

참여자들이 기관에게 기여할 때는 자신이 한 일이 적시적소에서 매력을 발하며 존중받으며 전시되기를 원한다. 참여 프로젝트에서는 의사소통의 고리가 너무 쉽게 끊어지기도 하는데, 참여 이후의 결과물을 반환해 주려는 의도가 불투명하거나 운영진의 움직임이 느린 경우, 컨텐츠의 방향 조정과 수정으로 인해 방해가 올 수 있다. 어떤 경우엔 참여자의 행동과 결과 사이에 중간 단계가 필요하며 지체가 발생할 수도 충분히 있다. 하지만 대기 시간이 필요하다면 그 사실은 참여자들에게 명확히 전달되어야 한다. 오히려 그러한 경우가 기관에게 이익으로 돌아올 수도 있다. 예를 들어 박물관은 방문자가 다녀간 후 몇일, 혹은 몇 주 후 이메일을 통해 방문자의 작품이 이제 전시되고 있다거나 방문자의 이야기가 오디오투어에 반영 되었다고 알려줄 수도 있는 것이다.

진행의 시의적절성과는 별도로, 참여자에 대한 보상은 세 가지 단계를 포함해야 하며 일관되게 유지되어야 한다. 첫째, 기관은 참여의 보상이 언제 어떻게 이루어질 지를 명확히 설명해야 한다. 둘째, 참여 활동 후 기관은 즉시 참여자에게 고마움을 전달해야 하며, 이는 지체 기간이 뒤따른다고 해도 그러하다. 셋째, 운영진은 참여 활동 결과물을 전시, 재구성, 혹은 공유하기 위한 시행 절차를 마련해야 하고, 더욱 이상적으로는 참여자에게 결과물이 공유될 때 그 사실을 알려주어야 한다.

이 세 단계는 즉각적이며 자동적으로, 그리고 가시적으로 방문자에게 다가갈 때 가장 이상적이다. 일상속의 사물을 활용해 조각이나 장난감을 방문자가 만드는 어린이박물관 안의 구역을 상상해 보자. 방문자들은 자신이 만든 작품을 컨베이어벨트 위에 올려놓는데, 그것은 모든 사람이 볼 수 있도록 박물관 전체를 이동한다. 이런 경우엔 설명도 필요하지 않을 것이다. 방문자들은 자신의 조각품이 컨베이어벨트 위에 놓였을 때 어떤 일이 일어나는지를 볼 수 있을 것이며, 자신의 작품이 다른 방문자들 사이에서 공유될 때 그 자신의 관심이 어떻게 충족되는지를 쉽게 이해할 수 있다.

참여에 대한 좋은 보상을 제공하는 것은 참여자의 작업을 소중하게 여긴다는 뜻이다. 그것은 모든 동참자에게 금메달을 수여하라는 뜻은 아니다. 참여자의 목소리를 듣고, 그들의 노력에 대해 피드백을 제공하며, 기여한 것을 기관이 어떻게 활용할지를 보여 주는 것이 중요한 것이다.

기관이 요청하는 것이 장시간의 참여이든 간단한 만남이든, 분명함과 솔직함은 참여자를 편안하게 임할 수 있게 해줄 것이다. 여기에는 프라이버시와 지적 재산권의 문제도 포함된다. 참여자가 전시실에서 녹화한 영상은 어떻게 될 것인가? 기관에게 공여한 지식은 누가 소유하는가? 분명함, 자세함, 그리고 솔직함을 참여 프로젝트에서 참여자의 역할에 곁들여 밝혀 준다면 사람들은 그 기회를 통해 무엇을 기대할 수 있을지와 그것이 자신에게 적합한 지를 판단하는 데 도움이 될 것이다.

명확함이 결여된다면 기관과 참여자간의 신뢰가 부식될 것이며 양자 모두에게 만족스럽지 못한 경험이 뒤따를 수 있다. 2008년 8월, 필자는 샤벗 우주과학센터Chabot Space & Science Center의 참여 디자인 개발원에서 열한 명의 십대들과 함께 블랙홀에 관한 하버드-스미소니언 전시를 기획하고 있었다. 안타깝게도 하버드-스미소니언 측 담당자는 십대 참여자들에게 "창의성을 발휘"하라고 열렬히 독려하면서도 그들의 결과물이 어떻게 최종 전시에 통합될 수 있을지를 구체적으로 설명해 주지 못했다. 기본 바탕 디자인도 그래픽도 없었으며, 전체 웹사이트에 어떻게 포함될지에 대해서도 계획을 가지고 있지 못했다. 이렇게 명확함이 결여되자 참가 청소년들은 의뢰 기관이 자신들에게 그 목표를 "감추고 있으며" 자신들이 성공 기준을 달성하지 못하게 방해하고 있다고 의심하게 되었다. 결과적으로, 십대들의 작업은 의뢰 기관의 최종 웹사이트 디자인과 부합하지 못하게 되었고 최종 결과물로 부각되지 못하고 주변으로 밀려나게 되었다. 최초부터 명확함이 결여됨으로 인해 참여자들의 경험은 어떻게 보면 실망스러운 것이 되었고, 기관도 만족스럽지 못한 결과물을 얻게 되었다.

완전히 명확할 수가 없는 경우라도 솔직함이면 충분하다. 샤벗 센터의 프로젝트는 실패작은 아니었다. 우리는 청소년들에게 원하는 대답을 줄 수는 없었지만 우리가 하는 일과 알지 못하는 일에 대해 정확히 이야기해 주면서 최대한 그들을 도와주고자 했다. 운영자도 생각을 바꾸거나 실수를 할 수 있으며, 만약 한 걸음 한 걸음을 솔직한 자세로 나아간다면 참여자와 함께 진화할 것이다. 그리고 운영진이 참여자에게 이 일이 어떻게 기관과 미래 방문자들을 도울 수 있을지를 보다 많은 말뿐이 아닌 행동으로 이야기해 준다면, 더 많은 참여자들이 자기 스스로를 프로젝트와 기관에 소속된 파트너이자 공동 소유자로서 여기게 될 것이다.

관람자를 배려한 결과물 품질의 제고

참여적 프로젝트는 단지 기관과 참여자를 위한 것만이 아니다. 여기서 또 다른 대중적 구성원은 바로 참여하지 않은 나머지 관람자들이다. 어떻게 하면 기관의 보다 많은 관람자들에게 가치 있고 흥미로운 성과물을 참여 프로젝트를 통해 전달할 수 있을까? 참여 프로젝트의 환경이 지속적이고 개방적으로 진화하는 경우라면 어떤 관람자도 스스로 참여자가 될 수 있을 것이다. 하지만 대부분의 경우 참여는 작은 집단으로 한정된다. "연말까지 자신의 생각을 제출해 주세요" 혹은 "인근 고등학교의 청소년 스무 명과 이 프로젝트를 개발해 나갈 것입니다"라고 이야기하긴 쉽겠지만 언제든 누구나 참여할 수 있는 체계를 구축하는 것은 생각보다 어렵다. 그래서 많은 기관에게 참여의 범위를 설정하는 것은 협력 기획의 첫 단계로서 적절하다.

참여 그룹이 얼마나 크냐와는 별개로, 방문자의 작업은 중요성을 가진다. 참여자의 경험은 얼마나 그것이 완벽하냐와 상관없이 그 결과물이 다른 사람들에게 어떤 경험을 전달하느냐에 따라 평가되어야 한다. 하나의 벽화는 그것을 그린 사람들만을 위한 것이 아니다. 그것은 예술품으로서 다른 사람들이 보기에도 즐거운 것이어야 한다. 마찬가지로, 전시, 연구, 마케팅 자료, 프로그램, 그리고 경험 등 방문자와의 협력을 통한 산물이 주는 경험은 그 자체로서 뒤떨어지지 않는 결과물이어야 한다. 이것은 기관의 일반적 프로그램으로 만들어진 것과 똑같은 수준이어야 한다는 뜻은 아니다. 이상적으로는, 참여 모형을 이용해 개발된 프로젝트가 전형적 절차의 결과물에서 기대할 수 없는 고유의 가치를 가지게 되면 좋다.

관람자의 목표는 참여자의 목표와 마찬가지로 각 개인의 다양하고 개별적인 성취의 기준에 바탕을 둔다. 모든 사람을 기쁘게 하기는 힘들겠지만, 운영자는 제공할 경험을 결정해야 하고 그에 입각해 참여적 플랫폼을 설계해야 한다. 어떤 방문자는 고급의 소비자적 경험을 추구할 뿐 그것이 어떻게 개발되었는지 그 과정에 대해서는 관심을 두지 않는다. 그러한 방문자에게 프로젝트의 운영자는 참여적 과정이 바람직한 수준의 완성도, 디자인, 그리고 내용을 전달할 수 있도록 관리해야 한다. 또 다른 방문자들은 참여 활동을 "안전한 거리"에서 지켜보다가 그것에 익숙해진 후에 관여하고자 할 수도 있다. 그러한 미래의 참여자 후보들에 대해서 운영자는 참여 행동을 치하하고 독려하거나 그 모델을 발견하고 가치를 매길 수 있는 메커니즘을 설계해야 할 것이다. 하나의 프로젝트에 대해 그 대상 방문자를 보다 구체적으로 정의함으로써 그들의 필요성에 더욱 부합하는 참여적 프로젝트 설계를 더욱 성공적으로 수행할 수 있을 것이다.

참여는 어떻게 동작하는가?

성공적 참여 프로젝트의 핵심에는 두 가지 설계 원칙이 존재하는데, 이들은 기존 상식과는 상반될 것이다. 첫째, 참여자들이 참여를 지속하는 것은 제약이 있을 때이지 자기표현을 위한 개방적 기회가 주어질 때가 아니다. 둘째, 낯선 사람과 신뢰감을 가지고 협력하려면 참여자는 사회적인 진입로가 아닌 개인적인 진입로를 필요로 한다. 이러한 설계 원칙은 모두 교육적 보조장치scaffolding의 개념에 기반을 두고 있다. 제약을 두는 것은 창작 경험의 보조에 도움이 된다. 개인적 진입경로는 사회적 경험으로의 이행을 보조한다. 이 두 가지 원칙은 방문자들이 낯선 사람들과 함께 창작 활동에 참여해야 할 때 자신감을 느낄 수 있는 무대를 마련해 주게 된다.

제약이 있어야 참여가 지속된다

만약 기관의 목표가 참여자로 하여금 자신의 독창적인 기여 부분을 치하하고 존중하는 방식으로 경험을 공유하게 유도하는 것이라면, 방문자의 자기표현에 대해 제약constraint을 줄일 것이 아니라 오히려 더 많이 가하는 방향으로 설계하는 게 좋다. 벽화 그리기를 생각해 보라. 기회가 주어진다고 해도 아주 소수의 사람만이 벽화를 그리고자 자발적으로 나설 것이다. 장벽은 재료에 있는 것이 아니라 아이디어와 자신감에 있는 것으로, 무엇을 그리고 싶은지, 그리고 어떻게 그것을 할지에 대한 아이디어가 있어야 한다. 하지만 벽화 그리기에 동참을 초대받는 경우를 상상해 보자. 미리 준비된 도료와 붓과 함께 벽화 그리기 방법을 전달받는 경우다. 참여자는 어떻게 해야 성공하는 것인지를 알게 된다. 보기 좋은 무언가를 만들어내기 위한 협력 프로젝트에 기여하게 될 것임을 알고, 프로젝트의 전체적 가치가 무엇인지를 볼 수 있게 된다. 완성이 되고 나면 자신 있게 자기가 기여한 부분을 손가락으로 가리키며, 그 프로젝트에 기여한 경험을 자랑스러워 할 것이다.

이런 것이 보조가 잘 이루어진 참여 경험이다. 성공적인 참여 프로젝트에서 방문자는 허공에서 전시를 만들어내거나 자신의 과학 실험을 설계해내지는 않는다. 반대로 그들은 보다 큰 프로젝트에 참여한다. 팀에 가입하여 자신의 역할을 수행한다. 제약이 부과된 프로젝트에서도 자기표현의 기회는 제공될 수 있다. 풍성한 붓 터치를 여기에, 재치 있는 문장을 저기에 집어넣을 수 있다. 하지만 그 참여 플랫폼은 각각의 표현을 짜임새 있게 제약해낸다. 의미 있는 제약은 참여의 동기와 그것에의 집중을 유발한다. 오슨 웰즈Orson Welles가 이야기하듯, "예술의 적은 제한의 부재이다."

덴버 미술관Denver Art Museum(DAM)의 2009년 〈사이드 트립Side Trip〉 갤러리 전시에서 제약이 부과된 참여적 박물관 경험의 훌륭한 예를 발견할 수 있었다. 〈사이드 트립〉은 사이키델릭 락 음악의 포스터 전시 〈사이키델릭 익스피리언스The Psychedelic Experience〉에 부속된 인터랙티브 공간이었다. 그곳의 활동 중에는 방문자가 자기 자신만의 음악 포스터 만들기가 있었다. 여기에서는 빈 종이와 마커 이상의 많은 것들이 제공됨으로써 이미 동기가 충만한 소수의 사람들을 넘어 더 넓은 방문자에게 다가가려 했다. DAM 박물관 교육 담당자들은 수집, 비평과 창작이 함께 혼합된 활동을 고안했다. 방문자에게는 투명 필름이 부착된 클립보드가 주어졌고, 교육장에는 옆에서 전시되고 있는 실제 락 음악 포스터를 복사해 오려낸 그림더미가 비치되어 있었다. 방문자들은 투명 필름 밑에 자신이 원하는 대로 그림을 골라 배치하거나 혼합해 디자인을 했고, 그런 다음 보드 마커를 사용해 그래픽을 따라 그리거나 내용을 추가하거나 하여 자신의 창의적 터치를 가미했다. 자신이 재조합해 만든 포스터가 만족스럽게 완성되면 방문자는 그것을 운영자에게 전달했고, 컬러 복사기로 복사해 재조합 포스터가 완성되었다. 방문자들은 자신의 포스터를 복사

덴버 미술관에서 방문자들이 주의깊게 자신의 락 음악 포스터를 제작하고 있다. 제공된 그림을 투명판 아래에 놓고 그 위에 추가로 그림을 그린다. 〈사이드 트립〉 활동의 몰입적인 환경은 방문자들이 사이키델릭 락의 시대에 보다 가까이 접속하고 다른 갤러리에서와는 달리 행동하도록 이끌었다.

방문자들의 포스터는 창의적 차용과 재조합이 잘 융화된 주목할 만한 사례이다.

해 가져가거나 한 부를 갤러리에 전시하기로 선택할 수 있었다.

이렇게 직접 손으로 '믹싱'한 활동의 결과는 아름답고도 복잡 정교한 포스터들이었다. 〈사이드 트립〉에 실제로 방문해 보았을 때, 필자는 어디까지가 재조합된 이미지들이고 어디부터가 참여자의 창작인지를 쉽게 판단할 수 없을 정도였다. 전시 기간에 만들어진 모든 포스터는 3만 7,000여 장이었는데, 총 관객수 9만여 명에 비하면 놀라운 참여율이었다. 포스터 제작에 보낸 평균 시간은 25분이었다. 방문자들이 매우 진지하게 이 인기 많은 활동에 임했다는 뜻이다. 포스터 제작 활동이 성공적이었던 이유는 방문자가 백지에서 시작하지 않아도 되었기 때문이다. 방문자의 창의력은 복제 그림 조각들에 의해 보조되었을 뿐만 아니라, 창작 경험의 범위도 전시에서 보았던 작품으로 한정되었다. 이러한 제약은 방문자가 뛰어들기 위한 진입 지점을 제공하면서도 방문자의 창의성을 위축시키지도 않는 것이었다. 방문자들은 자기가 예술 작품을 만들 수 없을 것이라고 생각한 경우에도 자신있게 참여할 수 있었고 긍정적인 결과물을 만들어낼 수 있었다. 그 결과, 참관자들도 즐길 수 있는 매력적이고 높은 품질의 방문자 생성 컨텐츠가 만들어졌다.

박물관들은 왜 참여 플랫폼을 만들 때 방문자들이 협력 프로젝트에 기여할 수 있도록 명확한 제약을 부과하지 않는 걸까? 흔한 오해가 바로 방문자들의 자율 활동을 허용하는 것만이 그들을 존중하는 태도라는 것, 즉 가장 가치 있는 참여 경험은 속박되지 않은 자기표현 속에서 발생할 것이라는 생각이다. 그런데, 이 생각 속에는 참여의 동기가 어떻게 유발되는 지에 대한 오해가 포함되어 있다. 방문자들은 백지상태에서는 참여를 원하지 않는다. 충분히 보조된 경험 속에서 자신의 기여가 의미 있게 활용되기를 바란다.

사회성의 경험으로 나아가기

지금까지 우리는 몇 가지 기법을 통해, 다양한 참여를 이끌어내고 의미 있는 작품을 생산하기 위한 체험의 설계법을 살펴보았다. 그런데, 이 책의 또 한 가지 핵심적 주제는 참여자들이 사회적으로 다른 사람과 어울리도록 장려하는 경험을 설계하는 데 있다. 성공적인 사회적 경험의 설계는 "그 모두를 위해" 설계하는 것으로 시작되어야 하는 것은 아니다. 그와 반대로, 칵테일파티를 여는 사람을 상상해 보자. 그 사람의 역할은 각 개별 방문자들을 먼저 너그럽고 따스하게 환영해야 할 것이고 다음으로 그 사람과 잘 어울릴 것 같은 다른 사람들을 소개시켜 주어야 할 것이다. 충분히 많은 사람들이 서로 다른 이와 연결되기 시작하면 그들은 공동체적 경험에 속했음을 느끼기 시작하게 된다. 필자는 이를 "나로부터 우리로me-to-we" 설계라고 부르고자 한다. 이는 개인적인 경험(나로부터)을 쌓아나가 집합적 참여(우리로)로 만들어 나가는 것을 뜻한다.

다시 말해, 참여적 공간의 설계는 위에서 시작하는 탑다운 방식으로 해서는 안 된다. 문화적 기관을 사회적 허브로 전환시키기 위해서는 그에 참여하는 개인적 참여자와 그들 사이에 존재하는 연결의 보조 기능이 필요하다. 파티의 주관자는 여러가지 방법을 동원해 사람들을 연결시키려 할 것이다. 전문 분야를 공유하거나, 바셋하운드 강아지를 공통적으로 좋아하거나, 혹은 성격적으로 비슷한 점이 있다는 등이다. 반면 박물관에서는 전시되고 있는 컨텐츠를 통해 사람들을 연결시키게 된다. 공통적으로 좋아하거나, 싫어하거나, 혹은 개인적 연관성이 있는 컨텐츠들을 개별 방문자들에게 소개함으로써, 운영자는 기관의 핵심 관심사를 둘러싼 대화 형성과 관계 구축을 유도할 수 있다.

이렇게 개인적인 것으로부터 공동체적 상호교류로 상승되는 방문자 경험을 기관과 방문자 간의 다섯 단계의 인터페이스를 통해 표현해 볼 수 있다. 모든 다섯 단계의 기초를 이루는 것은 컨텐츠이다. 바뀌는 것은 방문자가 컨텐츠와 상호교류하는 방식과 컨텐츠가 사람들을 서로 사회적으로 연결시키는 방식이다.

각 단계들은 방문자에게 독특한 뭔가를 제공한다. 단계 1에서는 방문자가 자신이 찾는 컨텐츠에 접근하게 한다. 단계 2는 방문자가 행동하고 질문을 할 수 있는 기회를 제공한다. 단계 3은 방문자들의 관심과 행동이 더 큰 기관 방문자 집단 속에 어떻게 포함되는지를 알 수 있게 한다. 단계 4에서는 방문자가 특정 인물, 즉 운영자나 타방문자와 연결되어 컨텐츠와 활동에 대한 관심을 공유하게 한다. 단계 5에서는 기관 전체가 사회적 장소처럼 여겨지게 하며 잠재적인 흥미와 도전, 그리고 풍부한 의미를 가진 다른 사람들과의 만남이 있는 곳이 된다.

이 단계들은 점진적으로 구성되어 있으므로 단계 5의 경험을 위한 물리적 환경이 일관성 있게 설계되려면 단계 1에서 단계 4까지의 기초가 제공되어야 한다. 각 단계들은 융통성이 있다. 대단히 사교적인 사람이라면 단계 2에서 단계 5로 쉽게 뛰어넘어 갈 수 있을 것이며, 어떤 사람은 단계 3에서 더 나아가면 불편할 수도 있다. 각 단계에서는 그에 맞게 방문자 경험이 제공되는데, 하나의 문화적 환경 안에서 대부분의 방문자는 여러 단계를 동시에 경험하게 된다.

현재, 대부분의 기관이 설계하는 방문자 경험은 단계 1과 2에 국한된다. 필자는 모든 방문자 경험을 재설정해야 한다고 주장하지는 않지만, 경험의 종류를 보다 확대 편성해야 한다고 생각하며, 일부는 개인성

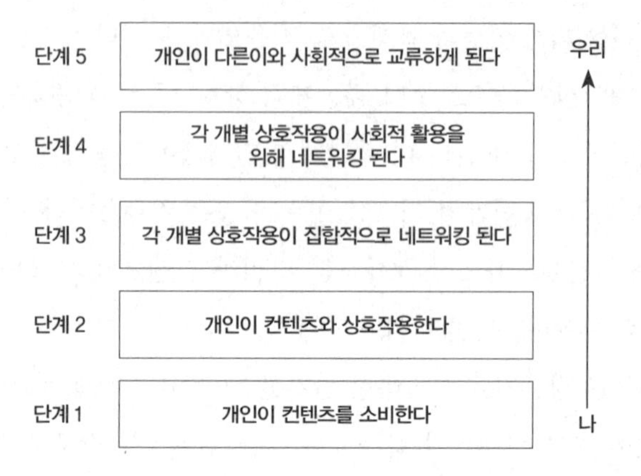

을 넘어 보다 사회적 경험이 되어야 한다고 생각한다. 많은 기존의 박물관이 단계 1과 2의 경험을 섞어 사용하는 데 만족하고 있지만 잠재적인 방문자 중에는 단계 3, 4, 그리고 5의 경험을 선보이는 기관을 더욱 흥미롭고 의미 있는 곳으로 여길 가능성도 있다.

모든 다섯 단계에서의 활동 참여를 위한 장치를 많은 문화 기관은 제공한다. 전시 가이드와 교육 담당자는 흔히 방문자가 편안하고 자신 있게 다른 이와 사회적으로 어울리게 돕는다. 캠프나 재현극과 같이 도우미가 있는 교육 프로그램은 단계 5의 기회를 제공하여 팀이나 그룹으로 활동하게 한다.[16] 문제는 도우미가 사라지거나 이벤트가 없을 때는 그러한 사회적 참여가 더 이상 지속되지 못한다는 것이다. 단계 3과 단계 4의 경험의 설계는 도우미 없이도 사회적 경험이 일어날 수 있도록 기초를 마련하려는 것이다. 이러한 틀이 주어지면 방문자들은 자신을 위

16 단계 5의 프로그램의 예로, 코너 프레이리 역사공원Conner Prairie Historic Park의 〈북극성을 따라 가자Follow the North Star〉를 참고할 것.(233쪽)

해 자신이 원할 때 활동에 참여할 수 있게 된다.

예를 들어, 역사적 가옥의 가이드 투어를 생각해 보자. 단계 1의 경험으로서 방문자가 가옥으로부터 구경할 물건이나 배울 정보는 매우 많다. 단계 2의 기회도 어느 정도 있는데, 방문자가 물건을 만져보거나 질문을 하고 자신의 관심을 파고 들어갈 수 있다. 많은 방문자는 낯선 사람들과 섞여서 역사적 가옥을 둘러보게 되므로 단계 3으로부터 5까지의 경험은 눈에 드러나지는 않는다. 가이드는 개별적으로 자신이 가장 살고 싶은 방을 선정해 보라고 하거나 그 결과가 단체 안의 다른 사람들과 어떻게 다른지 비교하도록 할 수 있다(단계 3). 가이드는 예컨대 하인들의 삶 등 특수한 관심사를 가진 하위 집단의 소속자들이 서로 대화할 수 있는 시간을 주면서 그와 관련된 사물에 대해 서로 토론하게 할 수 있다(단계 4). 그리고 가이드가 유능하다면 이 단체가 잘 조직된 하나의 팀이며, 함께 서로 질문과 답을 주고받으며 놀라운 점을 발견해 나가는 느낌을 전달할 수 있다(단계 5).

가이드가 없다면 역사적 가옥은 사회적 경험이 훨씬 적어질 것이다. 방문자들은 함께 온 동료끼리만 구경하고 학습하게 될 것이다. 그러한 기관은 단계 1과 단계 2의 경험을 제공하고 있지만 더 상위의 사회적 참여 경험은 제공하지 못한다. 방문자가 낯선 사람과 교류하게 되는 일은 순전히 개인이 원해야만 가능할 것이다.

그러면, 역사 가옥의 여행 방문객이 가이드 투어 없이도 서로간의 사회적 경험으로 이어지게 하려면 어떻게 해야 할까? 단계 3과 4의 활동이 도움 없이 이루어지는 경험이 되도록 설계해 볼 수 있다. 단계 3에서, "가장 좋아하는 방 고르기"는 평면도 판 위에 방문자들이 원하는 방에 핀을 꽂도록 할 수 있을 것이다. 단계 4로서, 비슷한 관심을 가진 다른 사람과의 상호작용하기는 방문자들로 하여금 개인적 기억을 공유할 수 있도록 음성을 녹음하거나 편지를 쓰도록 독려하는 표지판이 붙은 코너를 마련할 수 있을 것이다.

보조 없이도 사회적인 관계형성이 가능하도록 설계가 이루어지면 방문자들은 서로 상대방을 가옥에 관한 정보와 흥미를 가져다줄 사람으로 바라보게 된다. 이러한 감정이 퍼져나가게 되면 그 가옥은 단계 5의 경험을 위한 분위가 준비되게 되는데, 방문자들은 자신의 발견을 서로에게 이야기하거나 자신의 기억에 대해 짧은 담소를 하는 등의 행위를 편안하게 느끼게 된다.

이것은 기관이 교육자나 현장 운영자와 자원 봉사자를 전시 도구로 대치하라는 뜻은 아니다. 운영진과의 상호작용은 가장 일관된 종류의 사회적 경험을 제공할 수 있으며, 또한 운영진의 존재는 아무리 사회성이 잘 구현된 전시에서라도 체험의 보조와 향상을 위한 중요한 징검다리가 될 것이다. 이 책에서 보여 주는 대다수의 사례도 그것이 성공적으로 작동하려면 운영자나 자원 봉사자들에게 의존한다.

다만 운영자가 모든 장소에 존재할 수는 없다. 상호작용을 돕는 물리적 공간을 설계한다는 것은 그런 활동이 언제나 가이드나 운영진이 없을 경우에도 일어날 수 있게 한다는 뜻이다. 결국 목표는 운영자를 대체하는 것이 아니라 사회적인 관계 형성의 가능성을 높이는 것이다. 이 부분은 소셜 웹이 훌륭하게 해내고 있는 부분이다. 소셜 웹은 개인의 관심과 특징을 평가하여 새로운 연결과 사회적 경험의 기회를 만들어낸다.

"나에서 우리로" 설계의 한 예를 기업 세계에서 살펴보기로 하자. 이 예에서는 모든 단계에서 일어나는 경험을 성공적으로 제공하고 있는데, 세상 어느 곳에서나 일어나고 있는, 자발적으로 행해지지만 좋아하기 쉽지 않은 활동을 다룬다. 필자는 박물관 가는 일에 대해 이야기하려는 것이 아니다. 지금부터 달리기에 대해, 나이키 플러스Nike Plus라는 플랫폼을 이야기해 보기로 하자.

사례연구

나이키 플러스로 살펴보는 '나에서 우리로'

나이키 플러스Nike+는 아이팟과 신발 센서가 조합된 상품으로서, 개인의 달리기를 추적한다. 달리는 사람의 진도를 실시간 데이터로 제공하면서 추후 온라인으로 자신의 데이터를 다시 볼 수 있게 한다. 자신의 성취 목표를 설정할 수도 있으며 다른 사람(지인과 타인 포함)에게 자기 페이스로 달리기를 도전하거나 정해진 목표 거리를 겨루어 볼 수도 있다. 심지어 필요한 시점이 되면 아이팟이 "파워업" 음악을 들려주도록 사기진작용 연주리스트를 만들 수도 있다. 속도가 늦춰지기 시작하면 리스트의 음악이 재생되면서 스스로 다시 힘을 내도록 유도하는 것이다.

나이키 플러스는 '나에서 우리로' 디자인을 멋지게 활용하여 하나의 제품으로부터 활동, 공동체, 최종적으로는 건강한 라이프스타일을 지키도록 도우며, 앞의 다섯 단계의 사용자 참여를 모두 제공한다.

나이키 플러스는 두개의 기본 제품으로 구성된다. 운동화와 음악이다. 이 두 가지가 단계 1의 경험을 이룬다. 사용자가 음악을 소비하는 동안 도로는 운동화를 소모시킨다. 단계 1에서 나이키 플러스는 독특할 것이 별로 없다.

단계 2에서 나이키 플러스는 실시간 데이터 추적으로 그 특징을 드러낸다. 사용자의 움직임에 반응하면서, 한걸음 더 움직이도록 영향을 준다. 나이키 플러스의 사용자들은 자신이 움직임을 추적당하고 있기에 더욱 자신의 능력이 향상된다고 한다. 실시간 통계로 인해 사용자들은 달리는 동안 동기가 유발되며, 이후에 자료의 재검토를 통해 자신의 약점을 찾고 보다 향상된 새로운 목표를 설정하게 된다.

나이키 플러스는 사용자가 개인적 목표를 달성하면 수치화된 점수와 가상 기념물을 부여한다. 게임과 비슷한 추적 시스템으로 인해 상승적으로 개인적 단계 2 경험을 만들어내는 것이다. 하지만 시스템에서 얻는 개인적 경험은 여기까지일 뿐이다. 사용자가 달리기를 쉬거나, 웹에서 통계를 찾아보는 일을 그만두게 되면 기념물과 목표의 기억은 사라진다. '왜 달려야 하지? 응원해 주는 사람이 있는 것도 아닌데, 그냥 기계일 뿐인데' 하게 된다.

단계 3으로의 진행이 이때 일어나게 된다. 나이키 플러스의 온라인 환경에서 사용자들은 다른 사람들의 목표와 달리기 기록을 볼 수 있으며, 그것에서 영감을 받을 수도 있다. 다른 러너들의 집합적 행동을 지켜보는 단계 3 환경 속에서, 자신도 그 커뮤니티의 일원임이 느껴지게 된다. 비록 다른 사람들과 직접 접촉하지는 않더라도 그렇다. 만약 10마일을 달릴 수 있는 사람이 5만 명이나 있다면 자신도 달릴 수 있을 것이다.

그런 다음 나이키 플러스는 더욱 나아가, '집단 도전'이라는 것을 제공하는데 사용자들은 광범위한 공통성이나 선호도(성별, 나이, 정치적 성향, 운동 능력)에 따라 팀을 결성하여 목표를 공유하고 달성하게 된다. 이는 단계 4 경험

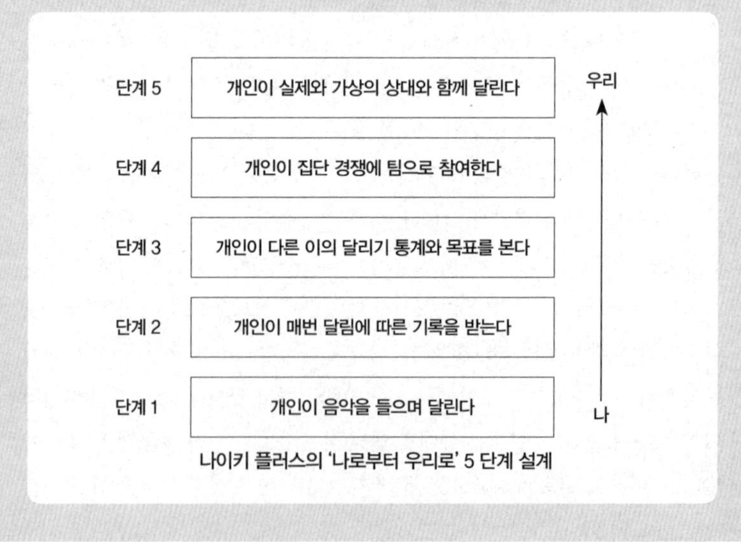

나이키 플러스의 '나로부터 우리로' 5 단계 설계

이다. 집합적 도전에 참가하게 되면 자기 자신의 달리기 목표에 집중하거나 대중과 자신을 비교하는 데 그치지 않는다. 참가자는 가상세계의 팀메이트 속에 자신을 포함시켜 생각하게 되면서 외부로부터 부여되는 목표를 가지게 된다. 그래서 달리기에 대한 동기 부여가 이루어지는데, 경쟁에 참여하여 팀에 기여하기 위해서이다. 칼렙 세서Caleb Sasser라는 한 열정적 블로거는 이 점에 대해 다음과 같이 표현했다.

> 나이키 플러스 달리기의 가장 멋진 점이 무엇일까? 모든 잘 만들어진 온라인 게임이 그러하듯 자신의 친구에게 도전해볼 수 있다는 점이다. 더 빨리 100마일을 완주하기? 5마일 최단 기록? 원하는 대로 선택한다. 이런 경기는 점점 더 믿을 수 없이 상상력을 더해 간다. 좋은 친구이자 최강의 스포츠맨인 제이 존 애프릴J. John Afryl과 경주하는 일은 나를 바짝 긴장하게하는 일이었다. 물론 믿을 수 없을 만큼 재미도 있다. 오랜 달리기 이후에 로그인하고 자기의 데이터를 업로드하면서 자신의 순위가 어디인지를 찾는 일은 자신의 운동을 상당히 멋있게 마무리하는 방법이다. 더 중요한 것은, 집에서 앉아 무얼 할까 하고 있을 때 조깅을 생각하게 되면, 오늘 저녁, 내가 뛰지 않으면 점수를 잃게 될 것이고 순위가 떨어질 것이라는 사실을 깨닫게 된다. 정말 그렇게 된다. 비디오게임의 동기 부여와 같이.[17]

게임의 메커니즘과 사회적 경쟁을 혼합함으로써 나이키 플러스는 강력한 단계 4 경험을 구축하였다. 그러면 단계 5는 어떻게 될까? 나이키사의 목표 중 하나이자 온라인에서 홍보하는 중요한 특징은 사람들로 하여금 함께 달리게 하는 것이다. 이 회사는 전세계적으로 경주와 단체 러닝을 스폰서한다.

나이키 플러스 온라인 포럼을 통해 실제 이웃의 실제 사람들과 함께 달릴

---

17 카벨 새서가 2006년 8월 블로그에 토로한 글, "올해의 다중 사용자 게임Multiplayer Game of the Year"을 읽어볼 것. http://www.participatorymuseum.org/ref1-17/

기회는 매우 많다. 하지만 나이키 플러스 사용자들은 거리가 떨어진 가상 팀메이트들과 함께 달릴 방법을 청원하는 사람도 많다. 따라서 나이키 플러스의 미래 버전에서 지구 반대편의 러닝 파트너와 동시에 실시간 대화를 나누며 거리를 누비는 일도 상상하기 어려운 일은 아니다.

나이키가 이 제품을 이용해 시작한 일이 얼마나 이상한 일인지를 생각해 보자. 화면을 사용하지도 않고, 반사회적이기도 하며, 때론 혐오스럽기도 하고 두려운 활동인 '달리기'를 나이키는 화면의 도움을 통한 사회적 게임으로 변혁시켰다. 나이키 플러스는 달리기 위한 동기의 원천을 체력 단련에서 사회적인 경쟁으로 이동시켰다. 나이키 플러스는 통제할 수 없는 장소인 세상의 러너들이 사용하는 거리와 산악도로를 강력한 경험이 창조되는 장소로 변화시켰다. 나이키 플러스에 의해 사용자들의 달리기는 삶에 스며 있고, 즐거우면서, 사회성을 통해 견인되는 경험이 되어버렸다. 공포스럽고 경멸의 대상이기까지도 한 달리기를 나이키가 변화시킬 수 있었던 것이라면, 문화 기관도 같은 일을 충분히 해낼 수 있을 것이다.

방문자가 서로와 컨텐츠에 대한 관심을 바탕으로 연결되도록 도울 수 있는 시스템의 설계는 어디서부터 시작해야 할까? 단계 3, 4, 그리고 5에서 제공하는 사회적 기회를 살펴보기 전에 우선 중요한 것은 방문자를 개인으로서 파악하는 것이다. 칵테일파티의 비유를 다시 기억해 보자. 방문자와 운영자가 자신을 위해 가장 흥미롭고 유익한 사람과 연결되려면 먼저 주관자는 그들을 개인적으로 환대하면서 그들의 개인적 관심사와 능력을 인정해주어야 한다. 제2장이 다루는 것은 문화 기관이 보다 개인적으로 변모하기 위한 방법이다. 그것을 통해 방문자들은 편안하고 자신감 있게 참여할 동기부여를 얻게 될 것이다.

제2장

참여는 나로부터

2009년 여름, 필자는 비치발리볼을 배웠다. 성인 초심자반 수업의 첫날, 강사인 필 캐플런Phil Kaplan은 이렇게 말했다. "오늘 여러분은 모두 약간씩 예민할 거예요. 여러분은 어떻게 하는지도 몰라요. 괜찮습니다. 끝날 무렵이 되면, 여러분은 배구를 같이 즐길 많은 친구를 가지게 될 거예요." 첫 주 안에 캐플런은 우리 이름 35개를 외웠다. 그는 기술 수준에 맞춰 우리를 집단으로 나눴으며 각 집단에게 필요한 것을 수업했다. 그는 자원봉사자에게 이메일 목록을 만들도록 부탁했으며, 수업 외 시간을 정해 함께 연습하도록 우리를 독려했다. 우리들 중 몇몇은 이 목록을 사용해 스스로 연습하기 시작했고, 가을까지 매주 함께 연습하는 친밀한 친구 집단으로 발전했다. 거의 1년이 지나서, 필자는 여전히 배구를 즐기고 이 친구들 중 많은 사람과 어울리고 있다.

고립된 낯선 무리였던 우리는, 강력한 강사의 주도하에 하나의 새로운 활동을 하며 서로 사회적으로, 또 비중 있게 연결된 자생적 집단으로 변해갔다. 강사 덕분에 우리는 그 수업을 포기하지 않았고, 다시 개인의 삶 속으로 낙오해 돌아가지 않을 수 있었는데, 그것은 어떤 강좌나 투어 가이드를 받을 때 흔히 일어나는 일과는 다른 것이었다. 어떻게 이것이 가능했을까?

캐플런은 이 경험을 구별지을 몇 가지 핵심 행위를 수행했다.

1. 그의 수업은 관객중심audience-centerd이다. 그는 우리의 요구나 능력에 따라 집단을 나누고, 각 집단에 따라 특성화된 교육을 실시했다. 그리고 개인들마다 요구사항이 바뀌었을 때는 다른 집단으로 우리를 옮겨 주었다.
2. 그는 우리를 학생 무리가 아닌 개인으로 대했다. 필자는 다른 사람들을 단지 배구를 하고 싶어 하는 무리로 바라보지 않았다. 필자에게 팸은 뱃사공, 맥스는 치과의사, 그리고 로저는 무용수였다. 캐플런은 우리가 서로 개인을 이해하고, 새로운 사회적 관계를 형성하도록 격려했다.
3. 그는 우리에게 서로 연결될 수 있도록 방법을 찾아 주었다. 수업 동안, 캐플런은 우리에게 다른 개인과 짝을 지어 함께 놀고 배우도록 이끌었다. 그는 친근하고 사교적인 태도를 보여 줌으로써 우리가 그것을 따라할 수 있게 하였다. 그는 또한 우리가 서로에게 다가가거나 수업시간 외에도 배구 코트에 쉽게 접근하도록 이끌었다. 그는 우리 스스로가 서로 관계를 유지하면서 함께 놀고 배울 수 있기를 장려했다.

문화 기관은 꼭 배구 코트와 같다. 전문가적인 방문자와 운영자들은 이미 어떻게 즐겨야 할지를 알고 있다. 그들은 공간의 사용법을 알고 있으며, 무엇이 가능한지, 그리고 어떻게 흥미로운 컨텐츠와 접촉하는지를 분명히 알고 있다. 그러나 우발적이고 비정기적인 방문자, 참여하고 싶지만 어떻게 시작해야 할지 모르는 그런 이도 많다. 이런 사람들에게는 필 캐플런 같은 친근한 호스트host가 필요하며, 그들은 개별적으로 응답을 해주고 그들의 요구와 가장 잘 부합하는 활동, 정보, 혹은 사람을 쉽게 찾게 해 준다. 사람들을 이렇게 개인적으로 환대하면서 그들의 특정한 관심사에 응답한다면, 기관과 서로 간에 참여하는 것에 관해 모든 이가 자신감과 활력을 느낄 수 있는 환경이 조성될 것이다.

관람자가 우선이다

문화 기관을 개인화(개인화personalization는 개인의 특성에 부합하도록 하거나 개인의 요구를 반영한다는 뜻이다. 사유화privatization와는 구별해 이해해 주기 바란다)하는 첫 번째 단계는, 제공될 경험에 접근하기 위해 관객 중심 설계를 취하는 것이다. 이것은 운영진이 중요하게 여기는 것들을 내다버리라는 뜻은 아니며, 그런 것들을 방문자의 요구나 필요의 맥락 안에서 틀을 찾으라는 이야기다. 관객 중심 설계 과정에서는 기관이나 프로젝트가 무엇을 제공할지를 써내려가기 전에, 관심 관객의 지형도를 그리고, 그들에게서 반응을 가장 잘 이끌어낼 체험, 정보, 그리고 전략의 브레인스토밍이 먼저 이루어진다.

전통적으로 관람의 출발선이 되는 매표소와 지도, 도슨트 투어는 관객 중심 설계와 거리가 먼 일이 많다. 티켓을 구입할 때 그날의 특별 행사에 관한 정보가 전달되는 때도 있지만, 해당 방문자의 관심사항이 잘 반영되는 일은 드물다. 지도는 기관이 컨텐츠를 조직화하여 추상화시킨 것으로써 방문자의 흥미나 요구를 반영하지 못한다. 심지어 도슨트 투어와 같은 운영자와의 상호작용에서도 비개인적인 (혹은 더 심하게 말하자면, 혼자 몰두하는) 태도로 컨텐츠가 전달되는 일이 발견된다. 관람자에 맞추어 자신의 투어를 잘 이끌어가는 도슨트가 없지는 않지만, 방문자의 요구를 이끌어내거나 추측하는 것은 쉽지 않다. 기관에 들어서는 방문자는 자신에 대해 잘 알고 있겠지만, 어떤 컨텐츠가 자신에게 보다 흥미로울지는 모를 수도 있다.

이렇게 방문자의 독특한 요구가 잘 포착되지 못하면, 문화 기관에 익숙하지 못한 사람들, 즉 박물관 경험이 어떤 것인지를 잘 파악하지 못해 여전히 배우고 있는 방문자들은 엉뚱한 영향을 받을 수 있다. 풋내기 방문자를 위해 지도와 투어는 그들이 더 깊이 들어갈 수 있는, 유용한 정보로 가득 찬 확실한 출발점이 되지 못한다. 이런 소위 입장 기술entry techniques은 오히려 추상적인 느낌과 박물관의 고유 관행만을 한층 더 강화시킬 뿐이며, 관람자를 혼란스럽거나 질리게 할 수 있다. 이런 방문자에게 문화 기관은 자신의 삶에 어떤 가치가 있고 연관되어 있는지를 보여 줄 필요가 있으며, 그 가장 쉬운 방법은 개인들의 요구와 흥미에 말을 걸 수 있는 개인화된 진입로를 마련하는 것이다. 방문자의 여러가지 요구, 예를 들어 활발한 아이를 동반하기, 아이디어 얻기, 새로운 것을 발견하기와 같은 것들은 기관의 지도나 프로그램 목록에 잘 등장하지 않는다. "청색 익랑"이나 "땅 위의 사람들"(박물관 지도에서는 흔히 컬러 코딩으로 구역을 표시하거나, 추상적인 이름을 각 구역에 부여한다) 같은 레이블은 다양한 장소와 프로그램 속에서 사람들이 무엇을 보고, 무엇을 행하고, 또 어떤 경험을 하게 될지를 이해하는 데 하등 도움이 되지 않는다.

지도를 보고도 의미를 모르는 방문자라면 과연 박물관 경험을 통해 "스스로 의미를 찾는" 법을 배울 수가 있을까?

놀이공원들은 이런 문제에 잘 대처한다. 박물관과 마찬가지로 그들은 추상적인 타이틀(예: 투모로랜드Tomorrow Land)을 밀집 구역에 부여하고, 보다 묘사적인 이름(스페이스마운틴Space Mountain)을 그 안의 놀이기구에 부여한다.{디즈니랜드 안의 "투모로랜드" 구역 안의 놀이기구 "스페이스마운틴"을 뜻하는 것임} 그리고 지도에서는 탈것의 이름 옆에 간략한 정보를 추가로 게재한다. 그것이 무슨 종류의 탈것이며, 어떤 연령층에 적합한지 등이다. 뿐만 아니라 많은 놀이공원의 지도에서는 다양한 종류의 방문자, 예를 들어 십대 청소년, 3시간밖에 여유가 없는 사람 등을 위해 "놓치지 말 것must-dos" 목록을 도드라지게 별도로 제시한다. 이런 추천 아이템은 단지 방문자의 즐길거리(롤러코스터 vs. 스윙)만을 위주로 하는 것이 아니라, 그들이 처한 특수한 제약이나 상황도 고려하는 것이다. 그리고 이런 지도는 언제나 간식장소나 화장실의 위치와 격렬한 활동의 사이에 쉴 곳도 알려준다. 놀이공원은 방문자들이 어떤 경우라도 자신에게 가장 적합한 활동을 찾아낼 수 있도록 진지하게 노력한다.

2007년, 영국 노스이스트 지역 박물관 연합은 〈박물관이 좋아요I Like Museums〉라는 마케팅 캠페인에서 관객 중심적 접근을 시도하기로 결정했다.[1] 〈박물관이 좋아요〉는 노스이스트 지역의 82개 박물관들이 모여, 관람자들이 "박물관 탐험코스museum trails"라 불리는 박물관들의 간추린

1 〈박물관이 좋아요〉 탐험코스는 다음에서 찾아볼 것. http://www.participatorymuseum.org/ref2-1/

방문자가 찾는 것이 영감이든, 모형 기차든, 아니면 "숙취 해소를 위해 갈 만한 곳"이든, 〈박물관이 좋아요〉 웹사이트는 그것에 합당한 박물관을 제시한다.

목록을 따라 답사할 수 있게 만든 온라인 모음집인데 기관의 컨텐츠가 아니라 관객의 흥미에 기반해 만들어졌다. 〈박물관이 좋아요〉의 기본 전제는 당신이 어떤 경험을 찾더라도 노스이스트에는 그것을 제공할 박물관이 있다는 것이었다. 물론 여기에는 "나는 군대의 역사가 좋아요"와 같은 컨텐츠 중심 코스도 있지만, "아이가 즐거워요"와 같이 가족 나들이를 계획하는 이를 위한 코스라든가 "멋진 차 한 잔이 좋아요"와 같이 차를 마시면서 휴식을 원하는 사람들을 위한 것도 있었다. 첫 번째 〈박물관이 좋아요〉 코스는 운영진과 커뮤니티 구성원들이 개발한 것이었지만, 이후 계속적으로 사이트를 방문한 사람들이 제안하는 새로운 코스가 추가되었다.

〈박물관이 좋아요〉에 참여한 아홉개 기관의 2,071명을 대상으로 한 어느 조사에서는, 방문자의 36퍼센트가 캠페인을 알고 있으며 그 영향을 받아 자신도 방문하게 되었다고 언급했다. 박물관 탐험코스들이 사람들에게 접근하기 쉬우면서도 적절했던 이유는, 바로 기관이 무엇을 제공하느냐를 중심으로 삼지 않고 방문자가 누구냐에서 출발했기 때문이었다. 방문자는 레이디 워터포드 홀Lady Waterford Hall이든 인생을 위한 센터Centre for Life든, 아니면 다른 수수께끼 같은 기관에서든, 그곳이 자신만의 고유한 관심사에 맞을지 아닐지를 해독할 필요가 없다. 방문자는 즐길 수 있는 장소, 영감을 받을 수 있는 장소, 물건을 살 수 있는 장소를 찾을 수 있는 것이다. 탐험코스 모두는 박물관 경험을 시작하기 위한 개인화된 출발점이다. 그리고 한 사이트를 통해 그 모두를 모아 한 번에 보여 줌으로써, 〈박물관이 좋아요〉는 박물관을 서로 다른 사람이, 서로 다른 날, 서로 다른 방식으로 활용하기 좋은 다용도 공간으로 바라보게 유도했다. 웹사이트는 소장품의 감상이 아니더라도 사람들이 박물관에 찾아가야 할 더욱 많은 소소한 이유들을 제시하고 있다.

2006년에 테이트모던Tate Modern도 그 실제 공간에서 비슷한 접근을 시도하였다. 감정 무드에 따라 미술관을 다양하게 투어할 수 있도록 기발한 팸플릿 모음을 발행한 것이다. 방문자는 "조금 전 헤어졌어요I've just split up" 투어를 집어 들고 분노 속을 뒹굴 수도 있었고, "동물에 미쳤어요I'm an animal freak" 투어를 통해 자기 내면의 야생을 탐색할 수도 있었다.[2] 〈박물관이 좋아요〉의 탐험코스와 마찬가지로 이 팸플릿들은 관람자가 어떤 식으로든 자신의 관심사를 반영하는 시작점을 쉽게 선택할 수 있게 하였다.

의미 "이끌어내기"

〈박물관이 좋아요〉와 테이트모던의 팸플릿 모두는 기관에 의해 무차별적으로 쏟아져 나온 컨텐츠를 소비하게 하는 대신, 방문자가 스스로

---

2 다음의 링크에서 테이트 모던의 팜플렛과 관람자가 만든 테이트의 소장품 투어를 탐험할 것. http://www.participatorymuseum.org/ref2-2/

의 관심에 따라 특정한 컨텐츠를 이끌어내게 한다. "이끌어낸 컨텐츠pull content"는 교육학 용어로서, 학습자가 자기관심을 바탕으로 능동적으로 탐색하여 찾아낸 정보를 지칭한다. 이끌어내기 기법에서는 정보의 모색에 있어 방문자의 능동적 역할을 강조한다. 의미를 해석하고자 하는 방문자가 레이블을 읽을지 인터랙티브 전시물을 가지고 놀지를 선택하는 것처럼, 의미의 모색은 언제나 약간의 능동성을 포함한다. 그래서 만약 방문자에게 해석 자료를 보여주지 않고 스스로 찾아내게 한다면, 그것은 일종의 참여적 능력을 그들에게 부여한다. 방문자들이 밝혀내거나 탐색할 대상을 선택하는 것이다.

박물관에서 가장 흔히 볼 수 있는 이끌어내기 장치 중에는 임의 재생형 오디오 투어random access audio tour가 있는데, 방문자는 해석 자료를 선택해 듣기 위해 오디오 가이드 장치나 자신의 전화기에 숫자를 입력한다. "임의 재생random access"은 조금 기묘한 용어인데, 사실 그것은 무엇인가를 "직접direct" 선택함을 뜻한다. 순서와 상관없이 소비될 수 있는 정보란 뜻이다. 임의 재생 방식은 강제적 서사였던 박물관의 오디오 투어를 열린 결말의 탐험으로 변화시킨 기술적 혁신이었다. 다양한 관객을 지향하여 다중 채널 오디오 투어를 채택한 박물관에서는 종종 각각의 투어에 대해 서로 다른 시각적 아이콘을 사용하고 있으며, 그래서 하나의 회화에 청소년용 채널과 보존전문가 채널이 서로 다른 설명을 전달하기도 하고, 같은 전시실의 다른 조각 작품에는 어린이를 위한 설명이 추가되는 등의 상황이 가능해진다. 임의 재생 방식으로 인해 사람들은 듣고 싶은 것을 선택할 수 있게 된다.

테이트모던의 팸플릿과 같이, 오디오 투어는 선택적이다. 이끌어내기 기술이 가장 큰 효과를 발휘하는 것은 방문자 경험과 이끌어내기 기술이 하나로 합쳐졌을 때이다. 예를 들어 2004년, 스웨덴 인터랙티브 연구소Swedish Interactive Institute의 팀은 아베스타Avesta라는 오래된 제철 마을에 있는 용광로 사적을 탐험할 수 있는 독창적인 이끌어내기 장치를 만들어 냈다. 그 장소 자체는 아무런 해석을 위한 자료를 제공하고 있지 않았다. 어떤 레이블도 매체 요소도 없었던 것이다. 대신, 각 방문자에게는 특별한 손전등이 주어졌는데, 그것을 이용해 장소 주변에 칠해진 핫스팟hotspot을 비추게 되면 해석 정보가 촉발되는 장치였다.[3] 손전등으로 작동되는 해석의 체험으로는 빛 투사, 음성 트랙, 그리고 때로는 물리적 경험(예컨대 연기와 열) 등이 있었다. 핫스팟에는 두 가지 컨텐츠의 층위가 있었다. 교육적인 것(용광로가 어떻게 작동하는지에 관한 특징적 요소와 역사 설명) 그리고 시詩적인 것(역사 자료를 바탕으로 제철 노동자의 관점을 상상적 스토리로 만든 것) 등이었다. 방문자는 용광로 터를 걸어다니면서, 자신의 선택에 따라 아무 해석 자료도 못 얻을 수도 있었고 손전등을 사용해 컨텐츠를 작동시킬 수도 있었다. 이 손전등은 방문자에게 용광로와 그 이야기를 조명하게 해 주는 설명의 도구이자 문학적 도구였다.

이런 기술을 뒷받침할 운영진은 다른 모든 관객 중심적 기획에서와도 마찬가지로 방문자가 스스로 자신에게 가장 유용한 컨텐츠를 찾고자 하고 그것이 가능하다고 믿는 운영진이다. 운영진이 이렇게 방문자들에게 신뢰를 보인다면, 그것은 박물관의 세계에서도 방문자의 기존 지식이나 흥미, 선택이 좋고 유효하다는 신호가 될 것이다. 그렇게 되면 방문자도 스스로를 경험의 주인으로 여기게 될 것이다.

3 아베스타 체험의 디지털 버전은 다음 주소를 이용해 경험할 수 있다.
http://www.participatorymuseum.org/ref2-3/

모든 사람을 개인으로서 대하기

문화 경험의 시작이나 접근을 위해 관객 중심적 방법을 제공하는 것은 기관의 개인화를 위한 첫 번째 구성 요소다. 다음 단계는 보다 개인화된 접근법을 심화하여 사람들과 그들의 관심을 식별하고, 인지하고 응답하는 것이다.

록 콘서트같이 사람들이 군중 속에서 익명의 일원이 되어 즐기는 사회적 장소가 있다. 그러나 대부분의 사회적 환경에서 그런 것은 외롭고 심지어 두렵다. 드라마에서 유래된 술집 치어스Cheers가 "모든 이가 당신의 이름을 아는 장소"를 표방하는 데는 이유가 있다. 개인으로 대접받는 것이 즐거운 커뮤니티 경험을 위한 시작점이기 때문이다.

문화 기관은 종종 이것에, 특히 방문자를 대하는 경우에 취약하다. 심지어 필자가 회원으로 가입한 박물관에서조차도, 필자는 특별한 환대를 받기보다는 그저 문으로 들어오는 또 다른 몸뚱이일 뿐이다. 이렇게 입구에서부터 개인화가 소실되면 관람자는 기관이 나를 개인으로서 가치화하지 않는다고 여기게 된다. 나는 단지 얼굴 없는 방문자가 되는 것이다.

익명성의 문제는 고객 서비스를 조금만 개선, 제공하는 것으로도 간단히 개선된다. 비슈누 람차란Vishnu Ramcharan은 온타리오 과학관Ontario Science Centre에서 ("호스트"라고 불리는) 현장 직원을 관리한다. 그는 간단한 원칙으로 호스트를 훈련시키는데, 호스트는 모든 방문자에게 그가 여기서 원했던 사람이라고 느끼게 하여야 한다는 것이 바로 그것이다. 람차란은 다음과 같이 이야기했다. "호스트는 단지 방문객이 그냥 거기에 왔다고 흥분할 것이 아니라, 오늘 여기 특별히 당신이 나타났다는 점에 흥분해야 합니다. 호스트는 그들에게, 과학관에서 그를 보게 되어 정말 흥분하고 있다고 느끼게 만들어 주어야 합니다." 이것은 진부하게 들릴지도 모르지만, 만약 독자도 람차란의 미소를 보게 된다면 좋은 파티 호스트를 만났을 때처럼 자신이 여기서 환영받는 특별한 존재라고 느끼게 될 것이며, 즉시 뛰어들 마음을 느끼게 될 것이다.

개인의 프로필

따뜻한 환대는 좋은 출발이기는 하지만, 여전히 그들 각각의 독특함이 무엇인지를 실제로 알기 전까지는 방문자를 개인으로 대할 수 없다. 그렇게 하려면 기관과 관련된 방문자 자신의 정체성을 표출시키기 위한 방법이 필요하다.

개인으로 사람을 대하는 것은 어떤 강력한 사회적 네트워크에서라도 핵심이 된다. 온라인이든 실제 세상에서건, 외모, 취향, 행동을 통한 개인적 자기표현을 통해 사람들은 자신을 남들과 관련지워 표현한다. 우리는 모두 우리가 누구인지, 누구와 만나길 원하는지, 원하고 원하지 않는 것이 무엇인지 신호를 보내기 위해 개인적 정체성personal identity을 사용한다. 더욱 확실하고 철저하게 자신의 정체성을 분명히 할수록, 조직이나 커뮤니티 책임자, 온라인 서비스는 그 사람을 더욱 적절하게 매력적인 사람이나 경험에 잘 연결시킬 수 있다.

온라인 소셜 네트워크에서 사용자 경험은 개인 프로필을 중심으로 일어난다. 페이스북Facebook이나 링트인LinkedIn과 같은 웹사이트는 사용자가 시작에 앞서 먼저 자세한 자신의 프로필을 작성하도록 요구한다. 거기서 사용자는 흥미와 취향을 자세하게 입력한다. 프로필의 요점은 사용자를 관련된 사람과 상품, 기관, 혹은 생각과 연결시킴으로써 그에게 가치를 돌려주는 것이다. 어떤 사이트, 예를 들어 링트인은 아주 철저하게 사람들간의 "연결" 경로를 보여 준다. 그것은 모든 이가 링트인 세계 속 모든 다른 이에게 관심을 둘 수는 없다는 전제 때문이다. 사람들이 관심을 가지는 사용자는 스스로 결정한 자기 관심사와 관계된 사용자나 이미 연락처를 가지고 있는 사용자들이다.

예를 들어, 필자는 읽을 책을 찾아보려 할 때 라이브러리싱LibraryThing이라는 온라인 소셜 네트워크를 사용한다.[4] 필자는 독서를 사랑하고 도서관을 자주 이용한다. 그런데 필자는 종종 사용 가능한 개인화된 추천 기능이 턱없이 부족하다는 점에 실망한다. 미국 도서 대상National Book Award 수상작이나 인기 해변 미스터리를 소개하는 전단지 따위를 제외하면 필자가 최고의 책을 발굴하는데 도움이 될 정보는 거의 없다. "강한 여성 캐릭터가 등장하는 문학적이고 줄거리 중심의 이야기", 혹은 "아이러닉하고 괴팍스럽지만 너무 지나치지 않은 성관계"와 같은 범주는 없다. 또, 도서관에서 도움을 요청하기 위해 다른 사람에게 의지할 수도 없다. 사서는 거의 바쁘기도 하고, 집에서 인터넷으로 도서 목록을 검색하면서 도움을 받을 방법도 없다. 뿐만 아니라 항상 도서관에는 책을 사랑하는 사람이 많이 있지만, 임의의 독자 집단과 나의 흥미가 맞을 것이란 보장도 없거니와, 그들이 접근하는 낯선 이에게 긍정적으로 답변을 줄 것이라고 기대할 수도 없다.

이런 이유로 필자는 라이브러리싱에 의존한다. 라이브러리싱에 있는 필자의 프로필은 필자가 읽은 책의 목록이다. 읽은 책의 이름을 입력하

4 다음의 링크에서 라이브러리싱을 알아볼 것. http://www.participatorymuseum.org/ref2-4/

면, 라이브러리싱은 도서관 수준의 서록을 만들어준다. 개인의 도서 목록은 라이브러리싱의 소셜 네트워크에서 다른 모든 사용자의 목록들과 더불어 결절점node으로 존재한다. 라이브러리싱은 자동으로 읽은 책의 패턴을 기반으로 책을 추천한다. 그것은 우리가 비슷한 책의 취향을 가지고 있을 것이라는 가설을 바탕에 두고 필자와 같은 책을 목록에 가지고 있는 다른 사용자를 연결시켜 준다. 필자는 종종 그들의 라이브러리에 있는 다른 책에 관해 조금 더 알아보기 위해, 다른 사용자와 결국 직접 연락하는 상황도 맞이한다. 그런 개인들 속에서 필자의 흥미는 우리를 묶어 주는 네트워크에 의해 매개된다.

결과적으로 이 경험은 믿을 수 없을 만큼 강력하다. 필자가 라이브러리에 더욱 많은 책을 추가할수록 보다 우수한 추천 목록을 얻게 된다. 필자는 이제 더 이상 또 다른 책 분류 시스템으로 옮겨 탈 수도 없게 되었는데, 그만큼 라이브러리싱은 그저 기능에 충실한 소프트웨어의 이상으로 발전했기 때문이다. 라이브러리싱은 반응이 즉각적이고 사용자의 개인적 취향을 존중한다. 그리고 그것은 독서를 풍부하게 해주는 다른 사람들과 사용자를 연결시켜 준다.

물론 어떤 도서관에는 사람들이 좋아할 책을 찾도록 도와줄 환상적인 운영진이 있을 수 있다. 그러나 직원이나 심지어 자원봉사자에게 의지하기에는 한계가 많다. 그런 일은 필자가 배구를 하고 싶을 때마다 배구 강사에게 전화를 거는 것과 다를 바 없다. 만약 어떤 시스템이 개인적 요구에 대해 잘 반응하도록 구축된다면, 그것은 결과적으로 사용자에게 보다 큰 가치를 돌려줄 것이며, 보다 많은 이들의 사용이 계속될 것이다.

실제 세계에서의 프로필

필자는 독서 목록을 몸에 달고 마을을 돌아다니지 않는다. 온라인 세계에서는 누구나 복잡한 개인 프로필을 구축할 수 있지만 물리적 세계에서는 독특한 정체성을 낼 명시적인 방법이 많지 않다. 필자는 좋아하는 밴드의 티셔츠를 입을 수 있고, 마을을 개와 산책할 수 있으며, 문신을 드러낼 수 있다. 이런 각종 정체성 표식self-identification은 로커빌리{rockabilly: 로큰롤 풍의 컨트리 음악} 애호가나 애완견 주인, 문신한 사람의 커뮤니티 구성원과의 사회적 상호작용을 이끌어낼 수도 있다. 이렇게 자기를 조금만 표현하더라도 그것은 동일한 애호 경향의 사회적 망으로 자신을 다른 이와 연결시키는 일종의 신호탄이 될 수 있다.

그러나 "길거리의 프로필sidewalk profile"은 개인적 외양과 가져다니는 물건에 의해 제한된다. 어떤 이가 배낭여행, 유대교 재건주의, 혹은 틀에서 벗어난 삶에 대한 애정을 길거리를 걸어다니면서 보여 주는 일은 더욱 어려운 문제다. 웹에서는 이 모든 것을 보여 줄 수 있다. 다른 종류의 경험이나 컨텐츠와 관계된 자신을 표현하기 위해 서로 다른 웹사이트를 사용할 수도 있다. 필자가 신뢰하는 라이브러리싱의 책 추천자들은 필자와 전문직을 중심으로 링트인에서 연결된 사람들과 같을 수 없다. 사람들은 자신의 정체성을 상황에 따라 적당하게 표현할 수 있으며, 그렇게 구축된 프로필을 바탕으로 사회적 경험을 만들어 갈 수 있다.

문화적 기관의 참여에서는 이것이 어떤 문제가 될까? 만약 맞춤형 컨텐츠나 가치있는 사회적 상호작용의 기회를 창출하고 싶다면, 기관은 방문자에게 기관에 맞게 자기정체성을 구축할 방법을 제공해야 할 것이다. 이것은 자신의 인생 이야기를 하도록 하라는 것이 아니라, 기관에서 제공하는 경험과 연관된 특화된 프로필을 설계하라는 것이다. 만약 해당 기관이 다양한 언어로 프로그램을 제공한다면, 방문자 프로필에도 방문자의 선호 언어가 포함되어야 한다. 만약 기관의 컬렉션이 광대하고 다채롭다면, 방문자 프로필에 가장 좋아하는 상징적 물건이나 테마를 포함시킬 수 있다. 적절하게 프로필 만들기 활동을 이용하면 약간의 개인 정보만으로도 높은 가치를 지닌 결과를 얻을 수 있다.

박물관에서 관람자 프로필을 만들기 위한 서로 크게 다른 시스템 세 가지를 살펴보자.

뉴욕의 소니 원더 테크놀로지 랩Sony Wonder Technology Lab을 방문하는 사람은 전시물에 접근하고 조작할 때 사용할 종합적 디지털 프로필을 먼저 만든다. 원더 테크놀로지 랩은 디지털 테크놀로지의 창의적 사용에 초점이 맞춰진 체험형hands-on 과학센터다. 방문자가 들어서면, 그들은 이름과 목소리, 사진, 좋아하는 색깔, 선호하는 음악 장르를 녹음하는 키오스크에서 "로그인"을 시작한다. 그러면 해당 방문자의 프로필이 RFID 카드에 저장되고, 그것을 모든 인터랙티브 전시물에 접속할 때 사용하게 된다. 각 전시물은 체험이 시작될 때 방문객의 이름을 부르며 환영한다. 방문자가 이미지를 늘리려면 자신의 얼굴을 일그러뜨린다. 합성 음악을 만들 때는 자신의 목소리를 합성 음악의 일부로 할 수 있다. 이것은 기술적 눈속임처럼 들릴지 모르겠지만 감정적 호소력이 강하다. 여기서는 모든 전시물로 관람자를 이끌 때 그의 나르시시즘을 이용한다. 자신의 이미지나 목소리보다 더욱 개인에 연관되어 있고 반응을 자아내게 하는 것이 따로 무엇이 있겠는가?

방문자 프로필은 하이테크를 동원해야만 쓸만한 것이 아니다. 볼티모어의 월터스 미술관Walters Art Museum에서 열린 기획전 〈영웅들: 고대 그리스의 인간과 신화Heroes: Mortals and Myths in Ancient Greece〉에서, 방문자는 그리스 신화의 캐릭터 중 자신과 동일시되는 캐릭터를 고름으로써 자신의 프로필을 만들었다. 방문자는 전시장 입구 가까이에 있는 키오스크에서 가장 좋아했던 여덟 명의 그리스 영웅, 신, 혹은 괴물을 선택하기 위해, 성격에 관련된 간단한 질문에 답하게 된다. 그 키오스크의 옆에는 상자가 있는데 방문자는 그 속에서 "자신만의" 영웅에 해당하는 개인화한 태그와 ID 카드를 가져가도록 지시받았다. 이 카드는 영웅에 관해 보다 더 많은 정보를 알려주면서, 전시의 특정한 사물과 그들을 연결시켰다. 이 사례에서 프로필은 전시 컨텐츠를 변화시키지는 않지만, 〈영웅들〉 전을 헤쳐 나가면서 필요하게 될 권장사항을 도출하기 위한 자신만의 필터로서 작용했다.

마지막 사례로, 뉴욕 과학관New York Hall of Science에서는 방문자에게 멤버십 제도 등급에 따라 다른 종류의 입장 스티커를 교부한다. 비회원, 회원, 그리고 기부자 등은 서로 다른 색깔을 받는다. 그 방법으로, 주위의 운영자들은 누구나 그들이 새로 온 사람인지 재방문한 방문자인지를 시각적으로 구분하고 그에 맞게 대응할 수 있다. 여기서 방문자 프로필은 스티커 색으로 표현된 정보 한 가지에 불과하다. 그러나 그것은 여전히 방문자가 기관과 관계해 온 내력에 어느 정도 부합하는 방문자 경험을 가능하게 한다.

각각의 이런 프로필 시스템은 서로 다르지만, 모두 방문자 경험 속에서 그 가치를 건져낸다. 성공적인 개인 프로필은 다음과 같은 세 가지 목표를 완수한다.

1. 그것은 관람자가 뭔가 대접받고 있다고 느끼게 하는 방식으로 입

장 경험을 규정한다. 만약 운영자가 이름을 부르며 방문자를 환영하거나 특정한 관심사를 언급해 준다면, 그는 기관에서 보다 큰 편안함을 느낄 것이다. 직원이 그의 배경과 능력에 경의를 보여 준다면, 그는 잠재적 참여자나 기여자로서 자신감을 얻을 것이다. 만약 방문자가 이야기나 아이디어, 창의적 작업을 공유해 주기를 바란다면, 그들을 가치 있는 뭔가를 기여해 줄 사람으로서 예우해 줄 필요가 있다.

2. 그것은 사람들에게 기존의 관심에 깊이를 더하고 만족스럽게 만들어 갈 기회를 제공한다. 만약 어떤 이가 기차에 매료된 관람자를 상대하는 운영자에게 올바른 프로필은 그런 관심을 노출시키는 한편, 운영자가 그에 맞는 적절한 경험을 제공하도록 도움을 줄 수 있다. 존 포크John Falk의 연구에 따르면 방문자는 자신의 독특한 정체성 요구를 수용하는 박물관의 제도적 역량에 따라 자신의 경험을 평가한다.[5] 방문자의 요구를 보다 더 잘 인식한다면 그것을 더욱 잘 완수할 수 있다.

3. 그것은 사람들이 도전적이거나 낯선 기회로 가지를 뻗을 수 있도록 자신감을 준다. 『혼자 볼링치기*Bowling Alone*』라는 저서에서 정치과학자 로버트 퍼트남Robert Putnam은 다음과 같이 주장했다. (볼링처럼) 개인적 흥미를 공유하는 경험은 사람들이 인종과 부, 사회적 계급 간의 거대한 차이를 재봉합할 수 있도록 도울 수 있다.[6] 볼링리그와 뜨개질 모임, 아마추어 천문학 클럽은 모두 사람들로 하여

5 포크Falk, 『아이덴티니와 박물관 방문자 경험*Identity and the Museum Visitor Experience*』(2009).

6 퍼트남Putnam의 사회적 자본에 관한 논의는 『혼자 볼링치기*Bowling Alone*』(2000) 22~23쪽 을 볼 것.

금 새로운 경험과 생각을 연결시키면서 그들의 개인적 흥미를 즐기는 데 도움을 준다.

프로필은 단지 방문자만을 위한 것이 아니다. 그것은 또한 운영자와 자원봉사자가 기관과 관련해 자신의 개인적 흥미를 표현하는 데 사용될 수도 있다. 가장 단순한 방법 중 하나는 "직원의 선정staff picks"이다. 가까운 서점에 걸어 들어가 보라. 그러면 특정한 책에 대해 열정을 표현하고 있는, 직원이 짧게 쓴 문장이 특징인 육필 카드들을 발견할 수 있을 것이다. 이런 선정의 방식은 공식적이고 위계적인 정보보다는 책에 관한 개인적이고 비공식적인 설명에 초점을 맞춘다.

박물관은 오래전부터 소장품에 특별한 관점을 조명하는 맞춤형 쇼를 설계하기 위해 큐레이터나 게스트 예술가를 초대해 온 긴 역사를 가지고 있다. 이것은 프레드 윌슨Fred Wilson의 메릴랜드 역사학회Maryland Historical Society에서의 전시 〈박물관 발굴하기Mining the Museum〉(1992)나 라익스뮤지엄Rijksmuseum에서 인기를 얻었던 데미언 허스트Damien Hirst의 작품(2008)에서처럼 공식적으로도 이뤄질 수 있다. 그러나 이것은 운영진뿐만 아니라 자원봉사자로 내부적으로도 이뤄질 수 있다. 2008년에, 익스플로러토리움Exploratorium은 프로토타입으로 〈직원 선정〉 표

책방의 직원 선정은 개인적이고 친근한 방식으로 특정 서적을 돋보이게 한다.

지판을 출범시켰는데, 이를 통해 다양한 직원이 등장해 특정한 전시에서 자신이 사랑하는 것이 무엇인지를 담은 비공식적인 생각을 공유했다.

여러 박물관들은 전문 지식 영역에 관해 큐레이터가 쓴 설명을 담고 있는 전형적인 주제전에 스스로 만족한다. 그러나 문화는 그 자체가 간학제적이기 때문에, 디자인 큐레이터가 어떻게 가구의 역사를 해석하는지 혹은 어떻게 과학자가 풍경화를 보는지도 꽤나 흥미롭게 보일 수 있다. 박물관 운영자의 역할은 책방의 직원보다 더욱 다양하기 때문에, 직원 선정 방식은 다양한 관점으로부터 배움을 독려할 수 있는 기회가 된다. 문화적 기관에서 과학자, 디자이너, 그리고 에듀케이터의 독특한 관점을 조명하게 되면, 참여한 개인에게도 독특한 정체성이 부여될 것이고, 방문자에게는 더욱 다양한 함의가 담긴 해석적 자료가 제공될 것이다.

운영진 스스로가 개인성을 표출하도록 장려될 때, 다양한 개인적 관심사와 의견이 존중되는 모델이 탄생할 수 있다. 현장 직원이 자신 있게 컨텐츠에 대한 개인적 생각을 기관과 공유할 수 있어야만 방문자도 그렇게 하도록 허가될 수 있을 것이다.

문화 기관의 프로필 설계

사용자 프로필을 구축하기 위한 방법은 매우 다양하게 구사될 수 있다. 많은 프로필 만들기 활동은 창작형, 즉 사용자가 고유한 뭔가를 입력하는 식이지만, 어떤 프로필 만들기는 선택형, 즉 주어진 옵션 중 사용자가 선택을 하는 식이다. 열쇠는 기관이 사람들의 프로필에 기반해 그들에게 반응할 수 있다는 사실을 방문자에게 확신시키는 것이다. 과

잉의 프로필 만들기는 프로필 질문에 대답하는데 시간을 낭비하는 방문자와 의미 있게 활용되지 못할 데이터를 모으는 기관 모두에게 낭비일 뿐이다.

기본적으로 프로필에는 두 종류가 있다. 그것은 선망목표aspirational 프로필과 행동기록you are what you do 프로필이다. 선망목표 프로필은 자신의 자아개념을 바탕으로 스스로를 표현하는 것이다. 이 프로필은 사람들의 의상, 개인적 의견표현, 혹은 상태 표현을 통해 만들어진다. 월터스 미술관Walters Art Museum의 〈영웅들Heroes〉 전시의 태그들은 일종의 선망목표 프로필이었다. 각각의 방문자는 가장 호소력 있거나 관심에 가장 부합하는 영웅을 선택했다.

선망목표 프로필은 근본적으로 미국 홀로코스트 추모 박물관United States Holocaust Memorial Museum 혹은 〈타이타닉Titanic〉 순회전에서 방문자에게 부여하는 프로필과는 다르다. 이 전시들에서는 방문자가 홀로코스트에 의해 영향 받거나 타이타닉을 타고 여행했던 임의의 역사적 인물과 동일시 할 기회를 제공한다. 물론 이런 체험을 통해 방문자가 과거 속 인물의 강력한 이야기들과 연결되도록 도움이 되긴 하지만, 그 프로필은 방문자 자신에 관한 어떤 개인적인 것도 반영하지 않는다. 선망목표 프로필은 반대로, 방문자 자신의 성격과 선호, 흥미에 기초한다.

"행동기록" 프로필은 사용자가 자신에 관해 말하는 것이 아니라, 그들이 실제로 하는 것을 기초로 한다. 예를 들어, 필자는 지역의 암벽등반 체육관에 "행동기록" 프로필을 가지고 있다. 체육관에 들어서면, 데스크 직원은 필자에게 회원 번호를 물어본 후 이름을 부르며 반갑게 맞이한다. 그의 앞에 있는 스크린에는 필자가 얼마나 자주 오며, 어떤 수업을 받고 있는지, 기록된 모든 항목을 보여 준다. 이름을 제외하면, 프로필의 어떤 부분도 임의로 지정할 수 없다. 그는 체육관과 관련된 필자의 활동을 통해 필자를 알고 있으며, 필자의 과거 행동을 바탕으로 개인화된 정보를 필자에게 제공한다.

"행동기록" 프로필은 문화 기관에서 굉장한 잠재력을 가지고 있다. 방문자의 경험, 즉 그들이 방문한 전시, 그들이 다양한 물건을 보는 데 들이는 시간의 양, 그들이 참여한 체험의 종류, 그들이 음식이나 선물가게에서 소비한 금액 등으로 생산된 작은 양의 데이터라도 포착할 방법을 찾을 수 있다면, 방문자를 더욱 잘 이해하고 그에 맞게 반응할 수 있을 것이다.

많은 프로필은 이 두 가지 종류를 혼합하며, 방문자가 자신에 대해 이야기한 것과 그들이 행한 것을 기초로 사용자에게 가치를 제공한다. 2009년, 필자는 보스턴 어린이박물관Boston Children's Museum에서 실제 세계와 온라인 경험을 혼합하여, 〈우리의 푸른 길Our Green Trail〉이라는 기획을 개발했는데, 그것은 방문자의 일상적 삶 속에서 환경 의식을 고양하려는 것이었다. 우리는 실제 삶에서 녹색 실천이 이루어지면 온라인 요소가 그것을 반영하고 그에 따라 보상을 주는 프로필을 만들기로 결정했다. 온라인 환경은 각각의 사용자가 가상의 집을 가지는 "녹색 마을"로 설계됐다.[7] 초기 세팅에서, 사용자는 선망목표 프로필을 만든다. 그들은 집을 선택하고 거기에 이름을 붙인다. 그 집은 심심한 모양새의 건물로 시작하지만 다양하게 환경적 향상을 통해 "녹색" 집으로 변화될 수 있다. 가상의 집은 온라인 상호작용을 통해 향상되는 것은 아니었다. 대신, 그들

---

7 〈우리의 푸른 길〉에서 당신 자신의 집을 지어 보라. http://www.participatorymuseum.org/ref2-7/

의 집은 그들이 실제 세계에서 녹색 실천을 수행했을 때 향상되었다. 학교에 재사용 가능한 도시락 가방을 가지고 가기, 전기등 끄기, 물 절약하기 등이다. 사용자는 선망하는 특정한 목표를 표명할 수 있었지만, 그들의 가상적 집은 그들이 활동을 완수했다고 스스로 보고해야만 향상되었다. 이 지점에서, 그 가상적 집은 플레이어의 실제 삶을 반영한 "행동기록" 프로필로 기능한다. 녹색 마을을 한번 훑어보면 사람들은 누가 녹색 생활스타일의 실천을 우수하게 수행하는지를 알 수 있는 것이다.

직원의 경우, 대부분 기관은 인사과 파일에서 광대한 "행동기록" 프로필을 유지, 관리하지만 직원이 선망목표를 통해 자기정체성을 표할 기회는 주지 않는다. 2004년, 필자는 오하이오 주 콜롬버스 시에 있는 과학산업센터Center Of Science and Industry(COSI)에 갔다. 직원 휴게실에는 모든 직원의 사진, 이름, 직책이 나열된 벽이 있어, 사람들은 기관 안에서 서로 쉽게 알아볼 수 있었다. 이것은 개인으로서 서로를 인식하기 위해 큰 조직에서 일하는 직원들을 위한 훌륭한 (그리고 일반적인) 방식이다. 그러나 COSI는 한 발짝 더 나아갔다. 각 명판에는 직원 사진, 이름, 직위, 그리고 "꿈꾸는 직위"가 표기되었다. 한 에듀케이터가 꿈꾸는 직위는 "바나나 먹기 팀장"이었고, 방문자 서비스 담당자는 자신을 "방울의 여왕"이라고 선언하는 등이었다. 사소하지만, 이런 것을 추가함으로서 직원은 직업에 관한 기능적 정보뿐만 아니라 선망적인 (그리고 창의적인) 자신도 표현하게 되었다.

착용식 프로필

월터스 미술관의 〈영웅들〉 전시에서는 방문자에게 프로필을 만들도록 요청하기로 결정하고, 그것을 논리적으로 복잡하거나 오래 걸리지 않게 만들었다. 그들은 재미있고, 쉽고, 선택가능하고, 고부가가치적인 프로필을 원했다. 그래서 직원들은 간단한 착용식 인식 시스템을 만들었다. 그들은 그리스 신화로부터 여덟 캐릭터를 의미하는 작은 금속 태그를 상자에 담아 제공했다. 방문자는 그 여덟 중 하나를 선택해 해당하는 태그를 착용하여 자신의 정체성을 표현했다. 이 태그는 많은 방문자나 낯선 사람들, 친구들이 서로 대화를 시작하기 위한 단초가 되었고, 자신이 선택한 영웅에 관한 컨텐츠를 전시에서 찾아내는 데 사용했다.

착용식 인식표는 자기 식별을 위한 가장 단순하고 가장 유연한 형식이다. 이미 많은 박물관들은 방문자가 전시실에 입장할 때 티켓 구매자를 구분하려고 버튼이나 스티커를 착용시킨다. 이런 착용식 인식표를 개인화된 경험을 위해 사용 못 할 이유가 있는가? 출입구 직원은 간단한 택일성 질문을 던진 다음 방문자에게 다른 색깔의 스티커나 손목밴

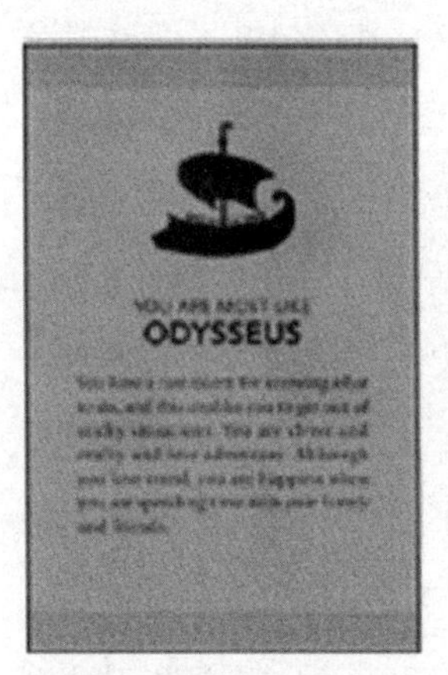

〈영웅들〉의 카드와 꼬리표는 그리스 영웅 오디세우스와 관련이 있었다. 각 양면의 카드는 성격 정보(왼쪽)와 사물 정보(중간)을 표시했다. 방문자는 자신이 선택한 영웅을 표시하는 꼬리표(오른쪽)를 옷깃에 착용했다

드를 제공할 수 있다. 또 다른 방법으로, 방문자가 자신의 프로필을 손쉽게 선택하도록 단어나 어구가 인쇄된 스티커를 고르게 할 수 있다.

작용식 식별표는 방문자에게 자신의 독특한 점을 공유하게 함으로써 그들을 개인으로서 인식시킨다. 그것은 직원이 방문자 프로필을 바탕으로 적절한 것을 추천하거나 정보를 줄 수 있으므로 심화의 기회도 제공한다. 동시에, 방문자와 흥미를 공유하는 사람이 인식되도록 외부적 도구를 제공함으로써 낯선 이와 사회 관계적 다리 놓기를 돕는다.

그러나 이런 프로필이 유용한 경우는 기관이 그것에 기초하여 향상된 경험을 전달할 수 있을 경우에만 그러하다. 〈영웅들〉 전의 경우, 전시를 통해 특정 영웅에 관한 컨텐츠 실타래를 찾아 탐험하게 하며, 상이한 정체성을 가진 다른 사람과 연결할 기회가 향상되는 효과가 있었다.

맥락화된 방문자 경험을 박물관에서 구현하기 위해 단 한 가지의 질문만을 관람자에게 할 수 있다고 상상해 보자. 무엇을 질문하는 것이 좋을까?

프로필을 위한 질문은 어떤 기관이 제공하는 여러 체험 중에서 틀을 잡는 데 도움이 되어야 한다. 어떤 공간으로 들어가는 누군가에게 자신을 안심하게 하는 것이 무엇이냐는 질문을 해준다면, 그 사람의 마음은 안정의 상태로 들어설 것이다. 어떤 공간으로 들어갈 때, 무엇에 도전하고 싶냐는 질문을 받는다면, 아드레날린이 솟을 것이다. 역사박물관에서 "방문하고 싶은 역사적 시대는 언제인가요?"라던가, 아트센터에서 "제일 좋아하는 색깔이 무엇입니까?"와 같이 단순한 질문일지라도, 사람들로 하여금 자신의 개성을 표현하고 기관과 공감하게 도움을 준다.

작용식 프로필은 컨텐츠와 관련된 것일 수도 있고 (예를 들어, 관심 컨텐츠별로 다른 색깔), 지식이나 숙련도를 기반으로 하거나 (스스로 규정하

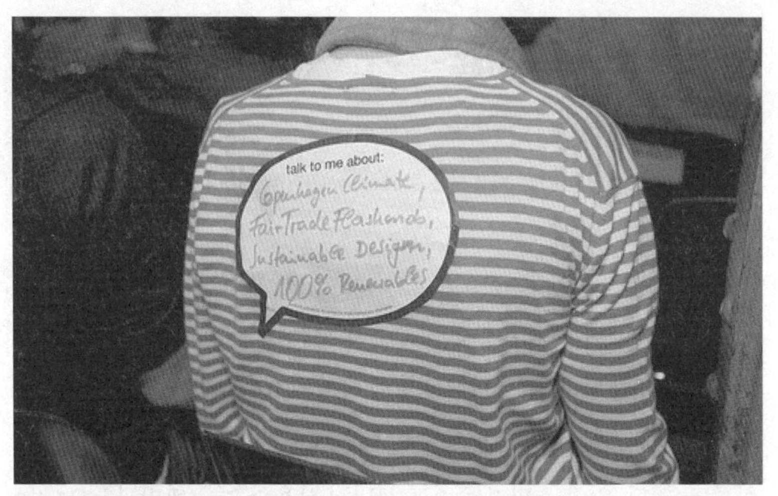

베를린에서 열린 팔로마5 혁신 캠프Palomar5 Innovation Camp의 참여자는 간단한 "나와 대화해요" 스티커를 가지고 사회적 관심사를 광고했다.

기를 초심자, 학생, 아마추어, 전문가로 함에 따라 다른 색깔), 혹은 사회관계에 따를 수도 있다(낯선 이와 관계하고자 할 사람과 그렇지 않은 사람을 다른 색깔로). 음악센터를 예로 든다면, 방문자가 선호하는 음악에 따라 스스로를 구분하기 위해 "서부 컨트리", "펑크 록" 등등이 기재된 이름표를 제공할 수 있다.

더욱 일반적인 상황에서, "○○○에 관심이 있어요"나 "○○○에 영감을 받아요" 같은 문구로써 방문자나 직원은 자신의 관심을 표현하거나 관심사가 맞는 사람과 만나게 할 수 있다. 독일인 기술학자인 제이 커진스Jay Cousins는 컨퍼런스에서 사회적 상호작용을 촉진하기 위해, "○○○에 관해 대화해요" 스티커를 실험했다. 사람들은 자신의 관심사를 스티커에 써서 자신의 상의나 노트북의 뒤에 그것을 붙였다.

심지어 가장 어울리지 않는 상황에서도 발휘된 그것의 인기에 관해 커진스 이렇게 썼다.

> 도이치 텔리콤Deutsche Telecoms의 혁신의 날—수트 입은 남성이 자신의 열정을 표현하는 바보 같은 말풍선을 착용할까—8/10은 예라고 답했다.[8]

이것은 모두 선망 목표 프로필의 예이지만, "행동기록적" 착용식 인식표를 발전시켜 전시 방문자가 사용한 것, 그들이 좋아했던 작품 혹은 그들이 참여한 콘서트를 반영하게도 할 수 있다. "행동기록적" 프로필은 멤버십 회원뿐만 아니라 후원자, 협력자, 기타 특별한 방문자를 표시할 수도 있다. 입장 스티커를 컬러 코딩해 사용한 뉴욕 과학관New York Hall of Science처럼 말이다.

착용 가능한 인식표는 방문자만을 위한 것이 아니다. 기관에서 직원과 자원봉사자는 이미 일종의 "행동기록적" 소품을 착용하고 있다. 그것은 이름표나 유니폼 등인데 그들이 직원임을 식별시킨다. 작은 과학센터에서 현장에서 일할 때, 필자는 "마법의 조끼"라고 친근하게 기억되는 파란색 폴리에스테르 조끼를 입었다. 그 조끼는 필자를 말을 걸거나 함께 어울리기에 편한 사람으로서 식별되게 했다.

착용 가능한 인식표는 또한 직원이 하는 일반적인 역할을 줄여 줄 수 있다. 뉴욕 과학관 교육 및 가족 프로그램 부원장인 프리티 굽타Preeti Gupta는 기관에서 수년 간 현장 직원의 붉은색 앞치마를 착용했을 때의 긴장감을 아래와 같이 회고했다.

---

8 커진스Cousins의 2009년 12월 블로그 글 "Talk to Me Bubbles update"을 읽어볼 것. http://www.participatorymuseum.org/ref2-8

보통 나는 나를 직원으로 식별해 주는 내 이름표와 열쇠 세트를 가졌다. 나는 방문자와 편하게 상호작용한다. 왜 그런데 이런 앞치마를 입으면, 나는 긴장하게 될까? 나는 이제서야 깨닫는데, 왜냐하면 나는 그냥 앞치마를 입은 것이 아니라, 나는 실제의 "역할"이나 "정체성"를 입었기 때문이었다. 사람들은 빨간 앞치마를 입은 나를 볼 것이다. 그들은 나에게 무언가를 물어볼 수 있고 내 일은 그들을 돕는 것, 그리고 질문에 응답하는 것임을 알고 있었다. 그것이 바로 그들이 나를 보는 방식임을 나는 알았다. 자신을 도와줄 것으로 여겨지는 한 사람이었다. 그것이 나를 긴장하게 만들었다."[9]

착용식 인식표를 적용할 때는, 당사자가 프로필 항목에 관해 궁지에 몰렸다거나 어떤 식으로든 압박 당한다고 느끼는 것이 아니라, 자신감 있고 긍정적으로 느끼게 하는 것이 중요하다. 이것은 운영진과 방문자에게 똑같이 해당된다. 자신의 팔에 개인성을 착용하는 것은 자존감과 자기표현의 느낌을 준다. 어떤 사람은 색이 있는 손목 밴드를 착용함으로서 다양한 정치 사회적 운동을 위한 자신의 지지를 표시한다. 그들은 자신이 표명하는 개념과의 강력한 정서적 연결을 느끼기 위해 인식표를 착용한다. 그들은 세계에 대한 자신의 애정을 증명하기 위해 그것을 착용한다. 그리고 그들은 같은 생각을 가진 후원자 집단의 일원인 자기 자신을 인지하기 위해 그것을 착용한다.

기관에 찾아오는 사람들은 어떤 부류인가? 더욱 중요하게, 자신과 비슷한 생각을 가진 사람들과 동질감을 느끼고 싶어 할 부류는 누구인가?

---

9 2009년 필자의 블로그 포스팅 "낯선 이와 대화하기 위한 마법의 조끼 현상과 다른 착용 가능한 도구The Magic Vest Phenomenon and Other Wearable Tools for Talking to Strangers"에 관해 굽타가 쓴 논평의 전문을 다음의 링크에서 읽을 것. http://www.participatorymuseum.org/ref2-9/

가장 숫자가 많은 부류는 개인적 외양을 통해 명백히 식별되지 않는다. 남자에게 파란 스티커, 여자에게 빨간 스티커를 하게 하는 것은, 혹은 65세 이상 사람들에게 초록 밴드, 어린이에게 노란 밴드를 하게 하는 것은 쓸모가 없다. 그러나 외국어를 구사하는 직원이나 조국에 복무했던 군사 박물관의 관람자, 폭발을 좋아하는 과학관의 방문자에게, 특별한 스티커를 부여하는 것은 유용할 것이다.

단순화된 프로필을 피하기

사용자 프로필을 설계할 때, 두 가지 피해야 할 함정이 있다. 그것은 지나치게 단순한 판단으로 사람들을 몰아넣는 것과 프라이버시를 존중하지 않는 것이다.

프로필은 유연해야만 한다. 많은 사람은 쇼핑 웹사이트에서 지나치게 단순화된 프로필로부터 짜증을 느낀 적이 있을 것이다. 여과기를 하나 샀는데 갑자기 그 사이트는 하늘 아래의 모든 부엌 도구를 추천한다. 괜한 바람에 시집을 한 권 샀다가, 작가가 한마디라도 다른 시구를 내뱉을 때마다 알림을 받게 된다. 프로필 시스템이 지나치게 단순화된다면, 추천은 우스울 정도로 정확성을 잃게 된다. 그리고 개인화의 모든 가치가 불편한 것이 되어버린다.

박물관을 방문하는 우리는 모두 정체성과 관련된 요구나 선망의 지점이 그때마다 다르고 복잡함을 느낀다.[10] 어느 하루 나는 공간에서 뛰어놀고, 배움의 경험을 주고, 새로운 체험물 속을 뛰어다니려고 어린 조

10 포크Falk, 『정체성과 박물관 방문자 경험*Identity and the Museum Visitor Experience*』(2009).

카와 함께 나설지도 모른다. 다른 날, 같은 사람은 혼자 방문해 개인적 컨텐츠 흥미를 보다 여유 있게 밀착 추구할 기회를 찾을 수도 있다. 만약 그의 프로필이 여전히 어린아이와 함께 온 여성이라는 첫 번째 방문에 고정되어 있다면, 아무리 첫 번째 프로필이 잘 구축되었다 한들 방문자는 다음 번 방문 시 적절한 도움을 잘 받을 수 없을 것이다.

마지막으로, 프로필 만들기 활동을 설계할 때는 기관이 프로필 데이터를 가지고 무엇을 하려는지를 명확히 공개해야 한다. 고객의 사생활을 보호하기 위해 방문자의 데이터 수집을 의도적으로 거부하는 공공도서관 같은 기관도 있다. 만약 방문자가 그들의 프로필—특별히 이름과 사진 혹은 연락처 정보와 같은 개인적 데이터—을 이용해 데이터를 생산할 예정이라면, 해당 기관은 정보가 어디서 어떻게 저장되고 공유될 것인지를 명확한 언어로 설명해야 한다.

대립적인 프로필

지나치게 단순화 되어 있거나 사적 정보를 드러내는 프로필 시스템이라도 성공적으로 채용될 수 있는 한가지 특별 케이스가 있다. 그것은 공격적인 경험을 유발할 때이다. 스미소니언 국립미국사박물관Smithsonian National Museum of American History의 전시 〈농장에서 공장으로Field to Factory〉(1987)는 이런 접근을 단적으로 보여준다. 〈농장에서 공장으로〉에 들어서는 방문자는 백인과 유색인이라 표시된 두 개의 문 중 하나를 통과해야만 한다. 방문자는 어느 지시적 용어가 자신에 해당되는지를 선택해야만 한다. 이렇게 만들어진 불편한 선택은 나머지 전시를 경험하는 방식의 틀로 작용하게 된다.

이 "두 개의 문" 장치는 또 다른 기관에서도 재해석 되어 놀라운 영향력을 발휘했다. 요하네스버그의 인종분리정책박물관Apartheid Museum은 이 방법으로 방문자가 백인이냐 아니냐에 따라 두 개의 분리된 경로를 이용해 미술관에 들어가도록 관람자를 강제하는 전체 방문 경험을 만들었다. 방문자에게 발행된 티켓에는 자신이 표방하는 인종 정체성이 표시되어 있었고, 안내에 따라 분리된 출입구를 통해 전시 입구로 입장했으며, 이곳은 펜스로 분리되어 백인이 아닌 사람이 열등한 쪽에 있음을 명확히 하였다. 이런 프로필 활동은 의도적으로 관람자를 이간함으로써 그들의 감정을 돋우었고, 그런 감정으로부터 토론을 유발한다. 이러한 프로필 만들기 기술은 물론 강력하지만 보다 도발성이 약한 전시에서는 바람직하지 못한 스트레스를 야기할 수도 있다.

2006년, 스위스의 슈타퍼하우스 렌츠베르크Stapferhaus Lenzberg는 〈신념의 문제A Matter of Faith〉라고 불리는 전시를 발표했다. 그 전시는 대립적인 프로필 만들기를 사용하여 보다 뉘앙스가 풍부한 개인화된 경험에 앞서 먼저 불안감을 조성했다. 방문자는 "믿는 자" 혹은 "믿지 않는자"로서 전시에 입장했다. 그들은 자신의 선택이 표시된 USB 데이터스틱을 착용했다. 착용식 인식표를 어떤 이는 자랑스럽게 착용하기도 했고 다른 이는 재킷에 숨기기도 했다. 공동 디렉터 베아트 해흘러Beat Hächler는 이를 "노출의 원칙"이라 지칭했다. 방문자를 "전시의 주제"가 되도록 "강제하는" 것이다.[11] 이것 역시 모든 방문자에게 꼭 바람직한 것은 아니다.

---

11 이 인용의 출처는 해흘러의 글 "전시 설계에서 현재를 포착하기Capturing the Present in Exhibition Design," in *Exhibitionist* 27, no. 2(2008): 45~50이다.

인종 분리정책 박물관 외부에서 한 관리요원이 방문자의 인종을 확인하고 그에 상응하는 입구로 안내하고 있다.

입구에서 등록된 제한적 프로필의 불편함은 전시를 헤쳐나가는 방문자에게 더욱 복잡하게 작용했다. 전시 내내, 방문자는 종교적 믿음에 관한 질문지에 답하여 더욱 자세한 개인적 프로필을 만들어야 했다. 방문자는 마지막에 믿음에 관한 그들의 관계를 기반으로 다섯 가지 프로필로 분류됐다. 그들은 자신의 개인 데이터를 방대한 방문자에게 공개할 것인지를 선택하였는데, 그 중 95퍼센트는 질문에 대한 자신의 대답을 공유함을 선택했다. 마지막 방에서, 방문자는 다섯 부분으로 구분된 큰 원형 테이블 주변에 섰다. 여기서 각각은 특정 프로필에 관한 더욱 자세한 정보를 보여 주었다. 해흘러가 썼듯, 대부분 방문자는 그들 자신의 프로필과 관계된 테이블이 있는 곳으로 즉시 이동했고, 자기 자신에 관해 더 알아보았고 자신의 프로필을 공유한 다른 이들과 공간을 공유하게 되었다. 해흘러는 다음과 같이 말했다. "이런 특별한 상황은 같은 신념에 해당하는 구획에서 만난 방문자들 간의 자발적 대화를 발생시킬 정도로 강력한 경우도 있었다. 개인적 노출이라는 불안함으로 시작되어, 대화로 끝이 난 것이다.

문화 기관에서의 개인화 적용

개인화가 힘을 발휘하는 것은 방문자의 독특한 정체성에 기초해 응답할 수 있을 때이다. 우리는 지금까지 어떻게 프로필이 방문자로 하여금 가치를 느끼게 하는지, 컨텐츠에 깊이 다가가게 할 수 있는지, 그리고 도전적인 아이디어를 만나게 하는지에 관한 몇가지 예를 보았다. 프로필 만들기는 방문자의 시간과 기관의 자원 투자를 요하므로, 한 번의 방문자 경험으로 제한되어서는 안 될 것이다. 개인화는 단지 일회적 상호작용이 아니라 방문자와 기관이 보다 깊은 개인적 관계 형성을 싹틔우기 위한 출발점이 될 수 있을 것이다.

박물관은 이미 부분적으로 방문자 집단과의 심화된 관계를 수립해 왔다. 기부자, 연구자, 커뮤니티 파트너 등이다. 많은 금액을 기부하는 사람은 학예실에서 더욱 큰 주목을 받게 된다. 소장품을 실험하는 데 많은 시간을 쏟는 연구자는 소장품 담당자와 관계가 더욱 깊어진다. 그리고 커뮤니티 자문 위원회나 협력 프로젝트를 위해 특별히 초대받은 사람들은 기관의 운영진과 보다 가깝게 일할 가능성이 높을 것이며, 그러한 진실된 참여 요청에 부응하여 흥미나 요구를 표현할 것이다.

이런 적소집단niche groups은 작을 필요가 있으며, 즉 고액 기부자나 연구자, 커뮤니티 자문위원들에게 쏟는 수준의 개인적 관리를 박물관에 들어오는 모든 멤버나 방문자에게 확장시키는 일은 관리하기 벅찰 것이다. 개인을 사적으로 대우하기 위한 기관의 패턴은 한정자원scaricity의 모델에 기반한다. 특정한 커뮤니티 자문 위원회는 종종 터무니없는 양의 추가 업무시간을 필요로 하는 것처럼 보인다. 이런 파트너십을 위해 전통적 모델을 적용시키는 것은 대부분 실용성이 없다.

그러나 다른 이들, 즉 주머니가 가벼운 방문자, 관련분야 박사 학위자, 혹은 프로그램 참여자에 관해서는 어떨까? 정기적 방문자와도 심화된 관계가 가능하겠지만, 이를 위해서는 더 적은 자원을 소모하는 모델이 필요하다. 헌신적 방문자들에겐 자신의 지적, 창의적 흥미와 연결될 수 있으므로 보다 깊은 관계 형성이 명백히 이익이 될 것이다. 바로 여기 핵심이 있다. 방문자는 자신의 변화하는 요구와 흥미에 맞추어 기관이 반응함을 이해하게 되면, 그들은 더 자주 방문하고, 회원이 되고, 자신의 멤버십을 갱신하고, 또 시간과 돈을 기관에 기부할 것이다.[12]

다음 몇 개의 절에서는 방문자들이 현장에서 찾는 경험을 제공하고, 방문 시간 이외에도 그들과의 연결을 지속하고, 재방문을 유도하며, 기관의 멤버십제도의 의미를 살릴 수 있는 신축성 있는 시스템의 개발을 살펴볼 것이다. 필자는 방문자 경험의 "진주"가 바로 개인적 방문과 상호작용이라고 생각한다. 방문자와의 강력한 관계를 구축하는 것은 그런 진주를 한데 엮을 실을 제공한다는 뜻이다.

---

12 더 많은 방문자와 의미있는 개인적 관계를 계발하기 위한 사업 사례에 관해선 컨설트 존 포크John Falk와 비벌리 셰퍼드Beverly Sheppard의 『지식 시대에 번영하기: 박물관을 위한 새로운 비지니스 모델과 다른 문화 기관*Thriving in the Knowledge Age: New Business Models for Museums and Other Cultural Institutions*』(2006)을 볼 것.

관계 형성을 매개할 현장 운영자에게 힘을 싣기

방문자와 직원 사이의 더욱 깊은 관계형성을 시작하기에 가장 효과적인 장소는 전시 현장이다. 현장 담당자, 자원봉사자, 출납원, 현장 에듀케이터, 경비, 접대원들은 광범위한 수의 방문자를 위한 문화 기관의 얼굴이자 목소리다. 그들은 방문자의 요구를 가장 빨리 이해한다. 그리고 그들은 가장 공개적으로 접근 가능하다. 현장 직원에게 자신의 독특한 개성을 표현하도록, 그리고 방문자와 개별적으로 관계하도록 권한을 부여한다면 이들은 기관 전체를 개별적 경험이 가능한 무대로 만들어낸다.

필자가 10대 때, 필자는 인간 관계가 사업상 가장 중요한 길거리의 꽃집에서 일한 적이 있다. 일을 시작한 첫 날, 가게 주인인 크리스Chris는 필자에게 이렇게 말했다.

> 여기 오는 모든 사람은 사연이 있단다. 사람들이 꽃을 사는 것은 피자 한 조각이나 책 한 권을 사는 것과는 달라. 모든 손님들은 뭔가 이야기하고 싶은 것이 있고, 만족을 얻으려 하지. 여기서 네가 하는 일은, 그들이 원하는 게 뭔지를 먼저 알고, 그들을 행복하게 만들어 줄 꽃을 판매하는 것이야.[13]

필자가 한 일은 사실 다른 소매점에서라면 부적절했을 일이었다. 필자는 꽃을 받을 사람에 관한 이야기를 들으며 고객과 시간을 보냈고, 그

13 이 책에서 모든 다른 사람이 성으로 불려진 반면, 필자는 크리스를 오직 크리스로만 기억한다. 독자도 로스앤젤레스의 홀리월드 플라워스Hollyworld Flowers에서 그에게 꽃을 살 수 있다.

들이 여자친구나 상사나 장례식을 위해 적당한 꽃을 고를 수 있도록 도왔다. 어떤 이가 특히 좋은 고객이었거나 많은 돈을 소비했다면, 필자는 공짜 화분을 그녀에게 줬다. 귀여운 어린이에게는 집에 가져갈 꽃을 주었다. 못되게 구는 사람에게는 가격을 더 받거나 팔기를 거부했다. 대단한 장소는 아니었지만, 우리는 튼튼한 관계를 손님과 쌓았다.

필자가 이렇게 할 수 있었던 것은 그것이 크리스의 비지니스 방식과 긴밀히 연결되어 있었기 때문이었다. 불행하게도, 대부분의 현장 직원은 관계성을 기르는 것이 아니라 업무를 수행하도록 훈련받는다. 그들은 티켓을 빨리 받거나 정확하고 일관된 정보를 제공하는 능력으로 평가받는다. 어떤 기관이 변화하는 장소로서 자신을 마케팅한다면, 그리고 모든 직원이 변화에 참여하기를 원한다면, 크리스가 했듯 현장 직원에게 권한을 부여해야 할 것이다.

노스 캐롤라이나 생명·과학박물관The Museum of Life and Science은 출입구 데스크를 단지 티켓 카운터가 아니라 참여의 지점으로서 활용하려고 노력하는 곳이다. 이곳의 세일즈 부서는 방문자와 관계하는 기술과 관련된 전문성 개발 프로그램을 현장 직원에게 제공하였다. 현장 직원은 박물관에 처음 온 이들과 방문자들을 대상으로 박물관에서 즐길거리에 관해 이야기하며, 그들을 맞이하거나 전송하기에 나섰다. 같은 직원들은 다른 기관으로 견학도 다니며 방문자에게 환영과 환대를 전할 방법을 모색했다. 멤버십 개선 팀Membership Advancement의 팀장 제프 스턴Jeff Stern은 필자에게 이렇게 설명했다. "우리는 고객 서비스에 투입되는 학습과정에 많은 가치를 두고 있으며 그것을 매우 진지하게 여긴다는 점을 보여주고자 합니다." 현장 직원과 자원봉사자의 관찰과 피드백은 내부 블로그나 전체 회의에서도 소개되며, 이는 낮은 계급의 직원들에게 한 팀으로서의 소속감을 주는 데도 도움이 된다. 뿐만 아니라, 현장에서 근무하지 않는 다른 직원들과 방문자 경험을 연결시키는 데도 도움이 된다.

직원은 또한 전시를 통해 독특한 목소리를 공유함으로써 방문자와의 개인적 연결을 만들 수도 있다. 예를 들어, 몬터레이 베이 수족관Monterey Bay Aquarium은 1997년, 〈대안의 어업Fishing for Solutions〉이라는 단기 전시를 개최했다. 그들은 의견 게시판에 방문자 의견과 함께 직원의 목소리도 포함시켰다. 이 게시판은 방문자에게 물고기 개체수 확대를 위한 자신의 의견을 공유하는 곳이었는데, 직원도 자신의 개인적 의견과 선택을 직접 써서 게시했다. 직원은 자신의 기관이 어떻게 문제에 기여하는지를 쓴 것이 아니었다. 그들은 자신의 교통수단과 음식, 가족계획 전략에 관해 썼고, 자신의 의견과 함께 수족관에서의 이름과 직위를 쓰고 서명했다. 이것은 박물관에서 일하는 실제 사람과 방문자 사이의 연결을 더욱 개인화하는 것이다. 이 기술은 바라던 결과를 도출 함에 효과적이었는데, 왜냐하면 레이블을 썼던 직원은 기꺼이 자신의 소신을 발현했고 자신의 개인적 삶과 선택에 관해 이야기할 수 있었기 때문이다.[14]

현장과 온라인을 연결하기

가능하기만 하다면, 방문자와 온라인에서 만나기에 가장 좋은 사람은

---

14 더 학습하고 싶다면 제니 사이르 람버그Jenny Sayre Ramberg의 글을 참고할 것. "의견으로부터 실행까지: 몬터레이 베이 수족관의 사례From Comment to Commitment at the Monterey Bay Aquarium," in *Visitor Voices in Museum Exhibitions*, ed. Kathleen McLean and Wendy Pollock(2007): 37~44

현장 운영자이다. 방문자가 온라인으로 직원과 관계를 만들었다면, 그리고 그 직원이 갤러리에서 일을 한다면 방문자는 이 관계를 계속해 이어 갈 수 있을 것이다. 한 가지 사례로, 어떤 여성은 미네소타 과학박물관 Science Museum of Minnesota의 블로그인 〈사이언스버즈Science Buzz〉에서 토르Thor라는 이상한 이름의 직원과 연결됐는데, 그 후 그녀는 실제 박물관에서 그와 직접 만나 토론을 이어가게 되었다. 이런 관계가 가능했던 것은 오로지 토르가 박물관 웹사이트에서 자신의 고유한 목소리를 낼 수 있었고, 동시에 현장에서도 알아볼 수 있도록 명찰을 달고 있었기 때문이었다.

익스플로러토리움Exploratorium의 현장 운영단인 익스플로러토리움 익스플레이너Exploratorium Explainers는 2007년 이래로 자신의 업무에 관한 블로그를 운영해 왔다.[15] 여기서는 좋았던 전시로부터 막후의 불평이나 현장에서 일어난 방문자와 일어난 우스운 일화에 이르기까지 다양한 주제가 다루어졌다. 그들의 목소리는 때때로 난데없는 곳으로 튀었지만, 자신의 글을 통해 기관에 대한 열정과 사랑을 전달하는 데는 더할 나위가 없었다. 익스플레이너 블로그에서는 기관에 헌신하면서 그곳의 대변인이 될 기회에 감사하는 많은 사람들을 찾아볼 수 있다. 익스플레이너이자 블로거인 라이언 젠킨스Ryan Jenkins는 블로그에 글을 쓴 경험을 이렇게 회고했다. "마지막으로 저는, 뿌듯하게도 익스플레이너, 즉 우리 자신이야말로 우리가 몸담고 있는 이 특별한 곳의 창조적 정신을 이어가고 있다는 것을 자랑스레 여긴다고 말하고 싶습니다."

현장 직원과 자원봉사자들이 전문적인 능력을 발휘해 블로그에 참여

---

15 익스플로러토리움 익스플레이너의 블로그는 다음 주소를 사용할 것.
http://www.participatorymuseum.org/ref 2-15/

하는 것은 참여자와 기관 모두가 윈윈win-win하는 길이다. 그것은 기관의 기억을 만들고 유지하는 길이며, 새로운 직원들에게 방문자 서비스 부서의 업무를 따라잡을 수 있게 한다. 그것을 통해 그들 스스로의 지식은 높은 가치를 얻게 되며, 그들의 열정은 공중公衆을 향한 결과물로 이어지게 된다. 만약 직원이 개인 블로그를 운영한다면 자신의 직업에 대해 좋게 언급할지 어떨지 알 수 없을 것이다. 하지만, 그들이 기관의 깃발 아래 블로그를 하게 되면, 프리랜서에서 내부 기자단으로 바뀐 듯 행동하게 된다. 그들은 기관을 앞으로 나아가게 하려 할 것이고, 그 도중에 차단당하거나 파면당하는 게 아닐까 하는 두려움도 벗게 될 것이다.

자신의 개인 성향이 존중되는 참여 활동을 직원에게 권장하게 되면, 전반적인 참여 노력이 더욱 상승된다. 방문자들의 개인화는 자신을 기관 커뮤니티 속에서 잠재적으로 활동 중인 사회적 구성원으로서 느끼게 하는 첫 번째 단계이다. 그렇다면 직원들도 그렇게 스스로를 바라보게 해야 좋지 않을까?

개인화된 현장 체험

문화 기관이 방문자의 방문시 계속 다양하게 변화하는 요구사항이나 흥미에 잘 대응하려면 어떻게 해야 할까? 설계자와 에듀케이터는 모든 방문자에 대해 일률적으로 적용될 다양한 공간을 설계하고, 인터랙티브 오브젝트로 체험성을 강화하고, 온갖 종류의 다양한 프로그램을 제공한다. 하지만 사람들은 박물관 체험들의 상이한 성격들로부터 의미를 도출한다. 대장장이의 도구에 매료되는 사람이 있는 반면, 그런 산업의 노동 정책에 흥미를 느끼는 사람도 있는 것이다. 각각의 방문자에게 "적합한" 컨텐츠를 제공하려면 기관은 어떻게 해야 할까?

이 질문은 서로 다른 방문자를 만족시키기 위한 것만은 아니다. 올 때마다 자신의 욕구나 흥미가 진화하는 관객을 위한 것이기도 하다. "방문자와 함께 성장하는" 능력이 특히 중요한 기관은 그 대상 인구가 한정된 곳, 즉 어린이 박물관이나 과학관과 같은 곳이다. 필자가 처음 박물관에서 일한 것은 매사추세츠 주 액튼Acton 시의 작은 체험 과학센터인 액튼 과학발견박물관Acton Science Discovery Museum에서였다. 이 박물관은 놀라운 인터랙티브 전시물로 가득했고, 그 중에는 공학박사 학위를 가진 필자조차도 이해할 수 없는 설명을 달고 있는 것도 많았다. 필자에게는 전시물이 아름답고도 불가사의한 것이었다. 하지만 레이블 문구는 아동의 수준으로 작성되어 있었고, 결과적으로 체험에 매료되는 사람들은 어린 아이를 대동한 가족들뿐이었다. 아동의 나이가 8세에서 9세가 되면, 이들 가족은 "졸업"해 버렸다. 만약 우리가 어떤 인터랙티브 전시물에 대해 과학자의 설명을 제공하거나, 혹은 보다 복잡한 수준의 인터랙티브 도전과제와 설명을 별도로 제공할 수 있었다면, 아마도 동일한 인터랙티브 전시물로 방문자가 평생 즐길 수도 있을 것이었다.

사람들에게 맞춤식 컨텐츠를 제공하려면 두 가지가 필요하다. 주어진 전시물이나 유물에 대해 다양한 종류의 해석을 추가한 풍부한 내용 기반과, 사람들이 그러한 컨텐츠를 원하는 대로 찾아낼 수 있게 할 메커니즘이다.

"풍부한 내용 기반"에 필요한 것은 무엇일까? 각 전시물, 유물, 혹은 프로그램에 관련된 해석을 확대시킬 방법은 다양하다. 설계자의 식견, 수집가와 공연자의 숨은 이야기, 시대적인 맥락 정보, 컨텐츠에 대한 감성적 해석, 방문자가 얻은 느낌 등, 방법은 끝이 없다. 사람들이 보다 많은 해석을 원하는 것은 전시물이 매력적이거나 자신과 관련이 있을 때이다. 따라서, 어떤 컨텐츠를 추가할 것인가를 결정하려면 감상자를 중심으로 접근하는 것이 좋을 것이다. 예컨대, 미술관에서 어린이에 특화된 자료가 부족함을 발견하거나, 역사박물관에서 제삼자적 해석 접근법을 살리기 위해 일인칭 구술 역사를 적용시키는 것 등이다.

다양한 해석의 목소리를 통해 직원이 자신만의 관심사를 표현하도록 할 수도 있다. 인디애나폴리스 미술관Indianapolis Museum of Art에서는 렛 리드Rhett Reed라는 카리스마 넘치는 현장 직원과 미술관 뉴미디어 팀이 함께 영상을 하나 만들었는데, 여기서 그는 보안부서나 소장품 관리부서의 직원들을 인터뷰하고 다녔다. 리드의 인간적이면서도 비전문가적인 모습으로 인해, 그는 보안 제어실이나 예술품 포장 담당자들의 비밀스러운 세계를 방문자에게 소개할 더할 나위 없는 사람이었다.[16]

추가적 해석 자료를 만들어내는 일이 쉽지는 않지만, 그것은 예측 가능한 어려움이다. 오히려 까다로운 것은 내용을 전달할 메커니즘을 찾는 일로서, 그것은 방문자 경험을 지나치게 어설프거나 복잡하게 만들지 않아야 할 것이다. 필사적으로 노력해서 온갖 다양한 해석을 전문가와 초심자, 예술가와 과학자, 방문자와 경비원들로부터 수집한다고 상상해 보자. 그것들을 어떻게 디스플레이하면 좋을까? 그리고 방문자가 원하는 것을 어떻게 찾아가게 해야 좋을까?

다중채널 방식 오디오투어나 여러 패널로 나뉜 레이블을 활용하면

16 다음의 링크에서 〈리드를 위한 요구The Need for Reed〉 영상 연재물에서 IMA 관리인 렛 리드의 활동을 볼 것. http://www.participatorymuseum.org/ref2-16/

몇 가지 해석을 보여줄 수는 있겠지만, 그것이 5~6가지 이상이 되면 역시 좋은 방법이 못된다. 방문자들에게 온갖 아이콘과 코드를 기억하게 하거나, 전시물마다 골치 아픈 선택을 떠넘기는 상황이 되면, 방문자들은 차라리 포기하고 말 것이다

이렇게 정보 과다의 문제가 발생하면, 차라리 채널 수와 멈출 곳을 줄이고, 레이블을 짧게 하고, 해석 자료도 줄이자는 의견이 고개를 들 것이다. 하지만 이 문제의 해결책은 따로 있다. 37개의 컨텐츠 "채널"을 유지하면서도 그것을 즐겁게 사용하게 할 방법이 있는 것이다. 바로 추천 엔진이라는 것이다.

추천 엔진recommendation engine

추천 엔진이란 자신의 개인 프로필을 바탕으로 컨텐츠를 제안해 주는 시스템을 뜻한다. 라이브러리싱LibraryThing과 같은 서비스가 효과를 발휘하는 심장이 바로 이것이다. 누구든 책방에서 직원 선정을 확인할 수 있다. 하지만 나에게 맞는 것이 어느 것일까? 이 질문에 답하려 하는 것이 추천 엔진이다.

추천 엔진이 살아남으려면 풍성한 개인 프로필이 뒷받침되어야 하는데, 여기에는 사용자가 입력한 데이터와 "행동 기록" 데이터 모두가 흔히 포함된다. 사례로, 미국 온라인 영화 대여 업체로 유명한 넷플릭스Netflix는 사용자가 부여한 평점을 바탕으로 영화를 추천한다. 넓은 장르와 스타일, 그리고 자신이 실제로 본 영화가 여기 포함된다. 넷플릭스는 영화 평가하기를 게임처럼 만들어, 처음 계좌를 개설할 때와 그 이후 로그인 할 때마다 그것을 프로필 구축의 기회로 만들고, 그것을 기반으로

"당신이 사랑할 영화" 목록을 제공한다. 여기서 전달되는 메시지는, 자신의 프로필이 완벽하면 할수록 넷플릭스가 찾아 주는 영화가 자신에게 알맞으리라는 것이다.

이렇게 응답 결과를 은연중에 약속해 줌으로써, 사람들은 기꺼이 수백 가지 영화를 평가하게 된다. 그것은 많이 쓰는 만큼 더욱 유능해지는 것이며, 고객과 업체 모두에게 도움이 되는 공생적 관계를 구축한다.

넷플릭스에 있어서 추천 시스템을 개선하고 사람들의 영화 평가를 독려하는 일은 성공을 위한 핵심이 된다. 넷플릭스는 매월 구독료를 받는 사업이다. 모든 보고 싶은 영화를 다 봤다고, 혹은 뭔가 끌리는 영상을 찾을 수 없다고 구독을 그만두는 일이 있어서는 안 된다. 그들은 사용자에게 친구나 가족이 계속 영화를 추천해 줄 것이라고 기대할 수도 없으며, 자신이 아직 안 본 영화의 리뷰를 열심히 찾아 읽을 것이라고도 기대해서도 안 된다. 그래서 넷플릭스는 많은 돈과 노력을 투자해 사용자들이 볼 만한 영화를 계속해 추천하는 추천 엔진을 개선해 나간다. 2006년 10월, 넷플릭스는 심지어 추천 시스템을 10퍼센트 개선하는 첫 번째 팀에게 100만 달러의 상금을 걸고 경주를 시키기도 했다.

넷플릭스 추천 엔진은 고객이 가장 좋아하는 것을 더 많이 제공하는 방향을 지향한다. 사용자의 경험을 보다 깊게, 그러나 꼭 확대되지는 않게 이끄는 것이다. 박물관의 입장에서 추천 엔진을 활용할 때 걱정이 될 한 가지는, 방문자가 자신이 좋아하는 좁은 시야 속에 갇혀서 뭔가 놀랍고, 불편하거나, 혹은 잠재적으로 가치 있는 일탈에 나서지 않는다는 점이다. 다행히 박물관은 영화 대여 서비스를 판매하는 곳은 아니다. 온라인 소매 추천 엔진은 일반적으로 사람들에게 자신이 좋아할 것을 제공하도록 특화되어 있지만, 맞춤식 정보를 다르게 필터링할 방법도 있다.

예를 들어, 라이브러리싱에는 비추천자Unsuggester라고 하는, "당신이 싫어할 책" 기능이 있다. 비추천자는 라이브러리싱 추천 엔진의 일반 동작과는 반대로 행동한다. 사용자의 라이브러리싱에 포함될 가능성이 거의 없는 책, 혹은 사용자와 같은 책을 가진 다른 사용자의 컬렉션 속의 책을 추천하는 것이다. 즉, 비추천자는 사용자가 싫어할 책을 골라 준다기보다는 사용자가 달리 만날 수 없었을 책을 보여 준다.

물론 비추천자는 엉뚱하기도 하지만, 동시에 사용자의 프로필에 반응하여 도출된 가치있는 집합이다. 그것은 동떨어져 있고 미지의 세계를 들여다보게 하는 창문이며, 사용자들의 반응도 긍정적이었다. 프로그래머 팀 스폴딩Tim Spaulding이 비추천 목록의 책을 사람들이 읽을 가능성이 실제로 거의 없을 것이라고 이야기하자, 한 익명의 사용자는 다음과 같이 대답했다.

> 라이브러리싱 사용자들을 과소평가하네요. 우리들 중에는 오랜 습성에서 벗어날 길을 열심히 찾는 사람도 있어요. 어쩌면 보통의 독서 습관과 "정반대"라고 표시된 것들이야말로 우리 모두가 찾고 있는 무엇일지도 모르죠.[17]

철학과 연애소설, 그리고 프로그래밍 매뉴얼과 문학작품 사이에 배척적인 상관관계가 있음을 확인한 스폴딩은 다음과 같이 적었다.

> 이런 단절이 슬프게 여겨집니다. 독자들에겐 취향이 있고, 거의 누구나 생전 읽지 않을 책을 가지고 있겠죠. 하지만 진중한 독자에게, 책은 세상을 만드

---

17 스폴딩Spaulding의 2006년 11월 블로그 글 "책 추천자와 비추천자Booksuggester and Unsuggester"와 사용자 덧글을 다음의 링크에서 읽을 것. http://www.participatorymuseum.org/ref2-17/

비추천자가 공통점이 가장 적은 책을 짝짓는다.

는 무엇입니다. 같은 책을 가지고 있다는 것은 두 사람 사이에 같은 공간이 있다는 뜻입니다. 개인적으로는 그것이 많을수록 좋다고 느낍니다. 그러니 동질감과 공감을 위해서라도 자신이 좋아하는 책을 입력하고, 그 반대의 것을 읽어보는 게 어떨까요?

같은 원리를 박물관에도 적용해 보자. "항상 미라를 찾아보는 당신은 아마 물고기 수조는 찾아보지 않았을 것입니다"라고 알려주면 사람들은 호기심을 느낄 것이다. 추천 시스템은 사용자의 프로필에 유의미한 응답을 내놓아야 하겠지만, 언제나 사용자가 이미 좋아하는 것들만 더 제공해야 하는 것은 아닐 것이다.

기관의 방문자가 이런 추천 엔진에서처럼 자세한 프로필을 만들게 하려면 어떻게 해야 할까? 방문자는 한 차례의 문화적 경험에도 수많은 선택을 능동적으로 행한다. 무엇을 할까, 무엇부터 할까, 그리고 얼마나 오래, 누구와 함께 등. 하지만 기관이 이런 선택을 추적하는 일은 매우 적다. 기관이 방문자로 하여금 전시를 평가하고, 좋아하는 목록을 수집하고, 기관 내에서의 움직임을 기록하는데 필요한 시스템에 투자할 준비가 되어 있지 않다면 추천 엔진은 멀리 동떨어진 이야기로만 들릴 것이다.

하지만 아직 포기할 필요는 없다. 많은 추천 엔진(여기에는 라이브러리싱의 비추천자도 포함된다)은 단 한 번의 사용자 입력만으로도 추천 목록을 만들어 낸다. 넷플릭스는 영화 제목 하나만 입력해도 "당신이 사랑할 영화" 목록을 보여 주며, 라이브러리싱도 생전 들어본 적 없는 책을 보여준다. 사용자 프로필에 대한 충실성은 추천 엔진의 성공에 있어서 단지 작은 부분이다. 추천 엔진은 또한 사물이나 컨텐츠 간의 연결을 제도화된 규칙에 따라 생성해냄으로써 고품질의 추천목록을 제공하기도 한다.

사례연구

전문가 추천 엔진: 판도라

온라인 음악 서비스 판도라Pandora는 사용자가 개인화된 라디오 방송국을 만들고 자신의 흥미에 따라 새로운 음악을 탐색하도록 돕기 위해 큐레이팅과 비슷한 방식으로 분석을 적용한다. 다음은 그것이 작동하는 방식이다. 한두 가지의 예술가나 노래를 기준 음악seed music으로 입력하면 판도라는 그 선택과 어느 정도 관련이 있다고 해석된 음악을 들려주기 시작한다. 사용자 프로필은 자기표현(기준 음악)과 "행동기록"(재생 도중 평가를 올리거나 노래 중간에 건너뜀)이 혼합되어 구성된다. 노래 제목을 하나 입력하여 재생시킬 수도 있고, 하나의 방송국station을 만드는 기준 음악을 추가하여 음악 목록을 바꿀 수도 있으며 듣기 싫은 노래를 건너뛰거나 좋은 노래를 추천함으로써 방송국을 개선시켜 나갈 수 있다.[18]

18 판도라를 다음의 링크에서 체험해 볼 것. http://www.participatorymuseum.org/ref2-18/ 판도라는 오직 미국에서만 가능하다는 것을 유의하라.

판도라의 특별한 점은 필터링(정보를 분류하는 기술)의 복잡성에 있다. 그것은 단지 음악가를 모아, 비슷한 음악을 재생하는 것이 아니다. 대신, 노래의 관련성을 찾기 위해 전문 음악가 팀이 각각의 노래에 지정한 수많은 지시자signifiers를 사용한다. 판도라는 음악 게놈 프로젝트Music Genome Project의 산물이다. 음악가가 지시자를 이용해 노래의 개인적 '장르'를 규정한 후, 그것을 이용해 노래의 '방향자vectors'을 생성하면, 그 노래가 가진 방향자를 비교함으로써 고도로 특징적이고 복잡한 음악적 서사가 만들어지는 것이다. 전문가 한 사람이 음악 한 곡을 이런 식으로 코딩하는 데는 20~30분이 걸린다. 이것은 마치 큐레이터가 박물관 소장품에 대해 진행하는 분류나 연구 프로젝트의 종류와도 다르지 않은, 깊이 있는 데이터 프로젝트다.

예를 들어, 필자는 단 하나의, 폴 사이먼Paul Simon의 노래 〈그녀의 신발 바닥의 다이아몬드Diamonds on the Soles of Her Shoes〉를 바탕으로 라디오 방송국을 생성했다. 그러자 그 라디오 방송국은 다음 목록을 재생했다.

- 저스틴 로버츠Justin Roberts의 〈She's a Yellow Reflector〉
- 필드 뮤직Field Music의 〈If Only the Moon Were Up〉
- 더 잉글리시 비트The English Beat의 〈She's Going〉
- 폴 사이먼Paul Simon의 〈You're The One〉
- 데이 마잇 비 자이언츠They Might Be Giants의 〈Withered Hope〉
- 엘튼 존Elton John의 〈Big Dippe〉
- 뉴욕 록앤롤 앙상블New York Rock and Roll Ensemble의 〈Wait Until Tomorrow〉
- 블론디Blondie의 〈The Tide is High〉

이 노래 중 필자가 알고 있었던 곡은 단 하나였고, 음악가 중 절반은 새로운 것이었다. 필자는 아홉 곡 중 일곱 곡이 마음에 들었다. 각 노래에, 필자는 왜 그것이 재생됐는지 판도라의 설명을 보기 위해 "왜Why?" 버튼을 클릭할 수 있었다. 예를 들어 〈The Tide is High〉는 그것이 "어쿠스틱 록 악기와 레게 영향,

보컬 하모니의 미묘한 사용, 반복적인 멜로디 부분과 지나친 뱀핑vamping(음악에서 단순한 리듬 패턴으로 이루어진 부분)이 특징"이기 때문에 포함됐다.

음악 게놈 프로젝트에는 "활기찬 스윙 느낌"부터 "이야기를 말해 주는 가사", "간헐적 테너 색소폰 솔로"까지, 400여 개의 서로 다른 음악의 지시자가 존재한다. 판도라와 음악 게놈 프로젝트는 큐레이터같이, 서로 다른 종류의 음악적 표현의 지표를 만드는 일에 숙련된 전문가에 의해 관리된다. 그들의 전문지식은 사용자에게 더 나은 경험을 제공한다. 아마추어 애청자로서, 필자는 〈그녀의 신발 바닥의 다이아몬드〉에게서 느끼는 호소력의 원인을 명확히 인식할 수 없었다. 판도라가 생성한 노래를 듣고 그에 대해 반응해 봄으로써, 필자에게 무엇을 좋아하거나 그렇지 않은지의 미묘한 뉘앙스를 이해하게 되었다. "과도한 뱀핑"이 포함되어 있는 노래를 필자가 좋아한다는 것이 밝혀진 것을 처음부터 필자가 그것을 명료하게 말 할 수 있었을까? 아니다. 새로운 음악을 소개해 주는 것뿐만 아니라, 판도라는 음악을 논하기 위한 필자의 어휘도 확장시켰다.

판도라의 사용자들은 음악 게놈 프로젝트의 전문가를 옹호한다. 사용자 기반 필터링이 천천히 도입되어 감에 따라 판도라 블로그에서는 논쟁이 촉발되었는데, 고품질의 전문적 공정이 오염될 것이라는 두려움이 많은 이들 사이에 퍼진 것이었다. 음악 게놈 프로젝트는 방문자 순위평가를 제한적으로 도입시켰다. 이곳의 핵심 가치는 노래를 전문적으로 생성한 범주로 분류함에 있다.

문화 기관에서도 이와 비슷한 추천 엔진을 상상해 보자. 큐레이팅 기록이나 운영자 지명 방식 등을 활용하여 기관은 서로 다른 소장품이나 컨텐츠 경험에 대해 '유전자genes' 목록을 생성할 수 있을 것이다. 방문자가 하나의 전시물이나 작품의 이름을 스마트폰에 입력하면 어떻게 그것들이 서로 관련되는지에 관한 설명뿐 아니라, 그것과 관련된 다른 전시물의 목록도 얻는다고 상상해 보자. 그 시스템은 개인 방문자의 취향을 반영할 뿐만 아니라, 방문자는 자신이 그것을 좋아하는 이유를 명확하게 설명할 능력도 키워갈 수 있다. 사람들은 자신들이 어린 시절의 기억이나 경제 위기 관련 역사를 주제로 다루는 작가를 선호한다는 것을 알게 되어 놀랄지도 모른다. 문화 기관은 각각의 방문자나 가족을 위해 물리적으로 재조정될 수가 없지만, 그 컨텐츠는 점점 더 개선되고 교육적인 경험을 위해 개념적으로 재배치될remix 수 있을 것이다.

개인화는 단지 원하는 것을 주는 것이 아니다. 그것은 새로운 것을 만나게 하고, 무엇을, 왜 좋아하는지 구분하고 정제하는 데 필요한 어휘력을 가져다준다. 세계는 조금 더 열려갈 것이고, 바라건대 사람들의 탐험은 계속될 것이다.

개인화 컨텐츠 불러오기의 메커니즘

개인화를 완성하는 마지막 퍼즐 조각은 방문자를 추천이나 개인화된 해석 컨텐츠에 접근할 수 있게 하는 메커니즘이다. 이상적인 메커니즘은 개인과 사회적 용도 모두에 부합해야 한다. 그것은 방문자의 프로필에 대응한 제안을 제공할 수 있지만, 그것이 어떤 이에게 단일한 길을 강요하는 것이 되어서는 안 된다.

어떤 기관은 이런 문제를, 주로 바코드나 RFID 태그(전파를 이용해 물체를 식별하는 기술)와 연계된 물리적 장비를 만들어, 그것을 들고 다니면서 각 전시물에 접속하여 방문자의 고유 정체성과 연결시킴으로써 해결하려고 했다. 과학관에서 인기가 많은 이런 종류의 시스템은 2000년대 초반 이후 전세계 기관에 채용됐다.

그런데 이런 시스템에는 다음과 같은 두 가지 근본적인 문제가 있다. 관람자가 개별적으로 전시물을 사용하게 (혹은 집단 구성원 중 한 사람이 전시물을 사용하는 것을 지켜보게 하면서 그의 경험을 기록하도록) 강요됨으로써 전시물의 사회적 경험이 방해되고, 매우 혼잡스러운 전시물 사용 패턴 속에서 엄격한 순서가 강제된다. 만약 태그가 판독할 때마다 초기화되어

버린다면, “중간부터” 전시물을 사용할 수 없게 된다. 특히 가족의 경우, 다른 방문자가 끝날 때까지 대기선에서 기다려야 하고, 태그 부착 전시물을 찾아다녀야 하며, 가족 중 단 한 명만이 전시 체험을 유지할 수 있으며, 전시 체험물마다 태그를 판독시켜야 하는 성가신 일이 된다.

가장 좋은 메커니즘은 방문자에게 새로운 행위를 강요하지 않고, 이미 문화 기관을 그들이 사용하고 있는 방법에 맞추는 것이다. 그것은 아베스타의 용광로(79쪽을 보라) 사례에서 손전등을 이용한 해석적 전략과 잘 부합된다. 손전등은 침침한 역사적 장소를 탐험하는 경험과 잘 맞는 친숙한 도구다.

기관에 알맞은 도구를 찾으려면, 사람들이 방문하고 있는 동안 그들이 컨텐츠를 탐험하고 발견하기 위해 현재 어떻게 하고 있는지를 떠올려 보라. 만약 방문자가 자주 현장에서 휴대전화를 사용한다면 그것이 좋은 해결책일 것이다. 예를 들어, 2009년 브루클린 박물관Brooklyn Museum은 문자 메시지를 기반으로 하는 추천 시스템의 시험 버전을 개시했다. 각 전시물에는 짧은 문자 메시지 코드가 레이블로 붙어 있었다. 방문자가 이 코드를 메시지로 보내면, 시스템은 그가 해당 전시물을 좋아함을 알게 되고, 이를 바탕으로 가까이 있는 전시물을 추천하였다. 이 시스템은 사용자의 선호 대상으로 프로필을 구축하면서, 보다 함축적인 추천을 제공하고, 동시에 방문자는 간편한 질의 방식만으로도 여전히 도움을 받을 수 있다.

문화 기관은 전체적으로 로테크low-tech를 사용하여 방문자를 심도 있는 컨텐츠로 안내할 수도 있다. 미술관은 “찾아보기 스케치북”을 제공하여, 페이지마다 작은 작품 사진을 갤러리 내 위치와 함께 기재하고, 페이지 상단에 예를 들어, “누드 조각을 더 보려면 84페이지로 가세요.

고문당한 예술가는 211페이지로 가세요"와 같이 주석을 붙여 줄 수 있을 것이다. 교통박물관에서는 항해일지나 여권을 활용하여 방문자가 지나온 곳을 표시하고 계속 탐험해 나갈 곳을 추천받게 할 수도 있을 것이다. 과학관에서는 미세한 글씨로 다양한 관점들을 인쇄해 놓고, 방문자에게 돋보기를 제공하여 자신이 원하는 해석을 찾아보게 할 수도 있을 것이다. 단순하게는, 레이블에 "이 전시물이 마음에 든다면 전시실 저쪽의 어느 것도 좋아할 것입니다"라던가, "이 이야기와 상반되는 관점을 반대편 벽의 전시에서 찾아보세요"와 같이 표시해 주는 것만으로도 사람들을 전시장에서 다음으로 갈 곳을 찾게 도울 수 있다.

개인화 컨텐츠를 집에 가져가기take-home

이상적으로, 개인화된 문화 경험은 방문자가 기관을 떠난 후에도 지속되어야 한다. 비회원으로서 한 번 방문한 사람을 상상해 보자. 굉장한, (바라건대 개인화된) 경험을 하고 돌아간 그와의 관계를 기관이 지속시키려면 무엇을 할 수 있을까?

대부분 문화 기관은 방문자를 한 번 보고 말 것처럼 대한다. 그들은 전화도 편지도 하지 않고 갈망하지도 않는다. 방문자가 메일링 리스트나 전자 뉴스레터에 가입했다면, 그들은 돌아오는 이벤트의 알림을 받을 것이다. 그러나 그들은 개인적으로 연락하지는 않을 것이다. 한 번 왔다 간 한 사람과 개인적으로 후속 연락을 취한다는 것은 운영진에게 비현실적일 수 있다. 하지만, 문밖으로 나간 방문자와 개인적으로 연결될 방법은 여전히 남아 있다.

많은 문화 기관은 방문자가 흥미를 느끼거나 직접 만든 컨텐츠를 이용해 e-카드나 즐겨찾기를 전송하는 전시물을 시도해 왔다. 몇몇의 예술과 과학, 역사박물관은 1990년대 중반부터 방문자가 나중 웹에서 다시 볼 수 있도록 박물관 경험을 저장시킬 수 있는 시스템을 제공해 왔다. 그러나 이런 "지금 한 것을 웹으로 다시 보기"식 체험은 그 후속 활동률이 10퍼센트도 채 되지 않는다.[19]

그 비율은 모든 방문자에게 티켓으로 개인별 웹 주소를 교부하는 기관에서 특히 낮다. 왜냐하면 이런 시스템은 개인화된 집에 가져가기 행위를 천편일률적으로 "밀어붙이기" 때문이다. 방문자 중 일부는 웹으로 창작이나 수집 활동을 하고 싶어 한다. 다른 일부는 그것을 온라인으로 다시 보고 싶어 한다. 그러나 많은 수의 비활동적 방문자는 이런 활동을 모르고 지나치고, 흥미도 없으며, 해보려 나서지 않는다. 박물관과 집의 컴퓨터의 연결 고리인 티켓을 잃어버리는 방문자도 있으며, 나중에 온라인으로 컨텐츠를 찾을 수 있다는 것을 모르는 사람도 있다.

티켓 기반 시스템과는 달리 스스로 개인화하기 여부를 선택하는 전시물이나 시스템은 높은 후속 활동률을 보인다. 개인들이 자발적으로 참여하기를 선택한 경우, (혹은 경험을 "이끌어낼pull" 때) 모두에게 똑같이 강요될 때보다 더욱 후속 참여도가 높아진다.

방문자가 참여를 자발적으로 선택하게 함을 넘어, 방문자가 집에서도 기관 컨텐츠에 접근하도록 긍정적 영향을 주는 요소로는 다음의 세 가지 요소가 있다.

---

19 실비아 필리피니판토니Silvia Filippini-Fantoni와 조나단 보웬Jonathan Bowen의 논문, "박물관과 북마킹: 박물관 경험을 방문을 넘어 확장할까?Bookmarking in Museums: Extending the Museum Experience Beyond the Visit?" 중 "북마킹 앱은 박물관의 기대에 부응할까?Do Bookmarking Applications Meet Museums' Expectations?"라는 섹션을 참조할 것. http://www.participatorymuseum.org/ref2-19/

1. 컨텐츠의 개인화 정도
2. 현장 활동에서 투입한 노력
3. 컨텐츠를 집에서 접근할 때의 편의성

첫 번째와 두 번째는 종종 혼합된다. 자신의 사진을 찍거나 다짐을 쓰는 것은 정체성을 구축하는 경험이다. 사람들은 근본적으로 자기중심적이며, 더욱이 제도적으로 창조된 컨텐츠의 조각보다는 재미있었던 기억을 기념하기 위한 개인적 아이템이나 학습 경험을 다시 찾을 가능성이 높다. 개인화된 경험은 종종 전통적 컨텐츠 경험보다 더욱 감성적인 연결을 촉진한다. 그것은 또한 사람들이 자신의 창작물을 다시 찾아봄에 더욱 흥미를 느끼고 기억하는 경향이 있다는 뜻이기도 하다.

접근 편의성에 있어서는, 방문자에게 개인 이메일을 보내는 방법이 웹 주소를 가르쳐주는 것보다 다시 연결되기 쉽다. 예를 들어, 트로펜 박물관Tropenmuseum의 "아프리카 헤어스타일로 당신을 찍으세요" 인터랙티브 전시는 방문자가 제공한 이메일 주소로 이미지를 보낼 것을 선택할 수 있었다. 그들은 집으로 돌아간 후, 두 가지 이유로 이메일을 다시 열어볼 가능성이 크다. 첫째, 방문자는 맞춤 URL이 포함된 티켓을 수동적으로 받는 것보다 이메일 주소를 현장에서 제공함으로써 사후 방문에 능동적으로 동의했다. 그리고 둘째, 집에서 사진에 접속하는 것은 큰 노력을 요하지 않는다. 즉, 코드를 입력할 필요도 없이, 이메일은 수신함에서 조용히 기다리고 있다. 전시 중에 이메일 주소를 물어보는 것은 방문자의 참여도에 대한 일종의 시험이다. 그것은 다른 어떤 방법과 비교해도 온라인 후속관계를 쉽게 만들 수 있는 방법이다.

사례연구

관계 형성의 심화를 위한 집에 가져가기: 시카고 어린이박물관

어떤 "집에 가져가기" 활동은 사진을 찍거나 게임을 완성시키는 것과 같이 다소 보잘것없다. 그리고 다른 어떤 활동은 방문자가 전시물 체험이나 다

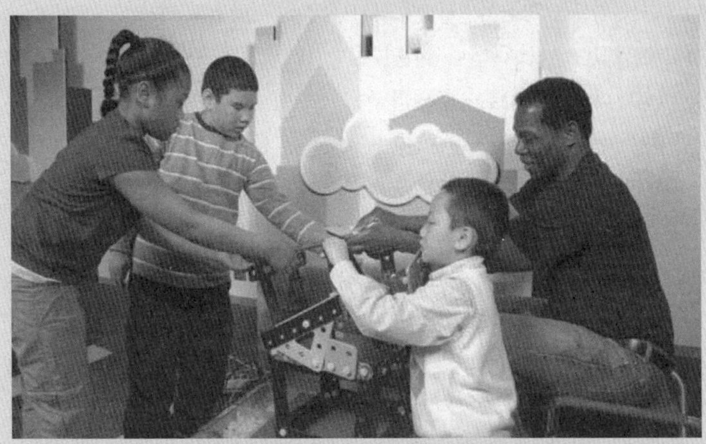

〈마천루 챌린지〉에서 가족은 마천루(위)를 짓는다. 그리고 나서 그들의 경험(아래)에 관한 디지털 "책"을 구축하기 위해 앉았다. 그 책은 가족 구성원으로부터 오디오 코멘터리와 작업 과정 사진을 포함한다.

단계 과정을 통해 컨텐츠를 수집하게 하기도 한다. 짧은 시간 동안의 압축된 현장 경험을 누구나 좋아하지는 않지만, 복잡한 활동을 성공시킨 방문자는 그들의 생산물에 애착하는 경향이 있다. 시카고 어린이박물관의 전시 〈마천루 챌린지Skyscraper Challenge〉를 살펴보자. 〈마천루 챌린지〉는 방문자가 모둠을 이루어 작은 마천루를 몇 분 동안 만들고, 자신의 경험을 바탕으로 사진 이야기를 만드는 활동이었다. 각 팀의 작업은 시간별로 키오스크에서 스냅 사진에 담겼다. 마천루가 완성되면, 가족이나 모둠은 둘러앉아 자신의 체험을 멀티미디어 스토리로 만들었다. 키오스크에서는 "우리가 함께 작업한 시간" 혹은 "어려운 문제를 푼 순간" 등이 기록된 사진을 고르게 했다.

이 재치 있는 설정으로 개인화(사진 촬영)는 자동화될 수 있었고, 방문자들은 자신이 하거나 느꼈던 것들을 찍은 순간을 떠올리도록 독려 받았다. 이렇게 고도로 개인화된 사진 이야기는 시간을 많이 소모했고(평균적으로 한 모둠은 15분을 소모했다) 약 85%에 이르는 방문자들은 자신의 "건축허가서"를 집에 가져가 맞춤식 웹사이트에서 디지털 스토리를 다시 방문하기로 선택하였다. 그 중 31%가 집에서 다시 디지털 스토리를 실제로 방문했는데, 이 수치는 특히 참여 연령층이 매우 낮고 건축허가서에 기재된 고유 URL을 입력해야 했다는 사실을 감안하면 상당히 높은 편에 속한다고 볼 수 있다.

집에 가져가기를 활용한 재방문 유도

문화 기관의 반복적 참여 기회가 제한되는 이유는, 온라인 방문 전후의 경험이 종종 지나치게 경직된 구조이기 때문이다. 집에 가져가기 체험은 방문자에게 즐거운 기억과 복습을 위한 교육적 재방문을 가능하게 하지만, 집에서 마우스 클릭 몇 번 하기를 넘어 다시 방문하고 싶다거나 박물관과 계속 관계 맺고 싶은 동기를 주는 곳은 드물다. 예를 들어, 미국 홀로코스트 추모 박물관US Holocaust Museum의 〈기억에서 행동으로From

Memory to Action〉전은 전세계의 대학살에 관한 것으로, 방문자에게 스마트 테이블 위에서 카드를 긁어 영상과 멀티미디어 스토리를 저장하고, 집에서도 전시 웹사이트를 통해 그것을 볼 수 있게 하였다. 이것의 의도는, 방문자가 집에서 보다 집중하여 괴로운 감정을 자극하는 전시 컨텐츠를 계속 찾아볼 수 있게 하려는 것이었다. 그것은 컨텐츠 배포의 관점에서는 이해가 가지만, 관계 형성에 있어서는 별로 도움이 못된다. 기관과의 관계는 오래 가지 못하게 계획되어 있다. 다음과 같이 단순한 설정이기 때문이다. 전시를 본다, 좋아하는 것을 저장한다, 집으로 가져가 확인한다, 그리고 끝.

이러한 집에 가져가기는 방문 경험의 에필로그처럼 다루어질 뿐, 후속편을 위한 힌트가 되지 못한다. 한 번의 방문을 방문 전후 활동으로 연장하는데 집중하기보다는 현장 외 경험을 통해 여러 번의 방문을 연결되도록 하는 것이 더 낫다.

사례로, 시카고 어린이박물관Chicago Children's Museum은 때때로 방문자에게 박물관 경험을 담아 스스로에게 엽서를 쓰게 한다. 박물관은 이 엽서를 두었다가 며칠 후에 발송한다. 원래 이 활동이 계획된 것은 방문자들이 나중에 집에서 박물관에서의 경험을 되살려 자신이 배운 것을 기억하게 하려는 의도였다. 인지심리학에 따르면, 교육적 컨텐츠를 전략적으로 적절한 시간에 다시 반복하는 것("시간차를 둔 반복spaced repetition")이 기억의 장기간 보존으로 이어진다고 한다. 박물관의 맥락에서 이는 엽서를 통해 방문자가 현장에서 배운 것을 보존하게 하는 것이며, 방문 경험을 강하게 기억시키는 것이다.[20]

엽서는 단지 학습 목표 달성에만 도움을 주는 것이 아니다. 엽서는 기관과 방문자 간의 즐거운 연결 지점을 만든다. 엽서를 우편으로 받는 것은 특히 어린이에게는 특별한 행사가 된다. 실제적이고, 인간적이며, 시간차를 둔 사물인 엽서는 방문자가 외출 후 돌아왔을 때 메일함에서 기다리는 이메일보다 기관과 방문자 간의 관계에 더 잠재력이 강한 효과를 준다. 우편 서비스에는 "삭제" 버튼이 있는 것도 아니어서, 방문자가 받은 엽서를 읽고 난 후 계속 가지고 있게 될 확률도 높다. 가족학습기획사업Family Learning Initiatives의 부대표인 치비아 코헨Tsivia Cohen은 이렇게 표현했다.

> 우리가 문서를 우편으로 보내는 것을 좋아하는 한 가지 이유라면, 즉 그냥 손에 들고 가지 않게 하는 것은, 시간차를 만들기 때문입니다. 우리는 그것이 며칠 후 집에 도착할 것이라 가정합니다(그렇길 바랍니다). 박물관에 온 가족은 원한다면 자신의 방문 기록을 함께 오지 못한 친지에게 발송할 수도 있는데, 그렇게 함으로써 우리가 바라는 것은 더 많은 연락과 감사의 전화가 오가게 되는 일입니다. 한 번 더 대화를 나누게 하는 것이지요.

이렇게 이 활동은 집에 가져가기 아이템을 놀라운 개인적 선물로 변화시킨다. 박물관에게 엽서는 현장에서 시작된 학습을 다질 수 있도록 박물관 경험을 회상하게 하는 촉발자이다. 그와 동시에, 엽서로 인해 박물관은 실제의 삶 속으로 옮겨와, 방문자들에게 그들이 왔던 곳이 좋았고 다시 가보고 싶다는 것을 더할 수 없이 개인적인 목소리로 회상하게 해준다.

---

20 시간차를 둔 반복에 관해 더 알고 싶다면, 〈와이어드Wired〉지에 게리 울프Gary Wolf가 발표한 2008년 4월의 매력적인 글, "배운 것을 영원히 모두 기억하고 싶은가? 이 알고리듬을 따르라Want to Remember Everything You'll Ever Learn? Surrender to This Algorithm"를 읽어볼 것. http://www.participatorymuseum.org/ref2-20/

사례연구

다양한 플랫폼의 활용: 〈39개의 열쇠〉

기관이 각각의 방문을 "실에 엮인 구슬"로서, 즉 지속되는 이야기로서 바라본다면 기관과 개인 간의 관계를 다중 플랫폼의 활용으로 구축할 수 있는 큰 가능성이 열린다. 2008년, 스콜래스틱 북스Scholastic Books는 〈39개의 열쇠The 39 Clues〉라는 연재물을 발표했는데, 그것은 10권의 추리소설과 온라인 게임 환경으로 구성된 것이었다. 〈39개의 열쇠〉는 독자와의 관계를 긴 시간에 걸쳐 점진적으로 형성해 가기 위해 고안된 것으로, 출판사는 열 명의 다른 작가와 계약하여 열 권의 책을 수개월 간격으로 총 2년에 걸쳐 발표했다. 그러면 스콜래스틱은 어떻게 각각의 연이은 에피소드가 발표되는 사이의 수개월 동안 계속해 독자들의 관심을 유지할 수 있었을까?

이 문제는 박물관과 공연 기관들이 가진 재방문의 문제와 유사하다. 박물관 방문은 독서와 마찬가지로 강렬하고 경이로운 경험일 수 있다. 하지만 동시에, 그것은 시간 속의 한 찰나일 뿐이다. 많은 사람은 한 가지 책에 집착해 여러 번 읽지도 않으며, 어떤 전시나 공연을 여러 번 관람하지 않는다. 관람

〈39개의 열쇠〉 게임은 가상적 단서와 물리적 단서들이 서로 섞인 모음집을 통해 독자를 이 책 시리즈 전체를 관통하는 내러티브에 연결시킨다

자는 기다렸다가 다음 것이 나오면 다시 찾아갈 뿐이다.

스콜래스틱은 다음 책이 나오기까지 그 중간에 독자를 잃지 않고자 했다. 그들은 〈39개의 열쇠〉 브랜드에 대한 충성도를 만들어내 사람들이 조금 더 이 시리즈와 가까워지기를 원했다. 그런데, 스콜래스틱은 책의 분량을 늘리거나 시리즈물의 수를 늘리려고 노력하지 않았다. 새로운 매체인 온라인 게임으로 눈길을 돌린 것이다. 이 온라인 게임은 하나의 책과 다음 책 사이에 독자를 꿰는 실이었던 것이다.

〈39개의 열쇠〉의 다중 플랫폼 경험은 다음과 같이 이루어졌다.[21] 전체 시리즈에는 39개의 해법이 흩어져 있다. 각 권은 하나의 해법을 공개하며, 동시에 6장의 게임 카드가 함께 제공되는데 이 카드는 다른 해법을 찾을 수 있게 도움을 주기 위한 것이었다. 이 두 가지 요소로 인해 사람들은 내용을 읽는 것만이 아니라 반드시 책을 구입해야만 카드를 손에 넣을 수 있었다.

이 책의 이야기는 부모를 잃은 한 무리의 형제들이 열쇠를 찾아가는 것이었다. 온라인 게임에서는 플레이어도 주인공들과 친척이었음이 드러나고(놀라운 비밀로서) 이 고아들과 함께 열쇠 찾기에 나서게 된다. 온라인에는 다양한 퍼즐도 있고, 온라인에서만 제공되는 책 관련 컨텐츠가 있어서 그것을 얻거나 그것에 답할 수 있었다. 독자로서의 이용자들은 책의 캐릭터들과 함께 머릿속으로만 경험을 해 나갔다. 하지만 게임 플레이어로서 독자들은 이야기 속의 능동적인 탐정이 될 수 있었다. 이 두 가지가 합쳐지면 두 가지 경험은 서로를 증진시켰다.

스콜래스틱은 책의 판매에 중점을 두고 있었지만, 이런 다중 플랫폼 방식은 상업적 사업에만 국한될 필요는 없다. 스콜래스틱은 사람들이 10권의 책 모두를 읽으리라는 야심찬 계획을 가지고 있었고, 〈39개의 열쇠〉 온라인 체험은 그러한 장기 투자의 목적 달성을 위한 어떤 노력도 감추지 않았다. 박물관으로 돌아와서, 일 년 동안 6회의 전시를 방문 관람해야만 그 열린 결말의

21 이 책의 출간 이후로 〈39가지 단서〉는 여전히 진행중에 있으며, 다음의 링크에서 접근 가능하다. http://www.participatorymuseum.org/ref2-21

온라인 서사에 종지부를 찍을 수 있는 박물관 게임을 상상해 보자. "전시를 만들면 사람이 온다"는 말은 잊어버리자. "서사를 만들면 사람이 다시 온다"는 것이 정확한 말이다.

재방문을 위한 개인적인 이유를 부여하기

스콜래스틱과 같이 생각해 볼 때 가장 쉬운 첫 단계는 기관에 처음 온 방문자가 출구를 나갈 때 그 곳에서 뭔가를 얻어갈 수 있을 것이라 가정해보는 것이다. 그것은 기관이 개최할 다음 공연이나 순회전을 뜻하는 것이 아니라, 보다 가까운 장래에 방문자가 얻어 갈 수 있는 또 하나의 경험을 말한다. 산타크루즈의 어느 음식점 주인은 독특하게도 손님이 나갈 때 "내일 봐요!"라고 인사한다. 그는 물론 다음 날도 손님이 오지는 않을 것을 알고 있지만, 그럼에도 불구하고 가까운 미래에 올 수 있으리란 기대를 표하는 것이다(개인적인 바람과 함께).

다음 단계는 그런 기대를 행동화하는 것으로, 방문자가 갈 때 피드백이나 프로필 정보를 남길 기회를 만들어 준다. 예를 들면, 전자뉴스레터 구독 신청 스테이션을 만들어서, 방문자가 전시에 대해 한 단어로 평가하고, ("감동적", "따분함", "재미있음", "교육적" 등등) 또 하나의 단어를 골라 방문 중 얻은 새로운 흥미를 기술하게 할 수 있다. 그 후, 방문자는 집에서 박물관의 이메일을 받게 된다. 이것은 다음 전시를 설명하기만 하는 비인간적인 것이 아니라, 다음과 같은 것이 된다. "조지 씨, 박물관에서 감동을 받고 가셔서 우리는 보람을 느낍니다. 아래의 몇 가지는 다른 방문자가(혹은 직원이) '감동적'이라고 평가했던 전시들인데, 다음번에 꼭 방문해 보시기 바랍니다. 또한, 박물관의 막후에서 일어나는 일을 궁금해 하셨으므로 우리 박물관의 보존과학 팀의 블로그를 알려드리며, 아울러 전시의 이면을 살펴볼 수 있는 투어 일정도 알려드립니다." 이런 이메일의 작성은 자동화될 수도 있겠지만, 자원봉사자나 현장 직원들이 쓰는 것도 가치가 있을 것이다.

모든 방문자가 이와 같은 피드백 경험을 원하지는 않겠지만, 원하는 사람에게는 개인적 연결이 가치를 발휘할 것이다. 박물관에 이메일 주소를 스스로 남기는 사람들은 또 한 번의 데이트를 신청하는 것과 같다. 그들은 앞으로의 컨텐츠를 받아보고자 하며, 지금껏 받아 온 모든 다른 전자뉴스레터와는 달리 바로 이곳은 뭔가 특별할 것이라고 몰래 희망하고 있는 것이다.

활기찬 기운으로 박물관에서 돌아온다고 상상해 보라. 정문에서 자원봉사자는 경험이 어땠는지 물어보며, 전자뉴스레터에 등록하도록 청한다. 그러고 나서 며칠 뒤에, 와준 것에 대해 아주 개인적인 감사 인사와 함께 다음 방문을 제안한다. 그것은 방문자를 되돌아오게 하는 일종의 기억할 만한 경험이 될 것이다.

재방문을 개인화하기

일단 기관이 성공적으로 재방문을 유도했다면, 직원은 기관과 방문자 사이의 발전된 관계를 공식적으로 주지시킬 필요가 있다. 문화 기관이 반복해서 재방문하는 방문자와 현재의 관계를 진척시키기 위한 아주 간단한 일이 몇 가지 있다. 첫째, 입장권 판매대 컴퓨터 시스템은 사람이 (혹은 신용카드가) 기관을 마지막으로 방문한 시간 정보를 제공해야 한다.

최소한 출납원은 기존 방문자를 알아볼 수 있어야 하며, "다시 뵈어서 반갑습니다"라고 웃으면서 말할 수 있어야 한다. 하지만 커피숍의 펀치 카드처럼 반복 사용이 표시되고 직원의 적절한 반응을 보장하는 무언가가 있다면, 반드시 컴퓨터 시스템이 아니라도 된다.

우리는 모두 커피숍에서 많이 쓰는 펀치카드의 사용법에 친숙하다. 손님은 도장이나 펀치 구멍을 모은 후, 구매 횟수가 어느 정도 모였을 때 무료 음료를 받는다. 비슷한 것의 가상적 버전도 있다. 아웃도어 제품을 파는 레이REI의 협동조합 시스템에서는, 구매 포인트나 현금의 형태로 레이의 물품을 구매한 조합 구성원에게 매입액의 10퍼센트를 연말에 돌려준다. 로스앤젤레스의 어느 극장에서는 이야기가 분기하는 (한 번에 전체 극을 볼 수 없는 것과 같은) 연극을 만들어 다음 번 방문 때 티켓 가격을 깎아 주는 곳도 있다.[22]

펀치카드는 저렴하게 관계를 형성시키는 방법으로 다음의 두 가지 중요한 작용을 한다.

1. 여러 번 방문하리라는 기대를 품게 한다.
2. 직원들이 복잡한 기술 없이도 이전의 방문 사실을 알아볼 수 있다.

박물관 멤버십 제도는 이것을 위해 존재한다. 하지만 많은 기관에서는 심지어 복잡한 멤버십 데이터베이스를 구축한 곳에서도 현장 직원이 그것을 활용해 재방문을 추적하는 것을 중요시하지 않는다. 컴퓨터

22 〈타라마Tarama〉라는 독특한 연극을 다음의 링크에서 학습할 것.
http://www.participatorymuseum.org/ref2-22/

가 잘 못하는 일이지만 펀치카드는 그것을 잘 해낸다. 방문자의 카드에 여러 개의 펀치 구멍이 보이면 현장 직원은 방문자에게 지난 전시 중 무엇이 좋았는지, 이번 전시는 무엇이 다른지, 그리고 그 사람이 무엇을 특히 좋아하게 될지를 이야기하기 시작할 수 있다.

커피숍 스타일의 펀치카드가 문화 기관에서는 어떻게 다시 설계되어야 할까? 사람들은 박물관과 공연 극장을 거의 방문하지 않는다. 따라서 방문 기반의 펀치카드는 다시 사용할 동기가 될 수 없을지도 모른다. 만약 커피를 매일 산다면, 그리고 좋아하는 카페가 구입한 열 잔마다 무료로 한 잔을 제공한다면 2주마다 한번씩 무료로 커피를 얻을 수 있다. 하지만 문화 기관은 그렇게 돌아가지는 않는다. (어린이 과학박물관에 열심히 오는 젊은 가족을 제외한) 대부분의 사람들은 10회 방문을 성사시키기 전에 박물관 펀치카드를 잃어버릴 가능성이 높다.

자주 사용되지 않는 곳에서 더 잘 쓰일 수 있게 펀치카드를 영리하게 개선한 경우도 있다. 로스앤젤레스의 프로즌 요거트 가게 멘치스Menchies는 7개를 구매하면 무료 요거트를 주는 기본 펀치카드를 제공한다. 새로운 손님이 요거트를 사면, "텅 빈" 펀치카드 대신, 이미 6개의 펀치가 끝난 것을 받는다. 그것은 기능상 다음 방문을 노린 1+1 쿠폰이다. 이것은 펀치카드를 신규 고객에게 더욱 가치 있는 것으로 만들기 때문에, 텅 빈 쿠폰을 가진 사람들을 돌아오게 만드는 것보다 더욱 효과적일 수 있으며, 그 가게에 다시 찾아오도록 만들 수 있다. 몇몇 박물관은 현장학습 학생들에게 가족과 쓸 수 있는 재방문 티켓을 무료로 주는 실험을 했다. 여기선 차라리 펀치카드를 사용하는 것이 기관과 그들을 연결시키는 데 더욱 효과적이었을지도 모른다.

안녕 티나Tina, We Salute You라는 런던의 인기 커피숍에서는 펀치카드를

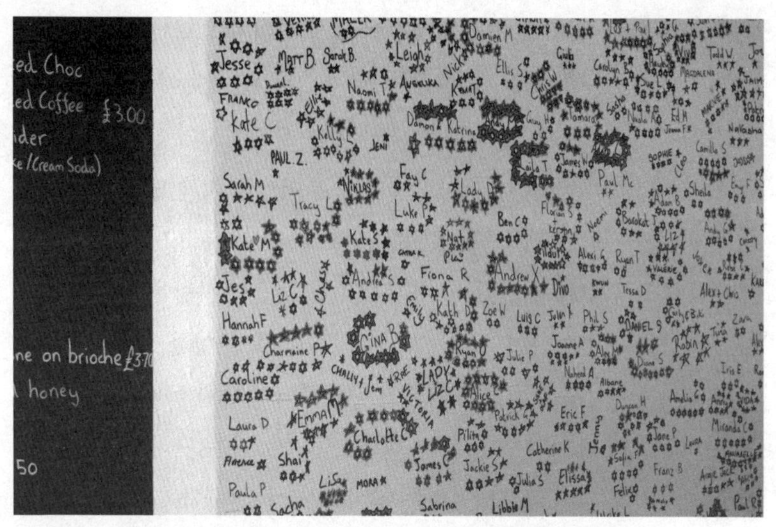

커피숍 안녕 티나의 고객들은 커피숍의 벽에 이름을 써서 그들이 구매한 흔적을 남긴다.

사교적 경험으로 바꾸어놓았다. 손님은 카드를 가지고 다니는 대신 자신의 이름을 벽에 쓰고 매번 구매한 음료수 갯수만큼 별을 그린다. 10개를 구매하면 공짜 커피를 얻으며, 새로운 별 색깔을 부여받아 계속한다. 충성도의 보상이 개인적 거래에서 끝나지 않고, 사람들은 직원이나 다른 손님과 함께 축하를 한다. 이는 커뮤니티적 분위기를 자아내며 새로운 고객도 자신의 이름을 쓰고 참여하게 부추긴다. 또 여기에는 선의의 경쟁이란 측면도 있는데, 사람들은 별을 더 얻고 싶어 하고 이름을 예쁘게 꾸미려 한다. 참여 행위가 공개되어 있기 때문이다. 그리고 그것은 성공적이었다. 안녕 티나의 충성도 벽이 처음 생긴 후 얼마 안 되어 그곳의 열렬한 커뮤니티를 담기에 너무 작다는 것이 판명난 것이다. 이런 방식은 특히 작은 기관이 쉽게 적용할 만한데, 방문자들을 그곳의 문화 커뮤니티의 일원으로 느끼게 하고, 벽 위의 자신의 명판이 "레벨 업"되기를 바라게 한다. 말하자면, 저예산의 열성 후원자의 벽과도 같다.

마지막 예로, 윙크하는 도마뱀Winking Lizard Tavern은 150여 개의 세계 맥주를 가지고 "세계 맥주 여행"을 매년 여는 오하이오의 13개 레스토랑의 체인이다. 10달러만 내면 사람들은 이 투어에 참여해 모든 맥주의 원색 안내서와 시음한 맥주를 위한 펀치카드를 받고, 온라인 맥주 시음 추적시스템에 등록할 수 있다. 50가지 맥주를 시음한 사람은 선물을 받는다. 100개를 시음했다면, 그 해의 맥주의 이름이 들어간 "세계 여행 재킷"을 받는다. 이것은 기능상 이메일 뉴스레터와 특별 이벤트를 포함하는 멤버십 제도이지만, 구성원이 새롭고 (다른) 맥주를 계속 구매할 것이라는 생각에 의해 주도되었다는 점이 다르다. 판매가 될 때마다 펀치카드의 가치가 올라가는 것은 끝날 때까지 사람을 기다리게 만드는 것보다 훨씬 좋은 방식이다. 사람들이 다른 기관이나 전시물을 방문하거나 새로운 경험을 시도하도록(교육 프로그램, 강의, 공연, 사교적 이벤트) 장려하는 비슷한 시스템도 쉽게 상상해 볼 수 있다.

멤버십 제도의 중요성

열성적으로 참여하는 방문자의 궁극적인 형태는 멤버십이다. 회원은 박물관 커뮤니티에 소속되는 특전을 위해 미리 회비를 지불하는 사람들이다. 불행하게도 대부분 문화 기관의 멤버십 제도의 목적은 관계 증진이 아니라 재정적 가치의 증진으로 전환됐다. 사람들은 기관과 컨텐츠와의 연대감을 표현하기 위해서가 아니라, 무료입장을 위해 회원에 가입한다.

왜 많은 기관은 비개인화된 시즌 이용권처럼 멤버십 제도를 다룰까?

박물관 산업이 창구매출에 더욱 의존하게 됨에 따라, 멤버십 제도는 상업적 (그리고 성공적인) 상품으로 발전했다. 멤버십 제도는 효과적으로 박물관 경험을 패키지화한다. 몇몇 도시의 지역 박물관이 모여 그렇게 하듯, 저렴하게 뭔가를 반복할 수 있는 것으로 만드는 것이다. 대다수의 박물관 회원은 입장료를 절약하기 위해 박물관에 가입하는 "밸류 회원value member"이다. 그들은 계산을 해 보고 일 년에 두세 번만 방문해도 멤버십이 "가치가 있음"을 깨달은 후, 멤버십 가입비를 지불한다.

밸류 회원은 무엇이 문제일까? 사업의 관점에서부터 그들은 불안한 장기 투자자다. 밸류 회원은 기관에 친밀감을 가지고 가입하는 회원과 전혀 다르다. 벨류 회원은 끌어들이기 쉽지만, 갱신을 유지하기는 어렵다. 열성회원affinity member이 그 반대를 뜻하는 반면에 말이다. 만약 멤버십 제도가 가입해지율이 높은 밸류 회원에 맞춰진다면, 후원자나 열성적으로 참여하는 방문자와 같이 장기적으로 관계를 구축하려 하는 그런 회원에게는 의미 없는 것이 되어버릴 수도 있다.

회원은 이론상 기관의 가장 좋은 고객이다. 참여하려는 동기가 확실하기 때문이다. 회원을 할인만을 원하는 사람으로 대하는 것은 기관의 가치를 오염시키며 열성 방문자가 보여 주는 관심도에 따라 가치를 증대시키지 못하게 된다.

개인화 기술은 밸류 회원과 열성회원 모두의 효율성을 향상시킨다. 첫 번째 단계는 이 둘을 구분하는 것이다. 무료입장을 원하면 연간 이용권을, 깊이 참여하려는 사람에게는 다른 멤버십 제도를 제공한다. 그렇게 함으로써 기관은 특정 자원, 즉 할인, 개별적 관심, 그리고 심도 깊은 경험 기회 등을 각각 원하는 사람들에게 집중시킬 수 있게 된다. 이를 통해 제도적 낭비를 줄이고 상이한 회원들에게 더욱 만족스런 경험을 전달할 수 있다.

연간 이용권 사용자에게 필요한 개인화 기술은 재방문의 동기를 부여하는 기술이다. 이들은 기관을 일 년간 여러 번 방문하여 자신의 이용권의 "가치를 뽑으려고" 계산한 사람들이다. 하지만 많은 연간 이용권 구매자들은 기관이 자신에게 무엇을 제공할지를 잘 이해하지 못하면서 처음 방문시에 구입하는 사람들이다. 이것은 마치 다이어트 회원권을 그냥 좋을 것 같아 구입하는 것과 같다. 그들에게는 피드백이 필요하며 계속 방문할 만한 좋은 컨텐츠가 있어야 한다. 이용권 구입자가 되돌아오게 하려면 운영자는 확실하게 그 기관이 사람들의 흥미와 욕구를 충족시킬 수 있음을 보여 주어야 한다. 연간 이용권을 구입자가 다시 갱신하지 않는다면, 그것은 기관이 그들의 삶 속에서 강력한 연관성과 가치를 입증해 보이지 못했다는 뜻이다.

열성회원은 문화 기관과 더욱 깊은 관계가 되려는 의사를 표현하는 사람들이다. 이런 경우 DM 발송보다는 개인적 관심이 필요하다. 어떤 이는 특별한 프로젝트를 위한 시험개발prototyping이나 자원봉사에 참여하는 등으로 기관에 기여하고자 원한다. 또 어떤 이는 전시의 이면 공개, 이벤트 입장시의 우선권, 혹은 조기 티켓 구매와 같은 특별 대우를 원한다.

사례연구

브루클린 박물관과 과학산업센터의 틈새 회원제

2009년 브루클린 박물관Brooklyn Museum의 〈제1호 팬1stfans〉전은, 멤버십 제도에서 두 가지 구별되는 관객, 즉 타깃 첫 번째 토요일Target First Saturdays(타깃 사에서 후원하는 매달 첫 번째 토요일 박물관 무료 관람 행사)을 이용해 무료로 방

2009년 1월 이벤트에서 거리 예술가 스운Swoon과 그녀의 스튜디오로부터 온 예술가는 〈제1호 팬〉의 멤버를 위해 실크스크린 판화를 만들었다. 그 판화는 (그리고 이벤트는) 〈제1호 팬〉만을 위한 혜택이었다.

문하는 사람과 기관에 온라인으로 접속하는 사람을 대상으로 했다. 이 참여자들은 이미 기관과 긍정적인 관계를 맺고 있지만, 그들은 무료 박물관 입장이 자신의 요구에 맞지 않기에 회원권을 사지는 않는다. 운영진은 이들을 위해 특별한 혜택 제도를 개발했는데, 여기 포함된 것은 무료 토요일에 볼 수 있는 온라인 한정 컨텐츠와 영화에 대한 우선 접근권이었다. 박물관은 〈제1호 팬〉을 "소셜 네트워크 멤버십 제도"로 광고했고, 임직원들은 〈제1호 팬〉이 개별적 회원 경험으로 끝나기보다는 서로 만나 커뮤니티를 구성하게 하기 위해 직접 만남과 온라인 토론 그룹을 주재했다.

시작 후 1년 만에, 〈제1호 팬〉은 500여 명의 회원을 모았다. 회원의 80퍼센트는 뉴욕 시에 거주하지만, 제1호 팬은 23개 주, 10개 국가에도 있으며, 그들은 기관을 후원하고 가상적인(현장이 아닌) 혜택을 얻는다. 〈제1호 팬〉은 브루클린 박물관이 시도한 첫 번째 틈새 멤버십이었지만, 이 박물관은 더 다양한 맞춤식 멤버 제도를 앞으로 추가할 계획이다. 멤버십 매니저인 윌 캐리Will Cary는 필자에게 〈제1호 팬〉에 대해 이렇게 언급했다. "〈제1호 팬〉은 이 방향으로 우리가 시도한 첫 번째 결과입니다. 마케팅 회의에서는 〈제1호 팬〉과 같은 방식으로 고령 시민을 위한 패키지도 만들기로 이야기되었습니다."[23]

오하이오 주 콜럼부스 시에 있는 과학산업센터Center of Science and Industry(COSI)는 어린이가 딸린 가족을 대상으로 비슷한 실험을 시작했다. 그들의 요구와 관심사는 나이가 든 자녀가 있는 가족과도 상대적으로 미묘하게 다르다. 2009년 봄, COSI는 "프리미엄 멤버십"을 125달러에 출시했다.(일반 가족 멤버십은 88달러이다.) 프리미엄 멤버십에 포함된 것은 COSI의 키드스페이스kidspace® 갤러리 주중 오전 조기입장, 특별 프로그램, 캠프 참여 우선권, 그리고 전국적인 어린이박물관 이용권이었다. 처음 8개월 후, 프리미엄 멤버십 제도에는 239가족이 가입했다. 이것은 기관 전체 회원수 1만 8천 명에 비해 적은 퍼센트일지라도, 그것은 특별 회원 계층을 위해 맞춤 서비스를 제공한 첫 번째 발걸음이라고 할 수 있다.

이런 특성화된 멤버십 제도는 틈새 관객층에 대해 특화된 것이지만, 개인에 대한 것은 아니다. 수직단계형 회원 패키지는 특화된 회원제의 혜택이 비슷한 것을 찾는 다른이들에게도 매력적일 것으로 예상한다. 그러나 회원제의 궁극적 버전은 개인화된 멤버십 제도다. 즉, 혜택을 선택적으로 조합함으로써 방문자의 요구나 기관과의 관계 변화에 따라 역동적으로 진화시키는 것이다. 이런 접근법으로 큰 성공을 달성한 기관의 예로, 박물관과는 아주 다른 가치에 봉사하는 오락 시설로 시선에 돌려보자. 그것은 카지노다.

23 캐리Cary, 쉘리 번스타인Shelley Bernstein, 그리고 〈제1호 팬〉 협력자 안 샤오An Xiao의 2009년 2월 인터뷰 전문을 다음의 링크에서 읽을 것. http://www.participatorymuseum.org/ref2-23/

사례연구

하라 카지노의 개인화된 관계 형성

도박 회사를 운영한다고 상상해보라. 어떻게 사람들은 돈을 이웃을 위해 쓰지 않고 카지노에서 소비하면서 긍정적으로 느끼게 될 수 있을까?

하라 카지노Harrah's Casino는 세계에서 가장 크고 광범위하게 분포된 카지노 엔터테인먼트 공급자다. 그들은 개인화를 통해 고객의 "충성도와 가치를 생산하기"에 크게 성공했다.[24] 하라 카지노는 토탈리워즈Total Rewards 회원카드를 활용해 게이머가 카지노 "커뮤니티"의 일원으로 깊숙이 참여하고, 더욱 오래 플레이하고 돈을 쓰도록 유도한다.[25]

토탈리워즈 카드는 은행카드처럼 기능한다. 사용자는 카드를 긁어 슬롯머신을 사용하며, 카드에 승패가 기록된다. 플레이어가 모은 포인트는 식사나 호텔 할인으로 교환된다. 그러나 토탈리워즈 시스템의 진짜 힘은 손님 각각에 대한 종합적인 "행동기록" 프로필을 생성함에 있다. 하라 카지노는 사용자가 게임을 하루에 몇 번씩, 얼마나 오래 플레이하는지 알고 있다. 그 시스템은 사용자가 휴식을 취하고자 할 때나 식사 할 때를 끊임없이 추적한다. 그 카드는 하라 카지노와 호텔, 레스토랑, 리조트를 통들어 통합된다. 만약 사용자가 4월에 휴가를 예약하는 경향이 있다면, 2월이나 3월에 호텔 할인에 관한 이메일을 받게 된다.

이 충성도 시스템이 1990년 중반 도입된 이후, 방문자의 게이밍 예산 비중은 두 배로 증가했다. 그들의 시스템이 단순한 회원카드를 넘어, "고객 관계 형성을 위한" 뛰어난 시스템으로 생각되는 것은 우연이 아니다. 하라 카지노의 CEO 게리 러브맨Gary Loveman은 이렇게 말했다. "이 사업에서는 일반적으로 돈의 매력이 고객을 자극한다고 이해되어 왔다. 하지만 우리는 다르게 접

24 다음의 링크를 볼 것. http://www.participatorymuseum.org/ref2-24/

25 하라 카지노의 〈전체 보상Total Rewards〉 시스템에 관한 매혹적인 라디오 이야기를 다음의 링크에서 확인할 것. http://www.participatorymuseum.org/ref2-25/

근한다. 우리는 고객을 이해함으로써 그들의 요구를 자극한다."[26]

하라 카지노는 고객을 너무나 잘 이해하고 있기 때문에, 심지어 도박의 감정적 기복에도 반응할 수도 있다. 이곳은 모든 카드 사용자의 현금 흐름, 특정한 기계에서 시간을 보낸 모든 실시간 데이터를 보관한다. 그리고 이 데이터를 사용해 개인의 재정적 "통각점pain points" 즉, 얼마의 돈을 소비하면 카지노를 떠나게 되는지를 계산한다. 카지노는 이 통각점을 활용해, 플레이를 하는 동안 전략적으로 개입할 시기를 찾는다. 어떤 플레이어가 그만 할 시점이 다가오면, 카지노 플로어의 직원은 관리자로부터 신호를 받게 되며, 그는 플레이어에게 접근해 무료 식사, 음료수, 혹은 충성도 카드에 보너스 충전을 제공한다. 하라는 이렇게 돈을 잃은 나쁜 기분을 깜짝 선물로 전환시킴으로써, 플레이어가 통각점을 지나서도 계속 머물고 오래 게임을 하게 만든다. 동시에, 충성도 카드는 플레이어가 해 오던 행동(돈을 투입하기)과 바람직한 새로운 행동(신분을 밝히기)을 합침으로써 사용자가 자신의 행동을 크게 바꾸지 않고도 보다 깊은 관계를 맺어 나가게 만들었다. 사실 대부분 플레이어는 회원카드로 플레이하기를 선호한다. 그렇게 함으로써 포인트 적립이 되기 때문이다. 플레이어는 플레이하고 보상도 받을 수 있는 쉬운 방법을 얻게 되고, 카지노는 입장의 모든 플레이어에 관한 고유하고 추적 가능한 데이터를 얻는다.

하라 카지노의 목표는 도박과 카지노 충성도를 높인다는 조금 불편한 것이지만, 그곳의 충성도 프로그램은 응답에 빠르고 매우 유연한 회원 관리 체계로서 세련된 사례이다. 이런 시스템은 방문객의 주머니를 열거나 모든 움직임을 추적하는 데에만 초점을 맞출 필요는 없다. 개인화는 단지 방문자 수나 구매 금액을 확대하는 데 영감을 주는 것만이 아니라, 방문자의 지적이고 창의적인 발전을 지원함으로써, 심도 깊은 참여를 촉진하도록 설계될 수도 있다.

---

26 같은 곳.

문화 기관에서 하라 카지노와 비슷한 시스템은 무엇이 될 수 있을까?[27] 입구에서 회원카드를 긁고 나면, 과거에 행한 현장 및 온라인 활동, 현재의 관심, 그리고 기관이 제공하는 것들로 선택된 맞춤구성에 접근할 수 있다고 상상해 보라. 개인 방문자에게 그 시스템은 실제 경험을 온라인에 연결하여, 개인 경험과 배움의 목표 진행 과정을 추적하는 나이키 플러스(67쪽을 보라) 같은 기능이 될 수 있다. 교육 단체에게 개인화 시스템은 학생의 기술이 얼마나 발전했고 숙달됐는지 추적할 수 있게 한다. 가족에게, 그것은 개인 컨텐츠의 성장을 공유 경험의 앨범과 같이 보여 줄 수 있다.

하라 카지노와 같이 복잡한 시스템을 개발한다는 것은 비쌀 뿐더러 어려워 보일지도 모르겠다. 하지만 쉽게 시작할 수도 있다. "통각점pain point", 즉 방문자가 방문을 멈추게 자주 만드는 경험을 한 가지만 식별해 보고, 그 문제를 우회할 수 있는 관계 형성의 길을 찾는 것이다. 당면 문제가 가족 중의 어린이가 10세가 되면 더 이상 찾아오지 않는 것이라면, 10세와 11세를 대상으로 명시하는 프로그램을 만들어 홍보해 보라. 만약 문제가 한 번 이벤트에 왔던 사람이 다시 오지 않는 것이라면, 그 이벤트와 관련된 다른 프로그램으로 기관이 제공하고 있는 것이 어떤 것들이 있는지를 명확히 알려주도록 하라. 이렇게 하나의 통각점을 다루어 보고 나면, 아마도 다른 것도 보이기 시작할 것이다. 그리고 결국 총체적인 관계 증진 체계를 얻게 될 것이고, 그것을 위해 대규모 하향식 투자도 필요하지 않을 것이다. 기관이 방문자의 성장과 변화하는 요구

---

27 이 질문에 대한 확장되고 상상력이 풍부한 답변으론, 포크Falk와 셰퍼드Sheppard의 『지식 시대에 번성하기*Thriving in the Knowledge Age*』(2006)를 참고할 것.

를 지원할 수 있도록 정책을 가져간다면, 기관은 방문자와 함께 성장할 것이고, 방문자가 먼저 커버리는 일은 없을 것이다.

만약 참여의 목표들 속에 사회적 교류도 포함시키고자 한다면, 개인화는 단지 시작 지점에 불과할 것이다. 지나친 개인화와 응대 기법들은 오히려 고립을 유발할 수 있다. 나는 나에게 맞춘 경험만을, 너는 네 경험을 따로 하는 것이다. 이 장의 앞부분에서 필자는 성공적인 사회적 경험에 세 가지가 중요하다고 하였다. 관람자 중심적 접근법, 개인마다 개인 프로필을 부여하기, 그리고 개인을 서로 연결시킬 도구이다. 이 장에서는 앞의 두 가지를 살펴보았다. 3장에서는 개인을 서로 연결시키기 위한 참여 플랫폼 속의 도구들을 보다 자세히 살펴보고, 그것들이 개인 간의 대화나 커뮤니티적 교류를 어떻게 촉진시키는지를 알아볼 것이다.

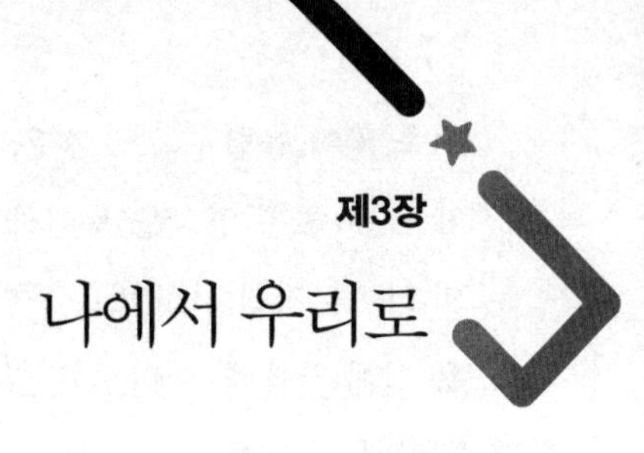

제3장

나에서 우리로

웹 2.0에 관한 기술적인 정의는 매우 다양하지만, 저자 팀 오릴리Tim O'Reilly는 2006년, 그것을 다음과 같이 한 문장으로 압축했다. 더욱 많은 사람들이 사용할수록 애플리케이션이 더욱 더 개선된다. 그는 다음과 같이 설명했다.

> 사람들이 웹에 링크를 만들 때마다 구글은 더 똑똑해진다. 사람들이 검색을 할 때마다 구글은 더 똑똑해진다. 사람들이 광고를 클릭할 때마다 구글은 더 똑똑해진다. 그리고 다른 모든 사람의 경험을 향상시키기 위해 구글은 즉시 그 정보에 따라 작동한다.[1]

이것은 구글에만 국한된 진실이 아니다. 넷플릭스Netflix에 비디오를

1 다음에서 오릴리의 2006 UC버클리 정보대학원UC Berkeley School of Information 졸업식 연설을 보라. http://www.participatorymuseum.org/ref3-1

더욱 많이 올릴수록, 그것은 사용자뿐만이 아니라 다른 모든 사용자에게도 더 좋은 영상을 추천하고 더 잘 동작한다. 라이브러리싱LibraryThing의 라이브러리에 더 많은 책이 있을수록, 사람들은 좋아할 만한 책을 더욱 쉽게 찾을 수 있다. 이런 시스템은 개인적 경험 이상의 더 많은 것을 제공한다. 그리고 그 가치는 커뮤니티적이기도 하다.

더욱 많은 사람들이 사용하기 위해서 문화 기관은 어떤 모양새를 가져야 할까? 많은 사람들은—전문가나 관람객 모두—박물관을 이용하면 할수록 그곳이 훼손된다고 본다. 관람자가 많아지면 전시물과 관람자 사이에는 군중이 끼어들어 미적 감흥을 망치게 된다. 관람자가 많을수록 더 많은 소음, 손때, 그리고 혼잡만 가중된다. 물론 운영진은 관람자 증가를 기관의 건실함으로 받아들이고 축하하지만, 개인적으로 친구에게는 조용한 시간에 와야 체험이 편리할 것이라고 권한다.

그러나 만약 관람자의 경험이 상호성으로 인해 향상되는 설계가 가능하다면? 이전 장에서는 더욱 많은 개인이 사용할수록 더 좋아지는 도구를 다루었다. 이번 장에서는 다른 이와의 상호작용을 통해 방문자 경험을 향상시킬 수 있는 방법을 탐험한다. 이것은 "나에서 우리로me-to-we" 설계이다. 그것은 문화 기관으로 하여금 개인에서 사회적 참여로 나아가게 하는 설계다.

더욱 많은 사람들이 사용할수록 더욱 좋아지는 경험을 설계하는 것은 단지 군중에게 적합한 경험을 제공하는 문제는 아니다. 많은 사람들이 박물관을 방문하는 주된 이유 중 하나로 사교적 만남을 거론하지만, 그들은 관람 내내 무리 지어 다른 방문자와 이야기하거나 상호작용하길 원하는 것은 아니다. 성공적인 "나에서 우리로" 경험은 개인적인 활동과 취향을 쓸모 있고 흥미롭게 공동체적 결과와 조화시킨다. 기술학자는 종종 이것을 "집단지성 부여잡기harnessing collective intelligence"라고 부르기도 한다.

온타리오 과학관Ontario Science Centre의 〈화성을 향해Facing Mars〉 순회전을 살펴보자. 그 전시는 시작과 끝에서 다음의 질문을 던진다. "화성으로 가실래요?" 그리고 방문자는 "예" 혹은 "아니오" 꼬리표가 달린 회전문을 선택해 출입했다. 이런 개인화된 경험은 개인적 정체성identity을 바탕으로 전시에 대한 방문자의 감정을 고조시켰다. 그러나 〈화성을 향해〉는 한 발짝 더 나아 갔다. 각 회전문 위의 엘이디LED 디스플레이는 "예" 혹은 "아니오"를 선택한 관람객 수의 총합을 보여 줬다. 각 방문자는 그가 회전문을 선택해 통과하면서 숫자가 올라가는 것을 볼 수 있다. 방문자는 질문에 대답한 개인적인 경험을 갖게 되었고, 그 대답은 전시에 가시적으로 기여했으며, 그 기여는 다른 이의 경험에 영향을 주는 것이 되었다.

온타리오 과학관에서 전시가 열린 동안, 입구로 들어가는 방문자의 약 2/3는 화성에 가고 싶다며 "예"라고 답했다. 출구에서는, 많은 사람들이 대답을 번복해 오직 1/3만이 여전히 붉은 행성에 가고 싶다고 답했다. 집단지성은 방문자에게 매우 간명하게 다음과 같이 말한다. 많은 사람들은 화성에 가고 싶다고 생각하지만, 실제로 자신이 거기에 연루된다면 마음이 바뀐다. 이런 통찰은 흥미롭고 놀랍다. 또한, 이 메시지가 더욱 강력하게 전달되는 이유는 방문자들 스스로가 기여한 데이터라는 사실을 알기 때문이었다. 이 메시지는 만약 레이블 텍스트로 제공되었더라면 전시물로 제공될 때보다 설득력이 없었을 것이다. 아무리 그것이 전시 전체를 관통하는 핵심 메시지라도 말이다.

엘이디 디스플레이는 방문자가 스스로를 더 큰 방문자의 사회적 연

방문자는 "예"나 "아니오"의 회전문을 통해 〈화성을 향해〉전에 입장한다. 방문자가 방문을 마칠 때도 다시 한 번 재투표하기 위해 출구에도 같은 시설물이 설치되었다.

결망 속의 일원으로 보게 만들었다. 그 속에는 의견이 같은 사람과 다른 사람 모두가 존재한다. 전시를 보고 마음을 바꾼 사람들에게 이 전시물은 그 변화가 사회적으로 공유된 것임을 알려주었다. 자신의 결정을 그대로 유지한 사람들에게 디스플레이는 왜 자신이 남들과 다를까를 반추해볼 수 있는 기회를 주었다. 이렇게 엘이디 디스플레이는 각각의 방문자에 의한 개인적 선택을 네트워크로 연결함으로써, 이미 강력한 개인적 경험에 사회적 맥락을 더해 주었다.

네트워크 효과

〈화성을 향해〉의 회전문은 개인적 활동이 공동체적 이익으로 변화하는 네트워크 효과network effect의 예다. 네트워크 효과는 소셜 네트워크의 뼈대이다. 그것은 다음과 같이 작동한다.

1. 개인은 개인화된 형태로 상호작용 한다. 그들은 컨텐츠를 창조하거나, 선택하여 데이터를 생성하거나, 개인정보를 프로필의 형태로 제공한다.
2. 내부 알고리즘은 개인 사이의 연결을 만든다. 그것은 관심사나 유형에 의해 프로필을 분류하거나, 서로 다른 개인 사이의 관계 수준을 설정하거나, 혹은 단순히 컨텐츠를 조합한다는 의미일 수 있다.
3. 네트워킹된 컨텐츠는 개인에게 다시 디스플레이되거나 제공된다. 〈화성을 향해〉나 의견 게시판 같은 예에서, 모든 이는 동일한 컨텐츠에 접근한다. 라이브러리싱이나 판도라 같은 서비스에서(82쪽과 145쪽을 각각 보라), 컨텐츠는 개인화된 추천이나 스트리밍 컨텐츠를 제공하기 위해 개인에게 맞춰진다.

뉴욕 과학관The New York Hall of Science의 전시물 〈니어Near〉는 네트워크가 어떻게 작동하는지를 물리적으로 잘 설명해 준다.[2] 〈니어〉는 바닥에 설치된 전시물이다. 〈니어〉의 매트에 올라선 체험자는 그 위치가 하나의 결절점node이 된다. 움직임은 각각 행동이 된다. 다른 사람이 매트 위에

2 〈니어〉는 이 책의 출판 시점에서 뉴욕 과학관에서 여전히 열리고 있다.

만약 자세히 본다면, 〈니어〉 매트 위의 방문자들 사이 선을 볼 수 있을 것이다. 이런 선은 방문자의 움직임에 기반해 그들 자신을 역동적으로 재위치시킨다.

발을 올리면, 빛나는 선이 매트 위의 다른 결절점/사람들과의 추상적인 관계를 표시한다. 빛은 컨텐츠의 결과물이다. 전시는 굉장히 단순한 알고리즘을 채용한다. 그것은 각 결절점과 가장 가까운 결절점 사이에 선을 그린다. 만약 두 사람만 있다면 두 개의 선이 나타나는데, 하나는 나에게서 너에게로, 또 하나는 너에게서 나에게로 향한다. 사람이 늘어나면 선도 많아지는데, 모든 결절점은 제일 가까운 것과만 상호관계를 형성하지는 않는다. 사람들이 바닥판 위를 돌아다니면, 몇몇의 사람과 가깝고 멀어짐에 따라 선은 변한다. 더 많은 사람이 매트 위를 움직일수록, 더욱 많은 조명 디스플레이가 역동하면서 결절점들의 복잡계complex system를 보여 주면서 점멸된다.

〈니어〉는 어떻게 네트워크가 작동하는지 설명할 뿐만 아니라, 여럿이 사용하는 전시물을 설계했을 때 발생하는 네트워크 효과의 힘도 보여 준다. 그것은 들어오고 나가는 무리에 따라 유연하고 신축성 있게 반응한다. 매트 위에서 걷는 행동은 개인적이기 때문에, 개인은 다른 이의 기여가 그들의 개인적 경험을 망칠 것을 걱정할 필요가 없다. 그러나 이 전시물은 복수의 개인이 모두 한 순간에 행동할 때 발생하는 이익을 즉시적이고 명쾌하게 보여 줌으로써 집단 활동을 장려한다. 〈니어〉는 꼭 여럿이 사용해야만 하는 것은 아니지만, 사람들이 그렇게 했을 때 추가적인 보상을 제공한다.

네트워크적 경험과 사회적 경험의 균형 찾기

다수의 사람을 위해 양질의 경험을 설계하는 것은 쉬운 일이 아니다. 특히 방문자가 두 명이든 서른 명이든 똑같이 작동해야 하거나, 혹은 미리 결성된 사용자 집단과 임의로 구성된 사용자 집단도 수용해야 한다면 더욱 그렇다. 이를 위한 가장 신축적인scalable 방법으로는 선택적 개인 활동이 모여 사회적 경험이 될 수도 있지만 전시물의 사용은 적은 수의 사람으로도 가능하게 만들어 볼 수 있다. 전시물을 설계할 때, 한꺼번에 정해진 숫자의 사람이 반드시 모여야 하는 것으로 설계하지 않고, 비참여적 방문자도 1인 인터랙티브 전시물의 주변에서 관람자, 조력자 혹은 파트너 등으로 참여할 수 있게 만드는 것이다. 예를 들어, 어떤 박물관에 개인이 넓은 투사 영상 앞에서 질문에 답하는 "퀴즈 게임" 스타일의 전시물이 있다고 하자. 조종기의 조작은 한 명의 방문자가 하겠지만, 더 많은 사람들이 주위에 모여 그를 도와 문제를 풀거나 함께 플레이할 수 있을 것이다.

〈니어〉와 〈화성을 향해〉에서는 네트워크 효과로 인해 방문자의 수와 상관없이 개인적 행동이 모여 생산적이고 공유적인 결과를 만들어 간다. 이렇게 되려면, 설계자는 개별적 행동과 개인적 공간을 존중해 방문자가 안심하고 사회적 환경 속에 뛰어들 수 있게 해야 한다. 만약 〈니어〉에서 방문자들이 연결을 이루기 위해 불편할 정도로 다가서야만 했다면, 바닥판 위에서 편안히 다른 사람과 즐길 수 있는 사람은 드물었을 것이다.

이런 원리는 몇몇의 가장 성공적인 박물관의 멀티터치 테이블 설치 작업에서도 나타난다. 잘 만든 멀티터치 테이블은 개인적 탐험과 여러 명의 플레이 모두를 잘 수용한다. 사람들이 편안히 테이블 주위에서 웅성대고 서로 참여하는 것은 손으로 테이블의 자기 영역을 통제할 수 있기 때문이다. 누구도 "내 영역"을 침범할 수 없지만, 종종 집단적으로 좋은 결과를 얻기 위해 협력적으로 작업할 기회도 있다. 모든 이가 전시물에 대해 평등하며, 사용자는 쉽게 자신이 하는 작업이나 다른 곳에서 일어나는 일을 확인할 수 있고, 다른 이와 대화하기도 쉽다. 자신의 공간에 안전하게 들어갈 수 있기에 다른 사람과도 더 잘 어울리게 된다.

63쪽에서 소개한 사회적 참여의 단계를 떠올려보자. 도움없이 일어나는 방문자 간의 사회적 참여는 3단계 혹은 4단계의 경험에서 시작된다. 〈화성을 향해〉의 회전문은 여론조사 경험으로서 3단계가 된다. 그곳에 개인 사용자의 활동은 네트워크에 연결되어 집합화되어 서로에게 제시된다. 문화 기관의 사용자 생성 컨텐츠 활동도 대부분 3단계가 된다. 방문자는 컨텐츠를 생산할 수 있으며(자신만의 꼬리표 쓰기, 스톱모션 비디오 만들기 등), 다른 방문자는 그것을 볼 수 있다. 3단계의 경험은 사회성의 인식을 촉진하는 경향이 있지만, 방문자 간의 사회적 협업이 꼭 필요하지는 않다. 방문자는 의견 게시판에 도발적인 글을 쓴 사람에게 직접 대답할 수 없으며, 오직 전체 대중에게 응답할 수 있을 뿐이다. 다른 이가 내 작품을 볼 수 있지만 방문자와 직접 대화할 수는 없다.

3단계와 4단계의 차이는 기관이 사용자간의 직접 사회적 접촉을 매개하는 플랫폼으로써 얼마나 기능 하느냐의 차이이다. 예를 들어, 〈화성을 향해〉의 회전문에서, 각 방문자에게 자신이 "예"와 "아니오"로 선택한 바를 표시하는 스티커를 제공한다고 상상해 보자.[3] 이제, 스티커를 붙인 방문자는 방문자 응답의 누적 집계만 볼 수 있는 것이 아니라, 전시에서 실제로 다른 방문자에게 접근하여, "저기요, 나도 예를 선택했어요!" 혹은 "어, 나는 예를 선택했는데 당신은 아니오를 선택했네요. 우리는 어떻게 다른 거죠?"라고 할 수 있다. 이것은 엘이디 디스플레이(3단계) 단독으로는 일어날 수 없는 경험이고, 사람들이 자기 개인을 위해 뭔가를 선택할 때 일어나는 일도 아니다(2단계).

4단계 경험은 문화 기관이 방문자 간 직접 접촉을 증진시키고자 원하거나, 방문자가 플랫폼의 독특한 배경이나 그 플랫폼을 사용하는 다른 방문자의 프로필에 관해 좀 더 알고자 할 때 가장 유용하다. 방문자에게는 역사적 사건에 관한 다른 사람의 기억을 읽거나, 여론조사에서 자신과 다른 사람이 어떻게 다른지를 밝혀내기 위해 4단계 경험이 반드시 필요하지 않을지도 모른다. 그러나 주장이 담긴 컨텐츠나 추천이 드러나는 상황에서 사람들은 누가 그렇게 이야기했는지를 알고 싶어 할 수 있다.

---

3 이것은 100쪽의 슈타퍼하우스 렌츠베르크Stapferhaus Lenzberg의 〈신념의 문제A Matter of Faith〉를 위한 운영제도와 똑같이 효과적이지만, 덜 대립적인 질문과 단순한 인터페이스를 가진다.

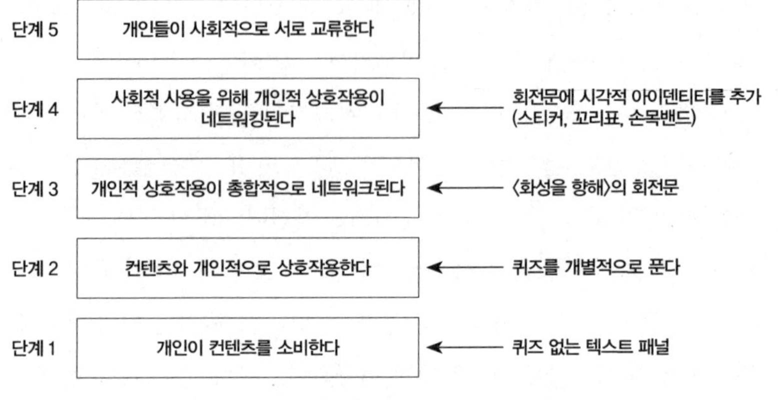

〈화성을 향해〉는 나에게서 우리로 디자인에서 4개의 단계와 관련해 디자인되어 있다.

사례연구

안네 프랑크 박물관의 네트워킹된 전시물

3단계와 4단계 경험 사이의 모호한 경계를 가장 잘 설명하는 것 중 하나는 암스테르담의 안네 프랑크Anne Frank 박물관에 설치된 〈자유투표Free2Choose〉 전시물이다.[4] 〈자유투표〉는 방문자가 자유와 관련된 주제에 대한 자신의 입장을 투표하는 아주 단순한 인터랙티브 전시물로, 푹신하고 긴 반원형 벤치가 있고, 30명 가량의 사람들이 앉거나 설 수 있는 방이다. 벤치에는 몇 피트의 간격으로 빨간색과 초록색 두 가지 버튼을 장착한 전등 스위치 크기의 작은 투표기가 있다.

벤치 위의 방문자는 내용이 반복 재생되는 커다란 프로젝션 화면을 만난다. 첫 번째로, 1분짜리 비디오 영상은 주제를 보여 준다.(예를 들어, 학생이 학교에 머리 스카프를 쓰고 오는 것을 허락해야 할 것인지 아닌지) 그러고 나서, 다음

4 〈자유투표Free2Choose〉는 이 책이 출간된 시점에 무기한 전시되고 있다.

의 문구가 뜬다. "학생은 학교에서 종교적인 상징을 입을 수 있도록 되어야 한다." 화면에는 제한시간이 카운트다운 되며, 방문자는 투표기에서 초록색(예) 혹은 빨간색(아니오) 버튼을 눌러 투표해야 한다. 제한시간이 끝나면, 그 결과로서 "현재 방문자"의 집계와 함께 "전체 방문자"(지금까지 투표한 방문자 전체의 집계)가 함께 표시된다.

현재 집단과 전체 누적 통계를 함께 보여 줌으로써 〈자유투표〉는 강력한 사회적 경험을 만든다. 홀로 투표를 하거나 〈화성을 향해〉로 들어갈 때는 결과에 관한 긴장이 없다. 필자는 화성에 가는 데 "예"를 투표했고 전체 65퍼센트의 다른 방문자가 필자와 동의함을 보았다. 〈자유투표〉에서도 필자는 머리 스카프에 "예"를 투표했고, 모든 방문자의 65퍼센트가 필자와 동의했지만, 현재 그 방에서는 사람들의 오직 40퍼센트만이 필자와 동의하고 있었다. "현재 방문자" 결과가 "전체 방문자" 결과와 크게 다를 때는 귀에 들릴 정도의 놀라움이 터져나왔다. "개신교도가 북아일랜드의 가톨릭 구역에서 행진할 수 있어야 한다"에 대해서는, 필자와 함께 투표한 100퍼센트가 "예"로 응답했는데, "전체 방문자"의 오직 60퍼센트만이 우리와 같은 의견임을 확인하자, 우리는 흥미로움과 공범이 된 느낌으로 주위를 두리번거렸다. 모든 집단이 다르기 때문에, 모든 결과물도 다르다.

〈자유투표〉의 힘은 그것에 담긴 사회적 긴장에서 비롯된다. 필자는 소수자에게 투표했을 때, 단지 개념적으로가 아니라 물리적으로, 군중 속에서, 실시간으로, 소수자들 속에 있다고 느꼈다. 전시실이 가득차면, 필자는 군중 속에서 "나와 같은" 사람을 찾고 있는 자신을 발견했다. 그러나 필자는 버튼을 누르는 얼굴 없는 집단 속에서 그들을 알아볼 수는 없었다.

이 지점은 〈자유투표〉의 사회적 차원(그리고 일반적으로 3단계 경험)에서 부족한 지점이다. 〈자유투표〉에는 전시실의 누군가가 내린 특이한 선택을 부각시키는 장치도, 서로 다른 집단 간 토론을 이끌어낼 장치도 없었다. 필자가 〈자유투표〉 전시실에 있을 때, 주위에는 많은 웅성거림이 있었지만, 그것은 모두 친한 사람들과 서로 나누는 것이었다. 한 번은 필자가 영국 방문자들 옆에 서 있었는데, 그들은 국기의 소각행위가 법으로 금지되어야 한다고 투

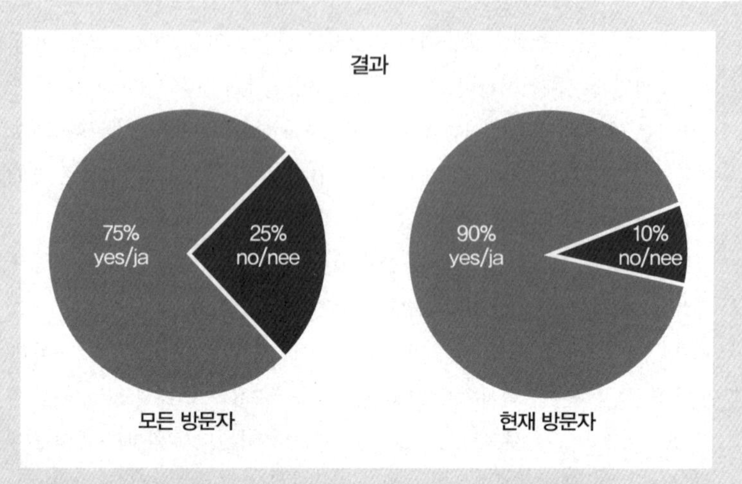

〈자유투표〉를 위한 결과 화면. 두 그래프 사이가 차이가 날수록, 방 안에서의 반응이 커진다.

표했고 필자는 반대로 투표했다. 우리는 겨우 몇 인치 떨어져 매우 가까이 서 있었으므로 서로 어느 버튼을 누르는지를 볼 수 있었지만, 그들의 결정에 대해 물어보거나 서로 다른 선택에 관해 토론하기가 편하지는 않았다.

어떻게 하면 〈자유투표〉는 방문자가 주제에 관해 서로 직접 이야기하도록 장려할 수 있을까? 여기에 4단계나 5단계의 참여를 이끌어낼 수 있는 설계상의 제안 몇 가지가 있다.

- 투표를 보다 공개적으로 만든다. 결과가 보여질 때, 천장의 스폿 조명을 이용해 "예"나 "아니오"에 부합하는 서로 다른 색깔로 실내를 서로 달리 조명한다.
- 한 자리에서 투표하는 대신, 방문자는 방의 어느 한편으로 움직여 모임으로써 투표한다.
- 그 결과가 보여진 후, 화면을 통해 방문자로 하여금 다르게 투표한 사람을 찾도록, 혹은 간단히 그 주제나 결과에 관해 주위 사람들에게 물어보도록 지시한다.
- 방문자에게 투표기를 함께 쓰게 하거나, 잠시 토론을 한 후 합의 투표를

하게 한다. 사실 전시실에는 투표기가 모자라서 사람들은 남들의 모습을 어색하게 지켜봐야 했다.

모든 사람이 누구나 다음 단계로 진행하여 낯선 사람과 대화하고자 하지는 않았겠지만, 지인과의 대화를 들어보면 전시실의 어떤 방문자들은 분명히 깊이 몰입하고 있었고 결과에 대해 대화하기를 원하고 있었다. 암스테르담과 같이 국제화된 도시에서, 세계를 감동시킨 어떤 소녀의 극적인 이야기를 다루는 박물관에서라면, 거기엔 다음 단계로 넘어가 간문화적 토론을 유도할 수 있는 가능성이 작지 않으리라 생각된다. 하지만 필자는 왜 이들 집단의 생각이 서로 다른지 이해할 수 없었고, 또한 인권이라는 복잡한 문제에 대해 서로 다른 견해를 가진 사람들에 대한 이해를 얻지도 못했다. 필자는 재미있는 인터랙티브 이상을 원했다. 즉, 필자는 그 방 안의 다른 사람을 이해하길 원했다. 그것은 안네 프랑크 하우스의 전체 미션에 부합하여 더욱 독창적이고 고유한 체험으로 만들어졌으면 더욱 좋았을 것이다.

〈자유투표〉는 3단계 경험의 한계를 잘 보여 주는 사례이다. 사람들은 중요한 주제에 대해 서로 의견을 제시하면서 한 방에 모여 있었지만, 옆 사람과 대화를 시작하지는 않았다. 주제의 심각성은 매우 높고, 사람들 사이의 사회적 장벽이 해소될 수 있게 도와줄 보조 수단은 없었다. 사람들 사이의 투표하고 그 결과를 본다(3단계). 하지만, 투표 메커니즘은 다른 이와의 사이를 중재하거나 서로 어울리게 하는(4단계) 소셜 오브젝트는 되지 못한다. 따라서, 모두는 같은 방 안에서 같은 문제를 고민했지만 집단적 토론의 장이 열리지는 못했다(5단계).

자신만의 길을 찾기

모든 전시가 사회적 네트워크로 혜택을 보지는 않는다. 익스플로러토리움Exploratorium의 〈돌아가는 칠판Spinning Blackboard〉 체험물은 고품질의 다중 사용자multi-user 경험을 제공하는 네트워크적 구성을 포기해야만 했었던 전시물의 좋은 예다. 〈돌아가는 칠판〉은 방문자가 회전하는 모래 원판 위에 패턴을 만드는 기구이다. 이 전시물의 초기 버전은 모든 방문자가 하나의 원판을 두고 작업했다. 그것은 쉽게, 그리고 무심결에 다른 사람이 그린 패턴을 망가뜨릴 수 있는 구조였으므로 참여자들의 혼란과 짜증을 유발했다. 함께 공유하는 플랫폼은 개별 경험을 방해할 뿐 향상시키지 못한 것이다.

이 전시물은 다시 설계되었는데, 몇 개의 회전 원판이 가까이 붙어 있어서 방문자는 각각 자신의 모래 패턴을 만들면서도 다른 참여자와 대화를 하려면 그것도 가능했다. 이것은 "나me"의 경험을 우선시하는 것이면서 동시에 사회적 연결도 가능하게 했다. 그렇게 재설계됨으로써 결과적으로 만들어진 패턴의 숫자가 크게 증가했는데, 아마도 그것은 사람들이 방해로 인해 느끼는 당혹감이 줄었고 자신의 탐구적 흥미를 더 잘 추구할 수 있었기 때문일 것이다.[5]

여기서, 익스플로러토리움의 운영진은 그 목적을 방문자가 모래 패턴을 더 쉽게 제어할 수 있게 함에 두었다. 하지만 운영진이 모래 속에서 여러 개의 손이 만들어 낼 사회적 협력이나 경쟁을 우선시하였다면 매우 다른 길을 찾았을 것이다. 〈글자만Just Letters〉이라는 멀티플레이어 온라인 게임을 살펴보자.[6] 이것은 냉장고 자석의 온라인 버전인데, 커서로 글자들을 움직여 단어를 만드는 것이다. 여기에는 목표나 점수는 없

5 〈큐레이터〉, 47호, 2권(2004)에 게재된 수 앨런Sue Allen과 조쉬 굿월의 탁월한 논문 "다중 인터렉티브 징으로 과학박물관 전시 설계하기: 다섯 가지 공통적인 위험Designing Science Museum Exhibits with Multiple Interactive Features: Five Common Pitfalls"을 볼 것. 다음의 링크에서 PDF 파일 다운이 가능하다. http://www.participatorymuseum.org/ref3-5/

6 〈글자만〉을 다음에서 플레이해 볼 것. http://www.participatorymuseum.org/ref3-6/

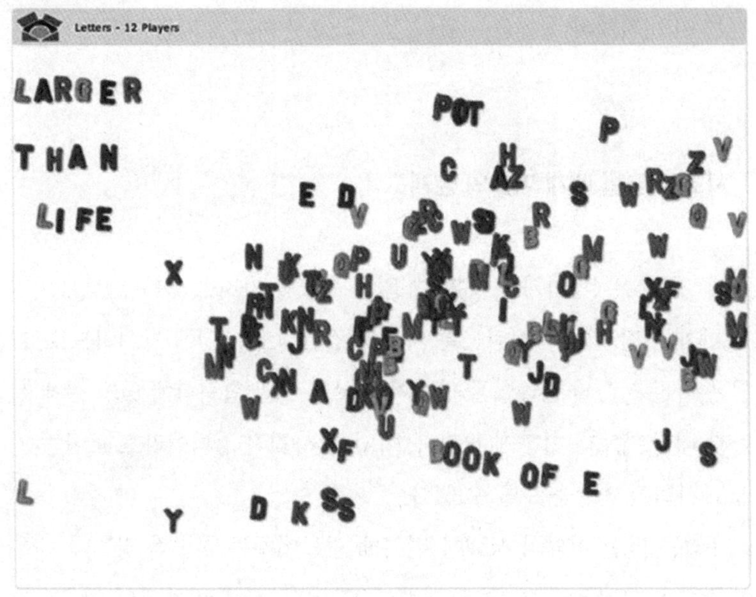

〈돌아가는 칠판〉(위)의 원본 버전은 통 안에 너무 많은 손이 있어서 힘들었다. 반면에 〈글자만〉 게임(아래)은 사람들이 상호 간의 경험을 분열시키는 일을 의도적으로 장려한다.

다. 하지만 멀티플레이어 환경으로 인해 여러 사람이 협력하거나 경쟁할 수 있는 다양한 기회가 만들어졌다. 한 번에 접속할 수 있는 최대 인원은 스무 명으로, 그들은 글자를 움직여 간다. 한 집단은 파란색 글자만 모으기로 했다. 그러자 어떤 사람은 자신의 이름 스펠링을 계속해 맞추려고 글자를 훔치기 시작했다. 사람들은 이 게임 속에서 다른 플레이어와 대화할 수 없었으므로, 협력을 원하는 사람들은 다른 사람에게 목표와 도움을 암시할 창의적 방법을 찾아야 했다.

〈돌아가는 칠판〉의 초기 버전을 망쳤던 혼잡성은 〈글자만〉에서는 그것을 예측 불가능하고, 활기차며, 재미있게 만드는 게임의 메커니즘이 된다. 두 가지 중 어느 경험이 더 좋은 지와는 별도로, 사회적 마찰로 인해 긍정적인 사용자 경험이 만들어질 수도 있다는 점이 중요하다. 이 모두는 어떤 가치와 행동을 기관이 장려하고자 하냐에 따라 다르다.

사회적 경험 매개 기술의 설계

〈글자만〉은 〈돌아가는 칠판〉에 없는 무엇을 가지고 있다. 인터넷이라는 매개적 장벽이다. 사람들은 자신의 컴퓨터로 게임에 참여하므로, 그들은 다른 사람의 플레이를 망치거나 낯선 이와 협력함에 있어 실제 사람과 대할 때보다 편하게 느낀다. 이렇게, 사회적 장벽이라고 보이는 기술도 사회적 연결을 도울 수 있다.

우리는 낯선 이와의 사교를 편하게 만들어주는 기술적 장벽에 매우 익숙하다. 그것은 좋을 수도, 나쁠 수도 있다. 웹에서 자신의 영혼까지 털어 보이는 (거짓말도 하게 하는) 이 편안함은 아이들이 자동차 창문 넘어로 놀리는 표정을 만들어 보이는 것과 마찬가지다. 어떤 장벽을 사이에 두고 누군가와 주고받는 행동에서는 실제 대면을 할 때보다 예의 없거나 제멋대로 행동하게도 된다. 이 말은, 적절한 방식으로 장벽을 설계할 경우 방문자들이 일반적이지 않은, 가치 있는 방식으로 서로 소통하게 될 수 있다는 뜻이다.

〈글자만〉에서 기술적 매개는 두 가지 층으로 이루어진다. 글자들과 플레이어의 컴퓨터이다. 이러한 장벽이 없다면 사람들은 여기서와 같이 행동하지는 못할 것이다. 박물관에서도 같은 비슷한 체험이 있다면, 예컨대 자석판으로 된 커다란 시詩의 벽을 만난다면, 사람들은 혼자서, 아니면 아는 사람과 함께만 자신의 시를 만들려 할 것이다. 벽을 다른 사람과 함께 사용하면서, 실시간으로 서로 모르는 이와 대화할 것이라고 상상하기는 어렵다. 심지어, 단어 하나를 공손히 빌려달라고 하기도 힘들 것이다. 모르는 이와의 상호작용을 막는 장벽이 너무 높은 것이다.

그러면, 〈글자만〉의 실제 세계용 버전을 만들 때, 장벽을 포함시킨다고 가정해 보자. 두 개의 자석으로 된 시의 벽이 등을 대고 설치되어 있고, 그 안쪽에는 막대가 있어서 양쪽 벽의 단어가 연결된다. 두 개의 벽은 겉보기에 별개인 것 같지만, 한쪽에서 단어를 움직여 보면 그것이 다른 쪽에서도 움직임을 알게 된다. 그러면 사용자는 벽을 훔쳐보며 상대방이 무엇을 하는지를 궁금해 할 것이고, 서로 돕거나 경쟁하기를 시작할 것이다. 이렇게 놀이의 공간에 사회적 장벽을 만들어 주면 낯선이와의 상호작용이 매개될 수 있다.

사례연구

사회적 참여를 매개하는 〈인터넷 팔씨름〉

〈인터넷 팔씨름Internet Arm Wrestling〉 전은 박물관에서 어떻게 기술이 매개된 상호작용이 직접적인 사람 간 참여를 이끌어낼 수 있는가에 관한 좋은 사례로 2004년 미국의 과학관 여섯 군데에 설치됐다. 이 전시는 사람들로 하여금 전국의 사람들과 가상적으로 팔씨름을 하게 한다. 그것을 사용하고자 자리에 앉아, 금속 팔(상대방의 팔처럼 생긴 것)을 붙잡으면 유사한 키오스크에 있는 다른 방문자와 연결된다. 상대방은 같은 과학관 안에서 사용자와 몇발짝 거리에 있을 수도 있고, 수백 마일 떨어진 다른 과학관에 있을 수도 있다. 사용자는 "시작" 신호를 받으면 힘을 주기 시작한다. 금속 팔은 멀리 떨어진 상대의 금속 팔에 가해지는 것과 같은 힘으로 당신의 팔에 저항력을 가한다. 한 명의 도전자가 마침내 상대를 누르면 게임은 끝난다.

〈인터넷 팔씨름〉에서 놀라운, 그리고 살짝 기묘한 것은, 이 게임에서 낯선 이와의 교류를 사람들이 얼마나 편안히 여겼느냐이다. 플레이를 하면서 각

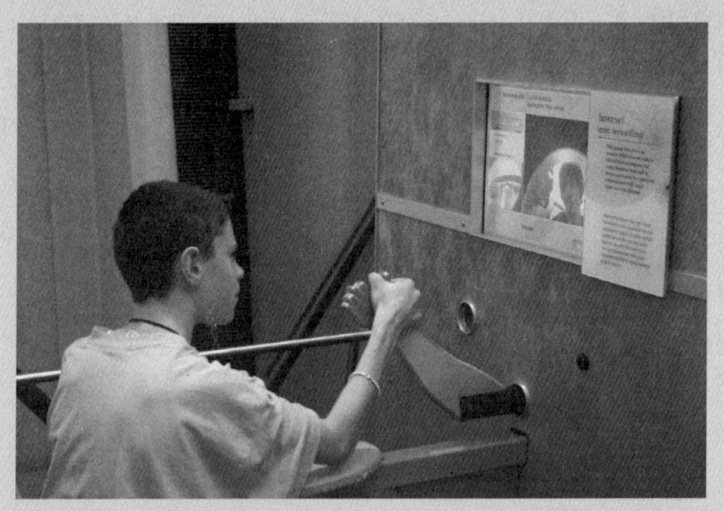

뉴욕 과학관에서 방문자가 멀리 떨어져 있는 팔씨름 도전자에게 골똘히 집중하고 있다. 웹캠을 통해 그를 보면서 금속 팔을 밀고 있다.

플레이어는 상대와 웹캠을 통해 대화할 수 있다. 전시 초기부터 몇몇 과학센터는 웹캠의 소리 기능을 제거했다. 왜냐하면 몇몇 아이들이 카메라를 통해 서로 상스럽게 외쳐댔기 때문이다.[7]

필자는 2007년 뉴욕 과학관에서 한 무더기의 아이가 각각의 키오스크에서, 그리고 그것을 넘어 사회적 관계를 형성하며 이 전시물을 사용하는 것을 봤다. 어떨 때는 여러 아이가 한 키오스크에 몰려, 팔 위에 올라앉아 힘을 쓰려고도 했다. 아이들은 힘껏 팔을 누르다가 머리를 들어 다른 키오스크의 상대방을 보고 웃고는, 다시 고개를 숙이고 힘을 쓰기도 했다. 또 어떤 경우에는 낯선 이들(어른과 아이들)이 혓바닥을 내밀고 카메라를 향해 상대방에게 웃기는 표정을 지으면서 상대방의 주의를 빼앗으려고도 했다.

이것이 얼마나 이상한가를 생각해 보자. 낯선 이(어른과 아이)들이 금속 팔 기구를 통해 우습고도 경쟁적인 사회적 행동에 몰입하는 것이다. 박물관에서 모르는 어린이(혹은 어른)를 붙들고 팔씨름을 붙을 사람이 있을까? 낯선 이에게 갑자기 팔씨름을 하자고 도전하는 일이 가능하기나 한가? 〈인터넷 팔씨름〉 체험물은 이렇게 사람들을 다르게는 불가능했을 개인간 경험 속으로 몰고 간다.

덴마크의 익스페리먼터리움Experimentarium에서는 〈에고트랩EgoTrap〉이라는 현장에서 휴대전화로 즐기는 게임을 이용해 한발 더 나아갔다. 세 번의 개인 과제가 끝난 후에, 플레이어는 핸드폰 번호를 통해 현재 플레이 중인 다른 사람과 연결된다. 플레이어는 서로에게 전화를 걸도록 지시받고, 실제로 만나 과학관 도처에서 함께 나머지 게임을 플레이한다.

이것은 보기보다 안전하다. 대부분 친밀집단(학생이나 가족 방문자)이 〈에고트랩〉을 플레이하기 때문에 플레이어는 학교 친구나 가족 구성원과 짝지어질 가능성이 크다. 하지만 이 게임은 흥미로운 질문을 떠올리게 한다. 만약 완전히 낯선 이들을 함께 참여하도록 하고 싶다면, 그것이 가능할까? 다음 사례연구에서는 이에 관해 다룬다.

---

7 기관의 관점에서, 매개의 기술은 사람들이 너무나 많은 사회적 방벽을 가로지르도록 한다.

사례연구

낯선 이와 함께 학습하기: 〈인간 도서관〉

〈인간 도서관Human Library〉은 낯선 이들이 편견에 관해 서로 숨김없이 직접 이야기를 하게 한 이벤트다.[8] 주최자는 〈인간 도서관〉을 "행복한 상생을 길러내고 사람들을 상호간 가깝게 하며 개인의 인간 존엄성을 사려 깊게 존중하기 위한 도구"라고 설명한다. 참여하는 방문자는 고정된 성격 편향들의 목록을 검토하여 관심주제를 하나 고르고, 그 편향의 실제 소유자와 45분간 대화를 시작한다. 그것의 주최자는 다음과 같이 썼다.

> 〈인간 도서관〉은 일반 도서관과 똑같이, 독자가 와서 제한된 시간 동안 '책'을 빌려가는 방식으로 작동한다. 단지 하나의 차이라면, 〈인간 도서관〉에 있는 책은 인간이며, 그 책과 독자는 개인적 대화에 참여한다는 것이다. 〈인간 도서관〉에 있는 책은 편견과 전형에 직면하는 집단을 대표하는 사람들이며, 그들은 종종 사회적 배제나 차별의 희생자다. 도서관의 '독자'는 그의 편견이나 전형에 관해 이야기할 준비가 되어 있고, 이런 경험에 한 시간을 소비하길 원한다면 누구나 될 수 있다. 〈인간 도서관〉에서, 책은 말을 할 뿐만 아니라, 독자의 질문에 대답도 할 수 있으며, 심지어 질문을 던지거나 스스로 배울 수도 있다.[9]

〈인간 도서관〉은 다음의 세 가지 종류의 사람을 필요로 한다.

1. 공개적으로, 그리고 솔직하게 어떤 성격적 편향 집단을 보여 주는 책

8 2010년까지 이런 프로젝트는 〈살아있는 도서관Living Library〉으로 불렸으나 법적 문제로 〈인간 도서관〉으로 재명명됐다. 필자는 이해를 위해 〈인간 도서관〉으로 모든 참조자료를 바꿨지만, 몇몇 참조된 다운로드 데이터에는 옛날 용어가 남아있을지도 모른다.

9 다음에서 〈인간 도서관 조직자용 설명서Human Library Organizer's guide〉 전문을 다운받을 것. 여덟 가지 언어로 제공된다. http://www.participatorymuseum.org/ref3-9/

(예: 사지마비자, 흑인 무슬림, 경찰관, 고쓰족{goth族: 고딕록을 즐기는 서브컬처 집단}, 레즈비언)

2. 45분에서 2시간 동안 토론하고자 책을 대출할 독자
3. 전체 과정에 도움을 주는 도서관 직원

〈인간 도서관〉은 2000년에 덴마크에서, 안전하고 재미있고 보조된facilitated 환경하에 사람들을 편견과 불안과 직면하게 하고, 폭력 종식을 위한 대화에 청년층을 참여시키려는 방식으로 착안됐다. 그 이후, 〈인간 도서관〉은 페스티벌과 도서관, 그리고 직장에서 전 세계적으로 재생산됐다. 〈인간 도서관〉은 일시적 이벤트로 시작했지만, 주요 도서관과 교육 시설의 정규 프로그램 목록에 점진적으로 포함되어 갔다. 몇몇 기관은 그 범위를, 처음의 중심 목표였던 편견을 넘어 학습에 또래 네트워크를 제공하는 것으로도 확장했다. 예를 들어, 아칸사스Arkansas 대학의 2009년 가을학기의 〈인간 도서관〉 목록에는 "기독교 여성 군인"과 "나는 무신론자다"와 같이 비교적 전통적인 '책'과 함께 "명상 101"과 "탁구에 관해 배우기" 같은 '책'도 포함되었다.[10]

〈인간 도서관〉은 놀라울 만큼 성공적이었다는 평가를 얻었다. 21개의 '책'으로 열린 이스탄불의 〈인간 도서관〉의 평가에서는, 484명의 독자 중 481명이 다른 이에게도 독서 경험을 추천하겠다고 말했다.[11] 진실된 만남이라는 성질을 두고 "흥분되고" "배울 만하다"고 평가하는 독자 평도 있었다. 한 독자는 이렇게 말했다. "나는 내가 동의하지 않는 의견의 지지자와도 공통점을 발견할 수 있었다." 또 다른 터키인 독자는 이렇게 논평했다.

> 나는 게이 친구를 한 번도 가져본 적이 없다. 그의 몸과 의견, 정체성을 실제로 마주한 일은 나에게 믿을 수 없을 만큼 긴장되는 일이었다. 그는

10 다음의 링크에서 아칸사스 대학의 카탈로그 전문을 볼 것.
http://www.participatory-museum.org/ref3-10/

11 터키의 〈인간 도서관Human Library〉 평가 보고서 DOC 전문을 다음의 링크에서 다운받을 것.
http://www.participatorymuseum.org/ref3-11

나와 그리 달라 보이지 않았다. 특히 그는 외계인이 아니었다. 지금부터 나는 게이와의 대화를 주저하지 않을 것이다. 나는 그것을 고칠 것이다.

덴마크의 지하철 검표원인 〈인간 도서관〉의 '책'은 이런 회고를 나누었다.

열차에서 근무 중인 우리(검표원)를 이런 젊은 사람이 어떻게 경험했는지에 관해 만나고 알아보는 일은 매우 흥미로웠다.

가장 자주 듣는 질문은, "당신 같은 직업을 얻으려면 성질이 나빠야만 합니까?", "교통수단이 필요하지만 티켓이 없다는 걸 알아차리게 된 사람에게 한 번도 미안한 느낌을 가져본 적이 없습니까?" 혹은 "다른 사람을 그렇게 대하는 것이 당신에게 지독하게 힘들지는 않습니까?" 등이었다. 몇몇 사례에서는 자신이 연루된 적이 있는 특정한 상황에 관한 질문도 있었다. 나는 독자가 내 동료와 경험한 좋거나 나쁜 이야기를 모두 들었다. 그러나 그 상황의 이점은 내가 바로 거기서 그들과 함께 앉아 있었고, 그들의 질문에 대답하기 위해 노력할 준비가 됐다는 것이다. 시간이 초과되어 대화를 끊어야 할 때도 있었다.

나는 특히 젊은 커플과의 한 상황을 기억한다. 요란한 색의 머리카락과 검정 가죽 옷을 입은 골수 펑크족이었다. 우리는 매우 흥미로운 토론을 가졌고, 점점 더 많은 사람이 우리에게 참여해 질문을 시작했다. 마지막엔 참여자가 스무 명이나 되었고, 그들은 "표를 교부하는 나쁜 아저씨"로 일하는 내 조잘거림을 들었다.[12]

이 장에서 살펴본 다른 네트워크와는 다르게, 〈인간 도서관〉은 유사성 모

12 이 인용은 위에 참조된 〈인간 도서관 조직자용 설명서Human Library Organizer's Guide〉로부터 왔다. 더욱 많은 고찰은 다음을 확인할 것. http://www.participatorymuseum.org/ref3-12

덴마크 코펜하겐 킹스 가든에서의 2009년 전시 〈인간 도서관〉에서 사서가 열망하는 독자가 흥미로운 책을 발견할 수 있도록 도와준다.

델proximate model에 의존하지 않는다. 그 전시는 "그들과 닮았거나" 그들이 살아온 경험과 관련된 '교재'를 제공하지 않는다. 대신에, 그것은 '독자'를 이질적이고 친숙하지 않은 무엇과 연결시키고자 한다. 〈인간 도서관〉 네트워크에서 그 바탕의 가치는 과거로부터의 믿음에 맞서 익숙함으로부터 벗어나는데 있다.

도서관 직원은 이것을 가능하게 하면서 아주 특별한 역할을 한다. 컨텐츠를 전달하는 대신 연결하는 자로 일하면서, 사서는 새롭고 흥미로운 '책'을 섭외하고, '책'과 '독자'를 위한 안전한 공간을 만들고, 그 경험을 평가하고, 설정을 개선하는 역할을 수행한다. 정확한 책 내용의 전달보다는 진정성의 전달을 위해 노력하는 것이다.

사서는 또한 도서관이라는 은유를 계속 유지함으로써 그것이 사회적 상호작용의 플랫폼으로 기능하게 한다. 〈인간 도서관〉의 방법론은 매우 의도적으로 기존의 도서관 경험을 모방한다. 〈인간 도서관〉의 공간은 도서관을 흉내 내어 지어지는 경우가 많고, 갈수록 실제 도서관 안에서 열리는 일이 많아진다. 방문자는 특수한 도서관 카드를 채우고, 사서와 대화하고, 목록을 검색하며, 선택한 책과 많은 시간을 보낸다. 사서는 심지어 페스티벌과 같이 어색해 보일 수 있는 상황 속에서도 이런 관행을 유지한다. 〈인간 도서관〉 프로젝트를 만든이들은 도서관이 새로운 것을 배우기에 안전한 장소임을 알았던 것이다. 그들은 사용자에게 위험한 제안을 하기 위해 그 가치를 전면에 내세웠다. 모든 경험을 도서관이라는 틀로써 맥락화하여 그것에 대해 이미 널리 알려져 있는 규칙과 기대를 활용함으로써, 그들은 도발이나 허세로 끝날 수도 있었을 무엇을 진정한 배움의 기회로 바꾸어놓았다.

간단한 합판으로 만들어진 조언 부스는 〈조언〉 방문자가 편안하게 상호간 대화할 수 있는 느낌을 가지도록 도왔다.

필자는 2009년 대학원생 팀과 함께 워싱턴 대학 학생회관에서 단기 전시로 열린 〈충고해 주세요Advice〉 전에서 비슷한 장치를 실험했다.[13] 학생들은 전시의 일부로 조언 부스를 설계하고 자원봉사자를 모집해 여기에 배치했는데 그들 중 몇몇은 완전히 자발적으로 등록했다. 〈인간 도서관〉에서 처럼 조언 부스는 친숙한 인프라(플랫폼)를 제공했으며, 여덟 살배기 아이와 문신 예술가, 펀드 매니저가 포함된 모든 낯선 사람들이 서로 편안하게 조언을 주고

---

13 〈충고해 주세요〉에 관한 더욱 자세한 사례연구는 366쪽에 있다.

받도록 만들어졌다.

이런 플랫폼—도서관 카드와 조언 부스—은 작위적으로 보일지 몰라도 사실 굉장히 중요하다. 다른 것을 상상해 보자. 편안한 소파를 내다놓고, 옆에 "낯선 사람과 자신의 편견을 이야기 하세요"라던가 "서로 조언을 주고받으세요"라는 푯말을 걸어둔다면 어떨까. 더 큰 전시나 편한 환경이라고 할지라도 그런 공간을 쓸 사람이 있을지 의심스럽다. 부스나 도서관은 모두 경험의 보조수단으로 기능하며, 위협적인 무언가를 호소력 있고 안전한 경험으로 전환시킨다.

대비되는 사례로 살펴볼 영국 예술가 제레미 델러Jeremy Deller의 열린 결말의 대화 프로그램, 〈있는 그대로: 이라크에 관한 대화It Is What It Is: Conversation About Iraq〉는 2009년 미국의 여러 박물관을 순회했다. 이 작품에는 두 명의 초청인이 등장했는데, 이라크어 통역자와 미 육군 예비역이 소파로 된 대화 공간에 있었고, 그 옆에는 강력한 사물, 즉 바그다드에서 자살 폭탄으로 파괴된 자동차가 배치되었다. 그 목적은 "난삽하고 열린 결말의 토론"을 위한 것이었으며, 방문자가 박물관에서 이라크 전쟁을 실제로 겪은 누군가와 대화하게 하려는 의도였다.

필자는 로스앤젤레스의 해머 박물관Hammer Museum에서 두 차례나 〈있는 그대로〉를 관람했다. 두 번 다 그것이 놓인 중앙 광장에는 예술을 감상하는 사람들이 친구와 어울리거나 작업하고 있어서 북적거리고 있었다. 하지만 누구도 초청된 전문가와 대화를 하려고 하지는 않았다. 두 개의 푹신한 소파, 도발적인 전시물, 그리고 "3시에서 5시까지 X와 대화하세요"라는 푯말에도 불구하고, 참여를 위한 장벽은 너무 높았던 것이다. 필자가 볼 때, 〈있는 그대로〉는 알차고 지속적인 대화가 일어나게 하는 설계상의 보조장치scaffolding가 충분하지 않았다. 그것은 낯선 사람과의 자연스러운 대화를 막는 사회적 장벽을 초월하도록 다리를 놓지 못했던 것이다. 그것은 사람들로 하여금 일어날 일을 예상하지 못하게 하였으며(이는 의도된 것이다), 그것으로 인해 사람들은 더욱 참여를 주저하게 되었다. 〈인간 도서관〉과 조언 부스가 모두 관람자를 중심에 두고 그들의 이야기나 질문에 집중했던 것과는 달리, 〈있는 그대로〉의 경우, 필자는 마치 그것이 뭔가를 필자에게 강요하는 것처럼 느꼈다. 만약 소파에 앉는다면, 누군가가 나에게 말을 걸어 자신의 의견을 강요할 것 같은 기분이었다.

개인들의 진입 지점을 공식적으로 사회적 경험과 연결시킴으로써, 〈인간 도서관〉과 〈충고〉 부스는 다양한 사용자의 흐름을 이끌어내는 데 성공했다. 여기서 플랫폼은 관람자 경험의 틀을 규정했지만 그것은 자주 "난삽하고 열린 결말"의 대화로 흘러갔으며, 이는 제레미 델러가 〈있는 그대로〉에서도 추구했던 무엇이다. 그러나 참여를 위한 기본 설계 구조가 허술했던 그곳에서 결과는 더욱 알 수 없게 되어버렸다. 〈있는 그대로〉는 보조장치가 결여된 사회적 플랫폼이었으며, 개인의 행동과 공유를 통한 결과물과의 연결이 명확하게 계획되지 못했다. 열린 결말의 플랫폼에서는 흥미롭고 놀라운 사회적 상호작용이 일어나기 마련이다. 하지만 구조가 튼튼히 세워져야 그런 것들도 더욱 지속될 수 있다.

플랫폼과 가치

사회적 플랫폼이 성공하려면 잘 설계되어야 하겠지만, 그것은 모든 방문자로 하여금 틀 구조에 꼭 맞는 경험을 하도록 기관 전체를 재개발해야 한다는 의미는 아니다. 〈인간 도서관〉이나 〈충고〉전 부스처럼 기능하도록 기관 전체를 설계하는 것은 독자의 목표와 맞지 않을 수 있으며, 사회적 학습이나 창의적 참여, 기관의 컨텐츠에 관한 의미 있는 대화를 촉진시키는 것에 독자의 목표가 있을 수도 있다. 그것을 위해서는 로테크적인 사회적 네트워크 플랫폼을 쓰는 방법도 있다. 이들 중 많은 것은 하이테크 형태의 것보다 효과적이고 훨씬 자연스럽다.

기관과 프로젝트를 위해 가장 좋은 사회적 플랫폼을 설계할 때 핵심은 참여적 목표를 이해하는 것이다. 방문자가 서로 배우거나 상호작용하기를 얼마나 원하는가? 〈인간 도서관〉에서처럼 대화를 촉진하고 싶은가? 방문자가 서로 반응하고 돕고 뭔가를 함께 창조하길 원하는가? 만약 데이터 수집의 관점보다는 방문자와 기관을 위한 유용한 성과란 관점에서 네트워크 효과를 고려한다면, 참여적 가치를 반영하는 플랫폼을 설계하는 것이 가능하다.

세 가지 아주 다른 참여적 목표를 위해 단순한 플랫폼을 만들어낸 세 가지 기관의 예를 살펴보자.

우스터 시립 갤러리 박물관Worcester City Gallery and Museum은 방문자와 전시물의 강한 감정적 연대를 이끌어내기 위해 방문자가 종이 양식을 가지고 좋아하는 작품에 투표하게 하는 〈탑 40Top 40〉라는 전시를 기획했다. 이 전시는 상설 컬렉션 중 40점의 회화를 전시하면서, 〈탑 40〉 순위를 큼직한 숫자의 레이블로 부착했다. 이 전시는 2009년 여름 동안 열렸고, 순위 레이블은 방문자의 투표를 반영해 매주마다 바뀌었다. 수장품 관리사 필리파 틴즐리Philippa Tinsley는 이렇게 썼다.

> 갤러리에서는 서로 다른 그림의 상대적인 장점에 관한 토론이 저절로 열렸

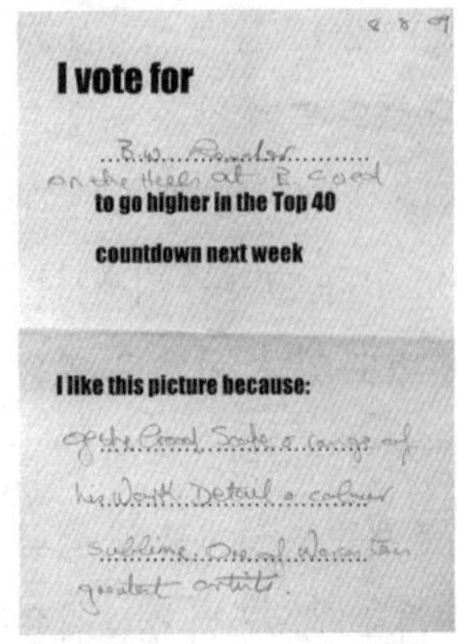

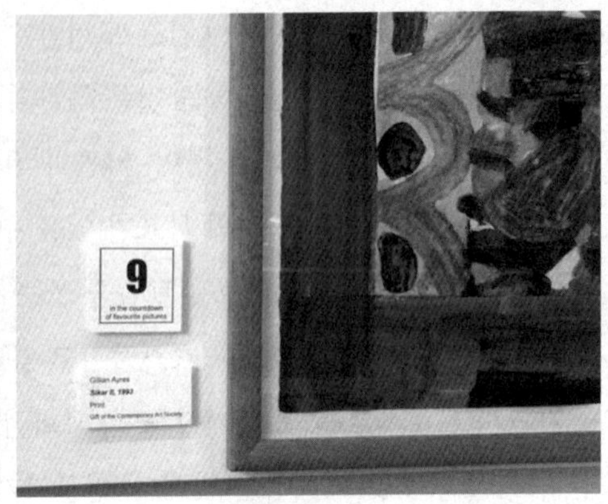

<탑 40>에서 방문자는 자신이 좋아하는 작품을 종이 투표용지(왼쪽)로 투표했으며, 그것은 매주 새로 합산되어 다음 주의 순위가 되었다(오른쪽).

다. 모든 연령대의 방문자가 계속해서 다시 박물관을 찾아와서 자신이 좋아하는 작품의 금주 순위를 차트에서 보고, 다시 투표에 참여했다. 방문자들은 전시장이 열리기 전부터 밖에서 기다렸다. 기존의 관객뿐만 아니라 한 부분이 되길 원하는 새로운 방문자도 찾아왔다.[14]

방문자의 개입에 고도로 반응하는 플랫폼을 개발함으로써, 우스터 시립 갤러리 박물관은 방문자를 전시된 회화 및 기관 전체와 연결시키려는 그들의 목표를 달성했다.

십대와 젊은 성년층의 협력을 활성화하기 위해서, 온타리오 과학관Ontario Science Centre은 〈웨스턴 가족창의센터Weston Family Innovation Centre(WFIC)〉에서 이례적인 방법으로 현장 직원과 꼬리표를 사용한다. WFIC의 많

14 틴즐리의 2009년 블로그 게시글 "관람자의 글: 우스터 시립 박물관의 탑 40Guest Post: Top 40 Countdown at the Worcester City Museum"을 다음의 링크에서 읽을 것. http://www.participatorymuseum.org/ref3-14/

은 전시물에는 설명 문구나 삽화가 없어서, 방문자는 그것의 사용법을 알아내기가 곤란했다. WFIC에는 "호스트host"라는 운영진이 있는데, 이들은 돌아다니며 방문자와 가볍게 사교적으로 어울린다. 어떤 방문자가 호스트에게 다가가 어떻게 작동하고 무엇을 하는 것인지를 질문하면, 호스트는 종종 다른 방문자를 끌어와 "저기요, 우리 좀 도와주실 수 있어요? 이건 잘 모르겠네요."라고 말했다. 호스트는 그럼으로써 방문자—종종 낯선 이—를 서로 연결시키며, 그렇게 방문자들이 서로 즐기고 배우기 위한 환경을 지원한다. 이런 전략을 싫어할 방문자도 있지만, 이 방식은 WFIC의 전반적 활기와 잘 들어맞으며, 방문자간 협력이라는 목표를 돕는다.

방문자와 공식적인 기관을 개인적으로 연결시키기 위해서, 2009년 네덜란드의 도자기 박물관 프린세스호프Princessehof는 〈행복의 도자기 Shards & Happiness(Scherven & Geluk)〉라 불리는 혼례용 도자기에 관한 방문자 협력제작 전시를 7개월 동안 주최했다. 박물관은 네덜란드 전국에서 사람들을 초청하여 그들의 혼례용 도자기, 결혼사진, 그리고 축하 사연들을 전시하였다. 이런 다양한 개인들의 이야기로 인해, 방문자들 간에는 자신의 가족 연회에 관한 대화가 크게 활성화되었고, 프린세스호프는 현장 및 온라인 활동을 광범위하게 추진하여 커뮤니티의 대화를 증진시켰으며, 결혼 경험이나 혼례용 도자기에 관한 사연을 서로 나누게 하였다. 운영진은 심지어 "일일 결혼식"이란 이벤트도 열었는데, 그것은 방문자들이 서로 짝을 지어 복도를 걷고 부케를 재미로 던지는 행사였다.[15]

15 다음의 링크에서 〈행복의 도자기〉에 관해 더욱 알아보고 일일 신혼부부의 사진을 볼 것. http://www.participatorymuseum.org/ref3-15/

위의 각 사례 기관들은 개인 활동을 집단이익으로 전환시키기 위해 플랫폼을 어떻게 설계해야 하는지를 보여 준다. 이 프로젝트 각각은 "더욱 많은 사람들이 그것을 사용할수록 나아진다." 그리고 가장 중요한 점은, 이 플랫폼들이 당면한 프로젝트의 특정한 가치와 목표를 반영했다는 것이다.

특정한 가치를 위해 사회적 플랫폼 설계하기

기관이나 프로젝트의 특정한 가치를 반영하여 플랫폼을 설계하려면 다음 세 가지 질문을 생각해 보자.

1. 방문자에게 개인화 활동으로 무엇을 제공할 수 있는가?
2. 직원은 개인화 활동을 위해 무엇을 할 것인가? 즉, 기관은 그들에게 어떻게 응대하고, 융합시키고, 이용할 것인가?
3. 기관은 개인화 활동의 집합적 성과를 어떻게 보여 줄 것인가?

박물관 어디에나 있는 한 가지 플랫폼을 통해 위의 질문들을 들여다보자. 바로 의견 게시판의 이야기이다. 의견 게시판은 단순해 보여도 매우 다르게 설계될 수 있으며, 그에 따라 상이한 사회적 결과가 얻어진다.

개인화 활동

의견 게시판은 방문자에게 특정한 재료를 제공하여 생각을 나누게 한다. 의견 게시판의 설계가 달라지면 사람들도 다른 결과로 유도된다.[16] 포스트잇과 연필은 누구나 할 수 있는 쉽고 빠른 활동을 의미한다.

타자기나 예쁜 마커펜, 드로잉 종이는 더욱 몰입적인 참여 활동을 의미한다. 워싱턴 대학의 〈충고〉전에서, 운영진은 방문자에게 상호간 질문에 대답하기 위한 포스트잇과 그들이 원하는 대로 갈겨쓸 수 있는 "화장실 벽" 두가지를 제공했다. 방문자에게 "욕실 벽에는 험한 말도 쓸 수 있지만, 포스트잇에는 그렇게 하지 마세요"라고 말해 주는 사람은 없었지만, 누구에게나 그 인터페이스의 의도는 자명히 전달됐다.

응답

방문자가 그들의 의견을 쓰고 나면 다음에 무슨 일이 일어날까? 벽에 즉시 그것을 붙일까? 아니면 투입구에 그것을 집어넣어 운영진이 처리하게 할까? 어떤 의견 게시판은 운영자가 제출된 의견을 선별해curate 그중 일부만을 모두가 볼 수 있게 게시한다. 그와 달리, 방문자가 원하는 곳에 자신의 의견을 붙이고 심지어 남의 것에 겹쳐 붙이는 곳도 있다.

운영자의 반응이 더딘 경우도 있다. 방문자가 남긴 의견이 박스 안에서 몇 주든 방치되는 것이다. 반면, 운영진이 직접 의견 제출자에게 답하는 곳도 있다. 스코틀랜드 국립도서관National Library of Scotland은 유명 작가들이 출판자 존 머레이John Murray에게 보낸 편지를 전시하면서, 방문자를 위해 빅토리아 시대 풍의 책상을 준비해 두고 방문자가 편지를 남기면 운영자가 답하겠다는 약속을 했다. 그러나 얼마 안가, 운영자들에게는 오래전 죽은 작가에게 손으로 쓴, 여러 페이지 분량의 개인적 편지들이 쇄도해 처리할 수 없을 지경이 되었다. 다행히 운영진은 약속을 존중

16 알림판의 암시 및 자료와 방문자 행동의 영향에 관한 자세한 설명으로는, 라크마LACMA 랩의 〈나노nano〉 전시의 형식 평가의 16~22쪽을 볼 것. PDF 다운로드는 다음의 링크에서 가능하다. http://www.participatorymuseum.org/ref3-16/

했다. 하지만 동시에 그들은 이후 방문자의 기여물에 대한 대처를 진지하게 생각하게 되었다.

디스플레이

박물관은 방문자가 생산한 컨텐츠의 디스플레이를 위한 두 가지 방식의 플랫폼 중 하나를 선택하는 경향이 있다. 그것은 최신성recency에 가치를 두거나 우수성quality에 가치를 두는 것(혹은 둘의 혼합)이다. 최신성에 가치를 두는 플랫폼에서는 최신의 방문자 의견을 정면 중앙에 게시하고, 이전의 의견은 따로 보관하거나 아래칸으로 내린다. 우수성을 우선시하는 플랫폼에서는 선정 시스템(대부분 운영진이 주도하는)을 가동해 방문자에게 공개할 내용을 선정한다. 최신성 모델은 보다 많은 방문자의 참여를 이끌어낸다. 자신의 의견이 게시되는 모습을 보고 즉시 만족감을 받을 것이기 때문이다. 반면, 우수성 모델은 참여도가 줄어들겠지만 기꺼이 제시된 의견들을 더 우대한다.

최신성 및 우수성 시스템을 넘어서기

방문자 제작 컨텐츠를 전시할 때는 최신성과 우수성 모델이 대립한다. 최신성 모델은 모든 것을 동시에 공개하기 때문에 주옥같은 참여물이 묻힐 수도 있다. 반면, 우수성 모델은 인원을 투입해 제출 건을 읽고, 선별하고, 좋은 것을 게시한다. 그런 이유로, 기여도가 높은 전시물의 경우 담당자가 그것들을 처리하여 좋은 것을 게시하기까지는 몇 주가 흘러버릴 수도 있다. 어떻게 하면 이 두 가지 모델을 유용하게 혼합해 의견 게시판의 전시를 향상시킬 수 있을까?

방문자 제작 컨텐츠를 반드시 운영진이 스스로 처리해야 할 이유는 없다. 1장에서 언급했듯, 뭔가를 만들기 보다는 구경하고 평가하기를 더 좋아하는 사람이 많다. 방문자를 초청해 방문자 제작 컨텐츠를 분류, 평가하게 함으로써 시간이 없는 운영자의 작업을 덜 수 있다. 뿐만 아니라, "비평가 유형의" 방문자에게는 조악한 기여물에 대한 실망과 고품질의 기여물에 대한 기쁨 사이에서 가치 있는 집합적 결과를 만들어 내는 활동도 제공한다. 방문자 제작 컨텐츠를 큐레이팅하는 것은 선호와 비선호를 나누는 것만이 아니다. 그것은 유용한 인지적 활동으로서, 판단을 내리거나 소스 컨텐츠 간의 연결을 만드는 법을 습득하도록 돕는다. 역사학자, 큐레이터, 그리고 과학자들 중에도 컨텐츠를 창작하지 않고 그것을 분석하기만 하는 사람이 많다. 그렇다면 이런 중요한 배움 기술이 반영된 참여적 기술을 활성화해서는 안될 이유가 있을까?

방문자 취향의 반영과 축적이 지속되면 방문자 제작 전시물은 갈수록 더욱 높은 품질을 보여 주게 된다. 그런데, 이 가능성에 수반되는 우려로, 방문자는 우스운 것, 자신과의 친분, 그리고 기타 박물관이 원하지 않는 가치를 기준으로 선택을 할 것이라는 점이 있다.

이런 우려에 가장 잘 대처하는 방법은 명확성이다. 사람들이 특정한 기준을 사용해 선택하도록 유도하려면 적합한 선택 기준을 제공하는 것이다. "주제를 제일 잘 표현하는 사진을 고르세요" 혹은 "가장 도발적인 논평을 고르세요"와 같이 말한다. 혹은, "가장 가치가 있다고 생각하는 것을 스스로 판단해 고르세요"와 같이 요청할 수도 있다. 분명한 기준 제시는 목표의 충족에 도움이 되지만, 항상 필요한 것은 아니다. 때론 방문자를 참여자로서 신뢰해 주는 것이 그들의 가치를 운영진과 동등한 권위와 함께 존중해 준다는 뜻이기도 하다.

창의적 플랫폼의 설계

대단히 야심찬 목표를 가진 플랫폼을 설계할 때라도, 약간의 창의적 생각만으로 가능한 경우가 있다. 단순한 방문자 제작 컨텐츠의 공유를 사례로 보아도, 신착 우선이나 품질 우선 이외의 다양한 가치를 강조할 수 있다. 같은 시스템을 이용해 두 가지 다른 가치인 다양성과 반성적 담론을 환기시킬 방법을 알아보자.

역사박물관에서, 방문자가 전시중인 역사적 사건에 대해 "자신의 이야기를 나누는" 영상 키오스크를 설치했다고 상상해 보자. 만약 이 키오스크에서 다양성의 공유를 우선시하려 한다면, 다양한 질문과 주제를 제공함으로써 하나의 경험에 대한 다양한 관점을 유도할 수 있을 것이다. 비평가적인 관람자에게는 그것에 평점을 주거나 좋은 것을 고르게 하는 것이 아니라, 서로 상이한 관점별로 영상을 분류하게 할 수 있다. 그런 다음 또 하나의 스테이션에서 각 범주별로 좋은 것을 선택하게 할 수 있다. 이 시나리오에서 관람자는 단지 전체 중에서 "가장 좋은" 것 하나를 고르는 것이 아니라 다양한 관점이 반영된 영상을 고르게 된다.

이제, 같은 전시물이지만 반성적 담론을 우선시하는 플랫폼을 상상해 보자. 이 전시물은 모든 영상 제작 키오스크들에서 더욱 엄격한 테마를 부여한다. 방문자는 다른 방문자의 영상을 바탕으로 그것에 대해 응답하게 되며, 기관이 제공한 질문에 답하지 않는다. 비평가적 관람자들에게 이런 시스템은 평점 매기기나 분류하기보다는 댓글 쓰기와 같이 작동한다. 이렇게 되면 이 영상은 방문자들이 생성한 대답의 연쇄처럼 만들어질 것이고, 다양한 관점을 보여 주기와는 멀어진다. 이 시나리오에서 관람자는 영상과 댓글을 길게 다양한 음성들이 이어지는 대화로 받아들이게 될 것이다.

두 가지 플랫폼, 두 가지 설계, 두 가지 상이한 목표와 방문자 기대 경험이다. 이제, 영상 키오스크를 이론적으로 살펴보기에서 벗어나 두 개의 실제 플랫폼을 살펴보자. 〈사이언티픽Signtific〉과 〈클릭!Click!〉은 상이한 가치를 반영하도록 설계된 성공사례들이다.

사례연구

사이언티픽 게임의 구조적인 대화

〈사이언티픽Signtific〉은 산만한 아이디어를 엮어 대화의 담론을 활성화하기 위한 온라인 게임 플랫폼이다. 미래연구소Institute for the Future는 보통 사람을 미래 예보와 예측에 참여하도록 이끌고자 2009년에 〈사이언티픽〉을 발표했다. 〈사이언티픽〉은 박물관 프로젝트가 아니었지만, 쉽게 문화 기관에 적용될 수 있는 평이한 기술의 내부 및 공개 브레인스토밍 도구였다. 그것은

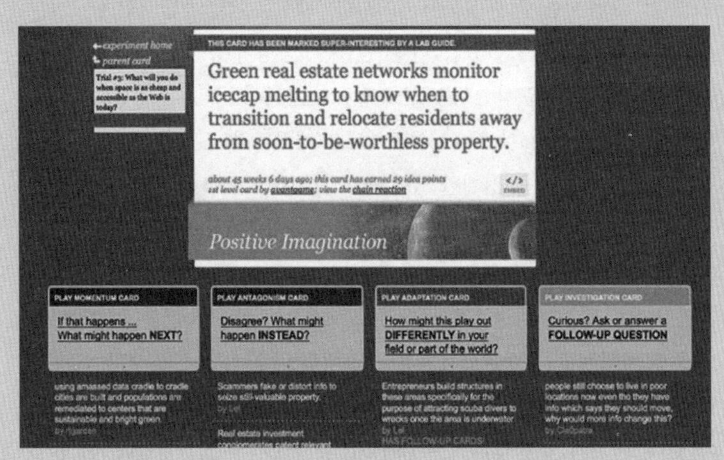

4가지 응답 범주 모두에 해당하는 응답을 이끌어 낸 "긍정적 상상" 카드. 특히 윗쪽에서 운영자로부터 "놀랍도록 재치 있음" 상을 받았음이 눈에 띈다.

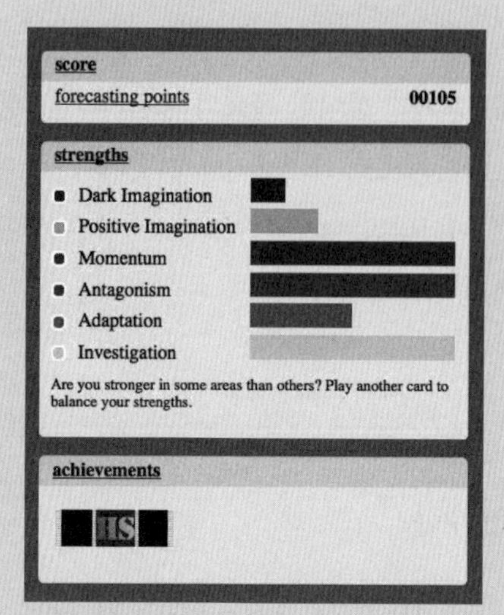

〈사이언티픽〉 사용자 프로필. 막대 그래프는 플레이어가 각 종류의 카드를 얼마나 사용하고 있는지 보여준다.

단순히 요약하면 사람들의 상호 간 대화를 장려하는 의견 게시판이다.

다음은 작동 방식이다. 운영자는 2019년의 도발적이면서도 있을법한 미래 시나리오를 보여주는 짧은 영상을 만들었다. 게임의 첫 번째 버전에서 사용한 질문은 다음과 같았다. "오늘날의 웹처럼 우주의 접근도 값싸고 간편한 것이 된다면 어떻게 하시겠습니까?" 영상은 다음과 같이 설명했다. "2019년, 운동화 상자보다 작은 인공위성인 큐브셋cube sat들은 매우 저렴하고 인기가 높아진다. 100 달러만 주면 누구나 개인용 맞춤형 위성을 지구의 저궤도에 올릴 수 있다." 그런 다음, 짧은 질문이 이어졌다. "세상은 어떻게 달라질까?"

일반론적인 답변은 금지되었다. 사람들은 "긍정적 상상"(즉, 일어날 수 있는 좋은 일) 혹은 "어두운 상상"(일어날 수 있는 나쁜 일) 중 한 가지 측면을 택해 답변해야 했다. 답변의 길이는 140자 이내로 제한되었고, 색인 카드의 형태로 표시되었다. 이 게임을 설계한 제인 맥고니걸Jane McGonigal은 〈사이언티픽〉을 "미시예보" 플랫폼이라고 부르면서, "미래에 대한 사람들의 생각을 간편하고 빠르게 공유하려는 것"이라고 했다.

관람자는 신속하게 긍정적 카드와 부정적 카드들을 훑어볼 수 있었으며, 그 중 흥미있는 하나를 클릭하여 답변을 이어갈 수 있었다. 플레이어들은 서로 아무렇게나 답하는 것이 아니라 답변의 유형을 다음 네 가지 중에서 골라야 했다. 이어가기, 반대하기, 수용하기, 알아보기가 그것이었다. 이어가기 카드를 이용하면 아이디어를 추가할 수 있었고, 반대하기 카드로는 반대 의견을, 수용하기 카드로는 같은 아이디어에서 출발한 또 다른 가능한 아이디어를, 그리고 알아보기 카드로는 질문을 내놓을 수 있었다. 이런 답변 카드 역시 길이는 140 문자로 제한되었다.

여러 개의 답변 카드를 다른 카드 아래에 첨부할 수 있었으며, 이를 통해 토론과 담론이 나무가지처럼 자라났다. 결과적으로는 카드로 이루어진 하나의 관계망 다이어그램, 즉 다중의 노드로부터 연결이 이어지는 대화가 만들어졌다. 이 게임의 마스터 운영자는 매일 가장 흥미로운 카드들을 선정했고, 가능성이 없더라도 기발함을 보이는 "딴소리"에게도 자주 상을 주었다.

〈사이언티픽〉은 미래에 관한 협력적 브레인스토밍을 이끌어가기 위해 매우 의도화된 프레임워크로서 제공되었다. 다음 네 가지 설계적 선택을 통해 그 목표에 다가갔다.

1. 응답 길이가 제한되었다. 그렇게 함으로써 사람들은 많은 카드를 재빨리 훑어보면서 가장 흥미로운 아이디어에 집중하여 답할 수 있었고, 긴 개인적 선언문들 속을 허우적대거나 그런 것을 만들어내지 않게 되었다. 동시에 빠르고 간편한 기여가 가능했다. 플레이어들은 완벽한 문장으로 답변하기 위해 공을 들이지 않아도 되었고, 자신의 의도를 담은 주장이나 자신의 흥미를 표현하는 카드에 집중하게 되었다.
2. 점수제도로 인해 혼자만의 참여가 아닌 다른 사람과의 플레이가 강조되었다. 플레이어들에게는 답변 카드를 작성할 때만이 아니라 다른 이의 답변을 이끌어냈을 때도 점수가 부여되었다. 사람들이 점수를 많이 받으려면 혼자서 잘난 척하는 것보다 멋진 토론을 시작시켜야 했다.
3. 프로필 설정을 통해 사람들이 다양한 논의 형태를 실험하게 하였다. 각 플레이어의 개인 프로필에는 자신이 던진 카드의 유형별 누적 개수가 나타났으며, 그 아래에는 다음과 같이 작은 메시지가 적혀 있었다. "어떤 한 가지 유형에 더 뛰어난가요? 자신의 강점이 균형을 찾도록 다른 카드도 사용해 보세요." 이 짧은 메시지는 플레이어들로 하여금 자신에게 가장 편한 유형의 논법을 벗어나 다른 유형도 시도하도록 기대감을 주었다.

4. "딴소리" 상은 산만한 아이디어를 정면 중앙에 위치시킨다. 채점 시스템은 "놀랍도록 재치 있는" 아이디어를 제안한 사람에게 특별한 배지badge를 수여하기도 했다. 미래예보가 가진 중요한 기능 중 하나가 바로 기상천외한 가능성을 의도적으로 부각시키는 것이다. 언제나 이런 일탈적인 카드가 게임 속에서 주목을 받는 것은 아니기 때문에 운영자는 가능한 한 그런 것을 드러냄으로써 사람들이 기꺼이 위험을 감수하고 생각을 넓히게 할 수 있었다.

〈사이언티픽〉은 미래에 대한 개방적이고 두루뭉술한 대화만이 아니었다. 그것은 특정적인 상호작용들로 이루어진 구조적 플랫폼으로서, 협동적 담론이라는 명확한 가치와 가능한 시나리오에 대한 다양한 결과의 기대를 통해 유도되는 곳이었다. 그것은 미래연구소가 표방하는 가치인 "미래에 관한 더 나은 결정, 준비된 결정을 돕기"가 투영된 우수하게 설계된 플랫폼이었다.

많은 시민적, 그리고 문화적 기관들도 비슷한 목표를 표방하는데, 〈사이언티픽〉 플랫폼은 전문적 전략 브레인스토밍이나 커뮤니티의 문제에 관한 크라우드소싱적 대화 등에 두루 활용될 수 있다. 〈사이언티픽〉은 온라인 플랫폼으로서, 플레이되는 카드의 숫적 규모와 상관없이 적용될 수 있지만, 같은 것을 여러 색의 접착메모지를 활용한 실제 게임으로 설계하는 것도 어렵지 않다. 다양한 색의 메모지가 구분해 담긴 통을 마련하고, 예컨대 빨간색은 이어가기, 녹색은 반대하기, 청색은 수용하기 등으로 정하는 것이다. 사람들에게 그냥 단순히 기관이 마련한 질문에 답하여 공유하게 하는 것이 아니라, 〈사이언티픽〉과 같은 플랫폼을 이용하면 미래의 교통, 다언어 교육 체계, 혹은 인간의 유전자 변형 등 힘든 시나리오에 대해 집단적으로 대답할 기회를 제공할 수 있다.[17]

---

17 2009년 뉴욕 주 테리타운에서 열린 〈대화하는 박물관Museums in Conversation〉 학회에서 엘리자베스 메릿Elizabeth Merritt은 박물관의 미래에 관한 오찬 세션 도중에 이를 시연해 보였다. 뉴욕 주 주변의 박물관 동료들은 박물관에 관한 긍정적 미래와 어두운 미래를 재빨리 생각해냈으며, 그것을 웃기거나 놀라운 방식으로 채용하고 조사해냈다.

사례연구

군중의 지혜 시험하기: 브루클린 박물관

문화 기관이 큰 포부를 가지고 특별한 가치를 실현하기 위해 설계한 플랫폼의 사례 중, 〈클릭!Click!〉은 독보적이다. 〈클릭!-군중이 큐레이팅한 전시Click! A Crowd-Curated Exhibition〉는 2008년 브루클린 박물관이 기획한 전시로, 군중이 예술과 같이 주관적인 것도 "현명하게" 평가할 수 있는가를 알아보기 위해 만들어졌다.[18] 〈클릭!〉은 세 단계로 진행되었다. 공개 모집, 출품 작품의 온라인 평가, 그리고 최종 전시였다. 공개 모집에서는 "브루클린의 변화하는 얼굴"이라는 주제하에 사람들의 사진을 모집했다. 그런 다음 박물관은 온라인 방문자가 사진을 보고 예술적 수준과 전시 주제 적합성을 평가하는 온라인 툴을 개설했다. 마지막으로, 운영진은 평가 결과의 순위와 부합하는 크기로 사진을 인화해 그것을 전시하였다. 이와 동시에 작품은 온라인으로도 공개되었는데, 이

〈클릭!〉전 심사용 페이지이다. 시민 큐레이터들은 슬라이더(오른쪽 위)를 움직여 각 사진의 예술적 완성도와 주제 부합도를 평가했다. 그들은 의견을 작성할 수도 있었지만, 그것은 심사가 완료될 때까지 공개되지 않았다. 심사용 플랫폼에서는 사회적 컨텐츠 대신 개인적 통계(오른쪽 아래)를 제공하여 그들이 일을 계속하도록 유도했다.

---

18 〈클릭!〉은 사회과학자 제임스 서로위키James Surowiecki의 2004년의 책 『군중의 지혜*The Wisdom of Crowds*』에서 영감을 얻었다. 그는 집단 내 개인이 상호간 선택에 전반적으로 영향을 주지 않는 결정이 가능할 때, 비전문가의 거대 집단이 협력적으로 "현명"해질 수 있다고 주장했다.

를 통해 방문자는 각 사진에 대해, 그리고 그것이 어떻게 평가되었는지에 대해 더 많은 정보를 얻을 수 있었다.

〈클릭!〉의 공모 과정은 대체로 일반적인 것이었지만, 평가와 전시는 대단히 새로운 것이었다. 브루클린 박물관은 소셜미디어에 상당히 깊이 관여하는 곳이지만, 담당 팀은 평가 플랫폼을 제작하면서 의도적으로 그 과정에서 사회성을 제한하였다. 시민 큐레이터들은 혼자 평가를 하였으며, 각 사진의 누적 점수나 다른 사람의 댓글을 볼 수 없었다. 또한, 사진을 건너뛰거나 평가할 사진을 고를 수도 없었으며, 링크를 친구에게 보내 다른 이에게 투표를 위탁하는 것도 불가능했다.

왜 브루클린 박물관은 이렇게 의도적으로 사회적 행동을 제한했을까? 단순히 답하자면, 군중의 지혜를 실험하기 위한 공정한 플랫폼의 구축을 원했기 때문이다. 사회과학자 제임스 서로위키James Surowiecki에 따르면, 군중이 "현명한" 때는 오직 개인이 서로에게 부당한 영향을 주지 않을 수 있을 때 뿐이다. 만약 모든 이가 병에 든 젤리빈의 숫자를 제각각 추측다면, 그 평균은 실제 개수에 매우 근접할 것이다. 그러나 만약 모든 이가 자신의 추측을 공유하거나 친구에게 자신과 비슷하게 추측할 것을 부추긴다면, 평균값은 정확성을 잃을 것이다.

사회적 행동의 제한은 예술 작품을 예우하기 위해서도 필요했다. 심사자들의 관심이 사진 자체가 아닌 사진을 둘러싼 논쟁에 쏠리게 될 것을 방지한 것이다. 같은 이유로, 심사자는 점수표에서 막대를 움직여 각 사진을 평가했으며, "최고의 작품 다섯 점"을 꼽는다거나 각 이미지에 숫자를 부여하지는 않았다. 팀은 수치적 평가보다는 주관적 평가를 통해 이미지 각각의 "점수"에 지나친 관심이 모이지 않게 했다.

또한, 이 플랫폼에서는 심사원이 프로필을 작성할 때 단 두 가지 정보만을 써 내게 했는데, 그것은 지리적인 위치와 스스로 느끼는 자신의 예술적 지식이었다. 팀은 나중에 이 자료를 참조하여, 자칭 전문가와 자칭 초심자들이 사진에 대해 서로 다르게 판정했는지, 또한 브루클린 거주자는 다른 지역의 심사원과 비교해 "브루클린의 변하는 얼굴"에 대해 다른 관점을 가지고 있는지 등을 비교하기 위해 사용했다.

최종적으로 사진들이 가상적으로, 또 물리적으로 전시될 때는 심사결과의 순위와 비례한 크기로 이루어졌다. 실제의 전시는 주제가 없이 완전히 임의적으로 이루어졌다. 실제의 전시에서는 프린트의 크기가 정해졌지만, 웹에서는 관람자들이 데이터 정렬 기준을 바꿈으로써 맥락에 따라 사진의 크기가 바뀌게 할 수 있었다. 지리적 장소에 따라 크기를 변형하기도 하고, 심사원이 스스로 판단한 예술적 지식에 따라 그렇게 할 수도 있었던 것이다. 흥미로운 것은, 스스로 판단한 자신의 수준과 상관없이, 모든 계층에서 뽑은 상위 10위권의 사진들 중 8점의 작품이 공통적이었다. 즉, 이 사실은 예술 지식이 거의 없는 사람들의 "군중crowds"도 전문가에 필적하는 선택을 하고 있음을 시사한다.

〈클릭!〉이 참여자와 문화 전문가 사이에서 불러일으킨 대화는 단지 사진의 가치에 관한 것만이 아니었으며, 문화 기관이 공중을 적절하게 참여시키려면 어떻게 해야 하는가에 관한 것이었다. 전시가 개관되자 그곳은 대단히 사회적인 공간이 되었다. 그것을 만드는 데 일조한 사진가와 심사원 모두의 커뮤니티는 서로 함께, 그리고 자신의 지인들과 경험을 나누고자 찾아오게 되었다.

온라인에서도 대화는 계속 이어졌다.[19] 사람들은 오프닝 후에도 심사기간 중에 씨앗이 뿌려진 컨텐츠에 힘입어 계속해 새로운 댓글을 남겼다. 방문자는 "가장 많이 논의된" 이미지를 살펴볼 수 있었으며, 그것은 그 사진을 둘러싼 대화를 계속될 수 있게 하였다. 또, 온라인 플랫폼에서 방문자는 여러 사진의 상대적인 평가 순위를 비교할 수 있었는데, 그것은 방문자가 스스로 비교분석을 실행해 볼 수 있도록 하는 유연한 기회였다. 방문자는 심지어, 심사자의 지리적 위치와 예술적 전문성 그룹별로 가장 크게 "의견이 나뉜" 사진들도 볼 수가 있었다. 이것은 미적 가치의 결정에 있어서 서로 다른 집단의 비교능력과 편견, 그리고 일반 대중에 대한 이미지의 적절성에 관한 또 다른 논의를 불러일으켰다.

〈클릭!〉은 논란 가운데서 이루어진 실험이었다. 왜냐하면 그 속의 가치 체

---

19 〈클릭!〉을 온라인에서 탐험할 것. http://www.participatorymuseum.org/ref3-19/

온라인에서, 방문자는 다양한 시각화와 사진 비교 방식으로 〈클릭!〉의 자료를 탐색할 수 있다.

계는 (브루클린 박물관 그 자신을 포함한) 전통적인 예술 기관에서와 크게 달랐기 때문이다. 〈클릭〉의 목적은 사진가가 제출한 사진 중 최고의 것을 찾아 전시하는 데에 있지 않았다. 실제 목적을 군중을 기반으로 하는 의사결정에 관해 진행하는 공공 조사에 두는 프로젝트인 것이다. 전시를 조직한 셸리 번스타인Shelley Bernstein은 이에 대해 다음과 같이 말했다. "그것은 벽에 걸린 개념적 아이디어입니다."

개념적 아이디어는 언제나 전통적인 의미의 아름다운 전시물을 만들어내지는 않는다. 이 박물관의 동시대 미술 큐레이터인 유지니 츠사이Eugenie Tsai는 이렇게 말했다. "〈클릭!〉은 데이터에 관한 것이며, 그 데이터를 시각화함에 관한 것입니다. 그것은 제가 사진 전시를 큐레이팅하려 할 때와는 전혀 다른 방식의 사진 전시입니다."[20] 번스타인과 츠사이 두 사람은 연구와 아름다운 예술 전시 중 전자에 치중하기로 결정내렸던 점을 명확히 했다. 모든 사진은 동일한 과정으로 인화되었으며, 그 크기는 미적 선택이 아닌 심사 절차에 의해 결정됐다. 그 결과 전시는 〈뉴욕 타임스〉와 〈워싱턴 포스트〉의 비평

20 〈클릭!〉에 관한 츠사이, 번스타인과 기술자 제프 하우Jeff Howe의 한시간 분량의 패널 토론은 다음 주소에서 들어볼 수 있다. http://www.participatorymuseum.org/ref3-20/

가들로부터 시각적으로 대단히 인상적이지는 않다는 평가를 얻었다. 하지만 그들은 〈클릭!〉을 일반적 사진전과 비교하고 있었는데, 그것은 번스타인의 눈으로는 적절한 것이 아닐 것이다. 보다 적절한 비교 대상은, 물론 관람자가 그것을 원하지 않을 수도 있겠지만, 태그 클라우드tag cloud 혹은 스파크 차트spark chart같은 데이터 시각화일 것이다.

〈클릭!〉은 "이것을 예술로 판단하지 마세요"라고 이야기하는 박물관이 무엇인가를 시험하고 그 결과를 보여 주려는 의도로 이루어진 시도였다. 물론 모든 이가 그렇게 생각하거나 그런 소리를 들으려고 하지는 않는다. 작품을 〈클릭!〉에 제출한 사진가 중에는, 사진의 인화 과정을 통제할 수 없음에 실망한 사람도 있었고, 공개 큐레이팅 플랫폼을 허용하기를 꺼린 사람도 있었다. 이렇게 말한 사진가도 있다. "왜 대중을 위해 이런 별난(화나게 하고 혼란스러운) 방법이 더 좋다는 건지 저로선 이해할 수 없네요."[21] 협업 역시 기관의 목적에 억지로 끼워 맞춘 것이라는 사람도 있었다. 다행히 번스타인에 따르면, 프로젝트에 관해 팀은 개방적이고 명확하게 예술가와 소통하였으며, 그 덕분에 대부분의 참여자는 긍정의 감정을 유지할 수 있었다.

어떤 참여자들은 자신의 작품이 하나의 데이터로서 전시된다는 점에도 개의치 않았다. 단지 자신의 사진이 박물관에 전시된다는 것만으로도 흥분했던 것이다. 이런 연대감은 온라인상의 큐레이터로 활동한 사람들에게도 느껴졌다. 참여자인 에이미 드레허Amy Dreher는 이렇게 썼다. "저는 벽에 걸린 전시에 대해 주인의식을 느낍니다. 우리가 내딛은 첫 번째 발걸음부터 마지막으로 순위를 매긴 사진에 이르기까지 제가 그 속에 있었기 때문입니다."[22]

〈클릭!〉에서는 박물관이 보여 주려는 것과, 일부 참여자와 기자가 기대한 경험 사이에서 역동적인 긴장을 조성했을지도 모르지만, 기관의 팀은 최초

21 셸리 번스타인의 2008년 블로그 게시글 "클릭을 준비하기Preparing to Click"에서 덧글 27번을 다음의 링크에서 볼 것. http://www.participatorymuseum.org/ref3-21/

22 드레허Dreher는 〈클릭!〉에서 그녀의 다면적인 개입을 묘사했다. 그것은 동반 사진가와 함께 탐험적인 발걸음으로 시작됐다. "클릭! 경험: 참여자의 관점The Click! Experience: A Participant's View," in *Exhibitionist*, 28, no. 2 (2009): 55~58.

목적했던 가치 있는 실험을 고수했고 방문자는 전시에 대해 긍정적으로 반응했다. 궁극적으로, 방문자를 어떻게 큐레이팅 과정에 포함시킬 수 있는가, 그리고 방문자 군중은 예술의 "현명한" 평가자가 될 수 있는가라는 질문을 실험함은 기관이 가장 중요시하는 〈클릭!〉의 경험이었다. 전시는 단지 연구의 결과물이었다.

플랫폼과 권한

〈클릭!〉이 논란적이었던 이유는 문화 기관의 방문자와 직원, 그리고 전문가와 아마추어 사이에 전통적으로 존재해 온 권력 관계를 조준했기 때문이었다. 사회적으로 네트워킹된 플랫폼에는 정치적 함의가 포함되어 있다. 만약 전문가, 전시물과 프로그램 운영자가 더 이상 배타적인 컨텐츠 전달자이기를 그만두고, 한 방문자 경험을 다른 사람에게 연결시키는 조력자로 봉사하기 시작한다면, 기관이 가진 컨텐츠 권위자로서의 역할은 바뀌게 된다. 이것은 수년간 문화 기관의 운영자가 누려왔던 권력을 위협하며, 많은 우려나 저항을 불러일으킬 수도 있다.

이런 권력 갈등은 꼭 새로운 것은 아니며, 특히 교육 분야에서 그러하다. 1960년대와 70년대에 걸쳐, 파울로 프레이리Paulo Freire나 이반 일리히Ivan Illich와 같은 교육 혁명주의자들은 기존의 학교 체계에 맞선 의견을 제기했는데, 학교는 억압적인 체계로서 교사와 학생 사이에 불공평한non-reciprocal 관계를 부추긴다고 선언했다. 프레이리와 일리히가 함께 모색한 대안들은 학습자의 공평한 커뮤니티를 엮기 위한 것이었으며, 일리히가 추구한 아이디어 한 가지는 "배움의 거미줄"이라 불리우는 것을 통한 네트워크화된 학습이었다. 그는 1971년 『학교 없는 사회 *Deschooling Society*』라는 선언서에서, 개인 대 개인 관계망에 기반한 교육 모델을 제안했으며, 개인은 전화번호부와 같은 방식으로 재능의 목록을 만들 수 있으리라고 하였다.[23] 이 전화번호부는 "교육과정 목록"과 같이 기능하여 사람들은 서로 다른 이에게 전화를 하거나 편지를 보냄으로써 자동차 정비로부터 시작詩作법에 이르기까지 모든 교육을 취할 수 있을 것이다. 일리히는 이렇게 교육이 시민의 힘으로 이루어진다면 제도화된 학교에 비해 힘이 있고 커뮤니티에게 소중할 것이라 논했다.

일리히는 정확히 어떻게 가상의 전화번호부를 만들 것인지를 이야기하지는 않았다. 우리가 위의 사례연구에서 보았듯, 참여 플랫폼의 설계는 매우 다양한 가치 판단이 수반된다. 일리히의 전화번호부를 설계하려면 어떻게 해야 할까? 제공되는 개설 과목으로 분류해야 할까, 교육자의 지위나 교육자의 이름으로 분류해야 할까? 각 교육자의 관련 업적이나 자격 관련 정보도 포함해야 할까? 학생은 학습 경험을 평가하고 그것을 기준으로 다시 정렬할 수 있게 해야 할까? 피드백 과정을 포함시켜 사람들이 가장 유명한 교사를 찾을 수 있게 해야 할까, 아니면 참여자 모두에게 완전히 공평하도록 배움의 경험을 분산시키는 플랫폼을 설계해야 할까?[24]

이런 각각의 결정에 따라 커뮤니티에게 주어지는 경험은 제각각의 경로로 귀결될 것이다. 플랫폼의 설계자는 사용자 경험에 대해 큰 권한

---

23 일리히Illich, 『학교 없는 사회*Deschooling Society*』(1971)의 6장, 특히 "또래 맞춤 네트워크peer-matching networks" 부분을 볼 것.

24 네트워크 학습에 관한 흥미로운 접근 중 하나로는 다음 링크에서 〈공립 학교The Public School〉를 확인할 것. http://www.participatorymuseum.org/ref3-24/

을 행사하지만, 그러한 권한은 컨텐츠 경험을 설계하고 내놓는 사람들의 그것과는 전혀 다르다. 그것은 방 안에 존재하는 단일한 목소리가 되려는 권력이 아니라, 말할 사람과 그 순서를 결정하는 권한이다.

사회적 네트워크로 이루어진 세계에서 리더로 성공하려는 문화 기관은 컨텐츠 제공만이 아니라 플랫폼 관리를 잘 해내야 한다. 박물관 전문가(혹은 모든 전문가)가 관람자와의 새로운 관계를 시작하려 할 때 가지는 두려움 중에는 통제권 상실에 관한 우려가 크다. 그러나, 대체로 문화 기관 운영진의 전문성은 소장품 보존, 전시 설계, 프로그램 진행과 관련되며 컨텐츠의 제어에 기반을 두지 않는다. 전문적인 체험의 제작과 전달에 기반을 두는 것이다. 전문성은 플랫폼 기반의 기관에서도 소중하다. 따라서 문제는 전문가가 방문자 경험 전체를 통제하려 할 때 발생한다. 권력은 매력이 있고, 통제권을 가지는 것은 즐겁다. 목소리를 낼 수 있는 단 한명의 전문가로 만들어 준다. 하지만 자신이 실제로 전문성을 가지고 있다면, 꼭 무쇠 주먹을 휘둘러 컨텐츠의 메시지를 지배할 이유는 없을 것이다. 교실에서 교육을 하는 게 아니라, 전화번호부를 관리할 수도 있을 것이다.

컨텐츠를 중심으로 하여 다양한 목소리들을 포착하고, 분류하고, 그것을 제시하는 플랫폼을 개발한다고 모든 권한을 방문자에게 양도하는 것은 아니다. 플랫폼 설계자는 사용자에게 몇 가지 구체화되고 설계된 형태의 기회를 허가한다. 자신만의 컨텐츠를 제작하기, 자신에게 개인적으로 울림이 큰 메시지에 순위를 부여하기 등인데, 그것은 보다 큰 전체 생태계의 맥락 속에서 이루어진다. 여기서 중요한 것은 플랫폼이다. 그것은 문화 기관이 제어할 수 있고 그래야 마땅한 큰 틀로서, 플랫폼의 관리에는 권력이 존재한다.

플랫폼 관리자는 다음 네 가지 주요 권한을 가진다.

1. 사용자에게 제공될 상호작용의 유형을 규정한다.
2. 행동 규칙을 정한다.
3. 사용자 제작 컨텐츠를 보존, 활용한다.
4. 선호하는 컨텐츠를 전면에 부각시킨다.

이러한 권한은 실제적이고 가치가 있는 권위를 만들어내는 일군의 통제권을 이룬다. 이제 각각을 살펴보면서 그것이 문화 기관에서 어떻게 적용되는지를 알아보자.

제공될 상호작용의 유형을 규정하는 권한

이것은 쉽게 간과될 정도로 기본적인 권한이다. 유튜브에서 사용자는 영상을 공유한다. 〈자유투표〉에서는 인간의 자유에 관한 질문에 투표한다. 〈인간 도서관〉에서 사람들은 일대일로 대화한다. 〈사이언티픽〉의 플레이어들은 과학의 미래를 토론한다. 각 플랫폼은 사용자가 취할 수 있는 한두 가지 기본 행동에 한정하여 그것에 집중한다. 문화 기관은 세상의 모든 종류의 상호작용을 제공해야하는 것은 아니다. 단지 그 곳에서 가치를 두는 행동이나 컨텐츠 창작을 가장 크게 도울 몇 가지 상호작용만을 선택하면 된다. 사람들의 직접 접촉을 허용할 것인가, 의견이나 평가를 허용 할까, 혹은 다양한 종류의 디지털 및 실제 사물을 만들게 할 것인가와 같이 세부적 결정 속에도 권력은 존재한다. 운영자는 플랫폼의 활동특성을 매우 구체적으로 한정시킴을 통해 사용자 경험 전반과 방문자 주도 컨텐츠의 성장 방향을 몰고 갈 수 있다.

행동 규칙을 정하는 권한

온라인 참여 플랫폼은 제공되는 도구를 통해 암시적으로, 또한 커뮤니티 관리를 통해 명시적으로 사용자와 커뮤니티의 행동에 영향을 끼칠 수 있다. 모든 온라인 소셜 네트워크는 허용되는 컨텐츠와 사용자들의 상호관계 방식을 규정하고 있으며, 그런 규정들은 사이트 내 상호작용들의 전반적인 분위기를 크게 좌지우지한다.

대부분 문화 기관은 묵시적인 행동 규정에 의존하는 경향이 있다. 그러나 참여 환경의 커뮤니티 수칙이나 방문자에게 기대하는 바를 문서화 하는 것도 좋다. 예를 들어, 국립 9·11추모박물관National September 11th Memorial and Museum의 〈역사 만들기Make History〉 이야기 나눔 사이트에서는 사용자에게 자신의 9월 11일 경험만을 공유할 것을, 그리고 이 때 가능한 한 정확하고 정직하게 할 것을 요청한다. 커뮤니티 수칙에는 이런 문구도 있다. "사건의 무게를 고려할 때 이야기에 따라 일부 격한 표현이 적절할 수도 있습니다. 단, 이 사이트는 모든 연령층이 사용한다는 점을 고려해 주세요." 이곳의 운영진은 9월 11일 사태의 기억에 스며 있는 감정을 존중하면서, 동시에 지나치게 표출되지는 않도록 유도하는 것이다.[25]

커뮤니티 수칙이나 규정의 차이는 사용자 중 누가 환영받는지, 그리고 누가 참여하기로 선택할지에 영향을 줄 것이다. 문화 기관에서 중요한 것은, 특정한 행동에 관한 운영자의 개인적 편견으로 인해 편하게 참여해야 할 사람이 지나치게 제한되지 않아야 한다는 점이다. 어떤 프로젝트가 특정 관람자를 예상하고 있는 경우라면, 금지하고자 하는 행동

25 〈역사 만들기〉의 커뮤니티 가이드라인의 전문은 다음의 링크에서 읽을 것. http://www.participatorymuseum.org/ref3-25/

의 목록을 결정할 때 그들에게 물어보는 게 좋다. 학부모를 위한 플랫폼의 커뮤니티 수칙과 한명의 예술가를 위한 수칙, 혹은 젊은 역사가를 위한 수칙은 서로 크게 다를 것이다.

사용자 제작 컨텐츠를 사용하고 활용하는 권한

플랫폼은 전시하는 컨텐츠의 보존과 소유에 관한 규정을 가지고 있으며, 여기에 수반된 매우 엄격한 지적 재산권 조항은 흔히 사용자가 아닌 플랫폼에게 유리하게 되어있다. 유튜브에 누군가가 영상을 올린다는 것은 유튜브에게 영구적으로, 원하는 대로 사용할 권리를 양도하는 것이다. 컨텐츠를 소유하는 것은 게시자이지만, 그가 유튜브에게 허여하는 권한은 다음과 같다.

> 본 서비스(및 그 2차적 저작물)의 일부 또는 전부를, 어떠한 미디어 포맷으로 어떠한 미디어 채널을 통하여 선전하고 재배포하는 것을 비롯하여, 본 서비스 및 YouTube(및 그 승계인 및 계열회사)의 사업과 관련하여 콘텐츠를 이용, 복제, 배포, 2차적 저작물을 작성하거나, 전시, 발표, 각색, 온라인에 제공하거나 전자적인 방법으로 전송하고, 공연할 수 있는 세계적이고, 비독점적이고, 무상으로 제공되고, 양도 가능하며, 서브라이센스를 허여할 수 있는 라이센스.[26]

이는 많은 온라인 소셜 플랫폼의 서비스 약관에 포함된 표준 조항이다. 문화 기관은 서로 다른 기준을 통해 지적 자산을 관리하고, 방문자의

26 유튜브 서비스 약관의 전문은 다음의 링크에서 읽을 것. http://www.participatorymuseum.org/ref3-26/{여기 기재한 것은 해당 부분의 한국어 유튜브 서비스 약관 2010년 6월 9일자 판이다. 출처: https://www.youtube.com/t/terms?gl=KR}

사생활을 지키며, 방문자의 창작으로 수익을 창출한다. 물론 박물관은 자신의, 혹은 대여한 지적 자산에 대해 온라인 소셜 플랫폼보다는 강력한 보호를 적용한다. 동시에 그들은 방문자가 무엇을 만들거나 행할 것인지에 관해서도 강한 보호조치를 적용한다. 예를 들어, 덴버 미술관은 방문자가 자신만의 락음악 포스터를 제작하는 〈사이드트립〉 전시를 수행하면서, 각 포스터를 기계적으로 복제해 벽에 걸지는 않았다. 박물관은 방문자에게 자신의 포스터를 공개적으로 공유해도 좋은지를 물어보았던 것이다.[27]

기관과 방문자의 이익 모두를 존중하는 방문자 제작 컨텐츠를 공유, 활용하는 방식으로는 다양한 것들이 있다. 아래는 그 사례 중 몇 가지이다.

- 스미소니언 미국 미술관The Smithsonian American Art Museum의 〈찰나의 유령Ghosts of a Chance〉 게임에서는 플레이어 제작 사물을 일시적으로 박물관 소장품 데이터베이스에 편입시켰으며, 게임이 끝난 후 이 사물들을 어떻게 할지에 관한 명확한 규정을 제공했다(그것들은 박물관과 계약한 게임 설계자에게 위탁되었다).
- 메트로폴리탄 박물관Metropolitan Museum은 플리커Flickr의 방문자 제작 사진을 인기 있었던 광고 캠페인 "우리가 만났던 시간It's Time We Met"에서 사용하였는데, 사진의 앞에는 방문자의 크레딧을 정확히 밝히는 라이센스 요건조항이 추가되었다.[28]

27 덴버 미술관 에듀케이터는 그렇게 했지만, 내부 평가와 수집품 목적으로 만들어진 모든 포스터의 복사본을 아카이브한다.

28 플리커 기반 광고 "우리가 만날 시간It's Time We Met"을 다음의 링크에서 볼 것. http://www.participatorymuseum.org/ref3-28

- 시카고 어린이박물관Chicago Children's Museum은 〈마천루 챌린지Skyscraper Challenge〉(123쪽 참조) 전시의 방문자 제작 멀티미디어 스토리를 인지 발달 연구의 자료로 활용했다.
- 파워하우스 박물관과 브루클린 박물관 두 곳에서는 커뮤니티 전시와 온라인 프로젝트에 참여한 방문자의 제작 컨텐츠를 이용하여 주문제작식print-on-demand 책을 만들었다.
- 런던의 빅토리아 앨버트 박물관의 게일 더빈Gail Durbin은 박물관에서 생산된 컨텐츠를 활용하여 주문식 상품을 제작 판매했다. 자신이 좋아하는 전시물을 넣은 맞춤형 캘린더, 직물 만들기 워크샵에서 포착한 이미지를 이용한 하나뿐인 책 등이었다.

웹 2.0 사이트들이 사용자에게 귀속된 지적 자산에 대한 존중을 다양한 방식으로 표현하고 있듯, 문화 기관 역시 방문자가 개발한 컨텐츠에 대해 자신만의 규정을, 그리고 그와 관련된 권한을 모색하고 만들 수 있을 것이다.

컨텐츠를 선별하여 전면에 부각시킬 권한

참여 플랫폼의 관리자가 가진 막강한 권한 중 하나는 그 플랫폼의 가치를 보여 줄 우수 컨텐츠를 선정할 권한이다. 신문에서 어떤 기사를 싣고 뺄지를 결정하는 것이 권력의 문제이듯, 소셜 네트워크에서 컨텐츠를 선별하는 것도 마찬가지이다. 의견 게시판에서 선별 컨텐츠를 보여주기 위한 전략을 다시 기억해 보자. 이들 전략은 어떤 컨텐츠를 선정해 부각시킬 것인가의 문제로 볼 수 있다. 기관은 인기도에 따라, 최신의 것을 우선하여, 운영자가 선택한 것을, 혹은 어떤 식으로든 독특한 것을 부각시킬 수 있다. 플랫폼 설계자에 따라 선정 체계를 투명하게 유지하려 노력하는 경우도 있지만, 대부분은 다른 사람에게 모범으로 제시하고픈 컨텐츠나 행위를 부각시킬 수 있게 자신의 시스템을 만든다.

플랫폼의 권한에 관한 재미있는 사례가 하나 있는데, 2008년 중반에서 2009년 중반까지 페이스북이 수행했던 일련의 플랫폼 재설계가 그것이다. 이 기간 동안 페이스북은 개인 프로필을 협소한 지인간 공유로 제한하던 형태에서 벗어나 상황 업데이트와 컨텐츠 형식의 단순화를 통해 삶의 흐름을 대중에게 보여 주는 형태로 진화해 나갔다. 그 이전의 페이스북이 프로필을 보관하고 친구나 지인의 관계망에 연결시키는 것이었다면, 2009년 가을 이후, 그것은 개인에 연관된 컨텐츠 스트림이자 각 사용자를 위해 만들어진 움직이는 신문이 되었다. (그리고 그것을 기본적으로 전세계와 공유되게 했다.) 불평을 하며 탈퇴한 사용자도 있지만 대부분은 남았고, 페이스북의 새로운 설계에 자신의 행동을 적응해 갔다.

사용자 컨텐츠를 부각시키거나 조직화하는 권한은 어쩌면 문화 기관에 있어 가장 중요한 플랫폼 권한일 수도 있다. 그 권한을 통해 플랫폼은 자신의 가치를 극적으로 보여 주고 선호되는 행동의 모범을 수립할 수 있기 때문이다. 동시에 이는 대단히 기술적인 권한이기도 한데, 설계 결정에 따라 넓게 펼쳐진 사용자 행동이 어떻게 영향을 받을지를 이해하여야 하기 때문이다.

문화 기관들은 이 권한을 효과적으로 행사할 방법을 계속해 모색하는 중이다. 박물관이 이 권한을 행사할 때, 흔히 그 속에는 사용자를 위한 행동 모범이 포함되어 있지 않은, 투명성이 0점인 모습을 보인다. 방문자가 창작 작업이나 자료 수집을 시작하게 되면, 경합이나 제출 기한이 끝날 때까지 운영진이 어떤 것을 선택할지를 그저 기다릴 수밖에 없는 것이다. 이런 불투명한 시스템의 방문자는 그 과정 속에서 운영진의 피드백을 통해 자신의 기여물을 수정할 기회를 얻지 못하게 된다. 그런 상황을 우스터 시립 갤러리 박물관의 〈탑 40〉전과 비교해 보자. 여기서 방문자는 매주 전시되는 회화 작품의 새로운 비교 순위를 접할 수 있었으며, 정기적으로 선정 컨텐츠를 바꿈으로써 사람들을 계속 방문하게 하고 전시기간 내내 참여하도록 동기를 부여할 수 있었다.

참여의 세상에는 문화 기관이 방문자 가치, 경험, 그리고 커뮤니티 행동을 통해 권력이 수반되는 기회가 정말 많다. 플랫폼의 권력은 운영진이 기관을 들고나는 모든 메시지를 강요할 수 있는 능력을 주지는 않을 것이다. 그러나 우수하고 사려 깊은 설계가 함께 한다면 그런 메시지는 방문자 경험을 전반적으로 확실히 상승시킬 것이다. 개별 방문자들의 경험을 쓸모 있고도 아름답게 네트워킹 할 수 있다면, 기관과 사용자 모두에게 흥미롭고 가치 있는 경험과 관계를 만들어갈 수 있을 것이다.

이 장에서는 문화 기관에서 사람을 연결시키기 위해 플랫폼을 설계하는 법에 대해 살펴보았다. 그러면 이제 박물관 전문가들에게는 필연적이고도 불편한 다음 질문이 찾아올 것이다. 전시물은 어떻게 해야 하는가? 만약 기관이 방문자의 창작, 공유, 상호간의 학습을 지원하는 것으로 진화했다면, 컬렉션은 어디에 끼어들 수 있을까? 4장에서는 참여 기관에서 사물이 가질 수 있는 독특한 역할을 다룬다. 사물은 플랫폼 기반 체험의 핵심이 될 수 있다. 방문자의 대화나 창의적 표현을 위한 "대상물"이 되는 것이다.

제4장

소셜 오브젝트

어떤 전시물을 관람하고 있는데, 그 이유가 예술적이나 역사적 중요성 때문이 아니라 뜨거운 대화를 잘 촉발하는 능력 때문이라고 상상해 보자. 모든 박물관의 사물들은 자연스럽게 사회적 경험을 유발할 능력을 가지고 있다. 오래된 난로 하나가 방문자 기억 속의 부엌을 떠올리게 하여 그 기억을 나누게 할 수도 있을 것이고, 상호작용적인 만들기 스테이션에서 함께 도우며 놀도록 할 수도 있을 것이다. 한 예술 작품은 그 안에 미묘한 놀라움이 감춰져 있어서 방문자들이 그것을 서로에게 들떠서 이야기하게 할 수도 있을 것이며, 불편한 역사 속 이미지 한 장이 사람들로 하여금 토론하고 싶은 기분을 느끼게 할 수도 있을 것이다.

이런 사물과 경험들이 모두 소셜 오브젝트social object들이다. 소셜 오브젝트란 사회적으로 연결망을 이루는 경험의 발전소로서, 그것을 둘러싸고 대화가 일어나는 대상이다.[1] 소셜 오브젝트들은 방문자들 서로가 아니라 제3의 사물에 대해 관심을 먼저 집중하게 함으로써 개인 간의 교류를 보다 편안하게 만든다. 사람이 낯선 사람과 연결되는 것은 특정한 사물에 대해 관심을 공유하고 있을 때이다. 소셜 네트워크 중 어떤 것들은 유명인에 대한 가십을 다룬다. 또 다른 것들은 자동차 튜닝을 중심으로 이루어진다. 종교에 집중하는 것도 있다. 우리는 우리 주변의 사물에 대한 우리의 관심과 공유된 경험을 통해 사람들과 연결된다.

2005년, 공학자이자 사회학자인 지리 엥게스트룸Jyri Engeström은 "소셜 오브젝트"라는 용어 및 그와 관련된 "사물 중심 사회성object-centered sociality"이라는 표현을 이용하여 온라인 소셜 네트워크 안에서의 사물이 행하는 특징적 역할에 관심을 주목시켰다.[2] 그의 주장에 따르면 소셜 네트워크의 기초를 가장 성공적으로 형성하는 것은 일반적인 컨텐츠나 인간 간 관계가 아닌 구체적인 사물이다. 예를 들어 플리커 사용자는 사진과 그림에 대해 두루뭉술하게, 사진 관련 리스트서브listserv(가입한 사람들에게 자동적으로 이메일을 뿌려주는 인터넷 서비스)에서와 같은 식으로 사람들과 어울리지는 않는다. 공유된 어느 특별한 이미지를 중심으로 어울리거나 그것을 대상으로 이야기한다. 각각의 사진은 소셜 네트워크의 결절점으로서 창작가, 비평가, 그리고 그것의 소비자 간의 삼각형을 연결한다. 라이브러리싱을 통한 독자들의 연결이 독서 행위가 아닌 책을 중심으로 이루어지듯, 플리커를 통한 사람의 연결은 예술 창작이 아니라 사진을 중심으로 이루어진다.

사물은 꼭 물리적인 것이 아니라고 하더라도 구체적인 무엇이어야

---

1 이 논의를 위해 필자는 오브젝트(사물)를 방문자에게 접근 가능한 물리적 아이템으로서 전시되거나 교육 프로그램에서 공유되거나, 혹은 다른 방식으로 사용될 수 있는 것들로서 정의하고자 한다. 이 장에서 설명하고 있는 사물 중에는 설계된 경험도 있기는 하지만 일반적으로 필자가 이야기하는 것은 문화 기관이 수집, 보존하고 전시하는 물건들이다.

2 엥게스트룸이 2005년 4월에 쓴 블로그 글, "왜 어떤 소셜 네트워크는 통하고 다른 것은 안 통할까? 사물 중심 사회성의 사례Why some social network services work and others don't — Or: the case for object-centered sociality"를 읽어볼 것. http://www.participatorymuseum.org/ref4-2/

한다. 엥게스트롬은 아래와 같이 사물 중심적 설계를 설명하였다.

> 사물에 대해 생각할 때, 그것은 사람들의 연결이 무작위적으로 일어나지 않고 특정한 누군가와 이루어지는 이유를 설명한다. 예를 들어, 그 대상 사물이 직업이라고 할 때 연결되는 사람의 집단은 연애로 연결되는 사람의 집단과 완전히 달라야 할 것이다. 상식적으론 그렇지만, 불행히도 사람들이 '소셜 네트워크'란 말을 들었을 때 떠올리게 되는 네트워크 다이어그램의 인상 속에서는 그런 면이 배제되어 왔다. 여기서 오해는 소셜 네트워크가 사람으로만 만들어진다고 생각하는 데 있다. 그렇지 않다. 소셜 네트워크는 공유하고 있는 사물에 의해 연결된 사람들로 구성된다.

이것은 실제 존재하는 박물관에게도, 가상 세계의 박물관에게도 희소식일 것이다. 웹 개발자들은 새로운 온라인 사업의 기초로 삼을 대상 사물을 찾느라 동분서주해야 하겠지만, 문화 기관은 이미 존재하고 있는 방문자와 소장품 사이의 이야기와 연결을 활용하면 된다. 사물은 실제 세계의 전시장 속에서도 대화의 중심이다. 이 장에서는 그것을 가능하게 하는 두 가지 방법을 중심적으로 다룬다. 소장품 속에서 소셜 오브젝트를 발견하고 발전시키는 방법, 그리고 방문자들이 그것에 대해 논의하고 공유하며 그것을 중심으로 교류할 수 있도록 도움을 주는 방법이다.

무엇이 사물에 사회성을 부여할까?

모든 사물이 저절로 사회적인 것은 아니다. 소셜 오브젝트란 그것을 만들고 소유하고, 사용하고, 비평하고, 소비하는 사람들을 서로 만나게 하는 물건이다. 소셜 오브젝트는 상호작용적이며 그것을 만나는 사람 간의 교류를 증진시킨다. 예를 들어, 필자가 가진 효과적인 소셜 오브젝트는 필자의 강아지이다. 강아지를 시내에서 산책시키고 있으면 많은 사람들이 말을 거는데, 정확히는 강아지를 통해 나에게 말을 건다. 강아지는 관심의 전달 과정을 '사람으로부터 사람에게'에서 '사람으로부터 사물을 통해 사람에게'로 바꾼다. 누군가에게 다가가 그녀의 강아지와 상대하는 것은 덜 위협적이고 결과적으로 그 주인과의 상호작용으로 연결된다. 교제할 상대를 찾아 작업을 하려는 강아지 주인은 흔히들 자신의 강아지를 사교의 매개자로 앞세워 만나고 싶은 매력적인 상대 쪽으로 몰고 간다.

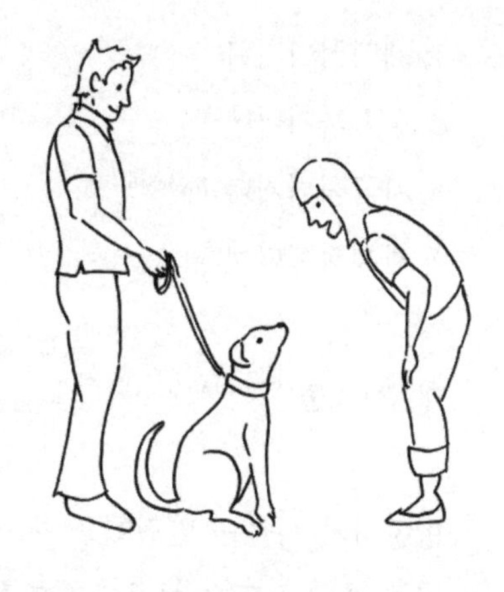

잠시, 자신이 속한 문화 기관을 머리속에서 둘러보자. 말하기 좋아하는 사람들을 꾸준히 불러 모으는 전시물이나 활동은 무엇인가? 사람들이 서로 스냅 사진을 찍거나, 손으로 가리키며 이야기를 나누는 장소가 있는가? 그것은 작동하는 증기기관일 수도 있고, 거대한 고래의 입일 수도 있고, 액화 질소의 시연일 수도, 초콜릿으로 만든 조각일 수도 있다. 그런 것들이 바로 소셜 오브젝트이다.

실제 세계에서든 가상 세계에서든 소셜 오브젝트는 몇 가지 공통되는 성격을 가지고 있다. 대부분의 소셜 오브젝트들은,

1. 개인적이거나personal
2. 동작하거나active
3. 자극적이거나provocative
4. 관계적이다relational

개인적 사물PERSONAL OBJECTS

방문자가 사물을 발견했을 때 그것이 자신과의 연결고리를 가진 것이라면 즉시 그들은 이야기하고 싶어질 것이다. 국그릇인데 마치 그것이 할머니의 그것과 닮았을 수도 있고, 화학 실험 키트인데 자기가 가지고 있었던 것과 같은 종류일 수도 있다. 개인적 사물은 자연스럽고 열광적인 나눔을 잘 이끌어낸다. 〈클릭!Click!〉의 참여자 에이미 드레허Amy Dreher가 전시를 반복적으로 방문하면서 얻은 즐거움에 대해 이야기한 것을 기억해 보자. "나는 벽에 걸린 전시의 주인인 것처럼 느꼈다. 내가 그들과 관련되어 있었기 때문이다."[3]

모든 전시물이 자동적으로 개인의 반응을 자극하는 것은 아니다. 운영자들은 많은 전시물이 방문자들과 개인적으로 관계가 없다는 사실을 쉽게 망각한다. 운영자나 자원봉사자들은 전시물에 대해 신경을 쓰고, 연구하고, 또 그것을 관리하기 때문에 깊이 개인적으로 연결되어 있다. 문화전문가들은, 박물관의 문을 들어서는 방문자들은 전문가만큼 감정을 몰두한 적이 없으며, 그래서 전시물을 대화할 만한 대상으로 보지 못할 수 있다는 점을 기억해야 한다.

3 〈클릭!〉에 관련된 사례연구 전체는 181쪽을 볼 것.

동작하는 사물ACTIVE OBJECTS

낯선 사람들 사이의 공간에 직접적으로, 또 물리적으로 몸을 움직여 비집고 들어가는 사물들은 공통적으로 좋은 대화 유발을 위한 지점으로 작용한다. 앰뷸런스가 지나가거나 산들바람에 분수대의 물방울이 튀는 경우 사람들은 그것에 정신을 뺏기게 되며, 그것을 함께 겪은 사람들과 동질감을 느낀다. 비슷하게, 바에서 다트나 탁구공처럼 그 경기 장소에서 이탈하는 사물의 경우 이를 지켜보던 사람과 그것으로 인해 자신의 공간을 침범당한 사람 간의 사회적 연결을 쉽게 만들어낸다.

문화 기관에서는 동작하는 사물이 시간 간격을 두고 갑자기 움직이는 일이 많다. 버킹검 궁전의 근위병 교대식처럼 이러한 움직임은 정해진 시간에 일어나는 것으로, 그 주위를 지나가는 사람들 사이에 언제 움직임이 일어나는지, 그리고 어떻게 움직이는지와 관련된 대화를 잘 발생시킨다. 다른 경우로, 보다 직접적으로 움직이는 사물이 있다. 예를 들어 동물원의 동물과 같이 살아있는 대상들은 그것이 움직이거나, 신기한 소리를 낼 때마다 대화를 유발한다. 무생물도 움직임을 보일 수 있다. 트랙을 달리는 모형 기차나 춤추는 자동인형의 주위에서 자연스레 대화를 시작하는 방문자들을 생각해 보라.

자극적인 사물PROVOCATIVE OBJECTS

사회적 환경 속에 전시물이 물리적으로 침입해 들어와야만 화제의 대상이 되는 것은 아니다. 전시물이 그 자체만으로도 볼거리가 된다면 가능하다. 미네소타 과학관Science Museum of Minnesota의 2007년 전시 〈인종: 우

〈인종: 우리가 그렇게 다를까?〉의 방문자들이 미국내 다양한 인종의 재산 격차를 표현하는 돈더미 앞에서 토론하고 있다.

리가 그렇게 다를까?Race: Are We So Different?〉의 운영자들은 사람들이 어떤 특정 전시물의 주위에 잘 모이고 손으로 그것을 가리키면서 대화하는 모습을 발견하였다. 가장 큰 화제가 되었던 전시물 한 가지는 유리 진열장 안에 미국의 서로 다른 인종들이 얻는 소득을 상징적으로 표현하는 돈 뭉치를 쌓아 만든 전시물이었다. 돈은 그 자체로서 의미가 자명한 것이기도 하지만, 보다 실제의 힘을 보여 준 것은 쌓인 돈의 높이 차이에서 전달되는 충격이었다. 사람들은 놀라지 않을 수 없었다. 쌓인 돈이라는 강력한 물리적 비유로 인해, 요약 해설이나 요란한 치장이 없음에도 전시되고 있는 정보를 더욱 볼만한 것으로 만들었다.

자극성은 예측하기가 쉽지 않다. 관람자는 전시물로부터 충격이나 도발이 있을 것으로 예상할 때, 그것을 드러내 토론하는 대신 내적으로 수용하기를 선택하는 경향도 없지 않다. 현대 미술 기관에서 이런 일은 자주 볼 수 있다. 자극적 사물이 제대로 작동하기 위해서는 그것을 만나는 방문자들이 실제로 감정의 움직임을 느껴야 한다.

관계적 사물RELATIONAL OBJECTS

관계적 사물은 여러 사람이 사용할 것을 드러내놓고 유도한다. 이들은 작동을 위해 다수의 사람이 동시에 필요하고, 보통 낯선 사람의 참여를 유도하도록 설계되어 있다. 전화는 관계적 사물이다. 당구대, 시소, 그리고 보드 게임들도 이 범주에 속하며, 인터랙티브한 박물관과 참여적 조각품들 중에서도 여러 사람이 함께 참여해야 문제가 풀리거나 효과가 발생되는 것들이 있다. 예를 들어, 과학관에 가면 안내판에 "이 전시물을 작동시키려면 두 사람이 필요합니다"와 같이 명시적으로 참여가 지시되어있는 전시물을 볼 수 있다. 한 사람이 구동하고 다른 사람이 그것을 따라 가거나, 혹은 왼쪽, 오른쪽을 각각 한 사람이 담당하는 식이다. 이런 사물은 그 작동을 위해 사람들 간의 관여가 필요하기 때문에 사회적 성격이 자명하다.

사물의 사회적 성격을 높이기

많은 경우, 소셜 오브젝트의 경험은 흘러 지나가며 일관성이 없다. 소셜 오브젝트가 반복적으로 어떤 사용자와 방문자를 대상으로 하더라도 그것이 잘 작동 되려면 보다 개인적이고, 동작하며, 자극적이고 관계적인 방향으로 설계를 보정해야 할 필요가 있다. 예를 들어 오클랜드의 교통·기술박물관Museum of Transport and Technology은 전시물로 가득한 어느 작은 건물의 외부에 오래된 신호등을 설치해 두었다. 운영진은 여기에 타이머를 이용해 빛(적, 황, 녹)을 작동시키고 거리 건널목을 페인트로 칠해 거리풍경을 연출했다. 그러자, 아이들은 놀랍게도 신호등을 이용해 자발적으로 "빨간불 파란불" 놀이(뉴질랜드에서는 "고 스톱"으로 불린다)를 시작하게 되었다. 불빛을 점등시킴으로써 신호등은 즉시 동작적이고 관계적인 사물이 되어 놀이 요소가 되었다.

미네소타 역사학회는 2006년, 〈오픈하우스: 말하는 벽Open House: If Walls Could Talk〉 전시에서 색다른 방법을 찾았다.[4] 이 전시는 세인트폴 이스트사이드East Side, St. Paul의 한 가옥에서 118년 이상을 살아온 50 가구의 개인적 이야기를 들려주었다. 설계자들은 사진과 음성 녹음을 이용해 거주자의 개인적인 이야기를 놀라운 방식으로 전시물에 포함시켰다. 방문자가 집 안에서 어떤 궁금한 사물에 손을 대면 그 집에서 시기별로 살았던 사람들의 개인적인 이야기가 전개되는 것이었다. 접시부터 가구까지, 모든 것이 이야기를 들려주었다. 최종 평가에서 연구자들이 발견한 것은 방문자들이 전시와 자신간의 연결지점에 대해 매우 깊이 이야기한다는 점이었다. 방문자들은 전시물 중 평균 3개의 건에서 자기와 관련된 개인적 이야기를 발견했다.[5] 평범한 집안의 사물을 개인적이고 움직이는 사물로 만들어냄으로써 〈오픈하우스〉전은 방문자들이 자신의 경험을 나눌 수 있도록 동기를 부여하는 데 성공했다.

사회적 경험을 활성화시키고자 할 때, 전시물을 물리적으로 변화시키는 방식만이 언제나 가장 효율적이고 실용적인 방법인 것은 아니다.

---

4 〈오픈하우스〉전은 종료 예정 없이 이 책의 발간시기까지 계속 진행되고 있다.

5 〈오픈하우스〉전의 종료 평가 보고서(2006년 12월, PDF)는 다음 장소에서 다운로드 가능하다. http://www.participatorymuseum.org/ref4-5/

일반적으로, 전체 컬렉션에 포함된 기존 사물의 사회적 성격을 향상시키려면 이해를 돕는 도구나 플랫폼을 설계하는 것이 보다 생산적이다. 그것은 작품 레이블을 다시 작성하거나 전시물을 다른 환경으로 옮기는 것을 의미할 수도 있지만, 그보다 조금 더 사회적 접근이 드러나는 전시방식을 선택하는 것일 수도 있다. 지리 엥게스트롬은 사람들이 소셜 오브젝트에 대해 "수행하는" 행동을 정의하려면 명확한 능동사active verb가 필요하다고 주장했다. 대상을 소비한다, 의견을 이야기한다, 그것을 발전시킨다 등이다. 또 하나, 모든 소셜 오브젝트가 놓이는 환경은 그것을 사람들이 공유할 수 있는 곳이어야 한다. 사물에 사회성을 부여하기 위해서는 그것을 대화의 중심으로 확실히 이끌어내기 위한 플랫폼의 설계가 필요하다.

소셜 오브젝트를 위한 플랫폼 설계

전시물을 설명하기 위한 기법에 어떻게 사회적 성격을 가미할 수 있을까? 사회적 플랫폼은 방문자에게 전시물을 통해 서로 어울릴 수 있는 도구를 제공하는 데 주로 초점을 맞춘다. 매력적이고 기능적으로 전시물을 전시하는 것은 당연히 중요하지만, 방문자들이 그것을 놓고 대화하거나 공유할 기회를 증가시키는 측면으로는 별로 도움이 되지 않는다. 기존의 전시와 온라인 소셜 네트워크인 플리커를 놓고, 사진의 전시 맥락에서 사회적 행동이 어떻게 다르게 구현되는지를 비교해 보도록 하자.

전통적인 박물관의 사진 전시에서 방문자들은 벽에 걸린 사진을 본다. 각 사진과 작가에 관한 설명을 레이블 텍스트를 통해 읽을 수 있으

전형적인 사진 전시에서도 방문자는 보고 배울 수 있지만 둘러 본 사진에 의견을 남기거나 그것을 타인과 공유할 수 없다. 사진의 사회적 활용도는 방문자에게 달렸으며 기관은 그것을 도울수도, 그렇지 않을 수도 있다.

며 아마도 여기엔 박물관의 소장품 데이터베이스에서 그 사진을 검색하기 위한 카탈로그 번호도 있을 것이다. 때로는 방문자가 사진을 다시 자신의 카메라로 찍을 수도 있겠고, 작품이나 심지어 레이블까지 일체의 복제 행위가 금지된 곳도 있을 것이다. 어떤 기관은 방문자가 자신의 생각을 나눌 수 있도록 전시장 입구나 출구쪽에 의견록을 비치하기도 한다. 또 박물관은 일반적으로 뮤지엄숍에서 전시된 작품 중 일부를 도록이나 그림엽서 세트로 복제하여 판매하기도 한다.

이것과 플리커가 지원하는 방문자 활동을 비교해 보자. 플리커의 사용자는 사진을 보고, 각 사진과 그 작가에 관한 정보를 읽을 수 있다. 각 사진에 의견을 남길 수 있으며, 특정한 사진을 즐겨찾기로 지정하여 자신만의 즐겨찾기 모음에 보관할 수도 있다. 사진의 일부분에 직접적으로 주석을 붙여 관심이 가는 특징을 지적할 수 있으며, 태그tag나 위치정보geocode를 붙여 그 사진을 설명하는 키워드로 기능하게 할 수도 있다. 다른 사람이 각 사진을 보고 남긴 댓글, 주석, 그리고 태그들을 살펴볼 수 있으며, 개인적으로 사진의 작가나 혹은 댓글 작성자에게 메시지를 보내어 질문하거나 의견을 표현할 수도 있다. 사진가에게 특별 그룹이나 가상 갤러리에 사진을 제출하도록 요청서를 보낼 수도 있고, 각 사진을 이메일로 친구에게 보내거나 블로그로 가져오거나 다른 소셜 네트워크에 올릴 수도 있다. 각각의 사진에 대해 플리커나 다른 곳에서 이야기할 수도 있다.

플리커는 박물관이나 미술관에서는 제공할 수 없는 기나긴 사회적 활동의 목록을 보유하고 있다. 이것으로 인해 플리커가 전반적으로 더 우수한 사진 전시 경험을 제공한다는 뜻은 아니다. 미학적 관점에서 본다면, 사진은 뒤죽박죽된 텍스트 사이에 디지털적으로 배치된 것보다는 예쁘게 벽에 걸려 조명을 받고 있을 때 더욱 호소력이 있을 것이다. 플리커의 "주석notes" 기능을 활성화시키게 되면 주석이 배치된 세부 위치를 표시하는 사각형들 때문에 사진은 의도적으로 가려지게 된다. 사회적 플랫폼을 대상에 적용하기 위해 작품의 미적 능력을 희생시켜 설계될 수도 있는 것이다.

하지만 대상의 주위에 사회적 기능이 부여되면 새로운 종류의 사용자 경험이 증가되며, 그것 역시 놀라운 가치를 발휘한다. 다음 페이지의 사진을 보자. 1943년 존 바숀John Vachon이 찍은 〈펜실베니아 조선소를 떠나는 인부들, 보먼트, 텍사스Workers leaving Pennsylvania shipyards, Beaumont, Texas〉라는 제목의 이 사진은, 2008년 1월 미의회도서관Library of Congress이 플리커 커먼즈Flickr Commons라는 사회공유재산public domain{저작권이 소멸된, 특정 저작권자의 사유 재산이 아닌 공공사회의 자산} 이미지의 특별 영역에 제공한 것이었다.[6] 이 이미지는 의회도서관에서 전시하고 있는 사진이 아니다.

6 존 바숀의 플리커 사진은 다음 주소에서 볼 수 있다. http://www.participatorymuseum.org/ref4-6/

Workers leaving Pennsylvania shipyards, Beaumont, Texas (LOC)

바숀의 사진과 댓글이 플리커에 실려 있다. 이미지 위에 떠있는 텍스트 박스는 사진에 사용자가 추가한 "주석" 중 하나이다.

따라서 누구라도 찾고자 하는 사진이 이것이라고 아는 경우여야만 의회도서관 온라인 데이터베이스의 길고 긴 텍스트 목록 문헌에서 이 사진을 찾을 수 있었을 것이다.[7] 다시 말하자면, 이 이미지의 경우 그 미적 가치나 역사적 중요성을 발현시킬 만한 미리 주어진 조건은 가지고 있지 않았다. 그런데 이 사진이 플리커에 올라왔다.

플리커에서 이 사진은 활동적인 사회적 삶을 얻게 되었다. 2010년 1월 현재, 이 사진은 53건의 사용자 태그와 8건의 사용자 각주, 그리고 17건의 커뮤니티 댓글을 가지고 있다. 이 사진은 페루 플리커 그룹 "사람들-복장과 풍습, 제한 없음People-costumes and customs no limits"과 또 다른 그룹 "해양 관련 예술Nautical Art"에 등록되었다. 또한 블로그 글과 사이트로부터의 개인 이메일을 통해서도 정확한 횟수는 알 수 없지만 공유가 이루어졌다.

플리커 페이지에 올라온 의견과 주석은 다수의 의미심장하고 교육적인 토론을 포함하고 있다. 누군가가 왜 텍사스에 "펜실베이니아" 조선

7 같은 사진을 미의회도서관 데이터베이스에서 찾아보려면 다음 주소를 사용할 것. http://www.participatorymuseum.org/ref4-7/

소가 있었나를 질문하자, 다른 방문자가 그 이유를 답해 주었다. 두 명의 사용자는 그 조선소 근처에서 자란 개인적 추억을 공유하였으며, 한 명은 해당 사진이 찍힌 같은 달 보먼트 시내에서 있었던 인종 갈등 시위에 관한 역사 자료의 링크를 제공했다.

이 플리커 사용자들은 단순히 "좋은 사진입니다" 하고 이야기한 것이 아니었다. 그들은 서로 컨텐츠에 관해 질문하고 답하며, 자신의 이야기를 나누고 사회정치학적인 논의를 주고받았다. 그들은 미의회도서관의 온라인 데이터베이스를 통해 사진을 관람했다면 불가능했을 일을 이루어냈다. 플리커는 확실히 더욱 참여적이고 보다 교육적인 경험을 컨텐츠로부터 만들어냈다.

그런데 이 모든 사회적 가치는 플리커의 설계로 인해 미학적으로 타협되었던 단점을 상쇄할 만한 것인가? 그 답은 기관의 목표와 우선순위에 달려 있다. 미의회도서관이 방문자들로 하여금 주어진 이야기와 정보를 이용해 서로 어울리게 독려하고자 한다면 플리커의 방식이 이상적인 선택일 것이다. 비슷하게, 만약 기관의 목적이 방문자들로 하여금 컨텐츠를 중심으로 서로 어울리게 하고자 한다면, 기관은 사회적인 기능을 전시에 포함시켜야 할 것이다. 그것이 또 다른 설계적 측면은 위축시키더라도 말이다.

실제 세계의 사회적 플랫폼

플리커의 사회적 경험을 기관이 빌려와 방문자에게 제공되는 경험을 만들어내려면 어떻게 해야 할까? 플리커와 같은 사이트가 제공하는 모든 도구를 복제해야 물리적인 사회적 플랫폼이 만들어지는 것은 아니다. 실제 사물에 주석을 직접 써넣는 것은 불가능한 일이지만 박물관과 그것의 물리적 환경은 가상세계가 모방할 수 없는 또 다른 종류의 사회적 설계의 가능성을 가지고 있다. 사람들은 환경에 맞추어 서로 다른 사회적 도구를 활용해 상호작용을 하는데, 모든 가상 환경의 활동이 실제 환경에도 잘 적용될 수 있는 것은 아니다.

예를 들어 실제 세계에서는 거대한 사물이 때때로 소셜 오브젝트로 작동하는데, 그 이유는 크기가 주는 놀라움도 있고 많은 사람들이 동시에 경험할 수도 있기 때문이다. 가상의 사물로는 이와 비교될 수 있을 정도로 다수의 사람들의 감각적 경험을 동시에, 갑자기, 그리고 완전히 압도할 수 있는 방법이 없다. 고도로 설계된 몰입적 환경으로 어떤 전시물에 동작과 자극성을 부여하는 것은 사물의 사회성을 돋보이게 하기 위한 물리적 설계 플랫폼의 또 다른 예이다.

이 장의 이후 부분에서는 물리적인 설계를 통해 전시물을 소셜 오브젝트로 활성화하기 위한 다섯 가지 설계 기법을 탐구한다.

1. 방문자에게 질문을 던져 전시물에 대한 자신의 반응을 공유하도록 유도한다.(211쪽)
2. 방문자와 전시물간의 개인적 연결을 돕는 현장 설명이나 공연을 제공한다.(229쪽)
3. 자극적인 전시 기법을 활용한 설계로서, 전시물을 나란히 비교하거나, 충돌하게 하거나, 혹은 서로 대화하도록 전시한다.(239쪽)
4. 방문자가 전시물을 중심으로 서로 연결될 수 있도록 명확한 지침을 제공한다.(247쪽)

5. 방문자가 어떤 사물을 직접 혹은 가상적으로 친구나 가족에게 보내고 공유할 수 있는 방법을 제공한다.(257쪽)

위의 기법들 중 가장 쉽게 적용될 수 있는 것은 무엇일까? 그것은 운영진에게 어떤 것이 더 용이하냐와도 일부 관련되지만, 더 중요하게는 그것이 방문자에게 얼마나 편안한가를 따져볼 필요가 있다. 소셜 오브젝트의 플랫폼으로서 박물관이 특히 어려워지는 것은 많은 방문자들이 어떻게 행동해야 할지를 확실히 느끼지 못하는 경우이다. 만약 방문자가 편히 여기지 못하고 주변 환경을 낯설게 여긴다면 그는 어떤 경우에도 낯선 이와 대화하기 힘들 것이다.

전시장을 둘러보고 소리를 들어보라. 사람들이 자연스럽고 편안하게 서로와 전시물에 관한 대화를 나누는가? 손가락으로 가리키거나, 친구와 함께 활동하거나, 혹은 낯선 이와 잘 어울리고 있는 전시물은 무엇인가? 매우 사회성이 높은 곳이라면 방문자들은 자극적 전시나 질문, 그리고 공유하기와 같은 열린 활동에 잘 반응할 것이다. 만약 사회적 활동이 크게 장려되지 않는 기관에서는 보다 명확하고 지시적인 기법인 지침을 제공하거나 현장 설명과 같은 것이 보다 좋은 시작점이 될 것이다.

방문자에게 질문하기

방문자에게 질문하기는 전시물에 대한 토론을 독려하기 위해 가장 널리 사용되는 기법이다. 운영자와 대화를 하던, 레이블에 적힌 질문을 이용하던, 질문하기는 전시되고 있는 전시물에 대해 방문자를 반응하게 하고 그것에 몰입시키기 위한 탄력적이고 손쉬운 방법이다.

방문자에게 전시에 관한 질문을 던지는 이유는 기본적으로 세 가지이다.

1. 특정 전시물에 깊이 있게, 그리고 개인적으로 몰두하도록 장려하기 위해
2. 특정한 전시물이나 생각에 관해 사람들이 대화하도록 유도하기 위해
3. 전시물이나 전시에 관한 반응이나 도움이 될 정보를 운영자가 얻기 위해

이러한 목표는 모두 소중한 것이지만, 불행히도 질문이 그 목적에 잘 부합되게 설계되는 일은 드물다. 기관이 제공하는 많은 질문들은 몰입을 유도하기는 커녕 흥미를 유발하기에도 지나치게 솔직하거나, 지시적이거나, 혹은 너무 뻔하다. 어떤 질문은 부모를 귀찮게 한다. “자신의 행동이 지구 온난화에 어떤 영향을 줄까?” 또, 앵무새처럼 답하기를 원하는 선생님과 같이 질문한다. “나노테크놀러지가 무엇일까?” 짓궂게 괴롭히는 질문도 있다. 그중에서도 가장 나쁜 것은, 답을 듣겠다는 의도도 없이 질문을 하는 경우이다. 필자도 몹시 그런 편이었다. 친구에게 질문을 해 놓고 다른 일에 정신이 팔려 자리를 뜨는 것이다. 질문하는 일이 사회적 관습처럼 익숙했던 것 뿐, 사실 돌아오는 답에 대해서는 별로 신경 쓰지 않았던 것이다.

언제든 질문을 할 때는, 그것이 전시든 아니든 질문자는 돌아오는 답에 진솔하게 관심을 가져야 할 것이다. 이것은 대화를 촉진하고자 하는

모든 장소에서 반드시 지켜져야 할 상식적인 규칙이라고 생각된다. 질문은 사람과 전시물 간, 그리고 사람과 다른 사람 간의 새로운 연결을 만들어낼 수 있다. 하지만 그것은 대화에 참여하는 모두가 집중을 할 때이다. 운영자들은 모든 방문자의 답을 듣고 그에 응대하거나 답하기 위해 현장에 실제로 앉아 있어야만 하는 것은 아니다. 하지만 각각의 질문 속에서는 방문자의 시간과 지적 능력이 존중되어야 할 것이며 그래서 질문에 답하거나, 혹은 질문으로 시작된 대화에 참여하는 사람에게는 분명하고 호소력 있는 보상이 주어져야 할 것이다.

어떻게 훌륭한 질문을 만들어낼 것인가?

성공적인 질문은 대상 전시물과의 사회적인 연결을 위한 시작점이 되며, 다음과 같은 두 가지의 공통적 특징을 가지고 있다.

- 질문은 다양한 답변에 대해 열려 있다. "정답"이 정해진 질문은 잘못된 질문이다.
- 방문자들은 질문에 대해 자신감과 능력을 가지고 응답할 수 있어야 한다. 응답은 자신의 지식으로부터 도출되어야 하며, 기관에서 얻은 지식을 얼마나 이해했나를 확인하는 것이 아니어야 한다.

이런 특징을 가진 질문을 어떻게 작성해야 할까? 어떤 질문이 규정적인지 아닌지, 그리고 흥미로운 답변을 생산할 수 있는지를 확인하는 아주 간단한 방법이 있다. 실제로 직접 물어보는 것이다. 자신의 질문을 실제로 회람해보라. 열 명에게 같은 질문을 해보고 어떤 종류의 답변이 수집되는지를 살펴보라. 같은 질문을 자신의 동료에게, 자신의 가족에게, 그리고 자기 자신에게 던져 보라. 그리고 수집되는 답을 듣거나 읽어 보라. 만약 다양하고 흥미진진한 답변이 얻어졌다면 좋은 질문을 찾은 것이다. 만약 같은 질문을 열 번째 사람한테 던져 보기가 두렵게 느껴진다면 질문은 잘못된 것이다.

방문자가 답할 질문을 설계할 때, 필자는 흔히 프로젝트 팀원들이 모여 앉아 각각 종이에 질문을 써서 돌려본다. 팀원들은 서로의 질문에 대해 자신의 답을 종이에 기록한다. 이렇게 응답하기를 몇 차례 돌리고 나면 팀은 수집된 결과를 살펴본다. 이 단순한 연습은 운영자로 하여금 다양한 흥미로운 답변을 유도할 수 있는 질문의 특성을 빨리 판단하는데 도움을 준다. 동시에, 답하기 쉬운 질문이나 어려운 질문이 어떤 종류인지를 이해하는 데도 도움이 될 것이다.

진솔하고, 확신에 차 있으며, 다양한 답변을 쉽게 잘 이끌어내는 질문의 종류는 기본적으로 두 가지이다. 개인을 향한 질문과 상상하기 질문이다. 개인적 질문은 방문자가 자기만의 경험을 전시중인 사물과 연결 짓도록 유도하는 데 도움이 된다. 상상하기 질문은 자신의 경험 외적인 사물이나 생각과 연결되는 이야기를 상상하도록 방문자를 유도한다.

개인을 향한 질문

개인적 질문personal question은 자신에게 고유한 경험을 통해 방문자를 사회적 영역 속으로 이끌어들인다. 모든 사람은 자신에 관한 한 최고의 전문가이며, 개인적 경험을 이야기할 때 더 구체적이고 진솔하게 진술

한다. 질문들 중 "왜 회화 속의 여성이 미소 짓고 있을까?" 혹은 "이 전시물을 연구하고 만들어낸 사람에 대해서 무엇을 알아낼 수 있을까?"와 같은 것들은 방문자에 대해 무관심한 질문으로, 오로지 전시물에만 집중되어 있다. 이런 질문들은 사람들에게 사물에 대해 탐구할 것을 독려하지만 사회적으로는 꽉 막혀 있는 것이나 다름없다. 만약 사회적 경험으로 한걸음 더 나아가길 바란다면 개인적인 질문으로부터 시작해야 할 것이다.

사례연구

〈포스트시크릿〉의 개인화

"아무한테도 이야기하지 않은 비밀은 무엇인가요?"

이것은 예술가 프랭크 워렌Frank Warren의 〈포스트시크릿PostSecret〉 프로젝트 뒤에 자리하고 있던 질문이었다. 2004년부터 워렌은 사람들에게 자신의 비밀을 익명으로 엽서에 적어 우편으로 보내 줄 것을 요청했다. 그는 간략하게 잘 읽히고 창의적인 방식으로 엽서를 만들어 달라고 요구해 왔다. 〈포스트시크릿〉은 순식간에 전 세계적 현상이 되었다. 워렌은 그가 받은 엽서 중 일부를 선별해 방문도가 높은 자신의 블로그(2006 최고의 웹로그로 선정되었다)를 통해 공개하였고,[8] 엽서의 출판과 전시도 인기를 끌었다.

〈포스트시크릿〉의 성공의 기반은, "아무한테도 이야기하지 않은 비밀은 무엇인가요?"라는 질문의 힘에 있다. 그것은 그 자체로 가장 개인적인 질문 중의 하나이다. 이 질문은 사람들이 익명으로만 대답할 수 있는 질문이며, 실제로 응답을 보낼 경우 그것은 감정에 휩싸이게 하고 사로잡힌 듯한 기분이 들게 한다. 프랭크 워렌은 이렇게 말한다. "그들의 용기가 이 예술행위를

8 〈포스트시크릿〉 블로그의 주소는 다음과 같다. http://www.participatorymuseum.org/ref4-8/

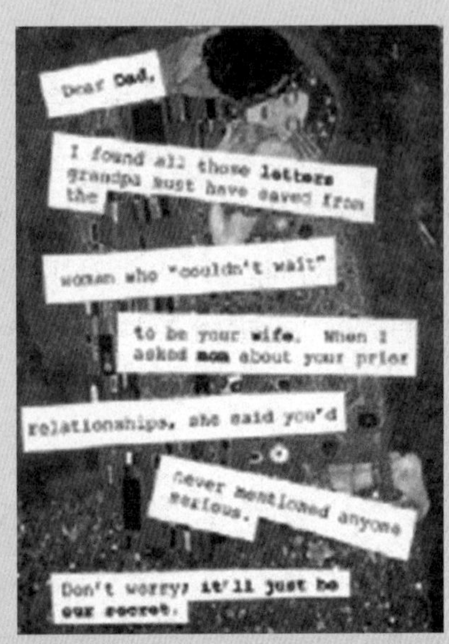

〈포스트시크릿〉에 참여한 사람들 중 일부는 작품을 창작하기도 하지만 대부분 문화적 이미지를 재조합해 개인적 비밀을 나눈다.

의미 있게 만든다." 참여자들은 어떻게 답할지를 깊이 심사숙고하며, 가치 있는 무언가를, 자신의 비밀을 담을 의미 있는 운반체를 만들고자 고심한다. 엽서들은 미적으로 빼어난 것이 못되더라도 진실되고 용기 있는 목소리를 발산하는 무언가이다.

〈포스트시크릿〉의 독자는 두 부류이다. 프랭크 워렌과 드넓은 세상의 관람자나 참여자들이다. 사람들이 요청에 응답하는 한 가지 이유는 워렌이 스스로를 공감적이며 관심을 가진 독자로 표방하고 있기 때문이다. 그는 자신의 집 주소를 공개하여 우편엽서를 보내게 하는데, 그것은 비밀을 내놓을 사람과 그 수신자 간의 신뢰와 상호 존중을 수립함에 도움이 된다. 2006년 필자가 참석한 강연에서 워렌은 자신을 믿고 비밀을 제공한 사람들에 대해 큰 사랑과 감사를 표현하였다.[9] 그러나 대답을 듣는 사람은 워렌만이 아니다. 〈포스트시크릿〉이 계속해 성장하는 이유는 그 질문이 의미심장한 관람 경험을 선사하기 때문이다. 비밀은 절박함을 내포한다. 그것이 수십 년 동안 감춰져 왔다고 해도 마찬가지다. 엽서 하나하나는 그것이 지금에야 터져나오게 되었던 순간을 다시 재현하고 있기 때문이다. 또한, 엽서를 큐레이팅하여 블로그와 책을 통해 대중적으로 소비되게 하는 행위를 통해 워렌은 자신이 가장 가치 있다고 인식한 것,

9 필자는 프랭크 워렌의 강연을 볼티모어의 미국 환상미술관American Visionary Art Museum의 붐비는 강연실에서 청취했다. 이 박물관은 〈포스트시크릿〉을 가장 일찍 지원한 박물관 중 하나이다.

진솔하고 유별나며 창의적이라고 생각하는 것이 무엇인지를 드러내 보인다.

워렌의 설명에 따르면, 사람들이 엽서를 사랑하는 것은 그들이 엿보기를 좋아해서가 아니라 엽서를 통해 "인간성의 본질"을 들여다볼 수 있기 때문이라고 한다. 이것은 전부는 아닐지라도 수백 장의 엽서가 필자에게는 확실히 개인적으로 와 닿았고, 아마 다른 사람들에게도 마찬가지일 것이다. 〈포스트시크릿〉의 엽서들은 소셜 오브젝트들로서, 진심으로 듣고자하는 자세를 가진 누군가가 단순한 질문을 적절한 맥락 속으로 던졌을 때, 그에 대해 되돌아올 수 있는 경이로운 반응을 잘 보여 준다.

전시회에서의 개인적 질문 활용

〈포스트시크릿〉의 질문은 대단히 개인적이었지만 그것은 컨텐츠나 전시물과 관련된 것은 아니었다. (비밀의 박물관을 운영하는 것이 아니라고 한다면 말이다). 개인적 질문을 전시나 전시물과 방문자를 연결시키기 위해 사용하고자 할 때 필요한 것은 방문자의 삶과 전시중인 사물 사이의 연결을 찾는 일이다. 예를 들어, 덴버 미술관의 락음악 포스터 전시인 〈사이드트립Side Trip〉에서는 방문자들에게, "나의 첫 번째 콘서트," "나의 첫 번째 여행," "내가 (뮤지션 누군가)를 처음 보았을 때"와 같은 개인적 이야기를 공유해 달라고 요청하였다. 또 다른 방문자 피드백 스테이션에서는 사람들에게 "나는 로드매니저였다", "나는 히피였다", 혹은 "나는 그것에 빠져있지 않았다"와 같은 어구에 대해 생각해 보라고 요구했다. 이 질문들은 대단히 개인적인 것으로서 전시의 전체적 주제와 연관하여 비중있고 다양한 반응을 이끌어내는 것이었다. 이러한 질문들은 각 개인의 음악 관련 경험, 라이프스타일, 그리고 히피 문화와 관련된 신화 등에 관한 토론 공간을 사람들에게 마련해 주었다.

〈사이드트립〉 전시에서는 단순한 카드파일만을 이용해 방문자들이 다양한 주제에 걸친 자신의 이야기를 공유하도록 하였다.

개인적 질문은 또한 특정 전시물에 대한 보다 깊은 자신의 몰입을 이끌어 내기도 한다. 2007년 익스플로러토리움Exploratorium의 연구원 조이스 매이Joyce Ma는 〈데이지Daisy〉라는 텍스트 기반 대화에 사람들을 참여시켜 진행된 인공지능 컴퓨터 프로그램에 대한 간단한 형식 연구를 발표한 바 있다. 〈데이지〉는 미리 프로그래밍된 질문을 저장하고 있는 "대화 로봇chatbot"으로서, 매이의 연구는 다양한 질문이 방문자의 응답에 영향을 미칠 수 있는 여러 가지 방법에 관한 것이었다.[10]

짧은 논문을 통해 매이가 알아낸 것은, 〈데이지〉 컴퓨터 프로그램이 자기 자신에 관해 질문할 때가 아니라 사용자에 대해 사적으로 질문할

10 〈데이지〉에 관한 형식 연구 PDF는 http://www.participatorymuseum.org/ref4-10/에서 다운로드 가능하다.

때 방문자가 보다 자세하게 응답한다는 점이었다. 예를 들어, "지금 대화하는 상대가 사람이고 기계가 아니라는 것을 내가 어떻게 알수 있지?"라는 질문은 "내가 이메일로 이야기하는 진짜 사람이 아니라고 확신하니? 어떻게 하면 내가 너를 설득시킬 수 있을까?"라는 질문에 비해 자기 반성적 해답을 더욱 잘 이끌어냈다. 첫 번째 질문은 상대방에게 초점이 맞춰져 있는 반면 두 번째 질문은 자기 자신에게 초점을 두고 있다.

매이가 발견한 또 다른 점은, 방문자들이 보다 자세한 대답을 하는 경우 그것은 질문이 두 부분으로 이루어져 있을 때라는 점이었다. 예를 들어, 방문자는 다음과 같은 두 단계 질문에 보다 복잡하게 대답하였다. ("너는 보통 논리적인 사람이니?" 〈방문자 답〉 "예를 들어 줄래?" 〈방문자답〉) 반면 한 질문으로 이루어진 경우는 단순하게 답했다. ("너는 보통 논리적인 사람이니, 아니면 너의 감정에 의해 판단이 영향을 받니? 최근에 네가 내린 논리적이거나 감정적인 판단의 예를 들어 줄래?") 작업이나 질문을 단순화 함으로써 참여자는 복잡한 활동에 몰입하는 능력에 보다 자신감을 가지게 된다.[11]

개인적이고 단계화된 질문을 활용함으로써, 뉴욕 역사학회New York Historical Society의 두 가지 전시, 〈뉴욕의 노예제도Slavery in New York〉(2005)와 그 후속 전시였던 〈분열된 뉴욕New York Divided〉(2006)에서는 고도로 복합적인 응답을 이끌어내는 데 성공했다.[12] 큰 인기를 누렸던 이 기획전들은 유물, 문헌, 그리고 단편 매체들을 활용해 뉴욕 시의 역사 속에 등장하는 노예무역과 뉴욕 시민들의 남북전쟁에 대한 반응을 추적한 전시였

---

11 이러한 방문자 몰입을 위한 다단계 접근법의 다른 예는 253쪽의 〈MP3 실험〉을 참고할 것.

12 따로 표시하지 않은 한, 이 사례연구의 모든 인용은 리처드 라비노비츠Richard Rabinowitz의 "〈뉴욕의 노예제도〉 방문자 연구Learning from the Visitors to 'Slavery in New York'"와 크리스 로렌스Chris Lawrence의 "대답하는 문화Talk-back Culture"에서 가져왔다. *Visitor Voices in Museum Exhibitions*, ed. McLean and Pollock(2007): 62~68.

다. 두 전시의 끝부분에는 이야기 수집 스테이션이 있었고, 방문자는 아래와 같은 네 가지 질문에 대해 자신의 응답을 녹화할 수 있었다.

1. 당신은 어떻게 이 전시에 대해 알게 되었습니까?
2. 전체적으로 전시는 어떤 인상이었습니까?
3. 자신이 이 주제에 대해 예전부터 알던 것을 이 전시가 바꾸거나 보탠 것이 있다면?
4. 전시 중 가장 인상 깊었던 부분은 무엇이었습니까?

방문자들은 각 질문에 대해 4분간 답할 수 있었으며, 전체 이야기 수집 활동의 평균 시간은 10분이었다. 〈뉴욕의 노예제도〉의 큐레이터 리처드 라비노비츠는 점진적인 질문의 구성으로 인해 점차 복잡한 응답이 돌아왔음을 발견하였고, "보통 세 번째 혹은 네 번째 질문에 이르러서야 이제 적응이 된 방문자들은 자신의 사전 지식이나 경험을 전시와 비교하여 답하기 시작했다." 그에 대해 그는 이렇게 덧붙였다. "역사박물관 40년 경력의 이해를 가지고서도, 나는 이번처럼 방문자로부터, 방문자에 관해 배운 것은 처음이었다." 이렇게 장시간의 점진적인 응답 과정이 있었기에 흔한 짧고 평범한 언급이 아닌 풍성한 방문자 경험의 기록이 탄생할 수 있었던 것이다.

〈뉴욕의 노예제도〉의 방문자 응답은 또한 전시장에서 질문이 가진 힘을 보여 주는 사례로, 거기에는 외부인으로서의 방문자가 아닌 한 개인으로서 받은 영향이 담겼다. 전시 방문자의 약 3퍼센트가 〈뉴욕의 노예제도〉에 대한 자신의 응답을 녹화하였는데, 그 중 80퍼센트는 아프리카계 미국인이었다. 이 수치는 전시 방문자 전체의 인구구성과 사뭇 맞지 않는 것이었는데, (라비노비츠의 추산으로는 아프리카계 미국인이 전체 전시기간 중 방문자의 60퍼센트에 불과했다) 따라서 아프리카계 미국인 관객이 다른 인종 관객에 비해 보다 자신의 응답을 공유하려는 의지를 많이 가지고 있었다고 볼 수 있을 것이다. 그들 중 다수는 전시를 자기 자신의 과거 및 인생 경험과 구체적으로 결부 지웠다. 한 젊은 여성은, "다음 주에 월가Wall Street로 출근하면 그 곳이 나와 같은 사람들에 의해 처음 지어졌다는 사실을 알고" 평소와는 다른 기분이 들 것이라고 이야기했다. 두 전시를 모두 관람한 또 다른 사람은 "내가 미국적 경험, 그리고 뉴욕적 경험에 어떻게 속하는지"에 대한 인식이 전시로 인해 변화했다고 말했다.[13]

또 다른 젊은 남성들은 〈뉴욕의 노예제도〉를 관계적으로 내면화하여 이렇게 말했다. "이 전시를 본 후 나는 왜 거리에서 당신을 보면 달려들고 싶었는지를 알게 되었어요. 내가 느끼는 분노를, 왜 가끔 당신에 대해 폭력적인 감정을 느끼는지를 더 잘 이해하게 되었지요." 이 프로젝트를 연구하고 있던 학생 크리스 로렌스Chris Lawrence는 여기에 대해 이렇게 언급했다.

> 이 방문자는 카메라를 "당신"이라고 지칭하면서, 기관을 "백인"으로, 은연중에 "억압자"로 위치시켰다. 이러한 감정은 청소년에게만 존재하는 것이 아니며, 많은 아프리카계 미국인들은 뉴욕 역사학회를 백인 혹은 유럽계 미국인의 기관으로 판단하고 있었다. 그들은 이 기회를 이용해 그러한 관점을 직접 이야기하고자 했던 것이다.

13 이 영상 일부는 다음 주소를 이용해 시청할 수 있다. http://www.participatorymuseum.org/ref4-13/

이 방문자들은 자신이 "나"인 방문자와 "당신"인 박물관 사이에 이루어지는 대화 속에 있는 것으로 인지하였다. 박물관은 방문자 영상을 유튜브에 올렸고, 〈뉴욕의 노예제도〉와 〈분열된 뉴욕〉전 모두를 위한 소개 영상 속에도 편집해 넣는 것으로 응답했다. 도발적인 전시에서 방문자들이 "먼저 말하게" 함으로써 박물관은 개인의 경험을 대화의 중요한 부분으로 소중히 여기고 있다는 점을 보여 주었다.

상상적 질문을 활용하기

개인적 질문이 통하는 것은 방문자가 자신의 경험을 발언하는 것이 적절한 상황에서이다. 만약 방문자들을 자신이 알고 경험한 세상으로부터 알려지지 않은 세상으로 이끌고 가야 하는 경우라면 상상하기 질문이 더 좋은 방법이다. 도시 거주 방문자에게, "만약 전기가 없는 통나무 오두막에서 살아야 한다면 당신의 삶은 어떨까요?"라고 묻는다면 방문자는 심사숙고하여, 자신의 상상력을 활용해 자신과 외부적인 경험을 연결시킨 대답을 할 것이다. 어른에게, "만약 아이의 유전자를 선택에 따라 조합할 수 있다면 세상은 어떻게 될까요?"라고 질문한다면 그는 생화학적 지식을 긁어모으지 않고도 대답할 수 있을 것이다. 문화기관에서 할 수 있는 가장 좋은 "만약에…"라는 질문은 사물에 대한 직관을 스스로 들여다보게 하려는 것이지, 정답을 찾으려 하게 하는 것이 아니다.

사례로서, 파워하우스 박물관Powerhouse Museum의 〈오디토리움Odditoreum〉 갤러리(244쪽 참조)에서는 방문자들로 하여금 신기한 사물을 자세하게 관찰하고 그것이 무엇일지를 상상해 보게 한다. 〈사이언티픽Signtific〉 게임(177쪽 참조)에서는 과학적인 단서에 입각해 미래에 관한 가능성 있는 시나리오를 함께 브레인스토밍하여 작성하도록 한다. 이 두 가지 모두에서 사람들은 상상하기 질문에 상상적으로 응답하기 위해 사물이나 증거를 활용하고 있다.

사례연구

〈석유 없는 세상〉에서 살아가기

상상하기 질문은 꼭 기발해야만 상상 놀이 상태로 이끌 수 있는 것은 아니다. 2007년, 게임 개발자 켄 에클룬드Ken Eklund는 〈석유 없는 세상World Without Oil〉이라는 진지한 협력형 게임을 발표하여 사람들로 하여금 허구이지만 가능성 있는 상황 즉, 오일쇼크로 인한 전 세계의 연료 부족에 대해 응답하도록 하였다. 게임은 매우 간단하다. 매일 중앙의 웹사이트에서는 휘발유, 디젤, 그리고 제트 연료의 가격과 공급량을 발표하였다. 가격은 공급량이 감소하면 그에 따라 상승했다. 이를 즐기는 방법은, 참여자가 이러한 상상적 현실 속에서 어떻게 생존해 나갈 것인지, 자신만의 방법을 제출하는 것이었다. 사람들은 블로그 포스팅으로, 영상으로, 그리고 음성 메시지로 응답을 제출했으며, 많은 이들이 실제 존재하는 사물을 만들거나 자신이 속한 지역의 주유소, 농산물 시장, 그리고 운송 체계에 대해 가상의 오일 쇼크가 야기할 영향을 기록했다.

참여자는 총 1,500건이 넘는 답변을 제출했으며, 제출 답변의 웹 전파와 상호연계는 〈석유 없는 세상〉 웹사이트를 통해 이루어졌다. 참가자들은 다른 사람의 아이디어를 바탕으로 그것을 가로지르고, 중첩시키고, 그리고 서로 협조해 가며 상상적 상황에 대한 집단적 반응을 만들어갔다. 자신을 KSG라 부르는 한 참가자는 다음과 같이 이야기했다.

〈석유 없는 세상〉 참가자들은 폭넓은 매체를 활용해 게임 컨텐츠를 제작했다. 제니퍼 델크Jennifer Delk는 32개 "주" 각각에 대해 만화를 그려서 도시 가족이 오일 쇼크에 대처하는 방법을 기록으로 남겼다.

사람들에게 단지 문제에 관해 "생각해 보라"고 하는 것이 아니라, 그것[기름 없는 세상]은 작지 않은 열혈 관심자 집단의 사람들이 서로의 생각을 바탕으로 새로운 생각을 투척하게 하는데, 그것은 게임 내의 블로그와 게임 밖의 얼터닛 리얼리티 게임Alternate Reality Game 커뮤니티를 통해 이루어졌다. 여기에는 상당히 큰 혁신적 가능성이 있었는데, 그 이유는 한사람이 고안한 뛰어난 새로운 라이프스타일을 시작점으로 다른 사람들이 그에 동참하도록 하는 기반이 될 수 있기 때문이었다.[14]

〈석유 없는 세상〉을 플레이한 사람들은 다양한 생활 유형을 취해보고, 자원 소모에 대해 새로운 생각을 가지게 되었고, 어떤 경우엔 오랫동안 행동을

---

14 KSG의 전체 글은 브래디 포레스트Brady Forrest의 2007년 4월 블로그 글, "〈석유 없는 세상〉 발표World Without Oil Launches"에서 읽을 수 있다. http://www.participatorymuseum.org/ref4-14/

바꿀 수 있는 동기를 주었다. 또 다른 플레이어는 다음과 같이 표현했다. "우리는 이 게임을 즐기는 사람들이 마침내 '흉내만 내던', 그러나 실행하지 못했던 삶을 조금이라도 진지하게 살게 되기를 희망한다."[15]

상상하기 질문은 때론 진지한 박물관 컨텐츠와 어울리기에 너무 어리석어 보일 수 있다. 하지만 〈석유 없는 세상〉에서와 같이, 있을 수 있는 미래를 들여다보기 위한 호기심의 창을 제공할 수 있고, 충분히 현실적인 질문의 사례도 많이 있을 수 있다. 도서관의 업무에서 장서가 아주 작은 부분으로 줄어든다면 어떻게 될까? 우리 세대로부터 길이 남을 역사적 유물은 어떤 것일까? 이러한 질문은 문화 기관이 방문자들에게 던져 볼 만한 비중 있는 것들이다.

질문은 어디에 배치해야 할까?

괜찮은 질문을 확보했다면 그것이 최대의 효과를 발휘할 수 있기 위한 방법과 위치를 결정함이 필요하다. 보통 질문이 놓이는 자리는 해설 패널의 마지막 부분이다. 하지만 이 자리는 거의 효과가 없는 위치다. 마지막에 놓인 질문은 장식처럼 느껴지거나, 혹은 심지어 후렴처럼 느껴질 수도 있다. 질문의 가장 좋은 위치를 찾기 위해서는 질문의 목적을 우선순위별로 구분하는 일이 필요하다.

전시에서 질문의 기본 목적 세 가지를 다시 한 번 상기해 보자.

---

15 〈석유 없는 세상〉 참여자들의 회고, 교육 자료, 그리고 저장된 게임은 다음 주소를 이용해 볼 수 있다. http://www.participatorymuseum.org/ref4-15/

1. 특정 전시물에 깊이 있게, 그리고 개인적으로 몰두하도록 장려하기 위해서
2. 특정한 전시물이나 생각에 관한 사람들 간의 대화를 유도하기 위해서
3. 운영자가 전시물이나 전시에 관한 반응이나 유익한 정보를 얻기 위해서

만약 목적이 전시물에 깊이 몰두하게 장려하는 데 있다면, 질문과 응답 스테이션은 해당 전시물과 최대한 가까이 배치되어야 한다. 방문자는 30분 전에 본 전시물에 대해서보다는 현재 바라보고 있는 전시물에 대해 이야기할 때 좀 더 편안하게, 그리고 풍부하게 응답할 수 있을 것이다.

해당 체험이 개인의 사적 반응에 집중하는 경우에는 〈뉴욕의 노예제도〉에서와 같이 밀폐된 이야기 녹화 부스를 사용하는 것이 효과적이다. 방문자가 긴 시간을 들여 자신의 생각을 회고하여 공유하게 하고자 한다면, 공간은 편안하고 방해가 최소화되도록 설계되는 것이 중요하다.[16] 어떤 프로젝트의 경우, 예컨대 웬디 클라크Wendy Clarke의 〈러브 테이프Love Tapes〉는 한걸음 더 나아가 사람들이 자신이 응답할 공간을 자신의 취향에 맞추기까지 하였다. 클라크는 참여자가 배경 디자인과 배경 음악을 고르고, 사랑에 대한 자신의 지극히 개인적인 영상을 추가할 수 있게 하였다.[17] 이런 개인화는 감정적이며 감춰진 것을 노출시킬 수 있는 경험에 대해 참여자들이 직접 지배력을 행사할 수 있게 했다.

---

16 높은 인기의 〈스토리코어즈StoryCorps〉(일상 속의 생활인들을 인터뷰하여 그것을 공유하는 운동 사이트. www.storycorps.org 참조-역자주) 프로젝트 부스 역시 이런 방식으로 설계되었다.

만약 목표가 보다 많은 방문자로 하여금 질문에 대해 답하도록 독려하는 데 있다면, 방문자의 응답물의 수준이 "공식적인" 기관 전시물과 비교될만한 높은 미적 수준에 도달해야 한다. 레이블이 플랙시글래스 위에 아름답게 부착되어 있는 반면 방문자의 응답은 크레용으로 포스트잇에 적어 붙이게 되어 있다면 방문자들은 자신의 기여가 소중하게 존중되고 있다고 느끼지 못할 것이고, 답변도 그 수준에 맞추어 하게 될 것이다. 덴버 미술관의 〈사이드트립〉 전시에서 방문자들이 자신의 작품을 그렇게 비중 있고 절묘하게 제작한 것은 방문자의 작품을 이미 설계된 컨텐츠와 비슷한 수준으로 맞춘 설계적 접근 때문이었다. 〈사이드트립〉의 사인물 대부분은 찢어 만든 골판지에 손으로 쓴 것이었으며 따라서 종이에 펜으로 작성된 방문자의 작품도 전체 전시장 디자인의 맥락 안에서는 일관되게 보였다. 기관의 목소리에 사용되는 설계 기법을 단순화하고 인간적 터치를 가미함으로써 방문자들은 보다 자연스럽게 공평한 대화에 초대받은 듯한 느낌을 받았을 것이다.

어떤 사물이나 주제를 중심으로 개인 간의 대화를 활성화시키는 데 목적을 둔다면, 방문자가 다른 사람의 생각을 발전시킬 수 있도록 질문과 답의 구조가 명확해야 한다. 〈사이언티픽〉 게임은 (177쪽 참고) 가상세계에서 이를 수행했는데, 참여자가 다른 사람의 게시글에 "댓글"을 달아 서로 응답하도록 유도하였다. 물리적 공간에서도 비슷한 것을 쉽게 수행할 수 있다. 여러 가지 색지나 펜을 질문과 응답의 종류에 따라

---

17 이 놀라운 프로젝트에 대한 보다 자세한 정보는 클라크의 글 "〈러브 테이프〉 제작기Making the 'Love Tapes'"를 참조할 것. *Visitor Voices in Museum Exhibitions*, ed. McLean and Pollock (2007): 101~105.{〈Love Tapes〉는 웬디 클라크에 의한 참여형 비디오 아트 작업으로 1974년부터 시작되었다. 비디오카메라와 모니터가 설치된 닫힌 방 안에서 3분간 자신이 사랑에 대해 느끼는 감정을 이야기하게 하고 그것을 녹화한 작품이다}

사용하게 한다든가, 공개적으로 방문자들에게 다른 사람의 의견에 대해 반응하도록 한다든가, 혹은 방문자의 생각들을 비슷한 것과 반대되는 것들끼리 모으는 방법 등이 있다.

방문자들이 서로의 의견에 몰입해 소비하게 하는 데 목적을 둔다면, 질문의 위치는 서로 활용하기 가장 편리한 장소가 되어야 할 것이다. 다른 사람들을 위한 전시물이나 전시실의 추천을 방문자에게 요청하는 것이라면 그러한 추천은 전시장의 출구가 아닌 입구 쪽에 배치, 전시되어야 할 것이다. 방문자에게 자신의 목소리가 점점 큰 대화로 확산되는 모습을 보여 줌으로써 그들은 보다 질문과 그에 대한 자신의 답을 진지하게 받아들일 것이다.

마지막으로, 운영진이 방문자로부터 유익한 피드백을 얻는 데 질문의 목적이 있다고 하면 질문 스테이션은 그 질문의 용도를 방문자에게 명확히 밝혀야 할 것이다. 2009년 스미소니언 미국 미술관Smithsonian American Art Museum은 〈빈 곳을 채우세요Fill the Gap〉라는 프로젝트를 시작했는데, 이 프로젝트에서는 공개 전시장에서 대여되거나 토크 프로그램으로 인해 비어 있는 작품의 자리를 두고 방문자들에게 어떤 예술품이 전시되면 좋을지를 제안 받았다. 방문자는 미술관의 의견 게시판에 직접 글을 써서 답할 수도 있었고, 플리커를 기초로 만들어진 프로젝트에 온라인으로 답할 수도 있었다.

"이 자리에 가장 잘 어울릴 작품은 무엇일까요?"라는 질문은 독특한 질문이 아니었지만 운영진과 방문자 간의 의미 있는 대화를 시작하게 하였다. 미술관은 방문자의 의견을 듣고 행동할 것이라는 점을 명확히 했다. 이 활동은 방문자에게 전시물을 자세히 확인하고 자신이 포함시킨 작품에 대한 변론을 수행하게 하여 다른 방문자나 운영진과의 산만

〈빈 곳을 채우세요〉 활동 스테이션은 단순명료하고 의미 있는 질문을 전달했다.

한 대화 속에서 목소리를 낼 것을 요구했다. 중요한 것은 대화의 결과물이 가시적이었다는 점이다. 방문자는 다시 왔을 때 어떤 작품이 선택되어 빈 공간에 배치되었는지를 확인할 수 있었다. 방문자가 작품에 몰입하고 질문에 답했던 것은 그 일이 기관에게 값진 것이라는 점을 이해했기 때문이었다.

투어나 보조원을 활용한 사회적 경험

질문하기가 가장 보편적인 기법이라면, 방문자와 전시물의 사회적 경험 공유를 독려하기 위한 가장 신뢰할 만한 방법은 운영진과 퍼포먼스, 투어, 그리고 시범 등을 통해 상호작용하는 일이다. 운영진은 전시물을 개인적이고, 살아 움직이며, 도발적이고, 관계적인 것으로 만들기 위해 방문자를 여러 방식으로 참여시킬 고유한 능력을 가지고 있다. 이 절에서는 박물관 전시물의 힘을 이해하고 경험하도록 돕기 위한 다양하고 멋진 현장 설명의 방법을 다루지는 않는다. 대신, 방문자 경험에 사회성을 추가하기 위한 현장 설명의 방식을 보다 자세히 살펴볼 것이다.

사회성이 강조된 투어와 시범

전시 투어나 전시물 시범을 보다 사회적으로 만들기 위해 필요한 것은 무엇일까? 현장 설명자가 인간적인 상호작용을 통해 방문자를 적극적인 참여자로 만들어내게 된다면 문화적 경험의 사회적인 가치와 교육적인 가치가 함께 고양된다. "청중 게스트"를 활용하거나 방문자 중 소수의 그룹이 전시물을 다루도록 독려하는 시현 행사는 방문자로 하여금 개인화된 방식으로 전시물과 자신감을 가지고 관계할 수 있게 한다. 의미심장한 질문을 던지고 방문자에게 대답할 시간을 주며, 다 같이 이야기할 수 있도록 도움을 주는 운영진은 고유하고 힘있는 사회적 경험을 가능하게 만든다.

2004년 6월 헤브루 대학 자연공원Hebrew University Nature Park의 연구에 따르면, 연구자들은 투어 시작 부분에서 이루어지는 몇 분 안 되는 개인적 관계 형성행위도 방문자의 전체적인 즐거움과 배움을 향상시킬 수 있다고 한다.[18] 〈디스커버리 트리 워크Discovery Tree Walk〉 가이드 요원은 투어

18 디나 시불스카야Dina Tsybulskaya와 제프 캄히Jeff Camhi의 글을 참고할 것. "뮤지엄 투어 안내에 있어서 방문자 입장 내러티브의 접근과 결합Accessing and Incorporationg Visitors' Entrance Narratives in Guided Museum Tours", in *Curator* 52, no. 1 (2009): 81~100.

를 시작할 때 관객이 나무에 대해 가지고 있는 경험과 추억을 3분간 대화할 수 있도록 훈련받았다. 그런 다음 그 요원에게 이 "입장 내러티브entrance narrative"를 투어 도중에 가볍게 섞도록 하였다. 제어 집단(투어 전에 나무에 관련되지 않은 일반적인 대화를 나누도록 하였다)과 비교하면, 개인적인 컨텐츠를 다루었던 집단은 더욱 투어에 몰입했으며 투어가 끝난 후 이루어진 체험 평가에서 보다 높은 평점을 남겼다.

어떤 프로그램화된 체험 활동들은 방문자들에게 연구자처럼 행동하고 사물과 관련된 자신만의 이론과 의미를 찾을 것을 분명히 요청한다. 미술관의 경우, 미술관 에듀케이터인 필립 예나윈Philip Yenawine과 심리학자 애비가일 하우젠Abigail Housen이 1980년대 말 개발한 시각적 사고 전략Visual Thinking Strategies, VTS이 있는데, 이는 구성주의 교수 기법{배움에 있어서 피교육자의 상태, 능동적 참여와 교육자의 제한적 교육행위가 강조되는 학생 중심의 교수법}으로서 방문자를 예술 자체에 대한 대화에 몰입시킴으로서 예술을 교육하는 것이다. 표면적으로 VTS는 단순하다. 보조원{facilitator: 전시장에서 관객의 체험활동이나 이해를 도와주는 역할을 하는 박물관의 직책}은 다음 세 가지 기본 질문을 사용하여 토론을 이끌어간다. "이 그림 안에서 무슨 일이 일어나고 있는가?", "무엇을 보고 그렇게 이야기하는가?", 그리고 "더 알 수 있는 것은 무엇인가?"이다. 운영진은 주의깊게 듣고 방문자의 의견을 재반복함으로써 그의 해석을 확인해 주고, 그런 다음 세 가지 질문을 활용해 대화를 계속해 나간다.

전통적인 박물관 작품 투어에서와는 다르게, VTS 보조원은 이야기하고 있는 작품의 역사적 맥락을 전달하지 않는다. 많은 경우, VTS 보조원은 작품의 작가나 제목조차 이야기하지 않는다. 여기서 핵심은 가이드가 지식을 전달하는 게 아니라 방문자들로 하여금 개방적으로 생각하고, 목소리를 내며, 사회적인 방식으로 예술의 의미와 그 원리를 생각하게 하는 것이다. 여러 연구 논문은 VTS 프로그램의 참여 학생들이 시각적 독해력과 비판적 사고, 그리고 다른 사람의 다양한 시각에 대한 존중을 습득했다고 보고하고 있다.[19] 방문자들에게 자신의 관찰에 대해 목소리를 내게 함으로써, VTS는 활동 보조원이 없는 상황에서도 활용할 수 있는 대화의 모형을 제시하고 있다.

자극적 프로그래밍PROVOCATIVE PROGRAMING

자극적 전시물이 대화에 불을 붙일 수 있듯, 자극적인 운영자 활용 체험활동도 방문자에게 고유한 사회적 경험을 전달할 수 있다.[20] 자극적 전시 투어 중 가장 유명한 것은 아마도 〈어둠 속의 대화Dialogue in the Dark〉일 것이다. 1988년 이후 전 세계 30개 국가를 순회하며 6백만 관객이 경험한 전시인 〈어둠 속의 대화〉는, 방문자가 가이드와 함께 완전한 암흑 속에서 다양한 감각을 통해 시뮬레이션 된 환경을 경험해 나가는 전시이다. 가이드는 맹인으로, 이러한 경험은 강도 높은 사회성을 발휘한다. 방문자는 가이드에 의존해서만 복잡한 거리 풍경이나 슈퍼마켓과 같이 혼란스럽고 긴장감이 강한 시나리오 속을 움직여 나가야 하기 때문이다.

〈어둠 속의 대화〉는 사회적 경험으로 인해 방문자에게 지속되는 충격을 전달했다. 출구 설문에서 방문자들은 한결같이 강한 체험 강도를 이야

19 VTS 관련 평가 보고서나 연구 기법은 다음 링크를 사용할 것.
http://www.participatorymuseum.org/ref4-19

20 이 절에서 "사물"은 체험활동을 지칭한다.

기하면서, 맹인 세계에 대해 새로 알게 된 이해와 맹인 가이드에 대한 고마움과 존경을 표시했다. 독일 함부르크에서 2000년에 개최된 〈어둠 속의 대화〉전을 관람한 방문자 중 50명을 무작위 선택하여 실시한 2005년의 연구 조사는, 100퍼센트의 방문자가 전시를 기억하고 있었고, 98퍼센트가 전시에 관한 대화를 다른 이와 나눈 적이 있다고 하였다. 60퍼센트는 맹인에 대한 자신의 태도가 바뀌었다고 했고, 28퍼센트의 사람들이 장애자에 대한 태도 변화를 보고했다.[21] 2007년, 유럽 여섯 개 국가의 〈어둠 속의 대화〉전에 참가한 맹인 가이드 44명에 대해 연구가 이루어졌다. 응답자들은 자신감과 소통 기술의 향상과 함께 친구나 가족과의 관계 향상을 보고했다.[22]

〈어둠 속의 대화〉는 강렬하고 비일상적인 설정이었지만, 그 사회적 경험은 안전하고 도움이 되는 것이었다. 그와 비교해 볼 것은 인디애나 주의 코너 프레이리Conner Prairie에서 열린 〈북극성을 따라가자Follow the North Star〉 체험전이다. 이곳은 살아있는 역사 현장으로, 목가적인 자연환경과 사회적 긴장의 역사가 함께 있는 곳이다. 〈북극성을 따라가자〉는 1836년에 일어났던 사건에 대한 역할극 체험으로, 방문자는 스스로 일군의 켄터키 탈주 노예를 연기해 보는데, 이들은 도주 중, 노예 해방구였던 인디애나 주를 통과하면서 자신의 소유주들에게 감동하게 된다. 운영 요원이 인물을 연기하고 방문자는 관찰자가 되는 일반적인 해설 형식과는 대조적으로, 〈북극성을 따라가자〉에서는 방문자를 등장인

21 〈어둠 속의 대화〉에 대한 2005년 보고서(PDF)는 다음 링크를 이용해 다운로드할 수 있다. http://www.participatorymuseum.org/ref4-21

22 〈어둠 속의 대화〉에 대한 2005년 보고서(PDF)는 다음 링크를 이용해 다운로드할 수 있다. http://www.participatorymuseum.org/ref4-22

물 그 자체로 역할의 중심에 놓는다. 역사학자 칼 와인버그Carl Weinberg는 이를 다음과 같이 표현했다. "방문자로서 우리는 단지 케케묵은 역할을 맡는 것이 아니었다. 우리는 드라마의 중심인물이었고 완전히 새로운 아이덴티티를 맡을 뿐만 아니라 그 아이덴티티에 수반된 위험까지도 감수했다."[23]

이 접근법은 방문자 단체 안에서 강한 개인 간 경험을 이끌어낸다. 방문자는 서로 싸워야 할 때도 있고 누가 협상을 위해 희생자가 되어야 할지를 운영자와 함께 결정해야 하는 일도 있었다. 함께 하는 방문자에게 빨리 움직이라는 외침을 듣는 것은 운영자로부터, 즉, 계약에 따라 그렇게 행동하는 사람에게 듣는 것보다 훨씬 강력할 수 있다.

역할극이 끝나면 모든 그룹들은 사후 토론을 했고, 이때 방문자간 대화가 촉발되었다. 방문객 경험 매니저인 미셸 에번스Michelle Evans는 그 중 특히 열기가 높았던 토론에 대해 다음과 같이 이야기했다.

> 다양한 인종으로 이루어진 그룹의 사후 토론은 격렬한 어조로 시작되었다. 한 백인 참여자가 자신의 경험을 이야기하자 흑인 여성이 머리를 저으며 말했다. "전혀 이해를 못하는군요." 하지만 이것은 다행히 몰입도 높은 대화의 시발점이 되었고, 모든 참여자들은 햄버거 가게로 몰려가 토론을 계속하게 되었다.[24]

---

23 출처: Carl Weinberg, "The Discomfort Zone: Reenacting Slavery at Connor Prairie" *OAH Magazine of History* 23, no. 2(2009). 다음 주소를 이용할 것. http://participatorymuseum.org/ref4-23

24 같은 글.

〈북극성을 따라가자〉와 같은 체험의 설계는 굉장히 복잡하다. 예정하는 체험의 강도와 낯선 집단 참여자들의 사회적 역학관계 사이의 균형점을 찾아야 한다. 필자는 인터내셔널 스파이 박물관International Spy Museum의 〈스파이 작전Operation Spy〉전 체험 개발자로 일했는데, 이 체험전은 방문자가 외국에서의 급박한 작전을 수행하는 정보 요원 역할을 수행해 보는 것이었다. 그 설계 단계에서는, 개별적으로 자신이 할 수 있는 최대치를 수행해 내고자 하는 위험성이 높은 상황 속에서, 방문자들 상호 간의 협력을 확대하려는 욕구와 그렇게 선뜻 나서기를 꺼리는 방문자 성향 사이의 저울질이 계속되었다. 〈북극성을 따라가자〉에서와 같이, 우리는 방문자 체험을 설계하면서 상호토론의 필요성과 스토리의 (그리고 활력의) 유지 사이에서 균형을 추구했다. 〈스파이 작전〉의 가이드는 배우이기도 하고 보조원이기도 하였는데, 드라마적인 긴장감을 방문자들 상호 간, 그리고 개별적 욕구와 함께 유지하기란 쉽지 않은 일이다.

사례연구

인디애나폴리스 어린이박물관의 사물로 가득 찬 극장

〈북극성을 따라가자〉와 〈스파이 작전〉은 설계하기도, 지도하기도 어려우며 비용이 많이 들고 복잡한 제작물이었다. 하지만 극장 현장의 체험과 전시 공간을 일체화하여 방문자가 자연스럽게 중요한 전시물이나 스토리와 연결될 수 있도록 유도하는 것도 가능하다.

이것에 대한 가장 훌륭한 사례 중 한 가지는 〈어린이의 힘Power of Children〉전으로 인디애나폴리스 어린이박물관Indianapolis Children's Museum에서 열

연방 보안관을 연기한 배우가 공연한 교실의 모습. 책상 위의 인쇄물과 배경에 놓여 있는 사진들은 모두 역사적 소품으로써, 방문자에게 루비 브리지스의 실제 이야기를 느낄 수 있도록 연결해 준다.

렸다. 〈어린이의 힘〉은 역사 속에 등장하는 유명하고 용기 있는 어린이 세 명의 이야기를 다루고 있다. 안네 프랑크Anne Frank, 루비 브리지스(Ruby Bridges: 아프리카계 미국인으로서 백인 학교에 입학한 최초의 어린이), 그리고 라이언 화이트(Ryan White: HIV에 감염된 후 중학교에서 퇴학당해 법정 투정을 한 어린이)가 그들이다. 세 개의 전시 공간은 하나의 열린 전시 공간과 폐쇄된 극장 공간으로 전환될 수 있도록 전략적으로 몇 개의 문이 설치되었다. 하루에 몇 차례 10~15분 길이의 극장 쇼가 전시 속에서 라이브로 이루어졌는데, 여기에는 어른 배우 한 명이 등장했다. 필자는 루비 브리지스의 쇼를 한 차례 구경했는데, 그것은 브리지스가 혼자서 수업받았던 1학년 교실을 모방해 만든 전시 공간에서 열렸다. 그녀는 1년 동안 혼자서 수업받아야 했는데, 그 이유는 자신의 아이가 학급의 아프리카계 미국인에게 오염받을 것을 두려워한 백인 학부모들가 자신의 아이를 학교에서 멀리 떨어트려 놓고자 했기 때문이었다.

루비 브리지스 쇼는 방문자를 참여자로서 대하였고, 단순한 수동적 관람자로 두지 않았다. 필자가 경험했던 쇼에서는 한 남성 연기자가 미연방 보안관으로서 브리지스의 등굣길을 보호하는 장면을 연출했다. 이 연기자는 전시물(당시의 사진과 실내의 연출 소품)을 활용하거나 질문을 던짐으로써 관람자를 해당 이야기와 인물에 몰입시키고자 했다. 어른 배우를 활용함으로 인해, 가상적으로 스토리 "내부의 인물"이면서 다른 방문자와 마찬가지로 "외부의 인물"이기도 한 이 배우는 이야기의 관람자 공동체에 속한 우리들이 쉽게 개인적으로 몰입될 수 있게 유도했다. 우리는 그가 표현하는 개인적인 갈등과 우리 자신을 연결시킬 수 있었으며 그는 우리를 자신의 경험에 대한 공모자로서, 혹은 고백자로서 취급했다. 방문자들은 루비 브리지스 본인이 될 것을 요청받지 않았다. 대신, 우리는 그 당시의 두려움과 혼란, 그리고 불신감에 빠진 시민들로 취급되었다.

이 쇼는 직접적으로 우리를 실내의 전시물들과 연결시켰다. 우리는 세트장 안에 앉아서, 흑판 앞의 배우를 바라보며 교실 의자에 앉아 있었다. 이 쇼는 내내 우리들을 브리지스의 교실을 본뜬 상상적 공간 안에 머물게 했다. '만약 내가 혼자 교실에 앉아 있는 학생이라면 어쩌지?', '만약 매일 여기까지 걸어오는 길에서 사람들이 나에게 무섭게 소리 질러대면 어쩌지?'

방문자들은 이 쇼의 연기와 분리되어 있지 않았다. 우리들은 연기자, 전시물, 그리고 주어진 스토리를 공유하며 무대 위에 머물렀다. 쇼가 끝나고 나서도 우리는 무대 위에 계속 있어야 했다. 이 방은 전시 공간인 동시에 극장적 공간이었기 때문에 방문자들은 쇼가 끝난 후에도 계속 그곳을 둘러볼 수 있었다. 방문자들은 서둘러 자리를 비울 필요 없이 전시물과 소품과 계속해 연결될 수 있었으며 체험에 관한 토론을 연기자나 다른 방문자들과 함께 이어나갈 수도 있었다.

이와는 대조적으로, 박물관의 연극 경험은 방문자가 참여하거나 서로 사회적으로 엮이고자 하는 의도를 차단해 버림으로써 고통스럽게 할 때가 많다. 2009년 필자는 국립헌법센터National Constitution Center를 방문했는데, 몇 명의 방문자와 함께 헌법과 관련된 현대의 이슈를 다루는 극장 쇼를 관람하였다.

네 명의 연기자가 일련의 단편을 재현하였고 마지막에는 우리들에게 손을 들어 그 상황에서 자신이 선택할 행동을 투표하도록 요청했다. 방문자들은 단 열 명이었고 우리는 기꺼이 손을 들거나 내렸는데, 각자가 서로 가지고 있는 다른 의견에 대해 재미있는 대화가 가능성이 분명한 상황이었다. 하지만 우리는 감사하다는 이야기를 들으며 방문자 설문을 작성했으며, 밖으로 퇴장 당했다. 소수의 성인들로 이루어진 집단이었기 때문에 쉽게 토론이 시작될 수도 있는 상황임에도 불구하고, 네 명의 배우가 진행하는 긴 공연시간 내내 조용히 앉아 있는 일은 얌전한 척하는 듯하였고 심지어 어색한 기분도 느껴졌다.

쇼를 활용하지 않는 대화의 활성화

운영진들이 내용을 전달하는 대신 토론을 활성화하도록 교육받게 되면, 새로운 종류의 사회적 몰입의 가능성이 열리게 된다. 뉴사우스 리바인박물관Levine Museum of the New South은 미국 학교의 인종차별 철폐 초기의 투쟁에 관한 기획전 〈용기Courage〉를 시작하면서 "토킹서클talking circle"이라고 하는 특이한 프로그래밍 기법을 전시에 도입하게 되었다.{미국 원주민으로부터 유래된 집단 토론 방식으로, 깃털이나 지팡이와 같은 토큰을 시계방향으로 전달하면서 토론이 진행되는데, 발언은 이 토큰을 자신이 가지고 있을 때만 할 수 있다. 공평한 발언의 기회와 발언자에게 주어지는 자유로 인해 대화를 촉진하기 위한 방법으로 시도되고 있다.} 이는 아메리카 원주민들을 위한 대화 프로그램으로, 방문자 집단이 인종과 인종분리에 관한 토론을 평등주의적이며 비대립적인 매개자 토론facilitated dialogue 프로그램이다. 〈용기〉 토킹서클은 온전한 집단(학생, 기업 집단, 사회운동 집단)을 대상으로 설계된 것이었으며, 지역 공동체의 대화와 전시 경험을 기반으로 사회적 행동을 지원하는 리바인 박물관의 역점사업이 되었다. 미네소타 과학관의 〈인종Race〉전에서도 토킹서클 기법이 활용되었는데, 전시 관람을 마친 지역 사회와 기업 집단이 직장이나 삶 속에서 인종의 문제를 토론하였다.

대화를 활성화하는 기법을 터득하는 것은 예술에 가깝다.[25] 이 주제만을 다루기 위해 쓰여진 서적도 많을 정도이지만 일반적 원칙은 시민사회적인 참여 환경을 설계할 때와 동일하다. 참여자의 다양한 의견을 존중하라. 사려 깊게 청취하라. 참여자의 질문과 생각에 응답하고, 자기의 의견을 강요하지 말라. 그리고 그것을 위한 안전하고 구조화된 환경을 제공하라.

자극적 전시 설계

현장 설명 방식은 언제나 가능하거나 현실적인 것이 아니며 방문자들이 원하지 않을 수도 있다. 현장 설명자가 없더라도 도발적이고 동적인 구조를 전시물에 부여하여 대화를 촉발하도록 설계하는 것도 가능하다. 극적인 조명이 전시물에 감정적 힘을 실어 줄 수 있듯, 전시물을 서로 "대화하도록" 배치함으로써 그 사회적 활용도를 높일 수도 있다. 방문자의 눈앞에 뜻밖의 설계가 펼쳐지거나 서로 어울리기 어려워 보이는 사물들이 눈앞에 등장하면 그들의 마음속에는 질문이 샘솟을 것이며 자신의 경험을 이야기하거나 토론할 수 있는 기회를 찾아 나서게 될 것이다.

---

25 문화 기관 안에서 대화를 매개하는 방법에 관한 정보는 시민사회적 담화에 초점을 맞추고 있는 다음을 참고할 것. *Museums and Social Issues* 2, no. 2: 2007.

병치 비교를 통한 자극

병치 비교juxtaposition는 사회적 반응을 이끌어내기 위한 가장 강력하고도 단순한 방법 중 하나이다. 온라인 플랫폼에서는 구현하기 어려운 사물의 비교 기법은 수많은 획기적 전시의 근간이기도 했다. 이에 속한 한 가지는 메릴랜드 역사학회Maryland Historical Society가 1992년에 선보인 〈박물관 발굴하기Mining the Museum〉라는 프레드 윌슨Fred Wilson의 전시였다. 윌슨은 역사학회의 소장품 중에서 전시물을 선택했는데, 이들은 지금껏 간과되어 왔거나 별로 화제거리가 못된다고 여겨지던 것들이었다. 그는 고급 은제 다기를 노예 족쇄 한 쌍 옆에 배치하거나, 백인 정치인의 흉상들을 아프리카계 미국인 영웅의 빈 이름판과 쌍을 지운다거나, 쿠클럭스클랜{Ku Klux Klan: 백인우월주의 과격행동단체}의 백색 의상을 아기 유모차와 대조 시켰다.

〈박물관 발굴하기〉의 전시물들은 (대부분의 경우) 특징이 옅은 것이었으나 그것들이 전시되는 플랫폼은 도발적이고 관계적인 층위를 보여주기에 모자람이 없었다. 이것은 방문자들에게 보다 사회적으로 받아들여졌다. 병치 비교는 명확한 질문을 내포한다. "왜 이 물건들이 선택 혹은 제외 되었을까?" "여기서 무슨 일이 일어나고 있지?" 큐레이터나 박물관 에듀케이터들은 이런 질문을 늘상 하지만 만약 이런 질문이 교육의 공간에서와 같이 제시될 때는 밋밋해져버리기 쉽다. 〈박물관 발굴하기〉에서는 이런 질문들이 드러나 있지는 않지만 관객 속의 머릿속에서 말풍선처럼 자연스레 떠오를 것이며, 사람들은 대화를 나눌 기회를 찾게 될 것이다.

〈박물관 발굴하기〉는 오늘날까지도 이어지는 많은 양의 전문적, 학구적 대화를 생산해냈다. 그런데, 이 전시는 이뿐만 아니라 메릴랜드 역사학회를 찾은 사람들에게도 기운을 북돋워 서로 간, 또 운영진과 함께 직접 말로든 서면으로든 대화에 참여할 수 있게 만들었고, 그 공동체적 반응까지 전시로 구성되게 만들었다. 〈박물관 발굴하기〉는 오늘날까지도 메릴랜드 역사학회의 전시 중 가장 많은 관람자를 기록한 전시가 되었으며, 이곳의 컬렉션과 공동체를 대하는 자세까지도 근본적으로 재조명하는 계기가 되었다.

미술관들도 전시물들을 조금 덜 정치적인 방식으로 짝지어 방문자의 참여를 활성화한 사례가 다수 있다. 1990년 허시혼 박물관과 조각정원 Hirshhorn Museum and Sculpture Garden은 〈비교: 보기에 관한 한 연습 Comparisons: An Exercise in Looking〉전에서 한 쌍의 예술 작품을 짝짓고, 그 가운데에 질문을 하나 놓아 전시했다. 방문자는 중간에 놓여 관계성을 드러내는 질문을 통해 두 작품을 연결시켜 볼것을 요청받았고 작품들은 서로 대화하는 소셜 오브젝트로 활성화되었다. 질문들은 주관적이었지만 자세한 관찰을 요구하는 것들이었다. 어떤 것들은 결론이 개방적이었다. "어느 작품에 대해 더욱 하고 싶은 이야기가 많습니까?" 다른 것들은 보다 교육적이었다. "두 작품에서, 라이거 Liger가 구도와 채색면을 바꾸고 있음이 명확히 느껴지나요?"

93명의 방문자를 설문한 결과, 연구자들은 방문자들이 〈비교〉전을 "교육적인 전시장"으로 받아들였으며 그러한 전시를 더 보고 싶어 한다는 결론을 얻을 수 있었다. 한 방문자는 전시가 대단히 흥미로웠다고 평하면서, "반드시 여럿이 함께 보아야 할 전시"라고 이야기했다. 다른 방문자는, "(결혼한) 커플들조차 이 전시를 보면서 신기하게도 서로 상이한 관점을 보였다"고 관찰했다. 주어진 질문들은 전시된 전시물에

우리 아이도 그릴 수 있는게 예술인가? 〈질문〉전에서는 예기치 못한 전시 기법을 활용하여 토의와 논쟁을 독려한다.

대해 대답이 불명확한 지점에서 토론을 할 수 있는 도구를 제공한 것이었다.[26]

2004년, 스탠포드대학 캔터 아트센터Cantor Art Center는 이 아이디어를 더욱 심화시켜, "예술과 그것을 박물관이 전시함에 관한 질문을 유발하기 위한 실험"으로서 〈질문Question〉전을 열었다. 〈질문〉전에서는 예술 작품을 중립적이고 평범하게 전시하면서 질문도 설명패널에 써넣지 않은 채 방문자들이 예술에 대해 가질 수 있는 기초적 질문을 제시했다. 즉 "이것이 예술 작품이 되는 이유는 무엇일까?", "이 작품은 얼마

---

26 〈비교〉전에 관한 1992년 연구 논문, "Appreciating Art: a study of Comparisons, an exercise in looking"은 스미소니언 도서관에서 제공되며 다음 주소를 이용할 것. http://www.participatorymuseum.org/ref4-26/

일까?", "이 작품의 의미는?" 등에 대해, 답이 아니라 탐색을 유도하도록 의도된 급진적인 전시 기법들을 구사하였다. 전시팀은 유명한 작가와 어린이의 작품들을 냉장고 위에 나란히 게시했다. 또한 유럽 회화를 빽빽한 쇠사슬 펜스에 비좁게 배치하기도 하고, 또 다르게는 음악이 들리는 자연 환경을 구사하고 편안한 의자와 함께 배치했다. 이렇게 유별나고 의외의 방식으로 디자인 기술을 구현함으로써 의도했던 것은 대화의 유발이었다. 전시 디자이너 달시 포어먼Darcie Fohrman은 다음과 같이 말했다. "박물관 현장에서, 우리는 토론과 대화가 있을 때 배움이 일어난다는 사실을 알고 있다. 우리는 사람들이 기묘한 질문을 던지면서, '난 이것을 이해 못하겠어'라고 이야기하기를 원했다."

총합 평가summative evaluation{교육과정(이 경우는 전시) 종료시점에 행하는 평가}에서, 조사자들은 방문자 64퍼센트가 전시장 내에서 전시 컨텐츠에 관해 논의했다는 사실을 발견했는데, 이는 일반적인 방문자 행동에 비해 높은 수치이다. 방문자들은 전시물 중 질문을 유발하는 내용의 레이블이 있는 전시물에서 그렇지 않은 전시물 보다 두 배의 시간을 보냈으며 상호작용형 혹은 도발적 전시물들은 보다 전통적인 전시물에 비해 많은 대화를 생산하곤 하였다. 구두적 대화와 마찬가지로, 방문자들은 문자 기반의 참여형 전시물에 대해서도 서로에게 더 자주 응답했다. 예를 들어, 〈질문〉전의 입구에는 두 개의 그래피티 벽이 설치되어 있었는데, 거기에는 들여다보기 구멍이 있었고 이를 통해 사람들은 예술 작품을 보고 예술에 관한 자신의 의견이나 질문을 기록했다. 이 벽들은 매우 높은 인기를 증명하듯 전시 기간 중 여러 번 재도색되어야 했다.

픽션을 통한 도발

프레드 윌슨은 전시물들을 서로 대화하는 방식으로 배치하는 것으로 끝내지 않았다. 그는 전시되고 있는 사물의 의미를 고의로 왜곡한 레이블과 해설 자료를 작성한 것이다. 예술가 데이비드 윌슨David Wilson 역시 비슷한 방법을 로스앤젤레스의 쥐라기 기술박물관Museum of Jurassic Technology에서 구사하였다. 이곳에는 대단히 유별난 사물들이 전시되어 있는데 그 옆에는 근엄한 분위기와 상상적인 내용이 뒤섞인 레이블들이 배치되어 있다. 이러한 예술가들은 박물관이 전시물을 설명하고 의미를 부여해 온 문화 기관의 방식과 게임을 즐기고 있다. 이렇게 함으로써 그들은 방문자들에게 전시장이나 기관에서 일어나고 있는 일에 대해 질문하도록 요청한다.

사례연구

파워하우스 박물관의 상상적 사물 설명

전시물과의 게임은 어려운 예술 기법이 아니다. 그것은 방문자들이 스스로 사물에 대한 의미를 구축할 수 있도록 도우며 그것을 즐기게 해준다. 2009년 여름, 파워하우스 박물관Powerhouse Museum은 〈오디토리움{Odditoreum: '이상한'이라는 뜻의 단어 odd와 강당이라는 뜻의 auditorium의 합성어 제목임}〉이라는 비상설 갤러리를 열었는데, 이곳에는 열여덟 개의 아주 이상한 사물이 전시되었고 기발한 (그리고 상상적인) 레이블이 부착되었다. 이 레이블은 어린이 동화작가 숀 탠Shaun Tan과 학교 아동들이 작성한 것이었다. 〈오디토리움〉은 공휴일의 가족을 위해 설계된 것이었으며, 파워하우스

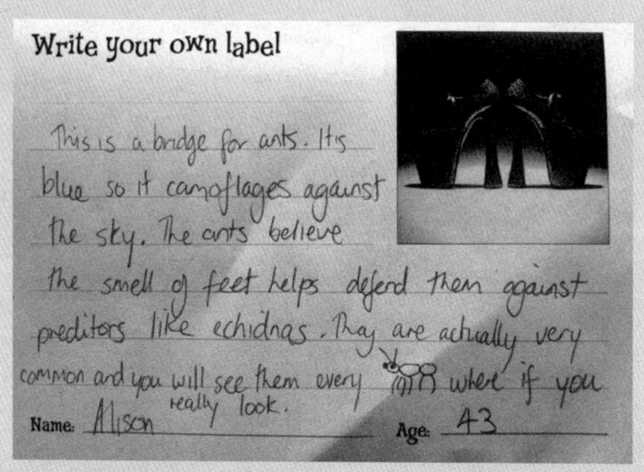

기묘한 전시물과 허구적인 레이블이 전시되어 있음에 고무받은 〈오디토리움〉전의 방문자들은 자기만의 독특한 방식으로 사물에 대한 해석을 나누었다.

위 그림의 텍스트
이것은 개미를 위한 다리입니다. 파란색이기 때문에 하늘을 배경으로 위장색이 됩니다. 개미들은 발 냄새로 인해 가시두더지와 같은 천적으로부터 자신이 보호된다고 믿습니다. 이것은 사실 매우 흔한 것이어서 열심히 보면 어디서나 발견됩니다.

박물관은 이 전시가 새로운 의미를 만들자는 것이지 재미로 하는 것은 아니라고 설명했다. 전시 소개 레이블에는 "기묘함, 수수께끼, 그리고 이상함"을 이야기하면서, "뭔가가 이상할 때, 두뇌에서는 의미를 찾기 위해 더듬이가 뻗어나옵니다"라고 했다. 이는 방문자에게 전시물로부터 "왜?"라는 질문을 유발시키기 위한 강한 선언이다.

〈오디토리움〉에서는 전시중인 별난 전시물에 대한 레이블을 방문자가 스스로 작성하기 위한 참여 공간이 마련되어 있었다. 이 요소는 매우 인기가 높았고 잘 활용되었으며, 방문자가 작성한 〈오디토리움〉 레이블은 획기적이고 주제에 잘 맞았다.

"내가 쓰는 레이블" 캠페인은 박물관들이 흔히 실험하는 요소이지만 〈오디토리움〉의 경우가 독특했던 이유는 방문자들에게 레이블 내용을 설명적으로 쓰게 한 것이 아니라 상상적으로 쓰게 요청했기 때문이었다. 많은 방문자들은 전시물을 온당하게 기술하는 일이 두렵게 느껴진다. 하지만 누구라도 그것이 무엇일지를 상상하는 것은 가능하다. 전시가 제공하는 추측하기 성질로 인해 어떤 수준의 지식을 가진 사람이라도 사물의 의미를 만들어내는 게임에 참여할 수 있게 되었다. 상상하기 활동이라고 해서 방문자가 전시물에 대한 집중을 소홀히 해도 되는 것은 아니었다. 레이블 작성하기에 참여한 모든 방문자들은 전시물에 깊이 몰입함으로써 주어진 대상과 상식적으로 잘 부합되는 이야기를 개발하고 다양한 아이디어를 위한 디테일을 모색하게 되었다.

〈오디토리움〉은 방문자가 각각의 전시물이 가진 "정답"의 이미지를 수용하지 않아도 되고 상상적인 놀이를 유도하도록 사려 깊게 설계된 전시였다. 파워하우스 박물관 팀은 각 전시물의 "옳은" 정보를 제시하는 일을 조심스럽게 다루었다. 퍼블릭 프로그램 프로듀서인 헬렌 위티Helen Whitty는 이를 다음과 같이 표현했다. "나는 상상적인 레이블을 실제 정보 바로 옆에 부착함으로써 활동을 망치지 않으려 했다.('당신은 재미있게 놀아보겠다고 정말 생각했지? 하지만 사실 이것은 일상적인 업무였어.')" 그 대안으로, 박물관은 실제의 정보("원래는 이것이었어!")를 모두 한 곳에 모아 인근의 큰 게시판으로 설치했다. 정보는 제공하지만 활동 현장과는 거리를 둔 것이다.

이러한 모든 사례에서 전시물은 대화를 위한 사물로 활용되기 위한 전략하에 설계 기법이 조정되었다. 전시물의 설치 방식은 방문자들에게 가장 정확한 정보를 전달하거나 가장 즐거운 미적 경험을 전달하도록 설계되지 않았다. 은제 다기가 노예의 족쇄 한 벌 옆에 강제적으로 배치되어 있다면 그것을 즐겁게 받아들이기는 쉽지 않다. 미로Miró의 스케치를 전시하기에 냉장고가 가장 미학적으로 이상적인 환경은 아닐 것이다. 전시를 성공적인 사회적 플랫폼으로 설계함으로써 이들 전시는 새로운 열광적 대중을 얻게 되었겠지만, 동시에 이런 접근법에 생소해 하거나 매력을 못 느낀 사람들에게는 실망을 주었을 수 있을 것이다. 플리커가 사진 위에 주석을 써 넣을 수 있게 함으로써 손대지 않은 이미지를 선호하는 사진 애호가들의 집중을 방해한 것과 마찬가지로, 사회적인 전시 기법이 도입하는 설계상의 타협은 기관의 다른 가치나 방문자의 기대와 마찰할 수 있다.

그래서, 이러한 종류의 프로젝트는 심심치 않게 외부 예술가나 기획자에 의해 이루어지기도 한다. 방문자를 불러들이고 그들로 하여금 전시물에 대해 집중하여 토론하거나 탐색하며 시간을 보내게 한다고 하더라도, 운영자들은 전시물의 가치를 떨어트리거나 전시물과 관련된 잘못된 정보를 줄 것 같은 전시 방식을 스스로 허용하기가 쉽지는 않다. 전시물을 도발적 방식으로 전시하고자 한다면, 위의 사례에서 본 설계팀들과 같이 사회적 반응이 방문자 참여의 소중하고 타당성 있는 목적이라는 확신을 가져야 한다.

방문자에게 사회적 참여를 설명하기

낯선 사람들로 하여금 서로 편안하게 어울릴 수 있도록 초청하기 위한 가장 단순한 방법은 그렇게 해 보라고 요청하는 것이다. 도발적인 전시 테크닉은 의도가 아무리 자명해 보이더라도 오해받을 가능성이 있다. 전시물을 소셜 오브젝트로서 활성화하기 위한 보다 직접적 방법을 찾는다면, 전시물이나 그 주위에 참여하기 위한 규칙을 써 붙여 보자.

이렇게 하는 것은 지시적으로 들릴 수도 있겠다. 하지만 박물관 전문가라면 상호작용적 요소를 가진 각각의 체험물에 대해 그렇게 하는 일에 이미 익숙할 것이다. 지침 레이블은 리벳을 찍거나 자석을 돌리는 방법을 단계별로 설명한다. 오디오 가이드는 방문자들에게 무언가를 보라고 지시한다. 에듀케이터는 사람들에게 놀이하는 방법을 보여 준다. 많은 게임이나 체험들은 교육용 세트를 활용해 방문자들을 사회적 경험으로 초대하며, 그것을 통해 더욱 열린 결말을 향해 자기 주도적으로 나갈 수 있게 보조한다.

두 사람 이상의 참여가 필요한 전시물의 경우 레이블은 일반적으로 "짝과 서로 마주보고 앉아…" 혹은 "이 물체 주위에 원형으로 둘러 서세요"와 같이 쓰여진다. 가족이나 사회적 집단과 함께 박물관을 찾는 사람들(대부분의 방문자에 해당되는)은 이러한 지시를 따르기에 문제가 없다. 하지만 개별 방문자에게는 이러한 레이블이 곤란하게 느껴질 것이다. 어디에서 짝을 찾지? 사람들을 나와 원형으로 둘러서게 하려면 어째야 하지?

혼자 온 관객에게는 레이블의 지시가, "짝을 찾으시오" 혹은 더 나아가, "자신과 동성인 사람을 찾으시오", 아니면 "자신과 키가 비슷한 사람을 찾으시오"와 같이 구체적으로 주어져야 참여하기 편해진다. 구체적인 지시는 방문자들이 사회적 접촉에 들어서는 일을 보다 편안히 시작할 수 있게 이끌어 준다. 그것이 없이는 어색함을 느낄 수도 있다. 방문자는 낯선 사람에게 다가가 지시 레이블을 손으로 가리키며, "저기에 다른 여성을 찾으라고 쓰여 있네요"라고 이야기할 수 있을 것이며, 상대방은 레이블을 보고, 그것이 실제로 기관이 요청한 상호작용임을 확인할 수 있을 것이다. 낯선 사람이 참여하기를 거부한다 하더라도 그녀는 요청을 했던 사람을 거부하는 것이 아니라 기관의 지시를 거부하는 것이 된다. 그녀가 상대방을 자신과 맞지 않다고 생각한 것이 아니라, 단지 게임에 참여하기가 내키지 않는 것이다. 이렇게, 명확한 지시는 요청자와 응답자 모두에게 사회적 활동을 시작하거나 나오기 위한 안전한 기회로서 제공하는 것이 된다.

사례연구

샌프란시스코 현대미술관의 참여 지시

전통적 기관, 특히 미술관에서는 방문자를 설득해 전시물과 직접 접촉하도록 유도하기가 쉽지 않다. 다른 사람들과의 접촉은 말할 것도 없다. 샌프란시스코 현대미술관San Francisco Museum of Modern Art에서 2008년 개최되었던 〈참여의 예술The Art of Participation〉전에서는 방문자에게 전시물이나 다른 방문자와 상호작용하도록 명시적으로 지시하는 요소가 몇 가지 포함되어 있었다. SFMOMA는 이러한 활동이 표준적인 미술관의 관례와 비추어 얼마나 낯선 일인지를 잘 알았으므로, 모든 상호작용 요소에는 오렌지색 레이블 텍스트를 사용하였다. 전시관 입구에는 심플한 오렌지색 레이블에 이렇게 적혀 있었다.

> 이 전시장의 전시물 중에는 과거의 기록도 있지만 방문자의 기여에 의존하는 것도 있습니다. 오렌지색으로 인쇄된 지시가 나타나면, 그것은 이제 방문자가 실행하거나, 가져가거나, 혹은 무언가를 만져야 할 차례라는 뜻입니다.

다시 말해, SFMOMA는 상호작용 전시물을 위한 특별한 레이블 유형을 만들었다. 이 레이블은 참여할 의향이 있는 방문자들에게 가벼운 게임을 제시하였다. 오렌지색 텍스트를 찾고, 그 활동을 해본다. 만약 참여 지시가 표준적인 흑색 레이블로 통일되어 있었다면 방문자들은 상호작용형 예술 작품

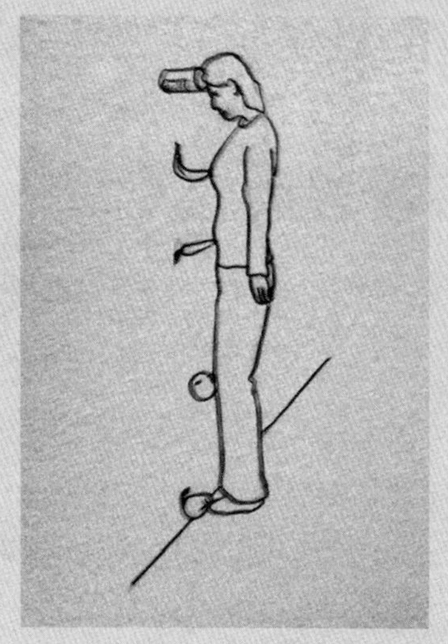

어윈 웜의 〈1분간의 조각〉 설명 중 한 장

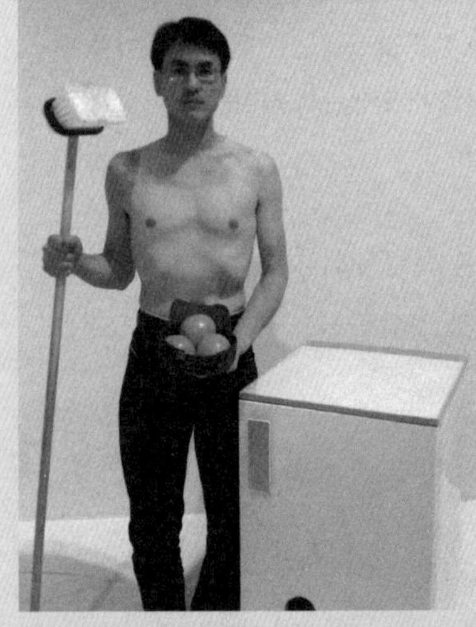

1. 필자의 첫번째 사진으로, 조지가 찍었다.
2. 우리가 참여하게 이끈 세 명의 방문자들
3. 함께 즐겁게 참여했던 미술관 운영진 중 한 명
4. 일 년이 지난 지금까지 필자는 공범이었던 조지와 연락을 지속하고 있다.

들을 공통적으로 알아볼 수 없을 것이다. 오렌지색이 반복적으로 나타남에 따라, 처음에 내키지 않아 했던 관객들도 후반부터는 참여할 용기를 내기도 했는데, 레이블들이 계속해 참여 기회를 암시하였기 때문이었다.

필자는 〈참여의 예술〉전에서 강한 사회적 체험을 겪었는데, 미술가 어윈 웜Erwin Wurm의 〈1분간의 조각One Minute Sculptures〉이라는 체험형 작품에서였다. 이 작품은 갤러리 가운데에 낮고 길게 만들어진 스테이지에 비치된 유별난 물건들(빗자루, 모조 과일, 작은 냉장고)로 이루어져 있으며, 웜이 자필로 쓴 지시사항에서는 방문자들이 자신의 몸을 사물들 위에서 우스꽝스러운 지정 자세로 균형 잡으라고 하였다. 스테이지의 크기는 세 사람 정도가 편하게 수용될 수 있었으며, 도발적이고 기묘한 지시사항으로 인해 사람들을 자신만의 방식으로 사물과 자세를 시도하게 이끌었다.

이 작품의 오렌지색 레이블에는 다음과 같이 쓰여 있었다.

> 작가의 지시를 따라해 보세요. 자신의 〈1분간의 조각〉을 사진으로 찍어 SFMOMA 블로그(www.blog.sfmoma.org)에 올려보세요. "SFMOMAparticipation"이라는 태그를 사용하면 다른 사람들이 쉽게 찾아볼 수 있을 것입니다.

이 레이블에 용기를 얻어, 필자는 낯모르는 사람에게 핸드폰을 넘겨주면서 촬영을 부탁했다. 그는 필자가 냉장고 위에서 균형을 취하는 사진을 찍었고, 조금 다른 포즈도 시도해 보라고 제안했다. 곧 우리는 즐겁게 서로 점점 더 재미있게 포즈를 취하도록 아트 디렉팅을 하기 시작했다. 우리를 보고 있던 관객들에게도 참여를 부추겼고, 사물과 포즈를 취하는 법을 자세히 설명해 주었다.

곧 전시장은 예술 창작을 위한 집단 사회 경험의 장소로 바뀌었다. 필자가 보기 드문 강력한 일이 일어나고 있다고 느낀 것은, 체험이 시작되고 몇 분 되었을 때 나의 새로운 친구 조지가 포즈 중에 잠시 멈추곤 "내 생각엔 셔츠를 벗는 게 좋을 것 같아"라고 이야기했을 때였다.

미술관에서 자발적으로 탈의하는 사람을 보기는 쉽지 않다. 이는 전시중인 전시물의 매개로 이루어진 놀라운 사회적 경험이었다. 이렇게 즐거운 놀이, 지적 호기심, 그리고 신체적인 친밀감을 박물관에서 사회적 만남을 나누는 모든 사람과 경험할 것이라고 기대하지는 않았다. 그것은 독특한 경험이었다.

그러나 그것이 한 번으로 끝나야 할 이유는 없었다. '나에게서 우리로'의 패턴이 작동했던 것이다. 조지와 필자는 전시에서 개인적으로 처음 만나게 되었다. 우리는 특정한 지시사항을 읽고 그것을 활용해 자기 정체성의 개인적 표현을 만들어내는 데 사용했다. 이 전시의 플랫폼은 관람자나 참여하고픈 사람을 자연스럽게 유인하도록 잘 설계되었고 위치도 좋은 곳을 차지하고 있었다. 사진을 서로 찍으라는 (단순한 사회적 행동) 직접적 지시가 있었으며, 개방적 결말과 실로 자유로운 사회적 예술 경험을 위한 공간과 기회가 열렸다. 분명한 지시로부터 시작된 무엇이 마지막에는 기이하고 기억될 만한 사건으로 변화했다.

음성으로 설명을 전달하기

지시하기를 활용한 사회적 경험의 동기 부여를 조금 더 살펴보기 위해 오디오 가이드를 고찰해 보자. 기존의 오디오 가이드는 방문자의 위치 찾기를 도와준다. 그런데, 일부 예술가들은 이 매체를 훌륭히 활용해 방문자들의 놀라운 사회적 경험을 유도했다. 이 절에서는 그러한 오디오 실험 두 가지를 살펴본다. 자넷 카디프Janet Cardiff의 〈물 위에 그린 글씨Words Drawn on Water〉(2005)와 임프로브 에브리웨어Improv Everywhere의 〈MP3 실험MP3 Experiments〉(2004~현재) 이다. 이들은 모두 무료로 제공되었고 공통적으로 소요 시간은 35분 정도였다. 실현된 장소는 유명한 대도시로, 워싱턴 DC와 뉴욕 시였다. 하지만 두 가지 작품의 사회적 결과는 서로 크게 달랐다.

2005년, 허시혼 박물관과 조각정원은 사운드 아티스트 자넷 카디프에게 33분 길이의 오디오 워크audio walk인 〈물 위에 그린 글씨〉를 위탁하고, 이를 워싱턴 DC의 내셔널 몰National Mall 인근에 설치하였다.[27] 방문자들은 이어폰을 착용하고 청취하며 카디프가 지시하는 정확한 곳을 한 단계씩 찾아다녔다. 〈물 위에 그린 글씨〉는 엄격한 지시와 허구적 내러티브를 조합하여 참여자를 일련의 개인화된 사물 경험 속으로 이끌었다. 이 경험은 대단히 고립적이고 개인적이었다. 카디프는 기이한 음향들(벌이 날아 다가오는 소리, 군인들의 행진 소리)로 이루어진 층위를 박물관과 조각 정원을 통과하는 여행에 덧씌워가면서, 제임스 스밋슨James Smithson의 무덤이나 프리어 갤러리Freer Gallery의 〈피코크 룸Peacock Room〉의 사물에 대해 회상에 잠긴 듯, 몽상적인 방식으로 설명했다. 필자는 친구와 함께 이것을 경험했지만 (그리고 끝난 후 대화를 나누었지만) 오디오 워크 내내 우리는 각각 세세한 증강현실적 경험 속에서 자신을 잃어버리고 있었다.

이와 대조적으로, 임프로브 에브리웨어의 〈MP3 실험〉은 개인적인 경험이 아닌 사회적 경험을 이끌어내도록 설계되었다.[28] 카디프의 작품과 같이 임프로브 에브리웨어는 시가지 환경 속을 탐색하고 다니면서 자신의 오디오 기기로 재생할 음향 파일을 배포한다. 〈MP3 실험〉은 이벤트 기반이다. 방문자들은 실제 장소에 미리 정해진 시간에 자신의 디지털 오디오 플레이어를 가지고 나와, 동시에 "플레이" 버튼을 누른다. 반시간 가량 수백 명의 사람들이 헤드폰을 통해 신체 없는 음성이 지시하는 대로 조용히 목소리를 듣게 된다. 도시는 사람들의 게임판이 되고,

---

27 〈물 위에 그린 글씨〉의 발췌본은 다음 링크를 사용해 들어볼 수 있다.
http://www.participatorymuseum.org/ref4-27/

28 〈MP3 실험〉에 대한 자세한 사항은 다음 링크를 이용할 것.
http://www.participatorymuseum.org/ref4-28/

일상적인 사물들이 살아나 사회적 게임 속의 말이 된다. 참여자들은 사물을 가리키거나, 사람들을 뒤따르거나 혹은 서로 몸을 연결시킨다. 체커보드 문양의 광장을 트위스터Twister 게임의 말판으로 활용한다. 이렇게 〈MP3 실험〉은 공공장소에서 헤드폰을 듣고, 일반적으로는 고립된 경험을 알지 못하는 사람과 함께 이루어 내는 강력한 개인 간 경험의 기반으로 활용할 수 있음을 보여 준 사례이다.

어떤 차이로 인해 〈물 위에 그린 글씨〉는 개인적 경험, 〈MP3 실험〉은 사회적 경험이 될까? 그 차이는 지시 음성에 있다. 〈물 위에 그린 글씨〉와 〈MP3 실험〉은 모두 익숙한 풍경 위에 예상치 못한 지시나 제안을 덧씌우고 있다. 하지만 카디프의 경우 청취자를 혼란스럽거나 불안하게 만들 수 있는 기묘하고 놀라운 서사적 요소를 채택하였다. 이러한 혼란은 방문자에게 스스로 질문하게 만든다. "나는 어디 있지? 내 귀에 들리는 게 진짜 벌인가? 왜 작가는 나를 영국에 있다고 이야기하지?" 오디오 작품이 전개됨에 따라 청취자는 어느 곳으로 발길을 향할지에 대한 구체적 지시를 따랐다. 그 동시에 그들은 기묘하고 비밀스러운 생각의 세계에 개인적으로 몰입했다.

〈MP3 실험〉은 어리석거나 장난스러운 층위를 더했는데 스토리와 미스터리는 지시 음성에서 배제했다. 〈물 위에 그린 글씨〉에서와 같이 단계별로 지시를 제공하면서 그것을 잘 따르지 않으면 뒤처질 것 같은 느낌을 주는 것이 아니라, 〈MP3 실험〉의 대본은 참여자가 편안하게 느끼면서 과제를 수행할 넉넉한 시간을 부여하고 그것을 수행하도록 활기차게 격려하였다.

〈MP3 실험〉 오디오 작품의 처음 몇 분만을 뜯어보아도 이 프로젝트가 사회적 경험의 작품으로 크게 성공할 수 있는 상당한 이유가 드러난

〈MP3 실험 4〉의 참여자들이 자신의 디지털 오디오 기기에서 제공받은 지시에 따라 서로의 사진을 찍고 있다.

다. 〈MP3 실험 4〉(2007)의 첫 5분은 다음과 같이 진행되었다.[29]

- 0:00-2:30: 음악
- 2:30-4:00: 화자인 스티브가 자신을 소개한다. 그는 청취자에게, 자신을 따라하여 "가장 즐거운 함께하는 오후"를 만들자고 제안한다. 스티브는 주위를 둘러보고 다른 참여자를 확인하라고 요청한다. 참여자들에게, 깊은 숨을 한 번 쉬라고 한다.
- 4:00-4:30: 스티브는 일어나서 서로 손을 흔들어 보라고 지시한다.
- 4:30-5:00: "손가락질 놀이"를 스티브가 참여자들에게 제안한다.

---

29 〈MP3 실험 4〉[MP3]를 독자가 다운로드하여 들어보려면 다음 링크를 사용할 것. http://www.participatorymuseum.org/ref4-29/

주위에서 볼 수 있는 가장 높은 건물, 자유의 여신상, 그리고 마지막으로 니카라과를 손가락으로 가리키라고 한다. 잠시 쉰 다음, 그는, "여러분은 다들 지리에 밝으시군요"라고 이야기한다.

- 5:00-5:30: 스티브는 참여자들에게, "가장 못생긴 구름"을 가리켜 보라고 한다. 잠시 후, 그는 "동감입니다. 그 구름이 제일 못생겼군요"라고 이야기한다.

이렇게 시작되는 도입부분은 참여자들이 체험에 편안하게 적응할 수 있도록 사려 깊게 설계되었다. 음악은 사람들이 스스로 긴장을 풀고 체험을 준비하도록 유도한다. 주위를 둘러보고 깊은 숨을 쉬라는 스티브의 첫 번째 지시는 단순하고 특별한 점이 없으며, 위협적이지 않다. 마지막으로 스티브가 사람들에게 일어서라고 요청할 때는, 다들 일어날 준비가 되었나를 세 번 확인한 후 마침내 "이제 일어나세요"라고 이야기했다. 손가락질 놀이를 하는 동안 스티브는 치하와 공감을 전달하였다. 참여자의 지리 지식과 주관적인 구름에 대한 평가를 칭찬한 것이다.

스티브는 안전하고 친근한 설명자로서의 믿음을 참여자들에게 얻어냈으며, 참여자는 그의 목소리를 따라 더욱 더 기이한 행동을 해 나가게 된다. 그들은 사람을 따라가고, 얼음땡 놀이를 하고, 서로 사진을 찍고, 거대한 다트판을 만들었다. 이러한 비일상적인 행동이 가능했던 것은 안전한 진행, 명확한 지시, 그리고 감정적인 인정을 통해서였다.

〈MP3 실험〉은 〈물 위에 그린 글씨〉보다 더 좋은 것인가? 전혀 그런 뜻이 아니다. 두 개의 오디오 작품은 서로 다른 종류의 체험에 부합하게 만들어져 있다. 하나는 사회적이고, 다른 하나는 개인적이다. 그 차이는 내용과 그것이 어떻게 전달되는가에 따라 정해진다.

사물을 공유 가능하게 만들기

문화 기관 밖에서 사람들이 어떤 사물을 사회적으로 만드는 방식 중 가장 흔한 방식은 바로 공유하기이다. 사람들은 서로 선물을 주고받을 때, 사진을 통해 기억을 공유할 때, 혹은 좋아하는 노래를 선곡할 때와 같은 모든 순간에 그것을 공유한다. 박물관들은 자신의 컬렉션에 대해 보호적인 태세로 방문자들의 물리적인, 혹은 심지어 가상적인 전시물의 공유를 제한한다. 하지만 소셜 웹은 사물이나 이야기의 공유가 예전과는 비교 불가능할 정도로 쉬워졌음을 입증해 왔으며, 그로 인해 문화 기관 안에서도 공유에 대한 전문가들의 생각 역시 변화되어가고 있다.

플리커나 유튜브와 같은 온라인 소셜 네트워크의 대상들은 자동적으로 다양한 공유 도구와 연결된다. 심지어 전통적 컨텐츠 제작사인 영화 스튜디오와 음악가들 역시 자신의 컨텐츠가 더 멀리, 그리고 널리 재배포되기를 원하는 것으로 바뀌었다. 2008년 MIT의 미디어 연구원 헨리 젠킨스Henry Jenkins가 주도한 팀은 "확산되지 않는 것은 끝난 것이다If It Doesn't Spread, It's Dead"라는 제목의 백서를 출판하면서,[30] 미디어 제작물은 소비자들이 그것을 전달하고, 재활용하고, 채용하고, 또 그것을 재조합remix할 수 있어야 가장 효과가 크다고 이야기했다. 필진에 따르면, 배포 가능성은 단순히 판매자의 시장확대 차원에 그치지 않는다. 그것은 사용자들로 하여금 "자신에게 주어진 도구를 활용해 자신을 둘러싼 세상을 설명하고자 하는, 의미를 찾아내는 과정"을 돕기도 한다.

---

30 논문 "확산되지 않는 것은 끝난 것이다"는 다음 링크를 이용할 것.
http://www.participatorymuseum.org/ref4-30/

다시 말해, 컨텐츠의 공유는 사람들의 학습을 돕는다.

문화 기관은 소장 사물의 공유를 활성화하기 위해 두 가지 방법을 취할 수 있다. 첫 번째는 방문자와 함께 전시물 공유 프로젝트를 시작하는 것이고, 두 번째는 방문자 간의 전시물 경험 공유를 장려하는 정책을 수립하는 것이다.

기관의 공유

전시로부터 인터랙티브, 프로그램, 그리고 퍼포먼스까지, 문화 기관이 전시물을 방문자와 공유하기 위한 수많은 설계 방식이 존재한다. 이러한 공유 기법들은 대체로 두 가지의 때로 상충되는 목표들의 영향을 받는다. 방문자에게 좋은 전시 경험을 제공하는 것과 컬렉션을 안전하게 보존하는 것이다. 박물관들은 전시물이 이유없이 손상되거나 위험에 처하지 않도록 보호할 의무가 있다. 일반적으로 이 일은 진열장 안에 사물을 보관하거나, 방문자를 위한 중계 기술을 개발하거나, 필요한 경우 전시물을 대중의 시선으로부터 격리 보관하거나 관리하는 것을 포함한다.

그러면, 사물의 공유는 왜 중요할까? 개념적 수준에서 보자면, 기관이 자신의 소장품을 공유하는 정도에 따라 사람들이 그 기관을 공공적으로 소유된 공공재로 보느냐 아니면 사적 수집물로 보느냐를 결정한다. 운영자의 입장에서 보호하고 보존하는 행위가 어떤 방문자에게는 몰래 감추기로 보일 수 있다. 박물관 미션 스테이트먼트는 흔히 컬렉션을 공적으로 위탁받은 것이라고 표현한다. 하지만 대중의 시각에서는 소장품들이 그것을 보관하고 있는 건물의 사유물로 보인다. 방문자들은 자신이 원할 때 언제나 소장품을 보러 갈 수 없다. 그들은 물건을 집에 가져 갈수도, 지나치게 가까이 다가갈 수도 없다. 박물관은 자신의 소장품을 공유하는 데 있어서 인색하며, 엄격한 제도로 방문시간을 정해두고 흔히 관람료를 징수한다.

기관이 소장품을 방문자와 공유하기 위한 더 나은 방법으로는 다음과 같은 것들이 있다.

- 방문자들이 교육 프로그램 진행시 혹은 전시장 안에서 손을 대도 안전한 사물이나 복제품으로 구성된 "교육 키트"
- 전시장에 전시중인 사물보다 많은 물건에 대한 방문자의 접근을 허용하는 개방된 보관 시설
- 특별한 방문자(예: 아메리카 원주민 그룹)들이 정신적 혹은 문화적인 의식에 물건을 사용할 수 있게 하는 대여 프로그램
- 방문자들이 자신의 스케줄에 맞추어 전시물을 방문할 수 있게 하는 운영시간 연장
- 전시물의 디지털 재현에(실제 전시물 그 자체가 아닐지라도) 언제 어디서라도 접근할 수 있게 하는 디지털 변환 프로젝트

기관들 중 일부는 보다 진보적인 방식으로 전시물의 공유를 실험하고 있는데, 특히 온라인 영역을 활용한다. 컬렉션의 데이터와 이미지를 제3의 소셜 웹사이트인 플리커나 위키피디어로 공유하는 곳도 있다. 직접 온라인 플랫폼을 구축하고 특화된 기능과 설계를 적용함으로써 방문자가 소셜 웹 공유 도구를 활용해 사물을 재구성하거나 배포할 수 있도록 하는 곳도 있다. 특히 더욱 진보적인 곳에서는 박물관이 자신의 디

지털 컬렉션 컨텐츠와 소프트웨어 코드를 개방하고 외부 프로그래머에게 공유하여, 디지털 매체를 활용하는 플랫폼과 체험을 직접 개발할 수 있게 하는 곳도 있다. 브루클린 박물관Brooklyn Museum과 빅토리아 앨버트 박물관Victoria & Albert Museum은 이 영역의 선두자이다. 이 두 곳은 모두 자신의 소장품 데이터베이스를 외부 프로그래머에게 개방하여 제공함으로써 온라인 및 휴대전화용 애플리케이션을 개발하기도 했다.[31]

현실 세계 속에서 박물관들은 흔히 자신의 전시물을 공유하는 일에 대해 보다 조심스러운 태도를 보인다. 실제 사물을 활용할 수 있도록 제공하는 대신, 어떤 기관들은 무대 뒤에 숨겨져 있는 정보나 활동을 방문자들과 공유하기도 한다. 예를 들어, 2009년 유니버시티 칼리지 오브 런던 박물관과 컬렉션University College of London Museum and Collections은 2주간 이루어지는 인터랙티브형 전시인 〈처분할까요?Disposal?〉전에 관람자를 초청해, 열 개의 사물들 중 박물관이 어느 것을 매각처분할 것인지를 투표하고 논평하게 하였다. 이 전시는 소장품에 관한 운영진의 의사결정을 방문자와 "공유"하였으며, 이를 통해 방문자들을 소장품 가치 평가라는 흥미 있는 작업에, 나아가 보다 확장된 의미로서의 컬렉팅 활동에 참여시켰다.[32]

---

31 사례로서 브루클린 박물관의 온라인 애플리케이션 갤러리를 확인해 볼 것. 이곳에서는 외부 프로그래머가 박물관의 데이터를 활용해 새로운 소프트웨어를 개발한 사례를 보여 준다. http://www.participatorymuseum.org/ref4-31/

32 이 전시는 그 규모나 기간에 비해 상당히 많이 매체에 소개되었다. 보도자료는 다음 링크를 사용할 것. http://www.participatorymuseum.org/ref4-32/

사례연구

글래스고 오픈 뮤지엄의 사물 공유하기

글래스고 오픈 뮤지엄Glasgow Open Museum은 소장품을 방문자들이 자신의 목적에 사용할 수 있도록 공유함에 그 목표mission를 둔 기관으로서 독보적인 곳이다.[33] 오픈 뮤지엄이 개관한 것은 1989년 글래스고 박물관의 "글래스고 시의 소장품의 소유권을 확대"하기 위한 프로젝트로서였다. 오픈 뮤지엄은 방문자가 자신의 소장품으로 활용할 수 있도록 소장품을 대여하고 있으며, 전시물의 보존과 전시에 관한 전문가 조언을 제공하고, 지역 협력체를 구성하여 지역의 집단이 스스로 전시를 제작할 수 있게 하고 있다. 1990년대 초반, 오픈 뮤지엄은 소외 집단과의 파트너십 형성에 특히 노력하고 접근하였으며 여기엔 수감자, 정신건강 환자, 그리고 고령 시민 등이 있었다. 지역 참여자들은 자신의 병원, 지역센터, 그리고 오픈 뮤지엄에서 전시를 개최하였고, 이를 통해 노숙자 문제, 모유 수유, 그리고 식량 부족과 같은 쟁점 사안을 다루었다.

최초 십 년간 오픈 뮤지엄의 지역 협력자들은 884건의 전시를 개최하였고 이를 수십만 명의 관객이 방문하였다.

2002년 완료된 영향 평가 심화 연구에서, 소속 연구자들은 참여자에 대한 세 가지 핵심 효과를 식별하였다. 학습과 성장을 위한 새로운 기회, 자신감 강화, 그리고 박물관에 관한 인식 변화("꽉 막힌" 장소로부터 자신의 삶과 깊은 연관을 가진 곳으로) 등이었다. 또한, 물리적 사물이 다채로운 문화적 경험을 확인시키고, 자기표현을 위한 촉매로 역할을 하며, 학습을 증진시킴을 알 수 있었다. 마지막으로, 연구자들은 다음과 같이 평가하였다. "개인들의 요구에 체험활동이 집중될수록 보다 효과가 컸다." 이는 참여자와 관람자에게 모두

---

33 글래스고 오픈 뮤지엄의 역사와 영향에 관해 더 알고자 한다면, 〈변화의 촉매: 오픈 뮤지엄의 사회적 영향The Social Impact of the Open Museum〉 [PDF]를 내려받아 볼 것. http://www.participatorymuseum.org/ref4-33/

해당된다. 방문자들에게 자신이 원하는 것을 사용하도록 허용함으로써 오픈 뮤지엄은 실로 관객 중심적인 장소가 되었다.

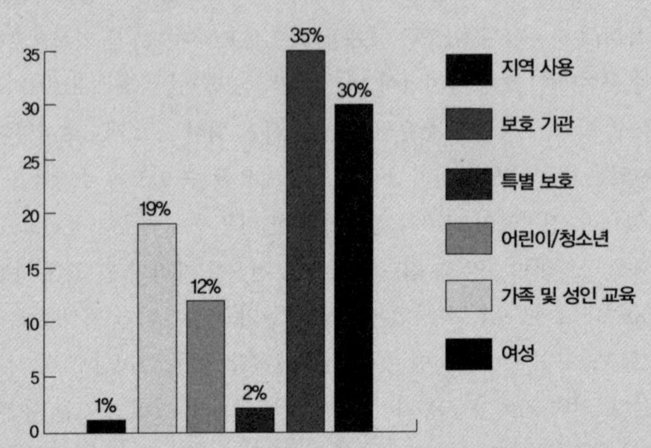

1999~2000년 동안 글래스고 오픈 뮤지엄은 800점 이상의 소장품을 시의 다양한 커뮤니티 집단과 공유하였다.

공유에 관한 기관의 정책

글래스고 오픈 뮤지엄은 자신의 소장품을 방문자와 공유함으로써 방문자들도 서로 공유하게 하는 기관이다. 이 곳의 정책은 대부분 박물관의 기준으로 볼 때 진보적이지만, 모든 공유에 있어서 기본 전제는 동일하게 적용된다. 기관이 방문자들에게 소장품을 공유하게 되면 방문자들은 보다 자신의 체험에 대해 높은 주인의식을 느끼게 되며, 자신이 컨텐츠에 대해 품고 있는 열정을 기관도 방해하지 않고 지지한다고 느끼게 된다.

박물관에서, 방문자들이 전시물을 다른 사람과 공유하는 가장 흔한 방식은 사진을 이용하는 것이다. 방문자가 박물관에서 사진을 찍을 때, 대부분의 사람들은 전시물의 핵심적인 특징을 놀랍도록 유사하게 찍으려고 노력하지는 않는다. 대부분의 방문자는 사진을 찍을 때 자신의 경험을 기억하려고 하며, 자신의 모습을 외부의 사물 위에 새겨 넣고 그 경험을 친구나 가족과 나눈다. 사람들이 서로 사진을 공유하는 행위는, 그것이 직접적으로 이메일을 통한 것이든, 아니면 보다 광범위하게 소셜 네트워크를 통한 것이든, 자신을 표현하는 방법의 하나이며, 특정한 기관이나 전시물에 대한 연대의식을 드러내는 것이다. 간단히 말해, "나 여기에 갔어요"라고 하는 것이다.

박물관이 방문자에게 사진을 못 찍게 한다면 박물관의 메시지는, "당신은 자신의 경험을 자신이 가진 도구를 이용해 나눌 수 없습니다"라는 것이 될 것이다. 방문자들은 플래시 금지 정책의 이유를 대체로 이해하는 편이지만, 저작권을 이유로 실시되는 촬영 금지 정책은 혼란스러움과 실망스러움을 줄 수 있다. 촬영은 어떤 전시장에서는 허용되고 다른 전시장에서는 불허되기도 하며, 현장 운영자가 방문자에게 왜 사진이 허용되거나 불허되는지를 일일히 설명하기는 힘들다. 촬영 금지 정책은 전시장 운영자를 방문자 경험을 돕는 사람이 아닌 "집행자"로 만들어버리며, 방문자가 자신의 열의와 경험을 다른 사람과 잘 나눌 수 없게 만든다. 박물관에 자주 방문하는 어떤 이는 다음과 같이 말했다.

> 나는 박물관을, 역사와 예술을 모든 이에게 접할 수 있게 하는 곳으로 여기고 싶다. 그런데, 촬영 제한은 엘리트 대중을 위한 것일 수 있다. 만약 어떤 예술에 대한 문외한이 동료의 사진을 보고 저장하고, 그것이 아니었다면 평생 보러 갈 일이 없었을 작품을 관람할 계획을 세우게 된다면, 그리고 그 사진을 자

신의 친구들에게도 보내게 된다면, 혹은 큰 박물관에 갈 형편이 도저히 못되는 사람이 친구를 통해 대신 관람의 기회를 얻게 된다면 예술에 관한 열정이 얼마나 널리 퍼져나갈까, 바로 이것이 예술의 접근성을 높이는 일이다.[34]

사진 촬영 정책은 쉽게 바꿀 수 없다. 특히 대여 작품과 순회전에 크게 의존하는 기관이 그러하다. 하지만 방문자 중 사진을 찍는 사람들은 친구나 동료들과 자신의 문화적 경험을 적극적으로 나누고자 하는 사람들이다. 이 고객들은 자신이 관람하는 전시물과 그 기관을 알리려고 노력하는 사람들이며 이때 사진은 그러한 행동에 나서기 위한 중심 요소가 될 수도, 혹은 방해 요소가 될 수도 있다.

선물하기 및 기타 공유방식

방문자는 사진을 통해서만 전시물에 대한 경험을 공유하는 것은 아니다. 추천 제도는 방문자가 선호하는 전시물을 다른 이들과 공유할 수 있게 한다. 의견 게시판은 방문자의 평가와 회상을 서로 공유하게 한다. 흥미로운 사물을 동반자에게 알려주는 것 역시 방문자의 사회적 경험을 향상시키는 공유의 일종이다.

기억, 추천, 평가, 그리고 사진은 사람들이 서로 주고받는 선물과 같다. "선물"로서의 경험의 교환을 보다 적극적으로 지원하기 위해, 문화기관은 방문자를 아트샵으로 보내는 일 외에 무엇을 할 수 있을까?

---

34 로베르타의 이 댓글은 2009년 필자의 블로그 글, "박물관의 촬영 정책은 최대한 개방되어야 한다Museum Photo Policies Should Be as Open as Possible"에 수록된 것이었으며, 전체를 읽기 위해서는 다음 주소를 사용할 것. http://www.participatorymuseum.org/ref4-34/

1990년대 중반에는 많은 바와 식당들이 무료 엽서를 비치하는 선반을 마련해 광고를 내보냈다. 비슷하게, 평범한 전시 홍보물 선반에 기관이 전시장의 전시물을 담은 무료 엽서를 제공하면서 방문자에게 해당 전시물이나 전시를 흥미로워할 만한 가족이나 친구를 떠올려보라고 명시적으로 요청을 하면 어떨까 생각해 보자. 방문자들로 하여금 가장 마음에 드는 엽서를 골라 친구에게 보내어 전시 관람에 초청하게 할 수 있을 것이고, 그것을 전시장에서 한 번에 끝내게 할 수 있을 것이다. 대안적으로, 방문자들에게 컴퓨터 부스를 제공하여 간단한 e-카드나 짧은 매체(사진, 음성, 영상)를 친구나 가족에게 보내게 할 수도 있다. 기관은 방문자가 다른 이와 전시물의 경험을 공유할 표준적 방법을 제공할 수 있다. 그것은 엽서와 같은 로테크 장치일 수도 있고 디지털 인터페이스와 같은 하이테크 장치일 수도 있다.

이러한 체계는 일반론적인 "경험 공유하기"에만 집중하고 다른 사람에게 선물을 주기를 간과할 경우 한계에 처하게 된다. 어떤 박물관들은 하이테크 소셜 플랫폼을 이용해 방문자들이 중앙의 기관 계정으로 사진과 텍스트 메시지를 보내게 한 다음, 이를 모든 사람들에게 배포하는 실험을 하고 있다. 2008년부터 2009년까지 피츠버그의 매트레스 팩토리Mattress Factory를 방문한 사람들은 박물관 어디에서나 텍스트 메시지를 하나의 전화 번호로 전송할 수 있었다. 이 텍스트 메시지들은 박물관 로비의 화면에 실시간으로 표시되었다. 그 목적은 박물관의 메시지와 사진을 보다 많은 관람자들과 공유하려는 것이었다.

하지만 이 방식에는 문제가 있다. 이러한 디지털 플랫폼은 많은 경우 낮은 참여율로 고민하고 있는데, 그것은 방문자들이 어디서나 텍스트 메시지를 주고받으며 사진을 찍어대는 기관에서도 마찬가지다. 이러한 플랫폼이 부진한 이유는 방문자들에게 자신의 컨텐츠를 누구와 공유하게 되는 것이며, 왜 그래야 하는지를 명확히 이해시키지 못하기 때문이다. 방문자가 자신의 친구나 소셜 네트워크를 향해 메시지를 보내는 행위는 두리뭉술하게 자신의 경험을 공유하려는 것이 아니라 자신의 친구와 가지는 개인적 관계에서 동기를 부여받기 때문이다. 만약 이러한 플랫폼들이 선물을 주고받는다는 아이디어를 강조한다면 개방식 공유에 비해 보다 큰 성공을 누릴 수 있을 것이다.

낯선 이와 선물 주고받기

잘 설계된 소셜 오브젝트는 서로 모르는 이들이 직접적인 개인 간 접촉이 없이도 서로 선물을 주고받음으로써 유쾌한 기회들을 만들어내게 한다. 다음의 별난 소셜 오브젝트, 도로 요금소를 살펴보자. 필자의 친구 리오Leo는 도로 요금소에서 앞의 차에 있었던 전혀 모르는 사람으로부터 감동적인 경험을 하였다. 자기 자신의 요금만이 아니라 리오의 요금까지 함께 내 준 것이다. 만약 누군가가 다른 차에 다가가 창문 넘어로 2.50달러를 줬다면 그것은 지극히 이상한 일이 될 것이다. 심지어 불쾌함을 줄 수도 있을 것이고, 의심을 살 수도 있을 것이다. 하지만 이 선물을 요금소 직원을 통해 전달함으로써, 안전성이 의심되는 개인적 상호작용이 안전한 것으로 변화된다. 이 일은 절반쯤 익명적이다. 받은 이는 작은 파란색 혼다를 타는, 돈을 내준 사람을 볼 수는 있었으나 두 사람은 서로 직접 마주칠 일은 없었다.

요금소는 낯선 이들 간의 개인적 선물 교환 경험에 제삼자, 즉 요금소 직원이 개입된 경험이다. 세 사람은 한 번도 만난 적이 없지만, 지금은 틀림없이 모두 좋은 경험과 인심 후한 기억을 나누어 가지게 되었을 것이다. 또한, 돈이 물론 선물이었지만 이 사회적 경험을 중개한 것은 바로 요금소였다.

도로 요금소 관리자가 만약 사회적인 선물 교환의 촉진을 자신들의 핵심적 목표로 결정했다면 어땠을지를 생각해 보자. 어떻게 요금부스 건물을 설계해야 그것이 더 좋은 소셜 오브젝트가 될 수 있을까? 매일 선물 금액을 추적하는 게시판을 설치할 수도 있을 것이다. 다른 사람을 대신하여 지불하는 사람에게 할인이나 특별한 혜택을 제공하는 방법도 있을 것이다. 혹은 하나의 차선을 특별히 선물하기 추첨 차선으로 지정하여, 추첨 결과에 따라 지불자나 수혜자가 되도록 함으로써, 운전자에게 모험을 선사할 수도 있을 것이다.

이런 상상은 엉뚱해 보일수 있겠지만 그것이 요금 관리기관에게 가져다 줄 이득을 생각해 보라. 차들의 요금소 통과 속도는 2대분을 지불하는 차들로 인해 보다 빨라질 것이다. 운전자들은 요금소 직원을 요금 수납원이 아닌 행운의 전파자나 촉진자로 보게 될 것이다. 사람들은 유료 도로를 피하지 않고 오히려 신나게 이용하게 될 것이다.

박물관 입장 데스크도 비슷한 방식으로, 방문자들이 "선물"을 다른 사람에게 전달하는 소셜 오브젝트로 변신할 수 있지 않을까? 많은 상황에서 관람료는 다른 서비스를 돕기 위해 활용된다. 학생들에게 무료 관람 혜택을 주는것과 같이 말이다. 하지만 이런 부분은 관객의 눈에 보이지 않는다. 브롱스 동물원Bronx Zoo는 이런 선물 주고받기를 〈콩고 고릴라의 숲Congo Gorilla Forest〉 전시장에 명시적으로 적용하여 입장료로 3달러를 책정했다. 출구 근처에는 컴퓨터 키오스크가 설치되어 있었는데, 방문자에게 다양한 콩고 관련 보호 프로젝트를 소개하면서 그

중 하나를 고르면 자신의 입장료가 해당 프로젝트에게 전달되도록 하였다. 이렇게 함으로써, 방문자들은 스스로를 관대하다고 느끼게 되었고 동물원에 지불하는 자신의 요금이 활용되는 방식에 대해 새롭게 이해하게 되었다. 뿐만 아니라, 이것은 다양한 방문자들이 스스로를 세계의 자연보호에 동참하는 기부자이자 활동가로 여기게 했는데, 이와 같은 메시지는 사인물이나 기부함을 이용해서는 효과적으로 전달되기가 쉽지 않다.

선물 공개하기

선물을 주고받는 행동도 커뮤니티적 경험이 될 수 있는데, 선물 행위의 공개를 통해서이다. 바bar나 아이스크림 가게에서는 "선물 게시판"을 달아놓고 "니나가 줄리아에게 핫퍼지선데이hot fudge sundae를 선물했어요"라든가 "벤이 테오에게 더블 마티니를 샀음"과 같은 문구로 공공연히 상품권 판매 사실을 알리는 모습을 볼 수 있다.

이렇게 선물 게시판의 공개성은 선물 교환 경험을 모든 방문자에게 공표함으로써 주고받을 가능성이 있음을 더 널리 알리기 위한 것이다. 선물을 주는 사람에게는 인심이 후한 사람이 된 인상을 준다는 혜택이 있고 선물을 받는 사람에게는 많은 사랑을 받는다는 인상을 주는 혜택이 있다. 이러한 게시판은 상호성을 부추기면서 가게에 소소한 이야기를 덧입힌다. 줄리아는 자신이 받은 선데이 상품권을 교환받으러 오게 될까? 테오는 왜 더블 마티니를 선물받은 걸까? 이런 장소들은 자신이 고객들의 감성적인 삶의 일부임을 공개적으로 인정받고자 한다.

선물 게시판은 기부자의 벽donor wall과 비슷하지만 방문자와 기관 간이 아니라 방문자 사이에서 이루어지는 상호작용을 치하하고 있다는 점에서 다르다. 이 게시판들은 수평적이고 활기가 있다. 박물관 관람료나 교육 워크샵 참여비, 혹은 아트샵 상품을 "선물"하는 게시판을 상상해 보자. 그러한 게시판은 방문자들 간에 이루어지는 문화적 경험의 공유 사실을 게시하는데 그것은 기부자 명단의 벽으로는 불가능한 일이다.

자신이 속한 기관의 소장품은 어떻게 선물로 취급되게 할 수 있을까? 어떻게 하면 방문자들이 스스로의 목적에 맞게 활용하도록 소장품을 후하게 개방적으로 공유할 수 있을까? 운영자들이 기관의 소장품을 공유할 수 있는 방법을 찾게 된다면, 방문자들은 자기 자신을 기관의 공동 소유자이자 후원자로 바라볼 수 있게 될 것이다.

여기까지가 이 책의 설계 이론이다. 지금까지 우리는 참여의 유형과 그 얼개를 다양하게 살펴보았으며, 이제는 자신의 기관에 성공적으로 적용될 수 있고 기관의 목적 달성을 위한 참여 프로젝트를 어떻게 설계해야 할지를 실무적으로 질문해 볼 차례이다. 이 책의 후반부에서는 각 기관의 임무와 문화에 잘 부합되도록 참여를 계획하고, 적용하고, 평가하고, 관리하는 방법을 다루게 될 것이다.

제2부

참여를 위한 실무

THE PARTICIPATORY MUSEUM

제5장

기관에 맞춘 참여 방식의 정의

문화 기관이 참여적 활동의 장소가 되려면 감수해야 할 것은 무엇일까? 모든 참여 프로젝트는 기관의 다음 세 가지 가치를 기본으로 한다.

- 외부 참여자를 포함시키고 그들의 기여를 얻으려는 의지
- 참여자의 능력에 대한 신뢰
- 참여자의 행동과 기여에 대한 대응 준비

참여 프로젝트의 "어떻게" 부분을 다루고자 한다면, 이러한 가치들은 매우 다양한 방식으로 발현될 수 있다. 특정한 목표에 집중된 참여의 경우에도 이러한 가치를 충족시키기 위한 효율적인 프로젝트의 설계에는 다양한 접근법이 존재한다. 이주문제: 양심의 현장Immigration Sites of Conscience 연합에 참여한 14개 박물관의 노력을 살펴보자. 이 연합은 2008년, 참여 프로그램을 활용하여 미국 내의 이주 문제와 관련된 대화를 촉진하고자 결성되었다. 각 박물관은 "대화를 촉진"하기 위해 서로 상이

한 방식을 취했다.

- 디트로이트의 아랍계미국인박물관Arab American Museum은 〈지역사회를 연결하기Connecting Communities〉라는 멀티미디어 전시를 제작하였으며, 방문자들은 자신의 이주 이야기를 공유하거나 다른 사람이 공유한 것을 휴대전화로 들을 수 있었다.
- 시카고 지역 기반의 다섯 개 문화 박물관은 캄보디아인, 폴란드인, 스웨덴인, 그리고 일본인 이주자 집단이 겪고 있는 고유한 난관과 경험에 대한 지역사회의 대화를 주최했다.[1]
- 샌프란시스코의 엔젤아일랜드 주립공원Angel Island State Park은 토론 중심의 투어를 시작했는데, 방문자들은 강제수용소의 벽에 새겨진 역사속 수감자들의 시를 탐구하여 이주 정책의 복잡한 문제들을 고민했다.
- 로스앤젤레스의 국립일본계미국인박물관Japanese American National Museum은 고등학생을 대상으로 하는 대화 중심의 투어를 개최하였으며, 문화적 고정관념과 차별에 대한 자신의 반응을 토론하였다.

문화 기관을 더욱 참여적으로 변화시키기 위한 방법은 여러 가지가 있다. 위의 각 기관들은 자신의 임무와 자원에 부합되는 방식으로 이주에 관한 대화 증진을 위한 프로젝트를 시작하였다. 자신의 기관이나 프

1 이 프로젝트는 시카고 문화연대Chicago Cultural Alliance가 주도한 것이었으며, 필드 뮤지엄Field Museum, 캄보디아계미국인문화유산박물관과 킬링필드 기념관Cambodian American Heritage Museum @ Killing Fields Memorial, 미국 폴란드 박물관Polish Museum of America, 스웨덴계미국인박물관센터Swedish American Museum Center, 그리고 시카고 일본계미국인역사학회Chicago Japanese American Historical Society가 참여하였다.

로젝트에 가장 잘 부합되는 모형은 어떻게 찾을 수 있을까? 그렇게 하기 위해서는 우선 참여의 가능한 구조를 이해할 필요가 있고, 다음으로 자신이 속한 기관의 임무와 목표를 가장 적합한 접근법을 찾아야 한다.

참여의 모형

참여적 프로젝트 개발의 첫 번째 단계로, 방문자들이 기관에 참여할 수 있는 방법의 범위를 고려해야 한다. 공연을 보고 자신의 평가를 색인 카드에 적어내는 참여자와 자신의 개인적 소지품을 전시의 일부가 되게 기부하는 사람은 다르다. 이 두 방문자는 운영진이 새로운 프로그램을 개발할 때 도우는 세 번째 유형과도 다르다. 방문자가 공식적인 기관에 참여할 수 있는 서로 다른 방식을 어떻게 묘사해 볼 수 있을까?

이 질문은 릭 보니Rick Bonney가 교육자와 과학 연구원으로 이루어진 팀과 함께 품었던 것으로, 비형식과학교육증진센터Center for Advancement of Informal Science Education(CAISE)가 공공참여 과학연구Public Participation Scientific Research(PPSR) 프로젝트의 일환으로 진행하였던 연구였다[2]. 아마추어를 공식적 과학 연구에 참여시킨 "시민 과학citizen science" 프로젝트의 역사는 1880년대로 거슬러 올라가며, 자원자들은 버드 카운팅bird counting, 토질 측정, 혹은 외래 식물종 기록 등을 수행해 왔다.[3]

---

2 PPSR 보고서[PDF]는 다음 주소에서 다운로드 가능하다. http://www.participatorymuseum.org/ref5-2/

3 시민 과학의 개요와 역사에 관한 생물학자 샘 드로지Sam Droege의 흥미로운 논문[PDF]을 읽어 볼 것. http://www.participatorymuseum.org/ref5-3/

조류 관찰자가 시민 과학 프로젝트인 <크리스마스 버드 워치>에 참여하고 있다. 이 프로젝트는 1900년부터 북미 조류 개체수의 안정성을 추적해 왔다.

그 긴 역사에도 불구하고, 1980년대까지 시민 과학의 활용과 영향을 연구한 학자는 많지 않았다. 1983년 릭 보니는 코넬 대학 조류연구실 Cornell Lab of Ornithology 연구진으로 합류하면서 그곳의 시민 과학 프로그램을 공동창설하고, 증가하는 참여적 업무를 최초로 전문화하게 되었다. 해당 연구실의 여러 프로젝트 과정을 통해 보니는 서로 다른 종류의 활동이 참여자에게 가져다주는 상이한 결과에 주목하였다. 2008년, 그는 프로젝트 종류간의 차이점을 보다 잘 이해하기 위해, 공공 참여의 유형학을 수립하는 연구를 PPSR 팀과 함께 진행했다.

PPSR 보고서는 과학 연구에 있어서 공공 참여의 광역적 분류를 세 가지로 정의하였다. 기여contribution, 협력collaboration, 그리고 공동제작co-creation이 그것이다. 이러한 범주는 서로 다른 과학 연구 단계에 대중이 참여하는 정도와 대체로 일치한다. 기여적 프로젝트에서 참여자는 과학자가 관리하는 프로세스 속에서 데이터를 수집한다. 과학자는 실험의 질문을 계획하고, 데이터 수집의 방향을 정하며, 결과를 분석한다. 협력 프로젝트에서는 시민들이 데이터를 수집할 뿐만 아니라 결과를 분석하고 결론을 도출하는 일을 과학자와 함께한다. 공동제작 프로젝트에서는 공공적으로 연구의 주제가 개발되며 과학자는 커뮤니티의 이익을 충족하기 위한 과학적 프로그램을 공동제작한다.

대부분의 시민 과학 프로젝트는 기여적이다. 이 프로젝트는 과학자가 관리하기에 가장 간단한데, 참여적 관계가 제한적이고 특정적이기 때문이다. 기여자들은 버드 카운팅을 한다든가, 토양의 산도를 측정한다든가, 혹은 기타 충분히 잘 정의된 데이터 수집 활동을 수행한다. PPSR 보고서의 결론은, 기여적 시민 과학 프로젝트는 대중을 과학적 컨텐츠와 활동에 참여시키는 데 크게 성공하고 있지만 참여자들을 전체 과학적 프로세스에 연결시키는 일은 거의 없다는 것이었다.

협력 및 공동제작 프로젝트는 참여자들의 보다 넓은 과학 연구 역량을 개발시키는 데 도움이 된다. 참여자들은 과학적 조사와 관찰에 참여할 뿐만 아니라 연구 방법론의 분석과 개발에도 참여한다. 참여자들이 스스로 데이터 분석을 실시하게 되면 그들은 그 과학적 결과를 자신의 커뮤니티와 공유하려는 열의와 역량이 성장한다. PPSR 보고서는 또한, 공동제작 프로젝트가 지역의 공해 문제와 같은 커뮤니티의 관심 주제를 중심으로 구성되었을 때, "달리 과학 관련 활동에 관여할 일이 없었을 관심 있는 시민들을 과학 프로세스로 이끌었다"고 기록하고 있다. 커뮤니티의 요구에 부응하여 과학적 기법을 적용함으로써 운영자들은 보다 의미 있게 비전통적인 대중을 과학과 연결시킬 수 있었던 것이다.

과학 연구실에서와 마찬가지로 문화 기관은 권위 있는 전문가의 지도하에 대중지향적 컨텐츠를 생산해낼 수 있다. 따라서 공공 참여를 위한 PPSR의 세 가지 모형은 그대로 문화 기관에 적용될 수 있으며, 약간의 어구 수정만이 요구될 뿐이다.

- 기여적 프로젝트는 기관이 관장하는 프로세스에 방문자들이 제한적이고 특정적인 사물, 활동 혹은 아이디어를 제공하도록 유도한다. 의견 게시판과 경험 공유 키오스크들은 모두 기여적 활동의 플랫폼이다.
- 협력적 프로젝트는 기관이 시작하였고 최종적으로도 기관이 관제하는 프로젝트의 제작에 능동적인 파트너로 활동하도록 참여자를 유도한다. 〈탑 40Top 40〉(170쪽)와 〈클릭!Click!〉(181쪽)은 협력적 프로젝트로서 방문자의 선택에 의해 최종 전시의 설계와 그 내용이 형성되었다.
- 공동제작 프로젝트에서는 커뮤니티 참여자가 처음부터 기관의 운영진과 함께 프로젝트의 목표를 정의하고 커뮤니티의 관심사에 기반을 둔 프로그램이나 전시를 만들어낸다. 글래스고 오픈 뮤지엄(261쪽)은 공동제작 기관의 훌륭한 모범이다. 운영진은 방문자와 협업하여 전시와 프로그램을 만들어냈으며 커뮤니티 구성원의 관심과 기관의 소장품을 기반으로 하였다.

PPSR의 유형에 필자는 네 번째 모형을 추가하고자 한다. 호스팅hosted 프로젝트이다. 이것은 기관이 자신의 시설이나 자원의 일부를 대중 그룹이나 일반 방문자가 개발, 시행하는 프로그램에게 할애하는 것이다. 이 일은 과학 및 문화 기관 모두에서 일어나고 있다. 기관은 아마추어 천문학으로부터 뜨개질까지, 다양한 범위의 관심사를 다루는 커뮤니티 집단과 공간과 도구를 공유한다. 게임 애호가라면 기관의 공간을 거대한 게임보드로 삼아 상상 놀이에 활용할 수 있을 것이다. 호스팅 프로젝트는 참여자가 기관의 간섭이 거의 없이 자신의 요구 충족을 위해 기관을 활용하도록 허용한다.

이런 참여 모형들은 각각 독특하지만 많은 기관들은 그 각각의 요소를 채용한다. 운영자들이 방문자의 참여를 진지하게 수용한다면 한 모형에서 다른 것으로 유연히 움직일 수 있으며, 서로 다른 프로젝트와 커뮤니티 관계에 따라 서로 다른 접근을 활용하게 될 것이다. 예를 들어, 미술관은 창작 전문가를 위한 심야 프로그램을 주관할 수 있을 것이다. 이러한 행사에서 미술관은 참여자들에게 커뮤니티 아트 프로젝트에 작품을 기여해 달라고 요청할 수도 있을 것이다. 운영진은 외부 예술가와 협력하여 이 행사의 다양한 요소들을 꾸며 볼 수 있을 것이며, 방문자가 깊이 관여하게 되면 운영진은 그들에게 스스로의 프로젝트나 이벤트를 만들어 박물관과 함께 운영하자고 제안할 수 있을 것이다. 새로운 프로그램을 사실상 공동제작하는 것이다.

자신의 기관에 적합한 모형을 찾기

기여, 협력, 공동제작과 호스팅 등의 모형은 어느 하나가 다른 것보다 우월한 것은 아니다. 또한 "최대한 참여" 모형을 위해 순차적으로 이행되어야 할 모형으로 이해되어서도 안 될 것이다. 방문자들로부터 전시물을 취합하는 프로젝트(기여적 프로젝트)와 소수의 외부 집단과 기관이 함께 전시를 개발하는 프로젝트(협력 프로젝트)를 비교해 보자. 앞의 프로젝트는 완전히 방문자의 창작과 의견으로 만들어지는 전시인 반면, 두 번째 것은 보다 "일반적" 전시로 보여지게 될텐데, 어느 프로젝트가 더 참여적이라고 할 수 있겠는가? 작품을 만드는 것과 연구를 하는것 중 무엇이 더 참여적인가? 전시를 개발하는 것과 그것을 활용해 새로운 매체 작품을 재조합하는 일 중에서는 어떠한가?

문화 기관을 위한 "최선의" 참여 유형이 정해져 있지는 않다. 참여 프로젝트간의 차이는 기관 운영진과 참여자 사이의 지배권, 프로세스의 관리, 그리고 생산 결과물의 분포와 보다 깊은 관련이 있다. 동일한 권력 구조하에서도 모든 프로젝트가 동일한 혜택을 가져오지는 않는다. 기관의 문화는 운영진이 커뮤니티 구성원에게 얼마나 신뢰와 책임을 부여할 것인가를 결정하는 데 도움이 될 것이며, 한 조직을 불편한 모형으로 몰고 가서는 성공하기가 어렵다. 어떤 기여적 프로젝트는 너무 단조로운 경험을 제공하여 참여할 매력도 없는 반면, 어떤 공동제작 프로젝트는 기관의 바람이나 그 산출 결과물의 가치에 대한 기대가 지나치게 앞서기도 한다.

어떤 참여 모형이 서로 다른 프로젝트나 기관에게 가장 높은 가치가 있을까? 다음 페이지에 제시하는 표는 각 모형들 간의 차이점을 기술하고 있으며, 특정한 시나리오에 대해 가장 효율적인 참여 모형을 결정하는 데 도움이 될 것이다. 이 분류를 뛰어넘는 완전히 획기적인 프로젝트의 가능성도 없지 않겠지만, 이 표는 각 모형의 기본적 특성을 보여줄 것이다.

6장에서 9장까지는 각 참여 모형을 자세하게 검토하게 될 것이며 그들이 어떻게 조직되고 관리되며 관객에게 어떻게 수용되는지를 보여주게 될 것이다. 그에 앞서, 이 장의 뒷부분에서는 특정한 기관의 목표에 가장 잘 부합하는 모형을 어떻게 찾을 수 있을지를 모색해 본다.

	기여	협력	공동제작	호스팅
기관은 커뮤니티 참여에 얼마나 헌신하고자 하는가?	방문자와 소속원들이 기관의 참여자로서 느끼게 하고자 한다	특정 커뮤니티와 깊은 파트너 관계를 맺고자 한다	기관의 임무에 부합되는 목적을 가진 대상 커뮤니티를 돕고자 한다	커뮤니티 소속원이 자신의 목적에 기관을 편안히 활용할 수 있도록 초청하고자 한다
참여 프로세스와 결과물에 대해 얼마나 지배력을 가지고자 하는가?	많이 – 참여자가 기관의 참여 규칙을 따르기를 원하고 기관이 요구하는 것을 제공해 주기를 원한다	운영자가 프로세스를 통제하지만, 참여자의 행동이 최종 결과물의 방향과 내용을 몰고 간다	조금 – 단, 참여자의 목표와 선호하는 작업 스타일이 운영자의 것과 동일하게 중요시된다	거의 없음 – 참여자가 기관의 규칙을 따르는 한 무엇이든 원하는 것을 만들어낼 수 있다
프로젝트 과정에서 기관과 참여자의 관계를 어떻게 보는가?	기관이 내용을 요구하는 바에 따라 참여자가 그것을 제공하며, 기관의 규칙에 따른다	기관은 프로젝트 개념과 계획을 수립하며, 운영자가 이를 실현하기 위해 참여자와 긴밀히 협조한다	기관은 참여자에게 프로젝트를 이끌기 위한 도구를 제공하고 그들이 성공적으로 앞으로 나아갈 수 있게 활동과 도움을 제공한다	기관은 참여자에게 규칙과 자원을 제공하고 참여자들이 스스로 일하게 둔다
누가 참여하기를 원하며 참여자가 얼마나 헌신하기를 기대하는가?	최대한 많은 방문자를 끌어들이고자 하며, 박물관이나 온라인 방문에 가볍게 참여하기를 원한다	우연히 참여하게 되는 사람도 있겠지만 대부분은 확실한 참여 의도를 가지고 올 것이다	참여할 의도를 가지고 있으며 프로젝트를 처음부터 끝까지 지켜보고자 헌신할 수 있는 참여자를 찾고 있다	자기 자신의 프로젝트를 관리하고 실현할 수 있는 사람들에게 힘을 실어 주고자 한다
운영자는 프로젝트의 관리와 참여자와의 작업에 얼마나 시간을 할애할 수 있는가?	인터랙티브 전시물을 관리하는 것처럼 가볍게 관리하고자 한다. 단, 기관이 프로젝트를 설계하고 운영함이 이상적이다	과정의 관리를 기관이 할 것이다. 단, 참여 규칙은 기관의 목표와 수용 한계에 기초하여 기관이 설정할 것이다	참여자가 자신의 목적을 달성할 수 있도록 최대한의 시간을 투여할 것이다	최소한으로 유지한다. 프로젝트가 스스로 준비, 운영되기를 원한다
참여자들이 프로젝트 활동을 통하여 어떤 능력을 습득하기를 원하는가?	컨텐츠 제작, 데이터 수집 혹은 개인적 표현의 공유. 컨텐츠 제작과 공유를 위한 기술적 도구의 사용	기여적 프로젝트에서 지원되는 모든것에, 완성된 결과물을 분석, 선별(curating), 설계, 전시를 포함	협력 프로젝트에서 지원되는 모든것에, 프로젝트 개념 수립, 목표 수립, 그리고 평가 기술을 포함	프로그램의 홍보와 관람자 참여정도를 제외하면 기관이 특별히 관여하는 것은 없음
비참여자들이 프로젝트로부터 얻어갈 것은 무엇으로 목표하는가?	프로젝트는 방문자들이 스스로를 잠재적 참여자로 바라보게 도우며, 능동적 참여에 기관이 관심이 있음을 보여 줌	프로젝트는 기관이 커뮤니티와 연결되기를 원하며 그 지원에 헌신하고 있음을 방문자들에게 보여 줌	프로젝트는 기관이 커뮤니티에 의해 나아가는 곳임을 방문자에게 보여 주며, 새로운 관객을 참여자로 연결되도록 유도함	프로젝트는 방문자 스스로에게 기관이 편안하고 매력있는 장소가 될 수 있도록 새로운 관객을 불러들임

참여와 기관의 미션

참여 프로젝트를 설계할 때 그 첫 번째 단계는 어떤 유형의 참여 관계가 가능한가를 이해하는 일이다. 그 다음으로 특정한 임무 관련 목표를 가장 잘 지지할 모형을 찾는다. 예를 들어, 셸리 번스타인Shelly Bernstein이 브루클린 박물관에서 소셜 미디어를 활용한 수상 작품에 대해 이야기할 때는 언제나 이 박물관의 근본적 임무가 커뮤니티를 위한 박물관임에 기대어 이야기했다. 그녀의 팀은 그 기술적 노력을 위한 영감을 아놀드 리먼Arnold Lehman 관장의 비전에서 얻었는데, 그는 브루클린 박물관을 "예술을 탐구하기 위한 접근성, 다양성, 포괄성과 새로운 길의 모색을 통해, 누구나 환대받고, 자신이 하는 행동에 자신을 가지는 곳"으로 표방했다. 번스타인의 팀은 이러한 비전을 촉진하는 프로젝트에 집중했다. 예를 들어, 〈클릭!Click!〉(181쪽을 볼 것)에서는 다양한 사진가와 방문자 커뮤니티가 창작 혹은 해석 활동을 할 때, 전통적 인터페이스에서든 온라인 인터페이스에서든 자신이 전체의 일부라는 느낌을 주고자 하였다. 아놀드 리먼은 과정에 포함 혹은 제외되는 모든 기술적 계획에 세세한 관심을 가지지는 않았지만, 그는 번스타인의 능력이 기관의 전체적 가치를 끌어올릴 수 있는 방문자 경험을 전달할 것이라고 믿었다.

참여를 목표로 작업을 진행하는 것은 기관의 미션 스테이트먼트mission statement를 들여다 볼 좋은 기회가 될 수 있다. 미션 스테이트먼트 속에서는 더욱 참여적으로 변화해야 할 강한 이유가 포함된 문구나 단어가 흔히 발견된다. 기관의 미션 스테이트먼트는 특정한 방식의 참여적 성격을 강화하기 위한 논거가 될 수도 있을 것이다.

다음의 미네소타 역사학회Minnesota Historical Society의 미션 스테이트먼트를 살펴보자.

> 미네소타 역사학회는 사람들과 역사를 연결시킴으로써 그들이 인생에 대한 전망을 얻도록 돕고자 한다. 학회는 과거의 증거를 보존하고 미네소타 사람들의 이야기를 들려주고자 한다.

이 미션 스테이트먼트에 포함된 서술어들을 살펴보자. 기관은 사람들을 역사와 연결시키고, 증거를 보존하며, 이야기를 들려준다. 이 목표는 여러 참여적 기획에 반영되어 있으며, 미네소타 주민들을 초청하여 전시와 디지털 프로젝트에 활동적으로 기여하도록 하고 있다. 다음은 그 사례이다.

- 〈MN150〉 - 이 상설전은 방문자를 다양한 150개의 커뮤니티 구성원의 목소리와 연결시키며, 그들은 미네소타를 결정하는 사물이나 사건에 대해 이야기한다.
- 〈플레시오그래피Placeography〉 - 사람들에게 연구하고 기록하기 위한 도구를 제공하는 위키wiki로서, 자신의 집, 이웃, 그리고 유명한 장소에 대한 이야기를 보존하고 공유한다.[4]
- 〈미네소타의 위대한 세대Minnesota's Greatest Generation〉 - 1901년부터 1924년 사이에 태어난 미네소타 주민의 생활사를 수집하고, 보존

---

4 〈플래시오그래피〉 위키는 다음 주소를 이용해 접근할 수 있다.
http://www.participatorymuseum.org/ref5-4/

하고, 이야기하고, 그것을 듣기 위해 사람들을 초청하는 상시 진행 프로젝트이다.[5]

위의 각 프로젝트들은 기관의 목적에 부응하여 미네소타의 사람들을 역사와 연결시키고, 역사적 증거를 보존하며, 이야기를 전달하고 있다. 이러한 기획들 중 일부는 박물관에게 새로운 실천 행위를 요구하기도 하였지만, 모든 프로젝트들은 기관의 핵심 가치에 개념적으로 뿌리내리고 있었다. 기관의 미션을 인용함으로써 운영진과 투자자들에게 참여 프로젝트의 가치를 이해시킬 수도 있을 것이며, 실험적이고 혁신적인 길을 열어갈 수 있을 것이다.

참여의 고유 학습 가치

교육을 그 임무로 채택한 기관에서, 참여적 기법은 방문자들로 하여금 특정 기술을 연마하고 창작, 협업과 혁신에 도움을 줄 수 있다. 이러한 기술들은 흔히 "21세기 스킬", "창의 능력", 혹은 "뉴미디어 독해력"이라고 지칭된다.[6]

교육자와 정책 입안자들은 이런 능력을 국제적으로 상호연결된 다문화적 세계에서 성공적이고 생산적인 시민이 되기 위해 필요한 것이라

---

5 〈미네소타의 위대한 세대〉는 다음 주소에서 살펴볼 수 있다.
http://www.participatorymuseum.org/ref5-5/

6 이러한 기술에 대한 다양한 정의가 존재하며, 그 전체 목록과 관련 설명은 다음 문헌을 참조할 것. 21세기적 기술을 위한 파트너십The Partnership for 21st Century Skills (http://www.participatorymuseum.org/ref5-6a/), 뉴미디어 독해력 연구 발기New Media Literacy Research Initiative (http://www.participatorymuseum.org/ref5-6b/), 창의 능력 프로파일Innovation Skills Profile (http://www.participatorymuseum.org/ref5-6c/)

고 정의한다.

이러한 기능에는 다음과 같은 능력이 포함된다.

- 다양한 배경의 사람들과 협력하고 상호교류하는 능력
- 창의적인 아이디어를 혼자서, 그리고 여럿이 생산해낼 수 있는 능력
- 상이한 출처의 정보를 찾아보고, 평가하고, 해석할 수 있는 능력
- 미디어 작품을 분석하고, 적용하고, 창조하는 능력
- 자기주도적 학습의 능력
- 변화되는 역할, 직업적 책임, 일정과 맥락에 적응하는 능력
- 보다 큰 커뮤니티를 머릿속에 그리고 그것의 이해에 부합하도록 행동하는 능력

참여적 프로젝트는 특히 방문자들이 이러한 역량을 배양하도록 도와줄 수 있는 고유한 성질을 가지고 있으며, 그것은 다음과 같은 활동을 장려하기 때문이다.

- 자신의 이야기, 사물, 혹은 미디어 작품을 창작한다.
- 기관의 컨텐츠를 차용하고 재활용하여 새로운 작품과 의미를 창작한다.
- 커뮤니티 프로젝트에 상이한 배경을 가진 다른 방문자들과 함께 참여한다.
- 일회 방문시 혹은 보다 긴 시간을 두고 자원봉사자로서의 역할을 감수한다.

참여적 학습 능력은 일부 기관에서 방문자 학습의 전체 중 일부로 채용되기도 한다. 예를 들어, 온타리오 과학관Ontario Science Centre의 〈웨스턴 가족창의센터Weston Family Innovation Centre〉는 캐나다 정부의 창의 역량 프로필과 공조하며 방문자들의 창의 역량의 배양을 돕고 있다. 〈창의센터〉는 방문자가 스스로 전시와 공유를 위한 작품을 창작할 수 있는 참여 활동을 제공하는데, 여기에는 로테크적인 만들기, 예를 들어 신발 만들기나 일상용품으로 조각 만들기에서부터 미디어 작품, 예를 들어 스톱모션 영상 만들기까지가 포함된다. 여기에 포함된 한 영역 〈챌린지 존Challenge Zone〉에서는 방문자가 집단을 이루어 폐품을 재료로 활용해 현실 세계의 문제를 해결할 가능한 해답을 구상하게 한다. 이러한 활동은 창의적이면서도 협력적 형태의 교육을 증진하는데, 이는 비판적 사고와 과학 이론 학습에 중심을 둔 전통적 과학관에서는 보기 드문 것이다.

참여적 학습 능력은 과학관에만 적용될 수 있는 것은 아니다. 메릴랜드 주 볼티모어 시의 월터스 미술관Walters Art Museum에서는 박물관-도서관 서비스 연구소Institute for Museum and Library Services의 〈21세기 스킬21st Century Skills〉 보고서를 활용하여 자신의 청소년 자문위원회의 교육 활동을 위한 계획을 수립하고, 자금을 마련하고, 평가에 적용하였다.[7] 예를 들어 2009년에는, 청소년들이 〈할것, 말것, 어떻게, 왜 안돼: 청소년을 위한 박물관과 예술 잡지Do's, Don't's, How-To's, Why Not's: A Zine for Teens About Museums And Art〉라는 출판물을 만들어냈다. 이 공동 창작 프로젝트는 박물관의 대안적 목소리를 시범해 보였다. 또한 이 출판물은 비판적 사고, 문제 해결

7 박물관-도서관 서비스 연구소IMLS의 〈21세기 스킬〉 보고서[PDF]는 다음 주소를 활용할 것. http://www.participatorymuseum.org/ref5-7/

력, 창의, 창작, 협력과 의사소통, 시각 및 매체 독해력, 자기주도성, 생산성, 책임감, 리더십, 그리고 의무와 같은 21세기 스킬에 포함된 목표 결과를 달성하기도 하였다. 청소년 잡지 프로젝트를 참여적 학습 목표에 결합함으로써 월터스 미술관은 새로운 자금의 확보에도 성공하였고 청소년들에게는 바람직하고 창의적인 공동 창작의 경험을 선사할 수 있었다.

참여적 기능 학습과 컨텐츠 교육 간에는 줄다리기가 있을 수 있는데, 기능에 기반한 체험활동에 익숙한 기관에서도 그러하다. 2006년 여름, 샌프란시스코의 익스플로러토리움Exploratorium에서는 2,400여 방문자들이 참여하여 〈나노스케이프Nanoscape〉를 함께 만들었는데, 이는 나노스케일의 원자와 분자를 상징하는 공과 막대로 이루어진 거대한 조형물이었다. 방문자들은 열광적으로 자원하여 참여하였고, 거대한 프로젝트를 위해 어떻게 협력해야 할지와 조그마한 부품을 어떻게 조립해야 할지에 대해 많은 것을 배웠다. 하지만 그들은 프로젝트 이면의 나노사이언스에 대해서는 별로 배운 것이 없었다. 방문자들은 자신이 만들고 있는 원자와 미립자들을 "건물"과 같다는 식으로 묘사하였으며, 평가자들은 프로젝트를 통해 전체적인 과학 학습이 이루어지지 못했다는 사실에 실망했다.[8]

참여자에게 제대로 된 일이 부여되어야 하는 이유

운영진이 참여 활동의 고유 학습 가치를 식별할 수 없다면 방문자 참

---

8 에린 윌슨Erin Wilson의 논문, "〈나노스케이프〉 만들기"를 참조할 것. "Building Nanoscape," in *Visitor Voices in Museum Exhibitions*, ed. McLean and Pollock (2007): 145~147.

여의 전체적 가치는 의문시될 것이다. 참여적 기법의 습득은 참여 활동의 가치 중 일부분에 불과하다. 많은 참여적 프로젝트는 방문자를 기관의 컨텐츠나 연구에 기여할 수 있는 작업에 참여시킨다. 이런 프로젝트는 세 가지 종류의 가치를 제공한다.

1. 학습 가치 - 방문자는 연구 혹은 창작 기술을 학습한다.
2. 사회적 가치 - 방문자와 기관의 연대감이 증가하며, 기관(혹은 프로젝트)에 자신의 능력을 보탬으로써 자신감을 얻는다.
3. 작업 가치 - 방문자는 기관에 유용한 작업을 생산한다.

참여적 경험을 설계할 때는 이 세 가지 가치 모두를 유념하는 것이 중요하다. 많은 설계 사례에서, "진짜" 일의 아주 작은 부분, 실제로 쓸모가 거의 없을 정도의 부분만이 참여 경험용으로 개발되는 경우가 많다. 또 다른 경우, 실제 작업이 단순화된 형태로 제공되기도 하며, 같은 작업도 내부에서 작업할 경우에 비해 참여자에게 제공될 때 더 많은 자원이 소요될 때도 있다. 결과물에서 학습 가치에 주목한다면 이러한 단순화는 이해가 된다. 방문자의 기여는 보잘것없거나 느리게 이루어지겠지만 새로운 기술을 배우게 되기 때문이다. 방문자의 결과물 수준이 낮거나 고르지 못한 가치를 가졌다고 해도 그 프로젝트는 학습과 사회적 결과로 인해 가치가 있는 것으로 판단될 수 있을 것이다.

스미소니언 미국 미술관 루스 파운데이션센터Luce Foundation Center의 조지나 굿랜더Georgina Goodlander는 〈빈 곳을 채우세요Fill the Gap〉 프로젝트를 통해 이 문제를 다루었는데, 방문자는 박물관의 학습 창고에서 빈자리에 넣을 전시물을 골라 그 이유를 이야기했다.(229쪽 참조) 이 프로젝트는 인기를 누렸지만 운영진의 시간이나 노력이 절약되지는 않았다. 굿랜더는 다음과 같이 설명한다.

> 이것을 위해 운영진은 사람들이 선택할 대상물의 후보 목록을 먼저 선정해야 했다. 우리는 빈자리의 모습을 인쇄해 게시하였으며, 사람들은 주어진 여러 미술품(종이에 인쇄해 코팅한 것)을 사용하여 자신의 선택을 결정했다. 우리는 또한 자신의 선택을 설명하거나 그 이유를 설명해 줄 것을 요청했다. 이후, 가장 많은 투표를 얻은 미술품이 그 빈자리에 설치되었다. 이 일은 큰 성공이었으며, 참여하여 "큐레이터"가 되어 보는 일에 대해 많은 사람들은 많은 즐거움을 표현했다. 하지만 그것은 사실상 진짜 프로젝트가 아니었으며, 실제로 우리들은 그것을 준비하기 위해 상당히 많은 일을 감수했다. 우리가 직접 미술품을 단순히 고르는 일보다 더 많은 일이었다.

굿랜더의 마지막 문단에서는 유용한 결과물을 얻기 위해 참여자에게 특별히 집중되었던 업무가 드러나고 있다. 〈빈 곳을 채우세요〉는 실로 "진짜" 참여 프로젝트였다. 하지만 그것은 생산성 있는 일이라기보다는 사회적, 그리고 학습적 가치를 더 많이 산출하는 것이었다. 방문자는 큐레이터나 소장품관리자registrar가 아니다. 그들은 연구 중인 전시 위치에 실제로 잘 들어맞을 아이템을 전체 소장품 속에서 찾아낼 만한 전문성도 시간도 가지고 있지 않다. 굿랜더의 접근법은 방문자에게 한정된 미술품의 세트를 제공하고 그 속에서 선택하게 하며, 하나를 골라 그 선택의 이유를 논하게 하는 활동에 집중하였다. 그것은 좋은 설계였으며 위장된 경험이 아니었다. 그녀가 미술품들을 저울질하고 보다 바람직한 미술품 선택을 논하는 경험을 가치 있는 방문자 경험으로 식별한 것은 적절했으며, 그러한 경험을 돕기 위한 플랫폼을 설계한 것이다.

참여적 프로젝트에 있어서 "진짜 가치"는 참여자에게 제공된 작업을 운영진이 수행하기위해 소요되는 시간과 금액만으로 단순하게 결정되지는 않는다. 여기에는 커뮤니티 관계를 형성하는 사회적 가치와 스킬 학습 경험을 방문자에게 제공함에 따르는 교육적 가치가 포함된다.

어린이와 함께 요리하는 경험을 생각해 보자. 어떻게 보더라도 여덟 살짜리 어린이와 같이 케이크를 굽는 일은 혼자서 하는 것보다 쉬울 수도 빠를 수도 없다. 하지만 어린이를 포함시키는 것은 그 아이와의 관계 향상, 뭔가를 할 수 있다는 자신감 향상, 기본적인 요리법의 교육, 과학적이고 수학적인 개념의 교육 등의 효과를 가져온다. 뿐만 아니라, 그렇게 함으로써 모두가 함께 즐거운 케이크가 만들어진다.

참여의 전략적 가치

기관의 모든 참여적 기법이 방문자의 참여 경험만을 향상시키는 것은 아니다. 그것은 임원진, CEO, 그리고 관리운영팀에게도 적용될 수 있으며 기관의 전략적 가치 향상을 도울 수 있다. 참여적 프로젝트로 지역 커뮤니티의 눈에 비친 기관의 이미지를 바꿀 수 있고, 기부금 모금 참여를 증가시킬 수 있으며, 새로운 파트너십의 기회도 창출할 수 있다. 특히 커뮤니티나 도시 생활과 관련이 없을 것으로 인식되고 있는 기관에게는, 시민들의 참여와 기여를 적극적으로 요청함으로써 조직의 건전성과 활력에 의미 있는 영향을 가져올 수 있다.

사례연구

참여를 활용한 과학산업센터의 부활

오하이오 주 콜럼부스 시의 과학산업센터Center of Science and Industry(COSI)를 사례로 살펴보자. COSI는 참여적 기법을 활용함으로써 그 투자자, 기부자, 그리고 대중을 위한 커뮤니티의 필수적인 과학과 학습 활동의 구심점으로 자리잡게 된 체험형 과학관이다.

COSI의 참여 전략은 위기감 속에서 탄생되었다. 2004년, 유권자들은 이 기관을 보조해 온 세금 경감안에 반대하게 되었으며, 과학관은 운영진을 축소하고 전시장을 폐쇄해가며 운영을 유지하기 위해 분투하고 있었다. 2005년, 데이비드 체스브로David Chesebrough가 상황을 타계시키기 위한 새 CEO로 부임하게 되었다. 그는 COSI에서의 최초 부임시절에 대해 다음과 같이 회고하였다.

> 우리는 가치 정위value position에 대해 새로 접근해야 했으며 즉시 대규모의 자금 조달에 착수해야 했다. 역사적으로 보자면 COSI는 방문객 규모에만 사실상 집중하였으며 모든 일이 그것을 위해 기울어 있었다. 그러나 나 자신은 커뮤니티 속으로 들어가 수백만 달러의 자금을 모집하기 위해 그 자리에 간 것이며, 그것을 위해서는 가치 정위가 커뮤니티에 집중되어야 함을 주장해야 했고, COSI가 커뮤니티의 소중한 자산이자 투자처라는 것을 입증해야 했다.

체스브로와 그 임직원들은 어떻게 하여 COSI가 커뮤니티의 소중한 자산이자 투자처라는 것을 입증할 수 있었을까? 그들은 기관을 커뮤니티를 위한 "과학 중심"이라고 정위하였으며 콜럼부스 시의 학계 연구 커뮤니티, 사업체, 그리고 학교들과의 연대를 강화하기 위한 광범위한 파트너십과 프로젝트에 착수하였다. 다음은 그 예이다.

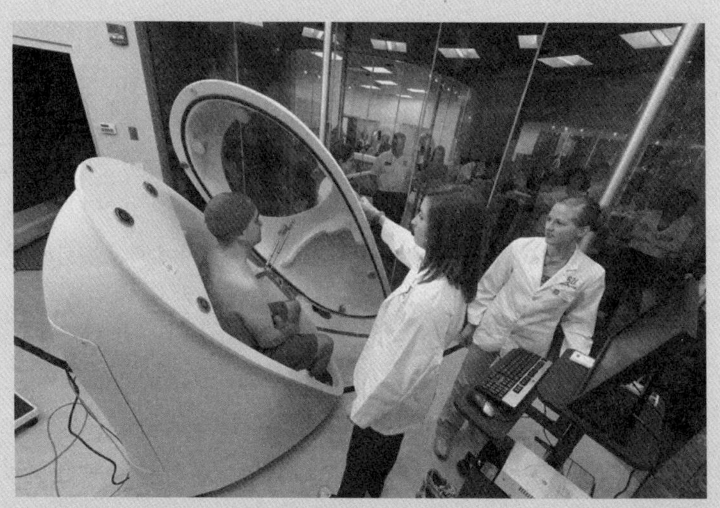

〈삶 속의 실험실〉의 OSU 연구자들이 관객들이 지켜보는 가운데 피실험자의 체지방 비율과 순수근육부피를 "봇팟BodPod"을 사용해 측정하고 있다.

- COSI는 오하이오 주립대학OSU의 연구자들과 연대하여, 실제 연구에 참여할 수 있도록 과학자와 기회들을 방문자에게 열어 주었다. 이 협력체는 〈삶 속의 실험실Labs in Life〉이라는 공개 전시장을 공동제작하여 방문자들에게 생리학 관련 연구 프로젝트를 진행중인 실제 과학자와 교류할 수 있는 기회를 제공하였다. 과학자들은 자신의 작업에 관한 교육 프로그램을 제공하였는데, 그것은 자신의 연구 분야와 관련된 전시와도 맥락이 상통하였다.
- COSI는 아동발달과 인지과학 분야의 OSU 연구원들을 초빙해, 어린이와 그 부모가 참여하는 연구조사를 〈리틀 키드스페이스Little kidspace〉 전시장을 통해 수행했다. 이 계획은 비공식적으로 발족하였지만 성공성이 입증되고 나자 COSI는 〈리틀 키드스페이스〉 내의 한 공간을 이 연구에 할당하게 되었다. OSU의 가족연구센터(COSI 내에 위치) 역시 COSI의 전시를 효과적으로 활용함으로써 위기에 처한 가족에 대한 사회 역학적 개선에 일조했다.

- 2008년, COSI는 지역 TV 및 라디오 방송국인 WOSU에게 1,115m²의 면적을 임대하여 공익적 프로그램의 방송과 개최를 시작하였다. WOSU와 COSI는 소셜 미디어 회합, 기술 이벤트, 그리고 기타 프로그램을 모두 함께 과학관에서 실행하도록 협력하였으며, 기술자, 비영리단체, 그리고 디지털 매체 애호가들을 한곳으로 모았다. 그들은 또한 커뮤니티 구성원들을 초청하는 협력 대화 프로그램을 개최하여 학자와 함께 과학 및 종교에 관련된 최근의 이슈를 나누도록 하였다.
- COSI는 시내의 과학 기술 분야 신사업 인큐베이터인 테크콜럼부스TechColumbus와 협력하여 〈이노베이션 쇼케이스Innovation Showcase〉라는 새로운 전시를 개발하였다. 이 전시는 지역의 연구 및 디자인 업체로부터 혁신적인 작업이나 인물까지를 모아 선보였으며, 기술 전문가 커뮤니티의 행사를 개최하기 위한 플랫폼도 제공하였다.

이렇게 공식적인 연구자, 매체, 그리고 사업과의 파트너십을 넘어, 체스브로는 COSI 임직원들이 지위고하와 상관없이 방문자 및 콜럼부스 지역민들과 새로운 관계를 웹과 박물관에서 맺어 나가도록 주문했다. 과학관은 이러한 노력을 지원하기 위해 커뮤니티 연계 책임자를 정식 직원으로 고용하였고 그녀는 특히 지금껏 기관을 잘 활용하지 않아온 커뮤니티 내의 가족과 청소년을 이끌어들이는 데 집중하였다. 체스브로는 기관내의 모든 곳에서 창의적인 실험을 지지하고 신뢰를 보여주었다. 그것에 대해 임직원은 다음과 같은 행동으로 응답했다.

- 지역의 과학 기술 관련 모임에 참여하여 COSI의 기술 교육과 사업 성장에 대한 지지를 표현하였다.
- 방문자와 멤버십 회원을 소셜 미디어 사업에 적극 유치하였으며, 전시 제작의 막후 현장으로부터 예술감독의 블로그와 기관의 프로그래밍 및 마케팅 아이디어에 대한 방문자 기여 기회까지, 모든 것을 공유하였다.
- 커뮤니티가 제작한 사진과 영상을 기관 웹사이트에서 발표하였다.

- 회원, 학교와 대중을 위한 더 많은 과학의 날과 특별 프로그램을 제공하였다.
- 정부 보조를 받는 가족을 위한 저렴한 "가족 지원 멤버십" 제도를 선보여 크게 성공하였다.
- 더욱 의미 깊은 커뮤니티 이벤트를 주최하였다. 예를 들어 지역 개발계획 위원회의 지속가능성 대표자회의와 주지사 주관 주전체 교육정책 대담회의 개회와 폐막회를 유치하였다.
- 인턴십, 업무 경험 및 학습을 위해 공립학교와 학교 인사들과 적극적으로 함께 노력했다.

이러한 행동으로 관람자의 총수 증가와 COSI 방문자 및 참여자 인구의 다양성 확대 모두는 믿을 수 없는 성공을 얻게 되었다. 2004년에서 2009년까지 멤버십 회원수는 11,000명에서 18,000명으로 증가하였으며, 2009년 말, 회원 중 20퍼센트는 저소득 "가족 지원" 유형이었다. 가족 지원 회원은 재가입시에는 일반 회원과 동일한 가격이 책정되며, 그들의 참여로 인해 COSI의 방문자 인구구성은 이 과학관이 속해있는 카운티county의 인구구성과 비슷하게 맞추어졌다.

COSI와 새로 연결된 커뮤니티 소속원들은 단지 방문자수와 회원수 증가를 가져온 것은 아니었다. 그들은 열렬한 기부자와 자원봉사자를 몰고 들어왔던 것이다. 2004~2009 회계연도 동안 150달러 이상의 COSI 기부자의 기반은 24퍼센트나 상승하였다. COSI에 한 번도 참여하지 않은 사람들도 의미가 있는 방식으로 연결되게 되었다. 자원봉사자는 소셜 미디어 컨설팅, 아이폰 애플리케이션 개발, 그리고 시설 미화와 도색까지 모든 일에 참여하였다. 공공 관계 및 소셜 미디어 매니저인 켈리 노윈스키Kelli Nowinsky는 COSI의 소셜 미디어 사업의 초반에 참여한 어느 자원봉사자에 대해 이렇게 묘사했다.

트위터를 통해 알게 된 한 남자가 직접 만날 것을 요청했다. 처음엔 그가 COSI 웹사이트에 대해 이야기하고자 할 것 같아 나 역시 회의적이었다. 그가 COSI에 대해 이야기하고 싶다고 하여 우리는 차 한 잔을 나누게 되었다. 그는 이러저러한 아이디어가 있는 노트북을 꺼내서는, "〈이노베이션 쇼케이스〉를 제가 어떻게 도와드릴 수 있을까요?"라고 물어보았고 나는 깜짝 놀랄 수밖에 없었다. 그는 아무것도 대가를 원하지 않았다. 나는 어린아이도 없는 젊은 전문가와 함께 함께 앉아 있었다. 그는 COSI와 아직까지 한 번도 연관된 적이 없으며, 소셜 미디어를 통해 우리가 만났을 뿐이었다. 현재 우리는 전문적 관계를 유지하고 있으며, 늘 그는 우리의 소셜 미디어 사업을 어떻게 도울지와 기술자 커뮤니티에 어떻게 다가갈 수 있을지를 이야기한다.[9]

COSI는 새로운 파트너와의 협력과 콜럼부스 시민들의 열광적인 참여에 힘입어 시에서의 위상을 역전시키는 데 성공했다. 2009년, 경제 불황에도 불구하고 COSI의 입장객수, 회원수, 그리고 기부자 수는 모두 증가를 기록했다. 고액 기부자들은 계속해서 기관에 대한 지원을 유지하고 기부액을 늘려갔으며, 지역 정치인들은 COSI를 필수적인 커뮤니티 자원으로 옹호했다.

체스브로는 자신의 운영진에게 단일한 참여 전략만을 추구하는 것이 아니라 다양한 서로 다른 방식으로 커뮤니티와 연결할 것을 지지하고 독려했다. 함께 모두가 그들은 불과 몇 해 전까지만 해도 "좋은 날은 지나갔다"며 갈수록 대중의 삶과 괴리되어 가던 기관의 가치 정위를 뒤바꾸었다. 현재 이 과학관은 핵심 관객인 가족과 학생뿐만 아니라 보다 넓은 관객인 기술자, 과학자와 청소년과의 연관성을 확보하였다.

9 2009년 2월 노윈스키, 체스브로, 그리고 웹매니저 케빈 페펄리Kevin Pfefferle의 인터뷰를 참조할 것. http://www.participatorymuseum.org/ref5-9/

직원들은 기관의 미션에 기반을 두고 있으면서 관리층으로부터 지원을 얻고 있다고 느낄때 방문자와 자기 자신에게 이익을 가져올 수 있는 창의적이고 자신감 넘치는 참여 기법을 찾아 나설 것이다. 다음의 네 개 장에서는 이 장의 앞부분에서 소개한 참여 기법의 네 가지 유형을 어떻게 구성하고 실현할 것인지를 자세히 살펴볼 것이다. 이들은 기여, 협력, 공동제작, 그리고 호스팅으로서, 제 6장에서는 기여 프로젝트부터 살펴보고자 한다. 여기에 관객들은 문화 기관에 자신의 아이디어, 사물, 혹은 창작물을 공유함으로써 참여하게 된다.

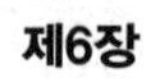

제6장

기여자로서의 방문자

방문자가 문화 기관에 참여하는 가장 일반적인 방법은 기여contribution의 방식이다. 방문자는 운영진의 아이디어를 시험하거나 새로운 프로젝트를 개발하는 데 도움을 줌으로써 기관에 기여한다. 그들은 자신의 생각과 창작 작업을 공개 포럼에 공유함으로써 서로 기여한다. 방문자 기여 방식으로는 다음과 같은 것들이 있다.

- 기관 방문 혹은 포커스 그룹 활동 중 말이나 글로 피드백을 남긴다.
- 크라우드소싱{crowd-sourced: 대중으로부터 수집되는 이라는 뜻으로, 인터넷으로 인해 제작과정이 대중화되는 현상이 나타난 최근에 만들어진 신조어임} 전시와 컬렉션 프로젝트에 개인적 사물이나 창작 작품을 제공한다.
- 전시 투어나 교육 프로그램의 의견 게시판에 의견이나 이야기를 남긴다.
- 웹으로 회상적인 기억이나 사진을 공유한다.

왜 방문자들에게 자신의 이야기나 사물을 공유하도록 기관이 독려해야 할까? 방문자의 기여는 문화 기관에서 제공되는 목소리와 경험을 개인화하고 다양화한다. 그것은 방문자의 지식과 능력을 확인하게 해주면서 동시에 운영자들만으로는 만들 수 없는 컨텐츠를 관객들이 만날 수 있게 한다. 운영진이 방문자에게 기여를 요청하게 되면, 그것은 해당 문화 기관이 참여에 대해 개방적이며 그것을 열망하고 있다는 신호를 전달한다.[1]

일반적으로 기여 프로젝트는 기관이 방문자를 참여에 초대하고자 할 때 가장 쉬운 방식이다. 협력 혹은 공동제작 프로젝트가 깊은 소속감을 가지고 별도로 선발된 소수의 참여자에게만 제공되는 게 보통이라면, 이와 달리 기여적 활동은 특별히 많은 준비나 참여자에 대한 교육 없이도 모든 유형의 방문자에게 제공될 수 있다. 이러한 프로젝트들은 최소한의 운영진 보조만으로도 문제없이 진행된다. 대부분 그 자체로 설명되고 자체적으로 유지될 수 있는 형태이기 때문이다. 기여적 프로젝트는 또한, 많은 경우 방문자가 참여자와 관람자의 역할 사이를 편하게 오갈 수 있는 유일한 방식이기도 하다. 방문자들은 의견을 적어 벽에 그것을 붙여놓고, 즉시 자신의 기여 결과를 즐겁게 경험하게 된다.

하지만 기여는 빠르고 단순한 활동만을 위한 것은 아니다. 기여 프로젝트는 방문자들에게 매우 큰 창조적 역량을 부여할 수도 있다. 자신만의 이야기를 작성하기, 자신만의 작품을 만들기, 그들의 생각을 공유하기 등이다. 덴버 커뮤니티 박물관Denver Community Museum은 소규모로 한정된

1 방문자 기여의 이득의 훌륭한 목록은 캐틀린 맥린Kathleen McLean과 웬디 폴록Wendy Pollock의 〈방문자의 목소리와 박물관 전시〉의 서문을 참조할 것. *Visitor Voices in Museum Exhibitions*, ed. McLean and Pollock(2007).

기간 동안 운영되는 기구였는데, 그들은 방문자 기여 컨텐츠만을 활용한 단기 전시를 선보였다.[2] 그곳의 창립 디렉터였던 제이미 콥케Jaime Kopke는 매월 방문자들이 특정 주제와 관련된 사물을 만들거나 가져오는 "커뮤니티 챌린지Community Challenge"를 개최하였다. 사례로써, 다섯 번째 챌린지였던 〈병을 채워라Bottled Up!〉에서는 다음과 같이 방문자들을 초대했다.

> 자신의 인생 속 사람과 장소에 대한 기억을 병에 채워 주세요. 모든 형태의 재료를 사용할 수 있습니다. 메시지, 물건, 향기, 소리, 사진 등 자신의 이야기를 나눌 수 있는 어떤 것도 됩니다. 여러 개의 병을 가져와도 좋습니다. 자신의 병을 다른 방문자가 열어봐도 되는지 닫아둬야 하는지는 결정해 주세요.

그 결과, 전시에는 스물아홉 개의 방문자 기여 전시품이 공개되었다. 향수병, 알약병, 와인병, 그리고 집에서 만든 용기에 기억을 유발하는 사물과 이미지가 담겨졌다. 많은 참여자들은 자신의 프로젝트를 열어 볼 수 있게 하여 다른 방문자들에게 비밀을 공개하고, 향기를 맡아보고, 숨겨진 보물을 찾게 하였다. 한 기여자는 대단히 열광하여 며칠마다 한 번씩 박물관에 찾아와 자신의 장난감이 담긴 병을 재배치하고 다른 관객들에게 자신의 컬렉션을 가지고 놀아 보라고 독려했다.

방문자가 미리 제작한 기여물을 선보이는 것 외에도 콥케는 간단한 인터랙티브 콜라주 나무를 하나 설계하고 그것을 전시장 한 곳의 벽에 설치했다. 여기에는 "첫사랑" 혹은 "자신이 신성시하는 믿음"과 같은

---

2 덴버 커뮤니티 박물관에 관한 자세한 사항은 제이미 콥케Jaime Kopke가 2009년 12월에 작성한 블로그 글, "게스트 포스트: 덴버 커뮤니티 박물관Guest Post: the Denver Community Museum"을 참고할 것. http://www.participatorymuseum.org/ref6-2/

덴버 커뮤니티 박물관의 방문자들이 〈병을 채워라!〉 전시를 즐기고 있다. 이 전시는 모든 연령의 커뮤니티 구성원들이 기여하여 이루어졌다.

문구가 적힌 빈 병이 걸려 있었다. 원하는 방문자는 종이띠에 추억을 적어서 병에 부착할 수 있었다. 콥케는 이렇게 설명한다. "방문자들은 전시물 어느 것 하나도 대충 보거나 읽고 가는 것이 없었다. 전시물은 모두가 하나같이 사람들이 만져보고 가져가고… 혹은 보다 중요하게 남겨두고 갈 무언가를 가지고 있었다."

덴버 커뮤니티 박물관은 예산이나 정규 직원을 두고 있지 못한 작은 기구였다. 방문자를 존중하고 그들의 기여 능력을 존중함으로써 콥케는 모든 사람이 참여자거나 혹은 장래의 참여자인 것처럼 느끼게 만드는 독창적인 관객 경험을 제공할 수 있었다.

덴버 커뮤니티 박물관과 같이 오로지 기여에만 의존해 운영되는 전통적 기관은 거의 없지만, 거대한 기관에서조차도 방문자와 그들의 기여를 존중하는 원칙은 동일하게 적용될 수 있다. 2007년 빅토리아 앨버트 박물관Victoria & Albert Museum은 텍스타일 예술가 수 로티Sue Lawty와 함께 〈월드 비치 프로젝트World Beach Project〉를 개시하였는데, 이것은 해변의 돌을 이용해 작품을 만들고 이를 전 세계 지도 위에 표시하는 매우 단순한 목적의 참여 프로젝트였다.[3] 〈월드 비치 프로젝트〉의 방문자들은 빅토리아 앨버트 박물관을 직접 방문할 필요도 없었다. 참여자들이 할 일은 네 가지였다. (세계 어디든) 해변으로 가서, 돌로 작품을 만들고, 사진을 찍고, 웹을 이용해 박물관에 사진을 보낸다.

〈월드 비치 프로젝트〉 웹사이트는 전 세계의 수백 명의 참여자들이 만든 해변 작품을 보여 준다. 이 프로젝트가 성공한 것은 참여를 독려하면서 방문자의 고유한 기여에 대한 존경을 더했기 때문이었다. 웹사이트에서 사용되는 친근하고 독특한 표현들, 예를 들어 "참여는 매우 쉬워요"라든가 "내 비치 프로젝트를 지도에 추가하기"와 같은 문구들은 구경하던 사람들에게 자신의 작품을 기여하고 싶은 영감을 부여했다. 이 프로젝트에서 방문자의 기여에 가치를 부여하는 한가지는, 해변의 작품을 위탁제작commission된 작품 중 하나로 우대하고 그것을 소장품으로 등록accession하며, 그것을 방문자들이 쉽게 찾아볼 수 있도록 함을 통해서였다.

수 로티의 〈월드 비치 프로젝트〉에 관한 묘사에 따르면 이것은 "글로벌한 회화 프로젝트로서, 돌을 이용한 그림 그리기를 통해 시간, 장소, 지질학과 접촉의 원초적 본능을 이야기한다." 로티는 방문자들에게 자신을 예술가의 커뮤니티의 일부이자 지리학적으로 연결된 생태계로서 생

3 이 프로젝트는 이 책이 출간되는 현재까지도 진행되고 있으며 다음 주소를 통해 방문할 수 있다. http://www.participatorymuseum.org/ref6-3/

각되게 하였다. 〈월드 비치 프로젝트〉는 덴버 커뮤니티 박물관과 마찬가지로 시시한 참여 기회를 제공하지 않았다. 이들 프로젝트는 방문자의 창의적 능력을 존중하면서 그들의 기여를 위해 매력 있는 행위와 플랫폼을 제공하였다.

〈월드 비치 프로젝트〉 웹사이트는 전세계로부터의 해변 예술 작품을 빠르게 살펴볼 수 있도록 하기 위해 단순한 지도를 중심으로 제작되어 있다.

참여적 프로젝트의 세 가지 접근법

기여적 프로젝트를 추진할 때, 기관에게는 세 가지 기본 방향이 존재한다.

- 필수적 기여necessary contribution는 프로젝트의 성공이 방문자의 능동적 참여에 의존한다.
- 보충적 기여supplemental contribution는 방문자의 참여가 기관의 프로젝트를 향상시킨다.
- 교육적 기여educational contribution에서는 기여를 위한 활동을 통해 활동과 관련된 기술이나 경험을 방문자가 얻어 간다.

덴버 커뮤니티 박물관과 〈월드 비치 프로젝트〉는 필수적 기여의 사례들이었다. 이 프로젝트들은 방문자의 능동적인 참여가 있어야만 존재한다. 여기서 기여의 목적은 유용하고 의미 있는 작업물을 생성해내는 데 있다. 어떤 필수적 기여 프로젝트에서는 기여자가 데이터나 조사자료를 만들어냄으로써 운영진에게 도움이 된다. 다른 필수적 기여 프로젝트들에서는 방문자가 살펴볼 수 있는 새로운 컨텐츠를 생성한다.

참여자들은 자신의 참여가 프로젝트의 성공과 밀접하게 연관되었을 때 흔히 보다 높은 주인의식과 뿌듯함을 느낀다. 이 뿌듯함은 개인에게 국한되지는 않는다. 많은 기여 프로젝트는 함께하는 주인의식과 집단적 소속감을 돕는다. 익스플로러토리움에서 방문자들이 건축한 조형물 〈나노스케이프Nanoscape〉(286쪽 참고)를 본 한 참관자는 참여적 접근법에 대해 이렇게 칭찬했다. "모든 사람이 참여할 수 있었기 때문에 사람들은 무언가의 일부가 된 느낌을 받았다."[4] 최종적으로 조립된 공과 막대들에서는 어떤 한 기여자의 개별성이 드러나지는 않았다. 집단 경험의 집합적 능력이 강력한 참여적 전시를 만들어낸 것이다.

기여적 프로젝트의 성공여부가 방문자의 기여에 의존한다면, 거기에는 높은 위험과 함께 거대한 기관 투자가 수반될 것이다. 만약 참여자가 요구한 대로 행동하지 않는다면 그 프로젝트는 그대로 공개적인 실패가 될 수도 있다. 영상 컨테스트에 몇 안 되는 참여건 만이 모인다든가 한두 개의 의견만이 외로이 달려 있는 의견 게시판의 경우도 있다. 하지만 실패에 대한 두려움은 운영진에게, 확실히 방문자의 작품이 기관의 요구를 충족할 수 있도록 보다 많은 생각과 집중을 투자해 프로젝트를

---

4 에린 윌슨Erin Wilson의 다음 글을 참조할 것. "Building Nanoscape," in *Visitor Voices in Museum Exhibitions*, ed. McLean and Pollock (2007): 145~147.

설계해야 할 동기를 줄 수도 있다.

사례로서, 미네소타 역사학회의 〈MN150〉 프로젝트에 임했던 전시 개발자들의 경험을 살펴보자. 〈MN150〉은 "미네소타를 변화시킨" 150가지 화두에 관한 상설전이다. 이 전시는 2007년, 미네소타주의 설립 150주년을 기념하여 개관하였다.

〈MN150〉 팀은 전시의 화두들을 크라우드소싱 방식으로 모집하기로 결정하였는데, 그 이유는 거대하고 변화무쌍한 주민들의 상황을 고려할 때, 주민들에게 가장 중요한 것이 무엇인지를 결정하는 일을 몇 안 되는 개발자와 큐레이터가 담당하는 것은 "말이 되질 않아서"였다. 작업에 착수한 후, 전시팀은 다양한 주민들로부터 추천을 적극적으로 수집하기 위해 아메리카 원주민 보호구역의 지도자들, 소규모 마을들, 그리고 이민자 커뮤니티 등에 접근했다. 온라인으로 진행된 모집에서 제안이 충분히 수합되지 못하자 운영진은 사람들을 설득하기 위한 새로운 방법을 찾았다. 그들은 미네소타 주 축제에서 부스를 차려놓고, 영리하게도 부채 모양으로 디자인 된 제안 양식을 나누어 주었다. 뜨거운 열기에서 벗어나 주제를 제안해 달라고 축제 참가자들을 부추긴 것이다. 제안 기간이 끝났을 때, 운영진에게는 2,760건의 제안이 모였고, 이는 미네소타 주민들의 다양한 의견이 반영된 고품질 전시를 만들어내기에 충분한 것 이상이었다.

모든 기여 프로젝트가 방문자 참여에만 의존하지는 않는다. 보충적 기여 프로젝트에서는 방문자의 기여를 필수로 여기는 것이 아니라 프로젝트에 독창적이고 바람직한 풍미를 더해 줄 무엇이라고 여긴다. 의견 게시판이나 "만들기 스테이션"을 통해 방문자들이 예술적 창작을 기여하게 하는 것은 보충적 기여 방식의 일반적 형태이다. 보충적 프로

〈MN150〉 팀은 주 축제에서 관람들에게 전시 주제를 제안해 줄 것을 독려했다. 박물관은 의상을 입은 역사 해설자, 친절한 스텝, 그리고 냉방이 되는 건물을 활용해 사람들을 끌어들였다.

젝트에서 전형적인 목표는 다양한 목소리를 더하고, 정적인 프로젝트에 동적인 요소를 추가하며, 혹은 방문자의 생각이나 반응을 위한 포럼을 만드는 것이다.

런던 과학관London Science Museum은 과학 관련 장난감의 역사에 관한 〈과학과 함께 놀자Playing with Science〉라는 기획전을 디스플레이하면서, 몇 번의 주말에 방문자에게 자신의 장난감을 가지고 오도록 요청했다. 방문자의 장난감들은 일시적으로 컬렉션으로 등록되었고, 그것은 전시 마지막에서 몇 개의 유리 진열장을 이용해 전시되었다. 기여자는 자신이 가장 좋아하는 장난감과 함께 사진으로 담겼고 그 물건에 대해, 예컨대 "나는 이 장난감을 가지고 놀면서 우주로 나가는 것을 흉내냈어요," 혹은 "나는 선머슴애 같아서 여자아이가 남자아이 역할을 하는 게 좋아요"와 같이 짧은 설명을 써 넣었다.[5] 이런 관객 기여로 전시는 개인화되었으며, 기여자 이외의 방문자들도 자신의 장난감을 추억함으로써 전시중인 사물들과 연결될 수 있었다. 또한, 정적인 역사에 불과했을 전시에 동적인 요소가 가미됨으로써 방문자, 기관과 해당 전시물 간의 명쾌하고 발전적인 대화가 가능하게 되었다.

런던 과학관의 운영 맴버 프랭키 로버토가 자신의 장난감과 이야기를 〈과학과 함께 놀자〉 참여 요소로 기여했다.

어떤 이에게는 보충적 기여 프로젝트에 참여하는 이유가 자신이 만든 것이나 자신의 의견이 전시되는 순간 느껴지는 유명세의 기쁨 때문이다. 또 다른 이들은 계속 진화되는 컨텐츠에 깊은 감정이나 창조적인 표현을 더하고 싶은 감정을 공유하고자 기여에 참여한다. 많은 의견 게시판의 "존이 여기 왔어요"와 같은 발언들 사이에서는 드물지만 전시중인 전시물이 좋았거나, 나빴거나, 혹은 그것에 대해 이야기하고 싶다는 열정적인 의견이 등장하기도 한다. 예를 들어, 프랫 박물관Pratt Museum에서 1989년 열린 유조선 엑슨발데스 호의 원유 유출 사고를 다룬 전시, 〈어두운 바다Darkened Waters〉에 비치된 의견 게시판과 방명록은 단시간에 방문자의 논평과 토론으로 가득 찼다. 방문자들은 자주 다른 사람의 의견에 반응하거나 박

---

5 〈과학과 같이 놀자〉의 더 많은 사진과 설명은 다음 주소를 이용할 것.
http://www.participatorymuseum.org/ref6-5/

물관에게 직접적으로 발언했으며, 이렇게 비동시적으로 이루어지는 대화의 가치와 필요성에도 공감했다.[6]

만약 방문자가 기관 제공 컨텐츠에 관한 대화에 참여한다면, 운영자들이 그에 응답하고 토론에 참여하는 것이 중요하다. 보충적 프로젝트가 댓글 정도로 느껴진다면 곤란하다. 기관에게 방문자의 기여가 필요가 없다면 운영자들은 방문자의 작업에 관심이 적을 것이고, 그것에 대한 존중감도 가지지 못할 것이다. 가장 좋은 보충적 프로젝트는 방문자의 고유한 자기표현에 가치를 부여한다. 필수적 기여 프로젝트에서는 기관이 기여물의 일관성을 보장하기 위해 제한을 부과하지만, 보충적 프로젝트는 방문자가 창의성을 발휘하고 격한 반응도 자유롭게 공유하게 하고, 나아가 그것을 장려함으로써 살아남는다.

마지막으로, 기관이 실행하는 교육적 기여 프로젝트가 있는데, 여기서는 기여 행위가 기본적으로 소중한 학습 경험으로서 인식된다. 이런 종류의 프로젝트들은 더 많은 기관이 참여적 학습 기술과 뉴미디어 독해력을 강조함에 따라 더욱 증가할 것으로 보인다.[7] 대부분의 교육적 프로젝트는 컨텐츠의 생산보다는 기술을 교육하려는 목적을 가지고 있다.

새로운 것을 시도하고 배우기를 즐기는 방문자들이 특히 교육적 기여 프로젝트에 이끌린다. 과학관과 어린이박물관들이 핸즈온hands-on 방식의 학습과 기능 습득을 강조하고 있음을 고려할 때, 이들이 가장 적극적으로 교육적 기여를 추구하는 것은 놀랍지 않다. 하지만 참여적 기술 학습은 역사나 예술 관련 기관에서도 일어날 수 있다. 캘리포니아 버클

---

6 마이크 오미라Mike O'Meara의 다음 글을 참고할 것. "Darkened Waters: Let the People Speak," in *Visitor Voices in Museum Exhibitions*, ed. McLean and Pollock(2007): 95~98.

7 참여적 학습 기술과 뉴미디어 독해력에 관해서는 283쪽을 볼 것

리에 있는 작은 유대인 예술 역사박물관인 마그네스 뮤지엄Magnes Museum 에서는 〈메모리 랩Memory Lab〉이라는 프로그램을 개시했는데, 여기서는 방문자에게 자신의 물건이나 이야기를 유태인 문화유산 디지털 아카이브에 기여하도록 요청하였다.[8] 연구 및 소장품 디렉터인 프란체스코 스파뇰로Francesco Spagnolo에 따르면, 이 프로젝트는 "추억을 만들어내기"를 목표로 하지만 특히 참여자들이 디지털 도구를 사용해 자신의 문화유산을 보존하고, 정리하고, 또 관리하는 법을 배우는 데 역점을 두었다. 이 기여적 프로젝트는 개인의 체험으로 규정되어 있지만 기관의 상시적 작업을 위한 기술 구축과 감상에 도움이 된다.

마그네스의 〈메모리 랩〉이 성공적인 이유는 방문자로 하여금 디지털 매체에 관한 일반적인 기술 습득이 아니라 자기 자신의 가족사를 탐구하도록 하기 때문이다. 사람들은 어떤 기술이 자기 자신의 삶과 분명하게 관계된 것일 때 그 기술의 습득에 보다 수용적인 태도를 보인다.

기여를 요청하기

참여 프로젝트가 살아남으려면 단순성과 구체성이 필요하다. 방문자들에게 "이야기를 공유해 주세요"라거나 "그림을 그려 주세요"라고 평이하게 요청하는 일은 특정 아이템에 대해 명확한 제한범위를 제시하는 기여 요청과 비교할 때 성공적이지 못하다. 기관이 방문자에게 해볼 만하고 수긍이 된다고 느껴지는 기여 기회를 제공한다면 많은 사람들

8 〈메모리 랩〉에 관한 자세한 내용은 다음 링크를 사용할 것.
http://www.participatorymuseum.org/ref6-8/

이 열광적으로 참여하게 될 것이다.

참여자의 관점에서 좋은 기여 프로젝트는 다음과 같다.

- 방문자가 스스로를 표현할 수 있도록 구체적이고 명확한 기회를 제공한다.
- 사전 지식과 상관없이 참여가 가능하도록 기여적 체험을 보조scaffold한다.
- 방문자의 시간과 능력을 존중한다.
- 방문자의 기여물이 어떻게 전시되고 보관되거나 사용될 것인지를 명확히 예시한다.

사례연구

빅토리아 앨버트 박물관은 어떻게 기여를 요청할까?

빅토리아 앨버트 박물관의 〈월드 비치 프로젝트〉는 특히 명확한 "요청" 문구를 방문자 기여에 동원하였다. 웹사이트에서는 방문자에게 간단하게 전체 과정을 보여 준다.

> 이 프로젝트는 두 단계로, 두 장소에서 진행됩니다. 첫째는 해변으로서, 참여자는 돌을 골라 자신만의 패턴을 만들고, 그 과정에서 사진을 찍어 제작중 기록을 남깁니다. 다음으로 컴퓨터에서, 자신의 사진을 본 웹사이트에 업로드하여 프로젝트를 완성합니다.[9]

9 〈월드 비치 프로젝트〉의 전체 설명은 다음을 이용할 것. http://www.participatorymuseum.org/ref6-9/

이 짧은 설명에 이어서 좋은 해변을 찾기부터 돌을 고르고, 사이트에 제출할 사진 크기를 조정하는 법까지 모든 과정을 다루는 단계별 설명이 뒤따르고 있다. 이 설명은 망설이는 예술가에게 용기를 주며, 자신의 예술 작품을 계획하는데 도움이 되도록 돌을 분류하거나 무리짓는 방법을 제안한다. 또한 설명에서는 기술적으로 뒤쳐지는 참여자를 돕기 위해 카메라의 사진을 컴퓨터로 전송하는 자세한 방법도 제공하고 있다.

마지막 제출 과정에서 각 기여자들은 자신의 이름, 해변의 위치, 제작한 연도, 완성된 작품의 사진 한 장, 그리고 그 작품이 만들어지게 된 짧은 설명을 제출하게 된다. 기여자들은 자신이 원하면 사진을 두 장 더 제출할 수 있다. 한 장은 해변의 사진, 다른 한 장은 작업중의 모습이다. 설명서를 통해 참여자에게 요구되는 모든 것이 설명되고 있으므로 사람들은 어떠한 요건에 대해서도 익숙하게 느낄 것이다.

빅토리아 앨버트 박물관은 기여자들에게 자신이 기여한 컨텐츠에 대한 비독점적 권리를 박물관에 공여해야 하는 법적 조항과 조건을 설명하였다. 이러한 문구는 경험자, 특히 예술가들에게 있어서 소유권을 명확히 하는 데 필요한 것으로써, 참여자와 기관이 서로 신뢰를 가지게 한다.

〈월드 비치 프로젝트〉는 참여에 필요한 정보만을 요청한다. 참여자는 기여하기 위해 회원으로 등록하거나 개인 정보를 제공할 필요가 없었다. 이메일 주소만이 참여자들의 기여와 관련된 연락을 위해 필요할 뿐이다. 운영자들은 사람들이 〈월드 비치 프로젝트〉에만 참여하고자 할 뿐, 자신의 개인 정보 공개는 원하지 않는다는 사실을 존중하였다.

기여적 플랫폼을 설계할 때는 방문자로부터 더 많은 정보나 컨텐츠를 요구하고 싶은 유혹에 빠지기가 쉽다. 이러한 요구에는 상당한 대가가 따른다. 기관이 요청하는 정보가 하나씩 추가될 때마다 참여자에게 짐이 된다. 최대한 단순함을 유지하고, 기여자라도 대부분은 자신의 연락처 정보의 공개를 원하지 않는다는 점을 존중해야 한다.

참여 행위의 모범 사례 제시하기

참여 가능성이 있는 사람들을 위해 방문자의 역할을 명확하고 매력적으로 제시하는 가장 쉬운 방법은 사례를 제시하는 것이다. 방문자는 게시판 위에 붙은 자필 감상평을 보고 자신도 자신의 감상을 게시할 수 있음을 알게 된다. 그는 다른 감상평들을 보고 그 길이와 어조를 참고한다. 게시되어 있는 사례가 방문자의 행동과 자신의 참여 여부에 영향을 주는 것이다.

좋은 모범은 참여 사례를 전시하는 것만으로는 부족하다. 게시된 사례의 다양성, 우수성, 그리고 게시 시점뿐만 아니라 해당 플랫폼이 얼마나 가득 차거나 비어 보이는지까지도 새로운 방문자의 참여여부에 중대한 영향을 미친다.

다양한 사례의 제시

기여물의 내용적, 성격적, 그리고 참여자 인적 특성이 다양할수록 그곳을 찾아 온 방문자도 더욱 참여욕구를 느끼게 된다. 많은 박물관의 영상 의견 키오스크들은 유명 인사나 해당 내용의 전문가가 등장하는 전문 제작된 사례를 제공하는데, 이는 참여유도에 도움이 될 수 없다. 이런 사례 제시는 유명 인사의 의견에 호기심을 느끼는 관객을 끌어들일 수도 있겠지만, 제작물의 가치와 등장하는 사람들의 유형에 관심이 있는 관객들에게는 자신의 의견이 전문가나 유명인의 시각에 비해 부수적일 뿐이라는 메시지를 명확히 전달한다.

만약 나이나 배경에 상관없이 모든 사람들이 자신의 의견을 공유하기를 원한다면, 의도적으로 등장인물의 범위를 넓히고 그들의 기여를 치하하는 것이 필요하다. 예를 들어, 어린아이, 다른 언어, 혹은 뜻밖의 시각을 보여 주는 기여물을 끼워 넣을 수 있다. 누구나 "가치가 높은 기여"를 서로 다르게 판단할 수 있음을 기억하자. 운영진을 기쁘게 하는 기여물만 보여 주는 사례로 가득 채운 과도한 큐레이팅은 새로운 관점을 가진 방문자의 참여를 이끌어낼 수 없을 것이다.

의견 게시판과 같은 플랫폼에서는 모든 새로운 기여물이 누적되어 사례가 되는데, 이때 중요한 것은 방문자로 하여금 해당 게시판이 자신의 기여에 대해 물리적으로 열려 있다는 느낌을 주는 일이다. 아무도 혼자 돌출되거나 집중조명을 받기를 원치 않을 것이며, 동시에 자신의 의견이 군중 속에 묻히는 것도 바라지 않을 것이다. 우리는 모두가 자신의 의견에 대해 열려 있는 대화와 이미 수많은 말들로 가득 차 있는 대화의 차이를 직관적으로 안다. 기여 컨텐츠가 들어갈 자리가 명확하게 구획되어 있는 플랫폼, 예를 들어 영상을 격자 속에 집어넣은 영상 키오스크나 의견 게시판에서는 모든 격자 위치가 가득 차 있는 것처럼 보이게 되면 방문자들의 계속적인 참여 의사를 꺾게 된다.

이 문제를 해결하기 위한 한 가지 방법으로 현재까지의 참여 건들로 만들어진 지도 위에 각 참여자의 기여물이 위치하게 될 명확한 위치를 표시할 수 있다. 자신의 개인적 추억을 접착 메모지에 적어 지도나 타임라인 위에 붙이게 하면 자신이 차지할 위치가 자명해진다. 새로운 메모지가 기존의 것들을 덮어 나가게 되면, 방문자들은 자신의 이야기가 잠시 동안은 읽히게 될 것이라는 믿음을 주게 된다. 디지털 환경에서, 혹은 운영자가 기여물과 모범 사례를 밀착 관리할 수 있는 환경이라면, 방문자에게 자신의 기여물이 위치하게 될 "경로"나 빈 칸을 보여 줌으로써 그것이 어디로 들어가게 될지를 시각적으로, 또 물리적으로 볼 수 있게 하는 것이 도움이 된다.

방문자가 자신의 사물이나 창작품을 스스로 디스플레이해야 하는 물리적 환경에서는 새로운 참여물이 들어올 공간을 얼마나 남겨야 할지에 관한 일반 규칙을 정해야 한다. 온타리오 과학관의 〈웨스턴 가족창의센터Weston Family Innovation Centre〉에 포함된 신발 만들기 스테이션에서, 운영진은 항상 진열장의 삼분의 일을 새로운 방문자가 손수 제작한 신발을 위해 비워두었다. 일반적으로 한 플랫폼의 공간 중 4분의 1에서 절반 정도를 비워둘 때 방문자들은 환영받는 느낌과 참여하고픈 욕구를 느끼게 된다.

신착우선 이외의 방식으로 기여물을 정리하고자 한다면, 의견 게시판이나 기여 플랫폼에 서로 다른 참여물을 위한 위치를 명확히 나누어 만들어 주면 된다. "당신의 의견은 어디에 속할까요?"라거나 "자신의 작품과 관계가 있을 것 같은 작품의 옆에 놓아 주세요"와 같은 문구를 써 붙임으로써, 방문자들은 아무리 장소가 가득 찼다고 해도 자신의 참여물이 들어갈 자리는 있다고 느끼게 된다.

모범적 사례의 제시

다양한 사례의 제시가 방문자의 참여를 독려한다면, 고품질 사례의 제시는 자신의 기여행위를 진지하게 받아들이도록 유도한다. 가장 강력한 사례 컨텐츠는 다양하고, 품질이 좋으며, 그리고 이상적으로는 "나와 비슷한 사람"에 의해 제작된 것이다. 최고로 우수한 방문자 창작물은 흥미진진하고 매력적으로 느껴지게 하며, 유명인사나 운영진이 만든 컨텐츠에 비해 보다 큰 공감을 이끌어낸다. 방문자 창작물을 모범 사례로 제시하는 것은 비전문가라도 주어진 재료를 이용해 뭔가 가치 있는 것을 만들어낼 수 있음을 보여 주는 것이다.

기여품 중의 모범 사례들은 기술이 부족한 사람들도 열등감을 느끼지 않고 영감과 힘을 얻도록 한다. 예컨대 필자는 그림 그리기에는 매우 서툴지만, 대부분 사람들과 마찬가지로 잘 그려진 스케치에 눈길이 간다. 방문자 창작 전시에서 엉성한 그림을 보게 되면, 필자는 크레용을 집어 들고 색칠을 시작할 욕구를 전혀 느끼지 못한다. 반면 대단히 특이하고, 놀랍고 혹은 매력적인 무언가가 보인다면 필자는 그 경험에 흥미를 느낄 것이고 스스로 참여하고픈 영감을 받을 것이다.

뛰어난 방문자 기여물이 좋은 모범이 되는 이유는 모든 방문자에게 주어지는 것과 동일한 도구로 창작된 것이기 때문이다. 만약 기관이 유명인이나 운영진의 제작 사례 컨텐츠를 전시하기로 한다면 그 창작물은 방문자와 동일한 재료로 만들어져야 한다. 방문자가 크레용으로 글씨를 쓴다면 운영자나 유명인사도 크레용으로 글씨를 써야 한다.

같은 원칙이 전체 전시에 확대적용된다. 좋은 기여적 전시라면 기여자에게 제공되는 도구와 디자이너나 큐레이터가 전시의 다른 곳에서 사용한 도구와 동일해야만 방문자의 기여물이 전체 전시에 매력적으로 섞여 들어간다. 이것은 방문자 기여에 대한 존중감과 그 가치를 상승시킨다. 그렇게 함으로써 방문자들은 전시에서 얻은 감정적, 지적 경험을 자신의 기여물로 자연스럽게 연장시킬 수 있다. 어둡게 조명된 몰입적 디스플레이 속에 있던 방문자들을 갑자기 건조한 의견 게시판으로 건너가라고 이야기하는 것은 조화롭지 못하다. 잘 디자인된 기여 플랫폼을 이용해 방문자들의 경험이 연결되게 함으로써, 그들이 관람에서 참

〈길 위에서〉전의 방문자 의견 스테이션은 자신의 생각을 공유하는 동안 전시의 감정적 공간 속에 계속 머물 수 있도록 하고 있다.

Deer Jeck

Thenks for being there thet reiny night in Greenwich Villege et my besement epertment on Cherles Street next to the fire stetion with Howerd Hert end Bill Godden end Stelle inher fur coet to keep out the November cold end bringing the bottle of scotch which I shouldn't heve been drinking but did enywey even though I wes nine months pregnent end ebout to deliver on the dey of another John's essessinetion in Texes ebdd the terrible deys thet followed for the whole country end for me for leeving one I loved the most but wes too seered to bring home just yet.

Corinne

〈길 위에서〉전의 의견 스테이션에 모인 수많은 감동적 방문자 의견 중 하나

여로 자연스럽게 전이할 수 있게 도울 것이다.

이 기법이 힘있게 적용된 사례로서, 매사추세츠 주 로웰 국립역사공원Lowell National Historical Park에서 2007년 열린, 잭 케루악Jack Kerouac의 걸작 『길 위에서*On the Road*』의 타자 원고 원본 전시가 있다.. 아이콘적인 케루악의 원고 전시의 한켠에서는 방문자가 자신의 감상을 기여할 수 있는 응답 영역이 제공되었다. 접착 메모지와 필기구 대신 운영진은 책상과 타자기(놀랍게도 케루악 가족이 기증한)를 제공하면서, 케루악의 환기적인 명언, "절대로 평범한 것을 말하지 말라Never say a commonplace thing"를 벽에 써 놓았다. 방문자들은 열광적인 응답했고, 여섯 달 동안 응답 메시지 12,000건이 생산되었다. 어떤 이들은 잭 케루악에게 직접 편지를 썼고, 어떤 이는 시를 지었다. 이 구역을 통합적으로 디자인함으로써 방문자들은 전시물에 대한 자신의 개인적이고 감성적인 경험을 의견 스테이션까지 연장할 수 있

었고, 전체 전시를 향상시킨 방문자 기여 의견들의 힘있는 컬렉션이 만들어질 수 있었다.

초심자로 표방하기

어떤 경우, 새롭고 어쩌면 낯설 수도 있는 환경으로 사람들의 참여를 가장 잘 이끌어내는 방법은 초심자를 내세우는 것이다. 운영자나 전문가가 자신을 아마추어로 소개하면 사람들이 자신의 능력에 대한 자신감을 형성하는 데 도움을 준다.

초심자 모델링의 가장 좋은 한 예는 내셔널 퍼블릭 라디오NPR의 〈라디오랩RadioLab〉 프로그램이다. 〈라디오랩〉은 두 명의 호스트, 로버트 크룰위치Robert Krulwich와 재드 어붐래드Jad Abumrad가 등장하여 "시간"이나 "출현"과 같은 광범위한 과학 주제를 다양한 과학적 시각으로 모색하는 프로그램이다.[10] 2008년, 한 이벤트에서 그 과정에 대해 크룰위치는 다음과 같이 설명했다.

> 우리는 처음부터 무슨 이야기를 하게 될지 정말 모릅니다. 대화 속에서 길을 찾지요. 또 우리는 그 점을 아주 분명히 합니다. 즉 우리는 누구에게도 우리가 학자인 척하지 않는 것이죠. 그렇지 않으니까요. 그리고 우리는 우리 자신을 초심자로 표방하는데, 그것은 좋은 일입니다. 그 좋은 점은 몇 가지가 있는데요, 첫째는, 우리가 "뭐라구요?"라고 솔직하게 말할 수 있습니다. 두 번째로, "다시 한 번만 설명해 주세요"라고 솔직하게 이야기할 수 있지요. 셋째는, 상대방에게

---

10 온라인으로 〈라디오랩〉을 청취하려면 다음 주소를 사용할 것.
http://www.participatorymuseum.org/ref6-10/

마치 평범한, 호기심을 가진 사람처럼 도전할 수 있게 되기 때문입니다.

우리는 중요한 사람들, 힘 있는 사람들, 특히 지식 있는 사람들과의 대화를 이렇게 모델링합니다. 머리에 지식이 가득한 사람에게 다가가서, "왜요?", "어떻게 그런지 알죠?"라고 물어보는 사람으로 가장하는 것입니다. "그만해요!" 라고 말하고, 왜 계속 하는지를 캐물어봅니다. 그렇게 해도 그냥 괜찮아요. 이런 점이 중요합니다.[11]

〈라디오랩〉은 호스트들이 과학자와 그냥 이야기하는 프로그램이 아니다. 이 프로그램에서 호스트들은 아마추어들이 과학자와 대화하는 방식을 모델링하고 있으며, 전문가들을 그냥 따르거나 무시하지 않고 그들에게 도전한다.

이러한 종류의 모델링을 위해, 크룰위치와 어붐래드는 의도적으로 자신을 초심자로 표방한다. 자신이 정말 순진한 것처럼 이야기함으로써 청취자들이 그렇게 느끼지 않아도 되게 한다. 자신을 낮춤으로써 그들은 접근성과 관객 참여가 증진되는 강력한 학습 경험을 만들어낸다.

참여 열기를 보여 주기

방문자들은 기여 플랫폼에 전시되고 있는 사례 컨텐츠가 최근의 것인지를 알아차릴 것이다. 사례 컨텐츠가 최신인가의 여부는 운영진이 기여에 대해 얼마나 관심을 가지며 관리하는가를 알려준다. 생각해 보

11 크룰위치와 어붐래드가 자신의 전략을 이야기하는 것을 들어볼 것(인용 부분은 15분에 등장함). http://www.participatorymuseum.org/ref6-11/

자. 어떤 전시에서 방문자들에게 비밀을 전화기에 말하게 하고 다른 사람이 남긴 비밀을 듣게 한다고 할 때, 만약 수화기로 들리는 비밀이 몇 달이나 지난 것이라면 방문자들은 자신이 말하는 비밀이 즉시 다른 사람들에게 들릴 것임을 확신할 수 없을 것이다.

방문자의 기여물이 전시되리라는 약속을 기관이 명시적으로든 아니든 주는 경우, 방문자들은 언제 어떻게 자신의 작품이 나타날 것인지를 즉시 궁금해하게 된다. 가능한 한 그들은 바로 전시가 이루어지길 바란다. 만약 참여자가 커뮤니티 토론에 참여하기로 선택했다면 그들은 자신의 의견이 처리되는 동안 기다리기를 바라지 않는다. 그들은 자신의 언어가 즉시 대화에 반영되는 모습을 보고 싶어 한다. 자동 디스플레이 장치를 이용하면 자신의 참여가 성공적으로 끝났음이 확인되고, 자신의 참여 사실이 인증되며, 또 남들에게 자신의 작업이 공유될 것임을 신뢰하게 해 준다.

프로젝트 중에는 최신의 기여물을 매력적이고 절묘하게 보여 줌으로써 참여를 독려하는 경우가 있다. 그 예로, 미국 홀로코스트 추모 박물관United States Holocaust Memorial Museum의 〈기억에서 행동으로From Memory to Action〉전에서는 서약하기 스테이션과 디스플레이 벽이 마련되었다. 방문자들은 스테이션에 앉아 "대량학살의 도전에 임하여" 자신이 취할 행동의 서약을 특별한 디지털 용지에 필기구로 썼다. 이 종이는 절취선으로 나뉘어져 있었는데, 한쪽은 전시명과 웹 주소가 적혀 있어 방문자가 가져가는 것이었고, 나머지 부분은 자신의 서약을 적은 곳으로 박물관에 남겨두고 가게 되어 있었다.[12] 방문자들은 서약에 서명한 다음 멋있게 조명된 투명 플랙시글래스 진열장에 그것을 집어넣었다. 이 용지는 서약란의 필기구 자국의 위치를 "기억하고" 있어서 손으로 쓴 서약

방문자가 프로젝션 스크린 앞에서 서약서를 수기로 작성하여 그것을 슬롯에 투입하면, 그것은 마술처럼 디지털로 기록되었다.

이 즉시 마술처럼 서약 키오스크 앞의 벽에 위치한 디지털 프로젝션에 투영되었다.

이 서약의 벽은 기여적 플랫폼의 심미적 디자인과 기능적 설계가 어떻게 서로 도울 수 있는지를 멋지게 보여 주는 사례이다. 왜 방문자들에게 직접 타자하지 않고 손으로 자신의 서약을 작성하게 하였을까? 물론 직접 입력하면 보다 쉽게 디지털 프로젝션에 사용할 수 있을 것이다. 또한 값비싼 디지털 페이퍼가 필요하지도 않았을 것이다. 하지만 방문자에게 손으로 자신의 응답을 기록하고 서명하게 하는 것은 이 경험을 의

12 원래는 방문자가 자신의 서약을 들고 가게 디자인되어 있었으나, 이내 운영진은 방문자들이 그것을 박물관에 두려 한다는 점을 발견하게 되었다. 그들은 카드의 디자인을 고쳐서 방문자가 책갈피를 가져가고 자신의 서약을 남기게 하였다.

식儀式화하고 개인화하는 효과가 있다. 자신이 쓴 쪽지를 물리적으로 존재하고, 계속 누적되며, 눈에 잘 보이는 아카이브에 추가되게 함으로써, 방문자들은 보다 넓은 참여자 커뮤니티에 속하게 된다. 책갈피를 집에 가지고 가는 것은 자신이 행한 기여 행동과 자신을 보다 강하게 결속시키며, 추가적인 학습 의욕을 발동시킨다.

서명 용지로 가득 찬 진열장과 손으로 쓴 서약서의 디지털 애니메이션은 눈길을 사로잡는 매력적인 관람 경험을 선사한다. 방문자의 서명 용지로 가득 찬 진열장은 상설전시물 중 홀로코스트 수감자의 신발더미에게서 느꼈던 떠나지 않는 기억을 되살리며, 파괴감으로 가득 찬 전시물과 대조가 되는 희망감을 선사한다. 물리적으로 축적되는 서약 용지에 계속 변화하는 손글씨의 디지털 프로젝션이 더해져서 집단적 행동의 힘과 개인적 헌신의 중요성을 반영한다.

〈기억에서 행동으로〉에는 직접 참여자에 비해 단순 관람자가 훨씬 더 많다. 큐레이터 브리짓 콘리-질킥Bridget Conley-Zilkic에 따르면, 최초 8개월 동안 방문자의 10퍼센트만이 서약서 작성에 직접 나섰다. 하지만 약 25퍼센트의 사람들은 서약 카드를 집어 들었다. 그녀는 다음과 같이 회고한다. "사람들에게는 그것을 잠시 생각해 보아야 하는 어색한 순간이 찾아온다. 그토록 진지한 주제에 관해 누구나 즉시 서약서를 쓰고 공유할 준비가 되어 있는 것은 아니다." 그런 방문자에게 있어 카드를 집어 드는 행위는 그 경험에 대한 관심을 표현하는 것과 같다. 모든 사람이 현장에서 기여물을 내야만 참여하는 것은 아니다.

기여물의 큐레이팅

사람들에게 보여 주려고 참여 사례 중 몇 개를 고르는 것과 기여 컨텐츠를 모두 전시에 올리는 일은 큰 차이가 있다. 방문자의 작품이 전시나 의견 게시판 혹은 매체 전시물의 근간을 이룬다면 기여물을 어떻게 큐레이팅해야 할지의 여부가 문제로 떠오른다.

설계 도구 중 하나인 큐레이팅은 기여 프로젝트의 관람자 경험을 조각한다. 만약 기관이 방문자 기여물을 큐레이팅하기로 하였다면 운영자는 명확한 이유와 기준을 가져야 한다.

방문자 생성 컨텐츠를 큐레이팅해야 하는 이유로는 기본적으로 두 가지가 있다.

1. 운영진에게 부적절하거나 모욕적인 것으로 인지되는 컨텐츠를 제거하기 위해
2. 기여물 중 일부 집합에 집중하여 결과물(예컨대 전시나 책)을 만들어 내기 위해

부적절한 컨텐츠 걸러내기

기여적 플랫폼에 대해 많은 운영자들이 가지는 흔한 걱정 한 가지는 방문자 제작 컨텐츠가 악의적이거나 적절치 못해 기관에게 나쁜 영향이 돌아오지 않을까 하는 것이다. 근원적으로 이 걱정은 관리 불능에 대한 두려움이다. 운영자가 방문자들에게 무엇을 기대해야 할지를 모르게 될 때 나쁜 쪽의 인상을 가지기 쉽다. 일반적으로, 운영자들이 방문

자의 기여 능력을 신뢰할 때, 방문자들은 진지한 행동으로 보답한다.

웹에서 불쾌한 글을 올리거나 다른 사람을 공격하는 행동을 하는 사람을 "그리퍼griefer"라고 부른다. 다행스럽게도 박물관의 기여 플랫폼을 이용해 다른 방문자를 공격하는 참여자의 문제는 그리 심각하지 않다. 문화 기관들은 이와는 다른 형태의 그리퍼에 맞설 방법을 이미 발전시켜왔다. 전시물을 망가뜨리거나 다른 방문자의 경험을 훼방놓는 행위에 대한 대책이다. 커뮤니티 정신을 파괴하려는 사람들에게도 동일한 기법, 즉 운영진의 예방 대책, 사용자 유형의 분석, 그리고 긍정적이고 책임감 있는 행동을 장려하기 등이 적용될 수 있다.

특정적인 비방 단어를 차단하는 방식도 다양하게 존재한다. 이들 중 가장 창의적인 방법 중 한 가지는 뉴멕시코 대학University of New Mexico 박물관의 〈미국의 초상The American Image〉전 의견 스테이션으로, 이는 인터랙티브 개발업체 이디움Ideum에 의해 개발되었다. 이디움은 모든 비방 단어를 "사랑love"이나 "강아지puppies"로 대치해버렸는데, 그러자 부적절한 글들은 공격성을 잃고 우습게 변해버렸다.

방문자들이 적절히 행동하도록 설득하는 의도적 설계도 존재한다. 온타리오 과학관에서는 〈오늘의 질문Question of the Day〉전 최초 버전에서 두 개의 디지털 키오스크를 설치하여 방문자가 뭔가를 작성하면 즉시 그것이 머리위의 모니터에 표시되도록 하였다. 그런데 얼마 안 되어 어린 방문자들이 이 키오스크에서 전시의 질문에 대해 답하기보다는 서로에게 점잖지 못한 메시지를 보내는 것을 발견하게 되었다. 운영진은 키오스크 한 대를 없애버렸는데, 불건전한 대화는 더 이상 없어졌지만 남은 키오스크에서도 계속해서 주제를 벗어나는 신체 부위에 관한 내용이 계속되었다. 그러자 운영진은 키오스크를 가운데 쪽, 여성 화장실

입구 앞으로 옮겼다. 이렇게 더 많은 관객 앞으로 (그리고 특히 엄마들에게!) 옮기자 키오스크에서의 부적절한 행동은 눈에 띄게 줄어들었다.

운영자들만이 기여물의 중재에 나서야 하는 것은 아니다. 방문자들도 역시 부적절한 언동의 식별에 참여할 수 있다. 많은 온라인 기여 플랫폼에서는 사용자들이 부적절한 컨텐츠를 "표지flag"할 수 있게 한다. "표지" 기능은 방문자들로 하여금 자신의 우려를 표시할 수 있게 하며, 운영자들이 모든 아이템을 감시하지 않고도 충돌이 우려되는 컨텐츠들을 집중 검토할 수 있게 한다.

비방적 언어보다도 부정확성이 보다 문제가 되는 경우도 있다. 과학관에서 누군가가 진화론은 미신이라는 의견을 쓴다던가, 미술관에서 누군가가 드가Degas의 작품을 반 고흐Van Gogh의 작품으로 잘못 이야기한다면 다른 방문자들을 기관이 공인하지 않는 내용에 노출시키는 것과 같다. 이런 일은 오래 있어 왔고 문화 기관에서 늘 일어나는 일이다. 투어 가이드, 부모, 그리고 친구들이 서로 잘못된 사실을 주고받으며 전시실을 돌아다니는 것이다. 우려되는 것은, 이러한 오해가 기여적 전시에서 제시되었다고 할 때, 방문자들이 그 출처에 대해 혼동할 수 있고 기관에게 엉뚱한 기여물을 낼 수 있다는 점이다.

방문자 기여물에서 정확성을 높이기 위해서는 몇 가지 방법이 존재한다. 운영자들이 능동적으로 모든 제출물을 큐레이팅하여 그것들이 전시가 되기 전에 정확성을 확인하는 방법도 있다. 어떤 기관에서는 "우선 yes 이후에 no" 방식을 선택해, 기여물의 게시와 공유가 끝난 후 개입하기도 한다.

또한, 어떤 기여물의 생산자가 운영자나 기관 협력자인지를 명확히 밝힘으로써 정확성 문제에 대처하는 설계 전략도 있다. 예를 들어, 생명·과학박물관Museum of Life and Science의 〈공룡의 발자국Dinosaur Trail〉 웹사이트에서는 게시물의 저자가 고생물학자인가(오렌지색) 방문자인가(노란색)에 따라 컬러코딩이 이루어진다.[13] 미묘하지만 차이가 쉽게 이해되는 이 방법은 방문자들이 게시된 컨텐츠에 대해 판단하는 데 도움이 된다.

관객대향 디스플레이의 큐레이팅

커뮤니티 대화와 공유를 위한 프로젝트와 고도로 큐레이팅된 생산물을 만들기 위한 기여 프로젝트 사이에는 근본적인 차이가 존재한다. 만약 방문자의 목소리를 승인해 주거나 대화를 증진시키기 위한 목적이라면 큐레이터의 개입은 최소한으로 억제되어야 할 것이다. 기여물의 전시를 보기 좋게 꾸밀 것이 아니라, 함께 어울려 잘 구성될 수 있을 방법에 대해 시간을 들여 집중 연구해 보라. 〈사이언티픽Signtific〉 게임은 그 좋은 예이다(177쪽). 설계자들은 큐레이팅 체계나 모니터링 체계를 개발하는 대신, 참여자들이 서로에게 반드시 응답하고 함께 논의를 세워나며, 그래서 새로운 모든 목소리가 커져가는 대화의 장에서 자리를 찾을 수 있어야 한다는 점을 참여자들이 잘 지켜나가게 할 방법을 집중 개발했다.

방문자에게 힘을 실어 주기 위한 목적이라면, 사소한 방문자의 논평이라도 그것을 포함시키는 것이 중요하다. 사람들이 페이스북에서 다른 사람의 담벼락에 쓰는 글을 보면, 그들은 흔히 그저 "안녕"하고 인사

13 〈공룡의 발자국〉 웹사이트는 다음 주소를 이용할 것. http://www.participatorymuseum.org/ref6-13/

하면서 상대방이나 기관에 대한 친밀감을 표시한다. 로비에 있는 방명록에 "좋은 박물관이네요!"라고 쓰고 가는 사람들도 마찬가지다. 이런 진술은 자기표현의 한 형태이며 아무리 그것이 다른 관람자에게 의미가 적다고 해도 공공 포럼에서 표현을 했다는 사실 자체만으로도 자신의 생각을 표현한 그 사람에게는 사소할 수 없는 행위이다.

그러나 만약 관람자를 위한 세련된 결과물을 만들어내는 데 목적을 둔다면, 보다 큐레이팅 기준을 엄격하게 세우기로 할 수도 있다. "대화에 참여해 주세요"라는 문구보다는 "전시에 기여해 주세요"라는 문구를 쓸 때 방문자들은 자신의 작업물이 큐레이팅될 것이라는 암시를 잘 전달받을 것이다.

기여적 창작 프로젝트 중에는 접수된 기여물 중 소수의 것만 전시하는 경우도 많이 있다. 〈포스트시크릿PostSecret〉(215쪽)의 프랭크 워렌은 전 세계로부터 매주 수천 장의 엽서를 접수하지만 일반에게 공개할 엽서는 매우 엄격하게 직접 큐레이팅하며, 실제 〈포스트시크릿〉 블로그에 매주 공유되는 것은 20점 정도이다. 〈포스트시크릿〉은 호색적이거나, 기괴하거나, 혹은 과장된 비밀들의 전시장으로 전락할 법도 했지만 워렌의 큐레이팅 개입으로 진실되고 창의적이며 다양한 목소리들이 담긴 엽서만을 공개하는 곳이 되었다. 또 하나의 예술가 프로젝트로서, 이별과 관련된 사물이나 이야기를 수집하고 전시하는 〈깨진 관계의 박물관Museum of Broken Relationships〉[14] 에서는 큐레이터의 보이지 않는 손에 의해 일관되고 고품질의 관람자 경험이 유지되고 있는데, 이곳에서도 물론

---

14 〈깨진 관계의 박물관〉 가상 전시는 다음 주소를 이용할 것.
http://www.participatorymuseum.org/ref6-14/

원치 않았던, 그래서 전시되지 못하는 제출물이 계속해 접수되고 있다.

큐레이팅 정책 기준은 방문자의 기여물을 운영자의 활용방법에만 영향을 주는 것은 아니다. 그것은 방문자에 대한 존중을 증명하고 응답을 제공하기 위한 중요한 기회로 작용하기도 한다. 방문자들이 뭔가를 만들어 운영진의 검토를 위해 박스에 넣어두고 간다면, 그들은 자신의 작품을 기관의 손에 위탁하는 것이다. 방문자들은 어떻게 자신의 기여물이 평가될 것이며, 그것이 얼마나 오래 걸릴 지, 그리고 자신의 기여물이 관객들을 만나는 전시 어디에 포함이 될지를 알고 싶어 한다. 이 일은 그렇게 소모적인 일은 아니다. "운영자는 매주 이 영상들을 확인하며, 그 중 3~5편을 외부의 모니터에 게시할 것입니다. 우리는 항상 가장 창의적이고 상상력 넘치는 영상을 찾아 공유하기 위해 노력합니다"와 같은 표지문이라면 방문자들에게 기여 활동의 전체 구성과 기준을 납득시킬 수 있을 것이다.

방문자들과 다시 연락을 취해 그들에게 자신의 컨텐츠가 선택되었다는 사실을 알려주는 기관은 거의 없다. 하지만 그렇게 하는 일은 충분히 사업적으로도 가치가 있다. 자신이 기여 활동을 한 후, 다시 기관을 찾을 일이 없었을 사람들이 연락을 받게 된다. 자신의 친구나 가족에게 자신의 창작물을 자랑하기 위해서라도 다시 전시를 찾을 확률이 클 것이다. 이런 기관의 연락은 개인적이면서도 설득력 있는 이유가 있는 것이다.

기여 프로젝트에 대한 관객의 반응

문화 기관에서 기여 프로젝트를 찾는 사람은 매우 광범위하다. 참여자, 단순 관람 방문자, 기관 투자자, 그리고 연구자 등 모두가 기여 컨텐츠를 사용할 것이다. 기여 플랫폼의 설계에 대해 생각할 때는 어떻게 사람들에게 동기부여를 해야 자신의 생각이 공유될까뿐만 아니라, 어떻게 해야 타인의 기여물을 읽고 관찰할 방문자들을 기쁘게 하고, 영감을 주며, 교육할 수 있을까도 중요하게 고려해야만 한다.

기여 프로젝트 매력적으로 만들기

기여적 플랫폼을 문화 기관에 접목시키고자 할 때 어려운 한 가지는, 의견 게시판과 방문자 창작물이 기관의 기획물과 비교할 때 관람자에게 허술해 보일 것이라는 우려이다. 하지만 심지어 가장 밋밋한 방문자 기여물조차도 아름답게 만들 방법이 있다. 2000년대 말, 웹 곳곳에서는 조작 가능한 데이터 시각화data visualization를 볼 수 있었는데, 사람들은 아기 이름부터 범죄 통계, 그리고 인터넷 데이트 개인정보에 등장하는 다양한 표현 문구의 빈도까지, 온갖 데이터를 보기 좋게 만들어냈다. 관람자의 시각에서는 다른 방문자가 제출한 데이터를 이용하는 조작 작업이 상대적으로 즐겁고 매력 있는 일인데, 그 이유는 광대한 기여물의 집합을 탐색함과 동시에 중요한 분석 기술을 습득하는 방식이기 때문이다. 온타리오 과학관의 〈화성을 향해Facing Mars〉(145쪽)에 설치되었던 회전출입구 위의 LED 전광판과 같이, 가장 단순한 시각화조차도 방문자 제공 컨텐츠를 관람객이 배우고, 즐기고, 그것과 섞일 수 있는 방법으로 훌륭하다.

사례연구

방문자의 의견을 예술 경험으로 만들기: 라익스뮤지엄RIJKSMUSEUM

2008년, 암스테르담의 라익스뮤지엄Rijksmuseum에서는 데미안 허스트Damian Hirst의 작품 〈신의 사랑을 위하여For the Love of God〉의 초청전이 열렸는데, 여기에는 충격적이면서도 매력적인 방문자 경험을 제공하는 방문자 피드백 시스템이 수반되었다. 해당 작품은 백금으로 주조한 두개골에 합계 1,100캐럿이 넘는 다이아몬드를 부착한 것으로 죽음의 옷을 걸친 과장hype의 기계였다. 이것은 어두운 방에 설치되었고 경호원이 둘러싸고 있었으며 아름답게 조명을 받고 있었다. 그 옆에는 원하는 방문자가 해골에 대한 자신의 반응을 영상으로 녹화할 수 있는 개인 부스들이 있었다.

〈신의 사랑을 위하여〉 웹사이트에서는 기여 영상이 인터랙티브식 온라인 체험으로 만들어졌다. 영상은 자동적으로 크로마키chromakey로 합성되어, (즉, 배경이 삭제되고 크로핑되어) 각 참여자는 얼굴만 화면에 둥둥 떠다니

온라인상에서 방문자는 예술의 한 부분이 된다. 그들의 반응 영상이 두개골 주위를 회전하면서 작품을 둘러싼 논란과 담론을 증폭시킨다.

게 되었으며, 그것은 으스스한 호소력을 가진 시각적 질서를 만들어냈다. 두상들이 두개골 이미지 주위를 부유하고, 관람자는 출신국가, 성별, 나이와 몇 가지 핵심 기준(좋아합니다, 싫어합니다, 예술이라고 생각합니다, 과장이라고 생각합니다) 별로 영상을 분류할 수 있다. 얼굴 하나를 클릭하면 그것을 만든 방문자의 영상이 튀어나온다. 재생이 끝나고 나면 다시 그 얼굴은 떠다니는 얼굴들 속으로 사라져간다.

〈신의 사랑을 위하여〉 웹사이트는 전시에 스며있던 것과 같은 자기의식의 울림을 슬며시 드러낸다. 환영 스크린에서는 방문자에게 이렇게 알려주었다. "지금껏 어떠한 예술 작품도 데미안 허스트의 〈신의 사랑을 위하여〉와 같이 많은 화제를 불러일으키지는 않았다." 이것이 사실이든 아니든, 이 웹사이트의 의도는 기여된 영상이 이 선언에 대한 증명이라는 점을 말하는 것으로써 두개골 주위를 무수한 대화가 감싸고 있음을 시연하는 것이었다. 이렇게, 방문자의 영상은 두개골 작품의 경험의 일부로서 보다 큰 작품의 일부가 되고 있다. 피드백 기여 영상을 통한 관객 경험은 몰입적이고 수수께끼 같으며 기억을 사로잡는 것이었다. 해골 그 자체와 마찬가지로 말이다.

기여적 전시에 대한 관객 반응

방문자 기여 컨텐츠를 탐색하는 경험은 일반적인 전시나 박물관 컨텐츠를 소비하는 것과 어떻게 다를까? 다양하게 혼합된 기여물이 사람들에게 기여 플랫폼에 참여할 동기를 부여하듯, 관람자는 "나와 같은 사람"이 재현되는 모습을 볼 때 보다 개인적으로 기관에 대한 소속감을 느낄 것이다.

2006년, 온타리오 아트갤러리Art Gallery of Ontario(AGO)는 〈당신의 초상에 In Your Face〉라는, 방문자가 제출한 4×6인치 자화상의 전시를 개발했다. 10,000건 이상의 초상화가 제출되었으며, 그것들은 압도적이고 아름다

방문자 기여 초상화를 전시하는 〈당신의 초상에〉전 한 켠에서는 방문자가 거울을 보면서 자신의 초상화를 그려 볼 수 있는 인기 높은 체험 스테이션이 있었다.

운 모자이크로 갤러리 벽을 천정서 바닥까지 뒤덮어 전시되었다. 토론토는 문화적 다양성이 매우 큰 도시로서, 성인 프로그램 코디네이터인 길리언 매킨타이어Gillian McIntyre는 다음과 같이 논평했다. "이 초상화들은 일반적으로 AGO의 벽에서 볼 수 없었던 매우 강렬한 다양성을 반영하고 있음을 놓칠 수 없었다." 그녀는 다음과 같은 글도 공유했다.

> 때때로, 서부와 동부 인디언 커뮤니티의 학교 방문 그룹 아이들은 열광적으로 자신을 닮은 사람을 찾아내어 지시하면서, 말 그대로 "저건 날 닮았어" 혹은 "저건 내가 레게머리를 한 거야"라고 이야기했다.[15]

---

15 길리언 매킨타이어의 다음 글을 읽어볼 것. "〈In Your Face: The People's Portrait Project," in *Visitor Voices in Museum Exhibitions*, ed. McLean and Pollock(2007): 122~127.

이 전시의 인기는 점점 커져 갔으며, 상당한 군중의 방문과 미디어의 관심을 끌어들였다. 방문자들은 이 전시를 통해 예전과는 전혀 다른 방식으로 자신을 발견했다. 또 다른 방문자는 이 경험을 개인적인 차원을 넘은 집합적인 것으로 받아들였다. "그것은 사회의 영혼을 그리고 있다"고 그는 논평했다.

이보다 훨씬 전통적인 설치 방식이었음에도, 〈MN150〉전 역시 방문자에게 비슷한 효과를 전달했다. 〈당신의 초상에〉와는 달리 〈MN150〉은 방문자 기여물이 그대로 설치되지는 않았다. 그 대신, 2,760건의 방문자 제안으로부터 150건을 추출하여 전체적으로 통일된 디자인으로 미네소타의 역사를 전시하였다. 각 전시물에는 원제안서에 기록되어 있었던 텍스트와 함께 제안자의 사진이 포함되었다. 하지만 그 외에는 제안자가 물건을 제공한 몇 가지 예외를 제외하면 전통적 절차에 따라 운영진이 설계, 제작한 전시였다.

〈MN150〉전의 종료 평가에서는 아주 소수의 방문자만이 〈MN150〉전을 만들어낸 사용자 참여 제작 절차에 대해 언급하였다. 하지만 많은 사람들이 이 전시를 통해 인간적인 연대감과 컨텐츠의 다양성을 발견하였다. "〈MN150〉전을 통해, 박물관이 무엇을 보여 주고자 하였다고 생각합니까?"라는 질문에 대해 방문자들이 자주 대답한 것은 미네소타주의 자부심뿐만 아니라 전시에 재현된 인간과 사건의 다양성이었다. 방문자들은 또한 개별 전시물을 보고 즉시 자신의 개인적 경험과 연관지워, 잘 알려진 장소나 사건과 관련된 기억을 공유했다. 어떤 이는 다음과 같이 논평했다. "그녀의 남편이 전시를 좋아할 것 같네요. 남편에게 '여기 당신의 삶이 있어'라고 이야기할 것 같아요."

부수적으로, 운영진은 〈MN150〉전의 영상 응답 스테이션의 활용도가 특히 높았음에 주목했다. 이 키오스크는 방문자가 전시에 포함되었으면 좋았을 법한 다른 주제를 제안할 수 있는 곳이다. 전시 전체에서 방문자의 목소리를 들려 줌으로서 관람자는 자신의 의견을 표시할 기회가 일반적인 전시에 비해 더 많음을 느끼게 되었다. 온타리오 아트 갤러리의 〈당신의 초상에〉전도 비슷한 결과를 보였는데, 전시물로부터 영감을 받아 자신의 초상을 직접 만들 수 있는 방문자 스테이션에는 일반 전시에서보다 훨씬 많은 방문자가 찾았다. 방문자 기여 컨텐츠의 전시는 새로운 방문자들에게 기존 전시 기여물과의 연관성 속에서 색다른 기여물을 창작할 수 있도록 영감을 주었다.

관객들은 기여 프로세스에 의미를 둘까?

〈MN150〉전의 종료평가에서는 전시가 기여적 절차에 의해 만들어졌다는 점에 방문자들이 크게 관심이 없음이 드러났다. 하지만 전시에 대한 그들의 논평, 그리고 사회적이며 참여적이었던 방문자 경험의 성격은 그러한 절차로부터 큰 영향을 받았다. 방문자들은 전시가 다양성을 가지고 있고, 다양한 목소리를 가지며, 개인적이라고 평가했는데 이는 주 전체에 있는 150인의 미네소타 주민들 모두의 고유한 목소리를 치하하는 접근 방식에 따른 것이었다.

방문자들은 결과물에 집중할 뿐 그것을 만들어낸 절차에 대해서는 무관심하다. 기여적 프로세스는 운영자들만이 만들어낸 결과물과 차별되는 결과를 만들어낸다. 온타리오 아트 갤러리의 〈당신의 초상에〉전은 전시장에서 자신을 표현할 자리가 없었던 방문자에게 "나 자신을 바라볼 수 있는" 장소를 제공했고, 이 초상화들은 운영진이 만들어낼 수 없는 것이었다. 〈길 위에서〉전의 타자기에서 솟아난 생생한 편지와 시들도 운영자가 써낼 수는 없었다. 〈오디토리움〉(244쪽)을 신나고 재미있게 만들었던 엉뚱한 레이블들 역시 운영진이 만들어낼 수는 없었다.

방문자들은 주어진 주제에 대한 가장 권위있는 정보만을 찾지는 않는다. 방문자 기여 컨텐츠는 일반적으로 보다 개인적이고, 보다 진솔하며, 보다 자발적이고, 보다 다양하며, 보다 방문자 자신의 경험과 관련이 되어 있으며, 그것은 기관이 제작한 레이블이나 디스플레이와 차별되는 지점이다. 방문자 기여 컨텐츠는 기관이 설계한 컨텐츠에 비해 그 자체가 더 우수한 관람 경험을 만들어내지는 않는다. 하지만 많은 문화 전문가들은 방문자들이 만들어낸 것과 같이 생생하고 개인적이며 직접적인 컨텐츠를 만들려고도 않고, 만들어낼 수도 없다. 방문자 기여 컨텐츠의 긍정적 효과를 만들어내고 관찰함으로 인해, 더 많은 기관들이 자신의 컨텐츠를 만들어내고 전시하는 방식을 바꿀 수 있다는 확신을 가지는 계기가 되어 갈 것을 희망한다.

기여는 기관에게 방문자의 참여를 위해 특정한 시간과 장소를 제공하는 강력한 모델이다. 어떤 기관들은 보다 깊은 파트너십을 위해 방문자와 만나고자 하며, 새로운 전시나 프로젝트를 공동 설계하기 위해 참여자를 초청한다. 만약 보다 오랜 시간을 두고 더욱 다양한 방식으로 사람들이 기관에 기여할 방법을 찾고 있다면, 협력적 접근법으로의 전환을 고려해 볼 수 있다. 이 내용은 제7장의 주제로서, 방문자와 왜, 그리고 어떻게 협력해야 할지를 설명하게 된다.

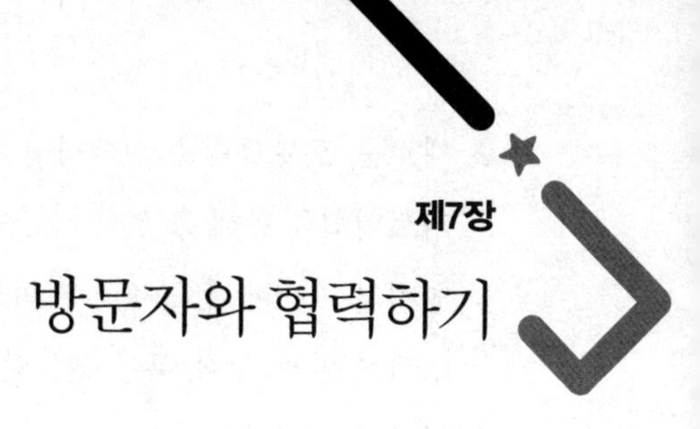

제7장

방문자와 협력하기

기여적 프로젝트가 참여자와 기관 간의 가벼운 접촉이라면 협력적 collaborative 프로젝트는 헌신적인 관계의 형성이다. 협력 프로젝트는 기관 주도하의 파트너십으로 기관 운영진이 커뮤니티 파트너와 새로운 프로그램, 전시 혹은 제공물을 두고 함께 작업한다. 참여자의 선발은 프로젝트의 결과를 위한 특수한 지식이나 기능, 이해관계의 문화 집단과의 관련여부, 연령, 혹은 목표 관객에 대한 대표성 등을 기준으로 이루어질 수 있다. 협력의 종류에 따라 참여자가 자문인이나 상담역을 담당할 수도 있다. 어떤 경우에는 마치 직원인 것처럼 운영진의 곁에서 프로젝트를 설계하고 시행하는 일을 담당하기도 한다.

기관이 협력적 프로젝트에 뛰어들어야 할 목적으로는 다음 네 가지를 생각할 수 있다.

1. 전문가나 커뮤니티 대표자와 상의하여 새로운 전시, 프로그램, 혹은 발간물의 정확성과 신뢰성을 확인하기 위하여

2. 새로운 프로그램을 실험하고 개발함에 있어서 대상 사용자와의 파트너십을 통해 그 성공 가능성을 높이기 위하여
3. 참여자 자신에게 교육적 기회를 제공하여 자신의 컨텐츠나 연구 성과를 설계, 창작, 혹은 생산할 수 있게 하기 위하여
4. 방문자가 기관의 컨텐츠나 프로그램에 대한 파트너로서 주인의식을 공유할 수 있게 하기 위하여

효율적인 협력은 상호 신뢰, 프로젝트 목표에 대한 이해 공유, 그리고 명확한 참여자 역할의 정의 위에서 이루어진다. 협력 작업은 기관과 참여자 간의 지속적이고 공식적인 관계 형성이 일반적으로 요구되며, 기관은 참여자에게 기여적 프로젝트에 비해 보다 자세한 지침을 제공하는 것이 보통이다. 운영진은 참여자에게 주어질 역할, 기관이 기대하는 협력 과정과 그 결과, 그리고 참여자에게 수여될 이득(학습, 평판, 그리고 보수)에 대해 명확하게, 그리고 빠짐없이 설명해야 한다. 많은 협력 프로젝트에는 선발 절차가 포함되는데, 이는 참여자 후보들이 협력 과정을 적절히 수행하기 위한 동기와 능력을 심사할 기회이다. 참여자들은 프로젝트에 장기간 소속됨에 대한 대가로 기관이 제공하는 교육에 임한다.

협력 프로젝트 중에는 참가자들의 노고에 대해 보수를 지불하거나 학점을 수여하는 경우도 있다. 특히 기관이 처음 관계를 맺는 커뮤니티와 협력하고자 할 때는 합리적인 보상을 제공함으로써 참여자들에게 자신의 작업이 지닌 가치를 이해하게 할 수도 있다. 금전 지급과 학점 수여는 참여를 원하지만 시간을 공여하기 힘든 사람들에게 참여 가능성을 열어 줄 수도 있다. 대부분 경우 이러한 외적 동기부여는 효과

가 있는 편이다. 이런 것들은 참여자와 운영진 간의 관계를 더욱 전문화하며 모든 파트너들은 최선을 다해 서로에 대한 책임감을 가지게 될 것이다.

협력 프로젝트가 실제로 참여자들을 몰입하게 하는가를 시험할 잣대는 그들이 지원에 응하는가의 여부가 아니라 프로젝트가 끝난 후 어떤 일이 일어나는가이다. 강한 협력은 참여자로 하여금 보다 강하게 기관과 연결되게 하며, 프로젝트에 대해 제공된 보상을 뛰어넘는 가치를 생산한다. 참여자들은 기관의 다른 영역에 다시 참여하게 될 수도 있으며, 혹은 시간이 갈수록 그 협력 프로젝트에 더욱 깊이 관여하게 될 수도 있다. 성공적인 협력은 해를 두고 지속될 새로운 관계와 기회를 만들어낼 수 있다.

사례연구

청소년의 협력 참여: 국립건축박물관

〈우리가 사는 곳을 조사하자Investigating Where We Live〉는 오래 지속된 성공적인 박물관 협력 프로젝트이다. 워싱턴 DC의 국립건축박물관National Building Museum에서 매해 열리는 4주 간의 프로그램에서, 30명의 지역 청소년들은 박물관 운영진과 함께 DC 인근 지역을 촬영하고 창작 집필을 수행하여 단기 기획전을 만들어간다. 이 프로그램은 교육 담당자에 의해 운영, 지도되는데, 그들은 각 시즌별로 대상 지역을 선별하고, 사진과 글쓰기 지침을 마련하며, 프로젝트의 끝까지 이를 이끌어간다. 청소년들은 선발 절차를 거쳐 참여하게 되며, 프로그램의 12개 세션에 모두 참여해야 한다. 그들에게 금전적인 보상은 없지만 디지털 카메라가 지급되며 참여에 따른 학교의 사회 봉사점수가 부여된다.[1]

〈우리가 사는 곳을 조사하자〉의 형식은 많은 박물관 캠프 프로그램과 비슷하다. 협력 프로젝트로서의 차별점이 드러나는 곳은 청소년들에게 대중에게 공개될 전시를 부분적으로 직접 지휘, 제작하게 하는 점이다. 기관이 제공하는 것은 그 틀로서, 공간, 세션, 그리고 교육이다. 그러나 내용, 디자인, 그리고 전시의 실행은 십대 청소년들의 몫이 되는 것이다.

국립건축박물관은 〈우리가 사는 곳을 조사하자〉를 1996년부터 실시해 왔다. 이 프로그램의 이수자는 해를 두고 거듭 되돌아와 자원봉사, 인턴, 혹은 프로그램 운영진으로 봉사해 오고 있다. 방문자들의 다양한 연령, 전문성의 수준과 권한이 서로 섞이면서 운영자와 학생의 경계가 사라졌으며, 그 결과 이 프로그램은 제대로 협력적인 느낌을 준다.

2007년 이 프로그램에 학생으로 처음 들어서게 된 제임스 브라운James Brown의 이야기를 들어보자. 2008년과 2009년, 그는 운영진 소속원 앤드류 코스탄조Andrew Costanzo의 "청소년 어시스턴트"로 다시 참여했다. 2009년 프로젝트 블로그를 통해 코스탄조는 다음과 같이 회고했다.

> 물론 저는 멋진 청소년 어시스턴트 제임스 브라운을 말하지 않을 수 없습니다. 올해는 제임스와 제가 함께 이 일을 같이 할 영예를 얻은 두 번째 해입니다. 그는 우리를 "배트맨과 배트맨"이라고 불렀는데, 이번에는 보조자가 따로 없었기 때문입니다.[2] {'배트맨과 로빈'에서 로빈을 배트맨으로 바꿈으로써 상하가 따로 없었음을 표현함}

코스탄조와 브라운은 이 프로그램에서 이상적인 파트너로 발전했다. 이것은 청소년이 프로그램을 전적으로 관리하거나 일방적으로 새 방식으로 이끌 수 있다는 뜻은 아니다. 브라운은 2009년 세션의 첫 번째 주에 다음과

---

1 〈우리가 사는 곳을 조사하자〉의 목표와 참여자 혜택의 목록은 다음 주소를 이용할 것. http://www.participatorymuseum.org/ref7-1/

2 앤드류 코스탄조의 2009년 블로그 글, "마지막 회고: U 스트리트Final Thoughts: U Street"을 읽어 볼 것. http://www.participatorymuseum.org/ref7-2/

〈우리가 사는 곳을 조사하자〉 참여자들이 최초 설문으로부터(좌) 자신의 작품과 글을 설치하기까지(우), 전시 개발의 모든 과정을 수행하고있다.

같이 썼다.

> 저는 교육 과정에서나 처음 학생이 도착했을 때, 마치 저질 80년대 영화를 되돌리는 것처럼 느꼈음을 인정합니다. 일 년 전이나, 혹은 그 전년도와 똑같았기 때문입니다. 모든 훈련과 체험활동은 제가 이제껏 해온 것을 똑같이 반영하고 있었고, 그것은 사람들이 참여하기 시작할 때까지 계속되었습니다.[3]

브라운은 프로그램의 구조가 반복적이지만 가치가 있다고 판단했다. 그는 이 글에서 프로그램과 함께한 시간 동안 자신이 습득한 모든 기술을 설명하면서, "저의 모든 여름 활동 중 가장 만족스러웠던 것"이라고 프로그램을 평가했다. 브라운에게 있어서 〈우리가 사는 곳을 조사하자〉는 꾸준히 진행되는 교육 경험이자 커뮤니티 프로젝트이고, 리더십 경험의 기회였다.

---

3 제임스 브라운의 2009년 7월 블로그, "그라운드호그 데이Groundhog Day"를 읽어볼 것. http://www.participatorymuseum.org/ref7-3/

두 가지 종류의 협력

협력적 프로젝트는 다음 두 가지 광역의 범주로 나뉜다.

- 자문형Consultative 프로젝트에서는 기관이 새로운 전시, 프로그램, 혹은 발간물을 개발할 때 전문가나 커뮤니티 대표자를 참여시켜 운영진에게 자문과 지도를 제공하도록 한다.
- 공동개발형Co-development 프로젝트에서는 새로운 전시와 프로그램을 제작하기 위해 운영진과 참여자가 같이 일한다.

자문형과 공동개발형 프로젝트 간의 기본적인 차이는 참여자가 협력 아이디어의 실현에 어디까지 관여하느냐에 있다. 자문형 참여자는 프로젝트의 개발 방향을 설정함에 도움을 준다. 공동개발자는 그것을 제작함에 도움을 준다.

자문형 협력

문화 기관에서 자문형 협력은 그 역사가 오래 되었는데, 포커스 그룹(focus group: 시제품 개발 과정에서 사용자 평가를 수렴하기 위해 결성, 운영하는 면접집단)이나 공식 자문단 등의 형태가 그것이다. 자문형 협력은 비공식적이고 단기적인 경우도 있다. 인터랙티브형 전시 시제품을 방문자들이 시험하는 것이 그 예이다. 반대로, 협력자가 지속적으로 기관과 연결되어 운영진이 새로운 프로그램을 개발하는 동안 의견, 조언 혹은 지침을 제공하기도 한다. 많은 대형 박물관들은 특정 이익 집단, 예를 들어 선생님, 청소년, 혹은 지역의 민족 혹은 인종 커뮤니티의 소속원 등을 대표할 자문/고문위원회를 고용하기도 한다.

상업적 세계에서는 IDEO나 어댑티브 패스Adaptive Path와 같은 상품 디자인사들이 자문형 협력을 통해 개방적 이미지 구축에 힘쓰고 있는데, 이를 사용자 혹은 인간 중심적 디자인이라고 부른다. 사용자 중심 디자인의 옹호론자들은 목표 사용자의 자문을 디자인 과정 전반에서 실시함으로써 시장 속에서 보다 강한 호소력과 쉬운 이해도를 갖춘 제품을 만들어낸다고 주장한다. 이런 회사들은 사용자에게 교육 경험을 제공하기 위해 사용자를 참여시키는 것은 아니며, 단지 회사의 상품 개선을 목적으로 한다.

〈일상 사물의 디자인Design of Everyday Things〉(1988)에서, 인지과학자 도널드 노먼Donald Norman은 디자이너와 사용자 사이에 존재하는, 물건을 이해하는 방식의 큰 차이를 실험해 보였다. 혼자서 일하는 디자이너들은 자신은 이해하지만 목표 사용자에게는 혼란을 유발할 선택을 자주 내렸다. 디자이너들이 디자인 과정 전반에서 최종 사용자의 자문을 수렴한다면, 모두에게 잘 통할 무언가를 만들어낼 확률이 더 높을 것이다.

이 점에 관한한 문화적 경험도 상업적 상품과 다를 수 없다. 문화 기관에서 신규 방문자와 함께 관람해보거나 박물관 웹사이트에서 누군가가 진행 프로그램의 정보를 찾으려고 애쓰는 모습을 관찰해 보면, 기관의 서비스를 이해하고 사용함에 있어 전문가와 고객이 가진 몇 가지 차이점이 쉽게 발견 될 것이다. 특히, 길안내 체계나 정보 인쇄물을 디자인할 때는 다양한 방문자에게 자문을 받아야 다양한 관람자에게 통하는 결과를 만들어내는 데 도움이 될 것이다.

사용자 중심 디자인은 특히 신개척 시장에 진입할 때 유용한 기법으로 떠오르고 있다. 기업들이 "글로벌화"함에 따라 디자이너들은 자신이 접해 보지 못한 국가의 국적이나 배경을 가진 목표 사용자들을 위한 제품의 디자인을 요구받는다. 낯선 환경에서 제품이 어떻게 받아들여질지 혹은 신규 시장에서 어떤 다른 상품이 어필할지를 이해하기 위해서는 최종 목표 사용자의 자문을 청취하는 것이 일반적으로 가장 효율적인 방법이 된다.

비일반적인 관람객을 위한 프로그램 개발도 외국 시장을 위한 제품을 개발하는 것과 상당히 비슷하다. 문화 기관이 그런 커뮤니티와 연결되기 위한 쉬운 길을 찾고 있다면 자문 집단이 도움이 된다. 예를 들어, 제8장에서는 오클랜드 캘리포니아 박물관Oakland Museum of California의 〈망자들의 나날Days of the Dead〉 프로그램의 공동제작이 소개되는데(389쪽), 엄청난 성공을 거둔 이 프로그램은 박물관의 남미계 자문위원회가 제안한 것으로, 이 자문 그룹은 오클랜드의 라티노계 커뮤니티와 박물관의 특정한 요구와 관심사를 연계하는 데 도움을 주었다.

만약 참여자의 역할이 지나치게 모호하다면 자문형 협력은 어려워진다. 만약 참여자들이 다룰 수 있는 구체적인 프로젝트나 주제가 없다면 자문위원회와 포커스그룹은 아무런 의미가 없을 것이다. 자문 협력자들은 권한과 책임을 부여받아야만 기관을 위한 쓸모 있는 해답이나 제안을 제공하게 될 것이다. 명확한 목표와 구체적인 계획은 참여자와 운영진 모두가 협력의 가치를 실감하는 데 도움이 된다.

공동개발형 협력

참여자의 역할이 도급자나 직원에 가깝다면 이 협력은 자문형에서 공동개발형으로 바뀌게 된다. 〈우리가 사는곳을 조사하자〉는 공동개발형 프로젝트이다. 운영자들은 프로젝트의 윤곽을 준비하고 난 다음 참여 청소년 파트너들과 함께 밀접하게, 그리고 협력적으로 작업하여 전시회를 만들어냈다.

공동개발형 협력 프로젝트는 보통 수주에서 수개월에 걸친 참여자의 관여를 수반한다. 이러한 프로젝트에는 적지 않은 운영자의 시간, 계획과 조율이 소요된다. 일반적으로 여기에는 소규모의 참여자 집단, 그리고 그들과 함께 작업할 전담 직원이 소속된다.

어떤 공동개발형 프로젝트는 그 최종 결과물보다 참여자의 학습이나 기능 개발을 보다 중시한다. 이러한 교육적 효과로 인해 공동개발형 프로젝트는 인턴십 프로그램, 청소년 실습 프로그램, 그리고 기관의 소수자 커뮤니티를 위한 교육 프로그램 등과 결부되는 것이 보통이다.

협력에서의 학습 효과가 높은 것은 사실이지만, 참여자에게 학습 경험의 제공에만 초점을 맞추는 것은 위험하다. 공동개발 협력의 효과가 단지 열 명이나 스무 명의 참여자들에게만 돌아간다면 그것은 곤란할 것이다. 특히 기관이 예산의 압박하에 놓여 있다면 그렇게 적은 숫자의 방문자에게만 봉사할 자원 소모적 프로젝트는 우선적으로 정리 대상이 될 수 있다.

넓은 관람자에게 봉사하는 협력은 운영진, 참여자, 그리고 방문자 모두에게 가치가 있을 것이다. 기관의 관점에서는 소수의 그룹 프로젝트가 많은 사람이 경험하고 즐길 만한 무언가를 만들어낼 때 거기에 투자될 시간과 예산이 정당화될 것이다. 참여자의 관점에서는 보다 많은 사람들을 위해 뭔가를 만들어낼 때 자신의 작업이 더 큰 의미를 가질 것이며 기관과도 그만큼 가까워질 것이다. 관람자에게 협력의 결과물들은 기관의 정규적인 목소리, 경험, 그리고 디자인과는 다른 무엇을 보여 줄 수 있다.

협력의 구조

협력의 조율을 위해서는 다양한 방법이 존재할 수 있다. 적절한 프로세스를 찾아내려면 명확한 기관의 목표뿐만 아니라 참여자의 요구와 능력에 대한 존중과 이해도 필요하다. 협력 프로세스는 조직 문화와의 연관성이 매우 높다. 한 파트너와의 관계 속에서 잘 되던 일이 다른 파트너와는 안될 수 있다.

협력 프로젝트를 개발할 경우, 가장 좋은 시작점은 설계 목표design challenge의 수립이다. 설계 목표란 기관이 준비한 질문들로서 누가 참여자로 들어오고 프로젝트 개발의 구조는 어떻게 짤 것이며, 그리고 협력의 결과는 무엇인가 등의 지침 마련에 도움이 된다. 아래는 설계 목표의 세 가지 예이다.

- 어린이의 이주경험을 이주자 및 비이주자 관객에게 진실되고, 존중되며, 또한 의미심장한 이야기로써 전달할 방법은 무엇인가?
- 신체장애를 가진 사람에게 자신의 경험을 기록, 공유할 도구를 제공하여 그들의 창의성 개발과 프라이버시 보호에 도움이 되며, 또한 다른 관객들도 접근 가능한 방식으로 제시할 수 있는 방식은 무엇인가?
- 비전문가들에게 음악과 기술 갤러리를 위한 인터랙티브 전시를 성공적으로 개발할 수 있도록 지도하기 위한 방법은 무엇인가?

설계 목표가 자세할수록 그것에 적합한 프로세스의 개발은 쉬워진다. 어린 학생들과 협력하려면 운영진은 학생들의 학업 과목 및 수업 스케줄과 부합하되는 프로세스를 개발해야 할 것이다. 지리적으로 원거리에 흩어져 있는 참여자들과 협력하려면, 참여를 용이하게 하는 가장 좋은 방법은 웹 기반 의사소통 도구일 것이다. 모든 관계자들에게 잘 통하는 협력 프로세스를 문화 기관이 개발하려면 참여의 구조와 범위를 정의하는 일이 중요하다.

사례연구

베트남 민족학박물관의 커뮤니티 기반 영상

2006년, 베트남 민족학박물관Vietnam Museum of Ethnology(VME)는 〈배급 정책기: 토이 바오캅Subsidized Times: Thoi Bao Cap〉이라는 전시에서 전후 하노이에서 1975년부터 1986년까지 지속되었던 가혹한 배급 정책하의 삶을 그렸다. 진솔하고 비판정신이 담긴 이 전시에는 수많은 기부된 음성기록 및 사물과 함께 하노이 시민들이 자신의 경험을 담아 만든 다큐멘터리 영상들이 포함되었다. 이 영상의 제작은 VME 운영진, 하노이 시민, 그리고 외부의 커뮤니티 전시 및 영상 자문가 웬디 어드Wendy Erd 간의 협력을 통해 이루어졌다. 설계 목표는 단순했다. "국가 배급 시절의 하노이 실제 주민들의 이야기를 어떻게 공유하여야 젊은 세대가 그 윗대에게 가해진 고통과 소통하고 그것을 이해할 수 있을까?"

이 목표에 대처하기 위해, 어드는 VME 운영진과 함께 하노이 주민들에게 자신의 이야기를 나누게 하고 공동 작업으로 두 편의 다큐멘터리 영화를 편집해내기 위한 협력적 프로세스를 개발했다. 다음은 그들이 수립한 프로세스이다.

- VME 운영자는 2개조의 3인 팀을 결성했다. 각 팀에는 두 명의 큐레이터/연구자와 한 명의 영상작가가 포함되었으며, 각 팀은 외부 참여자 집단과 함께 각 한 편의 다큐멘터리를 제작하였다.
- VME 운영자팀들은 함께 작업할 외부 참여자를 선정하였다. 한 팀은 과거의 프로젝트였던 〈하노이의 올드 스트리트Old Streets of Hanoi〉로부터 기여자를 섭외했고, 그는 〈올드 스트리트〉에 참여하였던 노인 중에서 참여 희망자를 찾을 수 있도록 도왔다. 또 다른 팀은 친구와 가족 속에서 참여자를 찾았다. 공통적으로, 운영진은 배급 정책기에 성인이었던 사람들을 찾아 나섰으나 예외적으로 다른 관점을 보여 줄 젊은 사람도 일부 포함시켰다.
- VME 운영자팀은 참여자들과 만나 최초 아이디어를 소개하였으며, 프로젝트 전반의 개념이나 구조에 대해 협의했다. 참여자들은 자신의 생각을 제공하고, 그 시절과 연결될 수 있는 사물에 대한 이야기를 들려주었으며, 영상 인터뷰를 위한 "스토리텔러"를 찾도록 운영진을 도왔다. 모든 참여자들은 VME와 함께 일한 보수를 지급받았다. 많은 참여자들에게 이것은 필수적이었는데, 보상이 없이는 직업에서 시간을 뺄 수가 없었기 때문이었다.
- VME 운영자팀은 참여자들의 가정을 방문해 개인적으로 그들을 인터뷰했다. 정해진 질문 목록을 가지고 진행하는 대신, 어드는 제작진에게 참여자와 주고받는 대화에 몰입하여 자세히 듣고 그들에게 무엇이 중요했는지를 발언하게 하도록 제작진을 교육했다. 인터뷰 진행자는 몇 개의 기본 질문으로 시작했는데, 여기에는 "바오캅의 고통을 어떻게 극복하였습니까?", "그 시절에는 어떤 꿈을 가지셨습니까?"와 같은 것들이 포함되었다. 그 다음부터 VME 운영진은 개인의 이야기와 기억의 흐름에 따라 진행했다.
- VME 운영진은 녹화 테이프를 리뷰하면서 공통적인 주제를 찾고 참여자가 가슴속으로부터 강렬히 이야기하는 장면을 찾아냈다. 그들은 이 장면들을 각 다큐멘터리당 2시간 분량으로 정리하였다.

- 참여자들은 이틀간 박물관에서 열린 세션에 찾아와, 초기 편집본과 영화의 구성에 대한 의견을 제공하였다. VME 운영팀은 이 회의를 진행하면서, 참여자에게 영화 제목은 어떻게 해야 좋을지, 시작 지점은 어디가 좋을지, 가장 중요한 주제가 무엇인지, 그리고 각 주제에 어느 장면이 포함되어야 할지를 질문했다. VME 운영진은 참여자를 독려하고 청취하면서, 자신의 견해를 말하지는 않았다. 이틀 동안 운영진은 장면들을 재조합하고 다시 그것을 재생해 가면서 더 많은 참여자 토론을 이끌어 갔다.
- 참여자 자문을 바탕으로 VME 운영진은 편집 완료본을 제작하였고, 참여자 리뷰를 통해 정확성을 확인하고 최종 의견을 수렴했다. 완성된 다큐멘터리는 전시에서 공개되었다. 운영진과 참여자들은 이 과정과 그 경험에 대한 프레젠테이션을 박물관 전문가, 인류학자, 다큐멘터리 제작자, 영화제작자, 그리고 기자 등 더 큰 커뮤니티를 대상으로 진행하기도 하였다.

두 편의 영화와 전시 전체는 참여자에게, VME 운영진에게, 그리고 그 밖의 관객에게 매우 큰 영향을 던졌다. 참여자들은 자신의 작업을 자신의 것으로 느꼈고 뿌듯해했다. 한 참여자인 옹 호Ong Hoe는 다음과 같이 평가했다.

> 웬디와 VME 운영진은 우리들에게 책임감을 부여했습니다. 우리는 다른 사람의 이야기를 들었습니다. 또 운영자들도 잘 듣는 법을 알고 있었습니다. 나는 마음이 열렸고 자랑스러움을 느꼈습니다. 말하는 사람은 상대방이 잘 듣고 있으면 확신을 느낍니다. 이것은 저를 매우 크게 고무시켰습니다. 웬디와 다른 모두가 열심히 듣고자 했기에 이 프로젝트가 성공할 수 있었습니다. 진행은 처음부터 끝까지 합리적이었고 그것은 우리에게 강한 인상을 남겼습니다. 나는 이제 지쳤습니다. 하지만 VME와 협력하여 일할 때 꼭 필요한 사람이 된 것을 느낍니다.

VME에서 이틀간 열렸던 협력 편집 세션 중 휴식 시간 한 장면

또 다른 참여자 바 토Ba Tho는 다음과 같이 단순하게 표현했다. "이 영화는 진실한 이야기이고 진실한 그 시대의 사람들입니다. 나는 진실을 이야기했습니다."

VME의 협력 프로세스는 참여자의 능력을 존중하였고, 그들을 의미 있는 파트너로 대접하였으며, 모든 참여자에게 의미 있는 결과가 만들어졌다. 이틀간의 협력세션 중 일일차가 끝나고 나서, VME의 내부 연구원 팜 민 푹Pham Minh Phuc은 이렇게 평가했다.

> 우리는 하나의 커뮤니티 안에서 살고 있습니다. 우리 모두는 서로의 생각에 귀 기울였습니다. 나이가 어려도 말할 수 있었고 그것을 들리게 할 수 있었습니다. 우리가 영상을 만들 때 이런 방식을 시도한 것은 처음입니다. 이 방식은 우리에게도 낯설 뿐입니다. 그러니 우리도 배움이 필요했음을 이해해 주세요. 우리는 여러분의 도움과 협력을 원하며 고맙게 여깁니다.

방문자들은 〈배급 정책기〉와 그것에 담긴 해당 시기의 진솔한 이야기에 열광적으로 부응했다. 이 전시는 거대한 관중을 집객하였으며, 그 수요에 따라가기 위해 여섯 달이나 연장되었다. 박탈, 곤경과 지혜에 관한 진실된 개인의 이야기들은 어린 베트남인 방문자들이 자신의 부모와 조부모들의 경험을 이해하는데 도움을 주었다. 대학생 딘 티 딘Dinh Thi Dinh은 이렇게 평가했다. "당시에는 카마이 비누 한장도 사치였다는 사실이 믿어지지 않는다. 이 전시는 내 부모와 조부모의 희생에 부응하기 위해 나에게 더 열심히 공부해야 할 영감을 주었다."[4] 하노이에서 웬디 어드와 만난 한 젊은 남성은 이 전시를 주위에 알리고 다녔는데, 자신의 휴대전화로 그녀가 보내 준 전시 사진을 담아 보여 주며 그 전시로 자신의 어머니와 그녀의 경험을 이해하는 데 도움이 되었다고 하였다.

커뮤니티 구성원과의 협력은 이후에도 운영진이 커뮤니티 영상 프로젝트에 참여식 접근을 지속적으로 접목시켜가기 위한 영감이 되었다. 2007년부터 VME 운영진과 어드는, 중국 윈난성의 원주민 팀과 함께 수년에 걸쳐 여섯 편의 커뮤니티 기반 영상을 제작하기 위해 간문화적으로 협력하게 되었다. 이 방향으로의 노력이 계속된 것은 그들이 〈배급 정책기〉전을 통해 쌓은 공감적 진행 기술이 바탕이 된 것이었다.

협력 프로젝트를 위한 운영자의 역할

협력을 위한 운영자의 기본 역할로 다음 네 가지가 있다. 운영자는 그 중 한 가지 역할을 수행한다.

1. 프로젝트 책임자project director는 협력을 관리하면서 프로젝트의 진행을 유지시킨다.
2. 커뮤니티 관리자community manager는 참여자와 근접하여 일하고 그들의 요구를 대변한다.
3. 교육자educator는 참여자에 대한 훈련을 담당한다.

---

4 2007년 1월의 어소시에이티드 프레스Associated Press의 〈배급 정책기〉 관련 리뷰를 읽어볼 것. http://www.participatorymuseum.org/ref7-4/

4. 의뢰 역할자client representative는 기관의 이해와 요구를 대변한다.

이 역할들은 자주 뒤섞이지만 최선의 협력은 그것들이 분리될 때 가능하다. 참여자들은 위의 다양한 운영자 역할 각각과 특화된 관계를 형성할 때 그 협력을 공정하고 합리적이라고 느끼게 될 것이다.

교육자와 의뢰 역할자는 특히 다른 프로젝트 운영진과 분리되는 것이 중요하다. 교육자와 의뢰 역할자는 권위의 인물이지 동반자 관계가 아니기 때문이다. 이러한 권위적 역할을 동시에 수행할 필요가 없다면, 참여자와의 협력은 프로젝트 책임자나 커뮤니티 관리자가 담당하는 것이 보다 쉽다.

교육 과정을 협력 프로젝트에 접합시킬 때는 주의 깊은 사전 계획이 필요하다. 협력은 공정한 파트너관계를 필요로 하는데, 교육은 교육자와 학생 간의 불평등한 권력 관계하에서 이루어지는 일이 많기 때문이다. 교육자를 프로젝트 책임자와 분리시켜야 참여자는 프로젝트 책임자를 파트너나 보조자로 바라보고 선생님이라고 생각하지 않게 된다. 외부 교육자를 초대하거나 과거 참여자를 교육자로 활용하는 방식도 참여자가 열등감 없이 학습하는 데 도움이 된다.

어린이들과 함께 할 때는 교육을 프로그램의 전반에 골고루 나누어 배치하는 것이 좋은 방법이다. 만약 프로그램의 앞부분이 교육에만 집중되면, 프로그램은 권위적인 어른이 지도하고 학생이 그것을 따를 뿐인, "다른 것과 다를 바 없다"는 인상이 팽배하게 될 것이다. 뿐만 아니라, 앞부분의 교육으로 인해 이후 뒤따를 기간에 피로감이 누적될 수 있으며, 그것은 특히 매일 몇 시간을 프로젝트에 보내야 하는 집중도 높은 프로그램의 경우 더욱 심할 수 있다. 프로그램의 뒤쪽에 교육 시간이 배치된다면 그것은 참여자의 초점을 환기하고 프로젝트를 발전시킬 추가적인 능력을 습득할 수 있는 분위기 전환의 기회로 작용할 수 있다.

가장 적절한 경우는 참여자 스스로의 필요에 의해 교육 대부분이 이루어지는 것이다. 필자는 전시, 전시물, 혹은 체험활동을 참여자가 창의능력으로 설계하는 프로젝트를 작업할 때, 시작 초기 단계에서는 계획적으로 제한된 도구 세트나 창작할 방법을 제공하는 것보다는 특색 있는 사례를 참여자에게 최대한 노출시키고자 노력한다. 참여자들에게 자신이 만들려는 프로젝트의 성격을 제안서로 작성해 보라고 한 다음, 프로젝트 책임자로서 필자는 참여자들이 자신의 프로젝트 창작에 필요한 도구의 사용법을 학습하도록 도울 특정한 교육자나 조언자를, 그들의 숙련도에 맞추어 섭외하려 노력한다. 특히, 어린이들이 기술적 부분을 다루는 경우에는 서로 다른 도구에 대해 모두가 동일한 지식과 관심을 가지고 있는 경우가 거의 없다. 학생들은 자신의 작업 수행에 필수적이라고 느껴지는 도구와 자신에게 적합한 수준의 특화된 교육을 받았을 때 보다 빨리, 그리고 눈에 띄게 능력을 높여 간다.

의뢰 역할자는 독립성이 필수적으로 유지되어야 할 또 하나의 역할이다. 의뢰 역할자는 프로젝트 지휘에 대한 기관의 권위를 표현하는 사람으로서, 일상적으로 참여자와 함께 일하는 운영진과는 다를 수 있다. 그는 다른 운영진보다 더 솔직한 (또한 불편할 가능성도 있는) 의견을 전달함으로써 참여자의 책임감을 유지시키는 사람이다. 또한 의뢰 역할자는 참여자에게 외부인의 시각에서 동기 부여를 할 수 있으며, 그들의 작업에 대한 최종 검수자이다.

의뢰 역할자는 꼭 실제로 존재해야 하는 것은 아니다. 미국 전국에 분포한 826 글쓰기 보조학습센터826 writing tutoring center는 스토리텔링과 책 만들기로 이루어진 현장 수업으로 인기가 많다. 학생 그룹은 작가, 화가, 그리고 기록원 등 세 명의 운영 자원봉사자의 도움을 받아 책 쓰기를 진행한다. 자원봉사자들은 커뮤니티 관리자로 역할하면서 포악한 출판사 사장 밑에서 일하는 것으로 가장하는데, 이 사장이 바로 가상의 프로젝트의 의뢰인이다. 사장은 드러나는 법이 없지만, 운영자중 한 명이 옷장 안에 숨어서 화를 내며 문을 두드리거나 큰 소리로 명령이나 요구를 내린다. 괴롭힘을 당하는 자원봉사자들은 학생들에게 책을 집필함으로써 까다로운 사장을 만족시키도록 도와달라고 청한다. 이렇게 하는 일은 학생과 운영자들 간의 감정적 결속을 만들어내며 학생들의 동기를 지속시킴에도 도움이 된다. 보이지 않는 사장은 기준을 설정하고, 극적 요소를 부여하며, 참여자들의 집중을 돕는다. 이것이 없다면 지나치게 개방적인 창작 프로젝트로 흘러갈 수도 있을 것이다.

사례연구

테크뮤지엄의 복합 협력 모델

명확한 설계 목표와 운영자 역할의 구분은 단지 "있으면 좋은 것"으로 끝나지 않는다. 〈테크 버추얼 실험구역Tech Virtual Test Zone〉이라는 프로젝트를 통해 명확한 구조와 역할이 협력에서 차지하는 필수적 중요성을 살펴보기로 하자.

〈테크 버추얼 실험구역〉은 캘리포니아 산호세에 있는 테크뮤지엄Tech Museum의 프로젝트였다. 2007년 가을, 필자는 테크뮤지엄의 운영진에 합류하여 〈테크 버추얼〉이라는 기획 사업을 지휘하게 되었고, 〈실험구역〉은 그 시범 프로젝트였다. 설계 목표는 명확했다. 전 세계의 참여자와 온라인 플랫폼을 통해 협력하여 크라우드소싱 방식으로 전시를 개발하는 것이었다. 창의적인 아마추어들과 컨텐츠 전문가들을 초청하여, 다양한 전시 아이디어를 동시에 공유하고 프로토타입을 만들어냄으로써 우리는 보다 다양하고 고품질의 전시물을 예전보다 빨리 설계, 적용할 수 있을 것이라고 믿었다. 파일럿 프로그램의 목표는 협력 플랫폼을 개시하고 참여자를 모으며 거기서 얻은 아이디어를 바탕으로 7개월 내에 프로토타입 전시관을 테크뮤지엄에 건설하는 것이었다.

〈실험구역〉의 원안에는 네 가지 운영자 역할이 포함되어 있었다. 필자는 프로젝트 책임자로서 협력적 전시 개발과 실제 전시물의 제작을 지휘하였다. 자원봉사자들은 커뮤니티 관리자의 역할을 담당하면서 참여자들이 가상적으로 자신의 전시 아이디어와 프로토타입을 개발하는 일을 도왔다. 테크뮤지엄의 엔지니어와 디자이너들은 초빙 강사로서 인터랙티브 방식의 전시물 설계를 위한 가상 워크샵을 제공했다. 한 명의 큐레이터가 고용되어 의뢰역할자를 담당하면서 최종 전시에 포함시키거나 배제되어야 할 것들의 기준을 마련하기로 하였다.

우리는 〈세컨드라이프Second Life〉(3차원 가상현실 커뮤니티 중 가장 유명함)의 가상 3차원 세계 안에 협력 워크샵을 설치했다. 참여자들에게 제공되는 전적으로 개방된 이 환경이 난처하게 느껴지지 않도록, 필자는 전시 개발 템플리트와 인터랙티브 방식의 안내 교본을 제작해 참여자들이 전시 디자인의 기초를 배우고 자신의 아이디어를 현실성 있게 만들어 나가기를 돕고자 했다. 필자는 〈세컨드라이프〉의 기본적인 설계 툴 사용법을 다른 운영진에게도 교육하여, 그들이 참여자를 지도하거나 도울 수 있도록 했다. 우리는 전시 디자인을 위한 가상 수업시간표를 작성하고, 〈세컨드라이프〉 전체를 통해, 그리고 외부의 크리에이티브 분야 전문가들에게 이 기회를 홍보했으며, 곧 새로 참여한 파트너들과의 협력에 착수했다.

〈세컨드라이프〉는 사회적 환경이기 때문에 사람들은 실시간적으로 다른 이와 대화하거나 작업할 수 있다. 우리는 교본이나 템플리트보다도 사람들 간의 인터랙션이 참여자에게 동기부여를 하거나 그들이 능력을 개발할 수

참여자들은 〈세컨드라이프〉 가상 전시 워크샵에 자주 모여 함께 아이디어를 브레인스토밍하고 만들어 나갔다.

있도록 독려할 열쇠임을 즉시 알게 되었다. 우리는 〈세컨드라이프〉 기반의 전시 설계 수업을 주 2회 제공했는데, 여기에는 가상현실 설계 기술과 전시 연구가 함께 섞여 있었다. 보다 숙련된 참여자들에게는 매주 전시 설계자 미팅을 주관하여 참여자의 프로젝트, 〈실험구역〉 전반의 새로운 진척상황, 그리고 커뮤니티의 관심사 등을 논의했다. 이 미팅에는 전체 커뮤니티 중 작은 비율만이 참여했다. (주당 10~15명으로, 이는 일반 워크숍 참여자가 보통 100명이었음과 비교된다.) 하지만 이 참여자들은 가장 의욕이 왕성한 사람들이었고 자주 스스로 비공식적으로 새로운 커뮤니티 멤버를 맞이한다거나 가능할 때 손을 도와주었다.

〈세컨드라이프〉를 전시 개발 플랫폼으로 사용하는 것은 운영자와 참여자 간의 활동 영역의 수준을 일치시키는 데 도움이 되었다. 이는 〈세컨드라이프〉가 복잡한 소프트웨어 플랫폼임을 감안하면 일견 모순으로 보일지 모른다. 하지만 많은 〈테크 버추얼〉의 참여자들은 〈세컨드라이프〉 환경을 박물관 운영진보다도 능숙히 다루었다. 〈세컨드라이프〉를 통해 필자는 박물관 전시 설계자라는 권위를 한층 낮출 수 있었으며, 우리 모두는 동등한 개인들로서 서로 다른 설계 기술을 테이블 위에 내놓을 수 있었다. 참여자였던 리처드 밀레프

스키Richard Milewski는 다음과 같이 이야기했다.

> 〈세컨드라이프〉는 고도로 추상화된 환경이어서, 테크뮤지엄과 같은 기관과의 협력을 시도할 때 따르는 왠지 주눅이 드는 전망도 실현 가능한 것으로 보이게 만들었다. "결국은 실제가 아니잖아. 컴퓨터 화면에 나타난 만화 같은 것이니까 언제든 꺼버리면 되겠지." (그럴 리야 없겠지만… 나는 여러 번 이렇게 나 자신에게 말했다.)[5]

이후, 실제 전시의 개회식에 몇 명의 가상 참여자들이 찾아왔을 때 우리는 그들을 전시물이 만들어졌던 제작실로 안내해 주었다. 그중 몇 명은 열광하기도 했지만, 다른 몇 명은 제작실에 대해 충격을 받아 압도되고 불편한 모습이었다. 필자에게는 그 이유가 즉시 명백히 보였다. 이 사람들은 실제 박물관이나 운영진의 설계실에 나와야 했더라면 전시 개발자로 우리와 관여하지 않았을 것이었다. 그들을 "자신의 영역"인 〈세컨드라이프〉 내에서 만남으로써 우리는 긍정적인 협력의 방향으로 저울을 기울일 수 있었던 것이다.

협력이 계속 진행되면서 세 가지 문제가 대두되었다. 첫째, 우리 운영진의 기반이 무너졌다. 테크뮤지엄은 〈실험구역〉의 의뢰인으로서 역할을 수행할 큐레이터를 고용하지 않았다. 고위급 임원들은 또한 기술자와 설계자들이 가상 워크숍의 초청 교육자로 작업시간을 할애하는 것을 낭비라고 판단했으며, 그들의 참여를 금지시켰다. 그렇게 되자 필자와 몇 명의 자원봉사자만으로 전체 전시 프로젝트를 관리해야 하게 되었다. 필자는 사실상의 의뢰 역할자로서의 역할, 즉 제작을 위한 가장 뛰어난 전시물 아이디어를 고르는 업무와, 커뮤니티 관리자로서의 역할, 즉 참여자들을 보조하고 격려하는 업무 사이에서 나뉘었다. 참여자들의 학습을 도우는 조력자이면서 동시에 그들의

---

5 리차드 밀레프스키의 2008년 블로그 글, "커뮤니티 전시 개발: 테크 버추얼에서 배운 것 Community Exhibit Development: Lessons Learned from The Tech Virtual" 전문은 다음 주소를 이용할 것. http://www.participatorymuseum.org/ref7-5/

전시물이 선정되기 부족하다고 알려주는 권위적 인물을 동시에 수행하는 것은 불가능했다. 그래서 필자는 상상속의 판정위원단 뒤에 숨기로 했고 참여자들에게, "판정위원은 당신의 프로젝트에서 이 부분을 이해하기 어려워합니다," 혹은 "판정위원들은 실제 세계에서 이것은 제작하기에 적당하지 않다고 생각합니다"와 같이 이야기했다. 이런 기구를 이용함으로써 필자는 참여자를 그들의 평가자가 아닌 동료로서 대하며 과정의 끝까지 독려하여 나아갈 수 있었다.

두 번째 어려움은 박물관의 지휘자들이 설계 목표를 흔들면서 발생하였는데, 예산, 전시장 위치와 프로젝트의 기대 결과가 자주 변경되었다. 필자는 프로젝트를 그에 맞게 재조정하느라 분주했으며 이는 참여자에게 도움이 되지 못하는 것이었다. "이것은 실험이니까"라고 이야기하기는 쉽지만, 모든 실험 프로젝트에 수반되는 변화로 악영향을 받는 사람들과 신뢰를 유지하며 관계를 지속하는 일은 쉽지 않다. 우리가 뭔가를 바꾼다면 그것은 추상적인 프로젝트 변경은 아니었다. 우리는 실제 사람들의 작업에 영향을 준 것이다. 다행히 우리는 참여자들과 솔직하고 열린 의사소통을 유지하고 있었고 대부분의 사람들은 변화에도 불구하고 프로젝트와 계속 함께할 수 있었다. 826 글쓰기 보조 학습 프로그램(350쪽 참고)의 운영진이 상상속의 권위적인 출판사 사장을 동원해 학생들과의 협력 관계를 수립했듯 필자도 자신의 어려움과 안타까움을 〈실험구역〉 참여자들과 공유했으며, 그것은 우리가 결속하여 혼잡스러운 과정을 헤쳐나가는데 도움을 주었다.

〈실험구역〉의 협력을 저해한 세 번째 어려움은 전체 프로젝트가 현금 상금이 걸린 경합이었다는 사실이었다. 처음 우리는 경합 방식이 프로젝트를 홍보하고 가속화하기 위한 유용한 방식이라 생각했다. 우리는 실제 세계에서 제작되는 각 전시물 설계에 대해 5,000달러를 제시했다. 그렇게 함으로써 우리는 인지도를 매우 빨리 높일 수 있었다. 이것은 프로젝트를 완성하기 위해 주어진 짧은 시간을 고려할 때 적절했다. 뿐만 아니라 이 상금은 참여자로 하여금 완성된 프로토타입을 만들어내는 데 집중하도록 도움을 주었다. 사람들이 가상 워크숍에 참여한 것은 전시에 대해 음미하려는 것이 아니었다. 그들은 부족한 시한 내에 경합에 참여하여 전시물을 완성하고자 모인 것이었다.

하지만, 이 경합은 참여자들 간의 의미 있는 협력을 유도하는 데 방해가 되었다. 사람들은 상금 전체를 혼자서 차지하기 위해 독자적으로 나아갈 것인지, 혹은 다른 사람과 팀을 결성할지를 고민했다. 우리는 몇 차례 커뮤니티 토론을 통해 경합으로 협력이 저해되는 양상을 토론했다. 필자는 기묘하지만 이해가 될 만한 질문을 던졌는데, 참여자들이 당선 확률을 높이기 위해 최대한 많은 전시물에 참여할 것인가, 혹은 한 가지 개인 프로젝트만을 만들어 내어 상금의 최대 가능액을 높일 것인가였다. 상금은 우리가 나누는 커뮤니티에 대한 모든 대화 속에서 서로 모순되는 신호를 만들어냈다.

경합은 〈실험구역〉 참여자들 간의 협력에 있어서만 문제를 야기한 것이 아니었다. 그것은 운영진에게도 윤리적 고민을 만들어냈다. 7개월 이내에 7개의 인터랙티브 전시물을 개발하는 목적을 위해 명확하고 공정한 경합 구조를 만들어내는 것은 운영진에게 쉽지 않은 일이었다. 프로젝트가 시작될 때, 박물관 관장은 〈세컨드라이프〉의 전시물을 실제 세계로 "복제"할 것을 이야기했다. 이론적으로 이는 선정 절차를 연출하여 경합을 진행하고, 각각의 선정 기회마다 실제 박물관에 "복제"할 수 있는 완성된 가상 전시물을 선정한다는 것이었다.

하지만 우리가 가진 제작 팀은 이것이 기술적으로나 개념적으로나 현실적이지 못한 것임을 쉽게 발견하게 되었다. 보통 우리는 매혹적이고 교육적이며, 전시 주제와 부합하는 모습을 보이는 전시물을 선택하였다. 하지만 우리는 또한 시공간적인 현실성과 함께 어떤 것이 성공할 수 있을까에 대한 전문적 의견을 선택에 반영하기도 하였다. 〈뮤지컬 체어〉라는 전시물의 경우, 우리 내부의 기술자 팀은 단순한 한 문장으로 이루어진 개념 설명을 보고 그것을 즉시 선정물로 인식하게 되었다. 리엔 가비Leanne Garvie라는 이 개념을 제출한 참여자는 비록 작동되는 가상적 프로토타입을 〈세컨드라이프〉에서 만들었으나, 우리가 테크뮤지엄에서 동시에 설계한 실제세계의 버전과는 공통점이 거의 없었다. 최종적으로 우리는 실제로 만들어진 각 전시물에 대해 5,000달러의 상금을 지급했지만 동시에 선정은 되지 못했더라도 좋은 의도를 가지고 훌륭한 작업을 기여한 참여자들을 위해 우수한 가상 전용 프로젝트에 대해서도 낮은 상금(500달러에서 1,000달러)을 수여했다.

우리는 가상세계에서의 경합이 끝난 후에도 참여자들을 전시 개발에 계속해 참여시켰다. 하지만 이때는 운영진이 협력 관계에서 상급 위치를 점하게 되었다. 운영진에게는 제작 단계로 넘어가자 협력이 보다 쉬워졌는데, 그것은 운영자들만이 제작 공정이 어떻게 이루어지는지와 참여자들로부터의 제안이 수용될 수 있을지 여부를 알고 있었기 때문이었다. 가까운 지역의 참여자들이라면 때때로 박물관을 방문하여 우리의 진행 과정을 확인하고, 심지어 자신의 전시물의 완성을 돕기도 하였다. 수백, 수천마일 거리에 있는 사람들에게 필자는 가상 회의, 사진, 전화, 그리고 이메일을 통해 실제 세계의 진행 과정을 공유하였다.

가능한 경우, 언제나 우리는 참여자들에게 전시물의 이미지, 음성과 영상을 위한 컨텐츠 선택이나 제작을 부탁했다. 모든 최종 전시물은 핵심적 학습 내용에 대한 교육적 설명패널과 함께, 가상 설계자와의 협력 과정이 담긴 두 번째 설명판을 포함하게 되었다. 세 개의 전시는 가상 설계자들의 창작 디자인과 음악을 등장시켰으며, 이 세 개의 전시는 가상 설계자의 기술적 능력에 크게 의존했다. 참여자들은 우리의 기술 및 제작팀이 보유한 내부적 능력을 뛰어넘어, 그런 짧은 시간 한계 내에 우리가 생산해낼 수 없었을 전시 요소나 컨텐츠 요소를 다룰 수 있게 해주었다.

일 년이 지난 후, 선정된 참여자 중 많은 이가 떠들썩하게 〈실험구역〉과 함께했던 자신의 경험을 회고했다. 그중 몇은 프로젝트가 자신들에게 자신의 작업에 긍지를 주었고 분야를 넘나드는 새로운 기회를 열어주었다고 했다. 존 브루슈Jon Brouchoud라는 위스콘신에서 일하는 건축가는 화성학을 다루는 전시물을 설계했는데, 이렇게 설명했다.

> 테크 버추얼은 내 자신의 직업으로부터 벗어나서 사고할 기회를 주었으며, 건축적 훈련을 뛰어넘는 새로운 관심분야(음악)를 탐험하게 해주었다. 그것은 내가 항상 탐색하고 싶었으나 아직까지 기회가 없었던 것이

었다. 뿐만 아니라, 분야간 협력에 대한 강조는 다른 팀원과 함께 서로 자신만의 지식과 기능을 기여하여 불가능할 것 같았던 꿈을 현실로 만들기 위해 함께 작업할 길을 열어 주었다.

또 다른 참여자인 영국 예술가 피트 워들Pete Wardle은 다음과 같이 회고했다.

> 우리의 작품을 테크뮤지엄에 설치해 봄으로써 나는 내 작품을 다른 기관에 제출할 수 있음을 믿게 해주었다. 테크 뮤지엄의 전시 이후, 나는 〈세컨드라이프〉 안에서 계속해 프로젝트를 만들게 되었으며, 최근 리노의 네바다 주립대학에서 프로스펙티브09Prospectives09 학회의 일환으로 발표를 마치고 올 수 있게 되었다. (이것은 테크뮤지엄과 함께 일하기 전에는 꿈도 꿀 수 없었던 일이다.)

전체적으로 볼 때 〈실험구역〉 협력은 운영진에게나 참여자에게나 흥미진진하면서도 안타깝기도 한 것이었다. 어떤 면에서, 서로가 서로를 의지해야만 그런 짧은 시간에 프로젝트를 완수할 수 있었으므로 혼란스러웠던 프로젝트의 성격은 모두의 원활한 협력에 일조하였다. 하지만, 그 혼란은 아마추어 전시 개발자들의 지속가능한 커뮤니티를 만들어내지는 못했다. 참여자들이 서로에게 의지할 길은 없었으며, 그들은 대신 프로젝트 지휘자인 필자에게 변화하는 정보와 성공의 기준을 위해 의지하게 되었다. 이것은 커뮤니티 관리자, 프로젝트 지휘자, 그리고 의뢰 역할자로 동시에 움직여야했던 한 사람을 중심으로 돌아가는 건강하지 못한 커뮤니티를 만들어냈다. 〈실험구역〉이 실제 세계에서 개회한 후 필자는 테크뮤지엄에 관여하는 일을 그만두었다. 불행히도 커뮤니티는 필자가 떠나자 살아남지 못했다. 〈테크 버추얼 실험구역〉은 전 세계의 아마추어 협력자들과 함께 설계한 인터랙티브 전시물 갤러리를 만들어내는 데는 성공했지만 테크뮤지엄이 희망했던 바와 같이 지속적인 협력 전시 개발의 토양을 만들어내지는 못했다.

이러한 협력이 원활이 진행될 방법이 있을까? 물론이다. 우리가 운영자 역할을 구분지워 유지하고, 설계 목표를 일관되게 가져가며, 또 경합을 배제할 수 있었다면 〈테크 버추얼〉은 지속적이고 성장 가능한 협력 전시 개발에 근접할 수 있었을 것이다. 다음은 필자가 이 프로젝트에서 습득하여 이후 협력 기획에 적용해 오게 된 몇 가지 기술들이다.

- 참여자 자신과 기관 모두에게 의미가 있고 유용한 참여자 활동을 찾아야한다. 운영진은 참여자의 전시물 개념이 매우 다양하고 유용함을 알았지만, 그들의 가상 프로토타입은 전시 설계를 진행시키는 데는 거의 도움이 안 되었다. 만약 우리가 어떤 종류의 기여가 가장 중요할지를 미리 이해했으면 운영진과 참여자 모두를 실망시켰던 순간을 쉽게 피할 수 있었을 것이다.
- 참여자들이 사용할 줄 아는 도구를 사용하게 하며, 운영진이 그들을 위해 개발한 것만으로 한정시키지 말라. 운영자보다 사용자에게 훨씬 더 익숙한 소프트웨어 플랫폼을 사용하기로 한 것은 크나큰 행운이었다. 참여자들의 이런 숙련성은 낯선 행동을 편안한 환경 속으로 옮김으로써 이런 협력을 한층 공평하게 만들었다. 특히 기술을 다루는 경우, 참여자들이 잘 알거나 흥미를 느끼는 도구를 활용하면 운영자가 자신의 체계 속에서만을 교육하는 경우에 비해 보다 성공적이다.
- 참여자들과 소통할 때는 말에만 의존해서는 안 된다. 〈세컨드라이프〉가 선사한 또 다른 놀라움은 사람들이 가상 프로토타입을 자신의 아이디어에 따라 제작하는 일을 장려하는 환경하에 있다는 점이었다. 뭔가를 누군가가 만든다고 할 때, 그곳은 무엇이 모자라며

존 브루슈(아래 그림의 뒤쪽 인물)는 가상 음악 전시물(위 그림)을 설계했으며, 이는 실제 전시에서 〈음악 버튼으로 이루어진 벽〉이라는 전시물로 현실화되었다.(아래 그림)

어디로 가야 할지를 토론할 시작점이 되었다. 또한 그것은 자신의 창의적 재능을 나눔에 있어 언어로는 어색할 경우에도 가능하게 했으며 언어의 장벽을 넘는 협력을 가능하게 만들었다.

- 강한 협력에는 구조와 상호 신뢰 모두가 필요하다. 〈테크 버추얼〉 참여자들은 기관의 변하는 요구에 부합하기 위해 너무나 열심히 노력했다. 참여자들은 어느 정도의 변화에 대처할 예상을 하고 있었지만 각각의 변화는 새로운 혼란, 좌절, 그리고 두려움을 분출되게 하였다. 모든 사람은 명확하게 잘 정의된 목표를 향해 함께 일해 나갈 때 가장 큰 자신감과 긍정성을 느꼈다.

연구 프로젝트 협력

문화 기관 중 어떤 곳에서는 전시나 프로그램 개발과 같은 창작적 프로젝트보다 연구 프로젝트에 방문자를 참여시키는 것이 편할 수 있다. 협력 전시 프로젝트는 창작 기술의 습득이나 이야기의 나눔을 지원하는 반면, 연구 협력에서는 다른 종류의 기술, 즉, 시각적 독해력, 비판적 사고력, 그리고 다양한 정보원의 분석력과 같은 것을 지원한다. 창작적 프로젝트는 흔히 개인에 초점이 맞추어져 있어서 참여자들은 자신의 개인적 지식이나 경험을 반영하거나 나누게 된다. 이와는 달리 연구 협력은 기관에 초점이 맞추어져 있으므로 참여자들은 기관의 지식을 가지고 작업하거나 그것에 기여하게 된다. 잘 설계된 연구 협력은 참여자들에게 보다 강한 기관과의 결속감을 느끼게 하며 기관에 대한 전체적 소속감을 느끼게 한다.

협력 연구 프로젝트의 참여자는 일반적으로 데이터를 수집하여 그것의 분석과 그 결과의 해석을 기관의 협력자와 함께 한다. 운영진은 연구협력을 설계함에 있어 참여자의 학습과 몰입을 통해 고품질 연구결과를 생산할 수 있도록 지원한다. 이상적으로는 이러한 협력 프로젝트의 목표들이 일치해야겠지만 항상 참여자들로 하여금 다양한 기능과 체험을 접하는 동시에 꾸준히 결과를 도출하도록 유지할 수 있는 연구 프로젝트를 수립하는 일이 쉽지는 않다.

사례연구

방문자와 진행하는 연구: 미국 홀로코스트 추모박물관

2008년 초, 미국 홀로코스트 추모박물관United States Holocaust Memorial Museum은 〈로즈 게토의 아이들Children of the Lodz Ghetto〉라는 시범적 협력 연구 프로젝트에 착수했다.[6] 이것은 하나의 사물에서 발단되었다. 1941년 13,000명의 어린이들이 서명한 로즈 게토의 학교 졸업 앨범이었다. "전 지구적 자원봉사 협력"이었던 이 연구 프로젝트의 과제는 홀로코스트 기간 중 이 아이들의 행적을 재구성하는 것이었다. 홀로코스트 연구 전문가들이 사용하는 온라인 연구 데이터베이스 일부를 활용함으로써, 참여자들은 앨범에 등장한 개인들에게 무슨 일이 있었는지를 찾고자 했으며, 그들은 다양한 지리적 지역, 포로수용소, 그리고 정부 등기물에 대해 서로 다른 어린이 이름의 철자를 가지고 다양한 검색을 진행했다. 데이터베이스 검색 질의는 시간구간별로(게토, 노동수용소, 포로수용소, 석방) 분류되어 있어서 사용자는 개인의 지역과 상황 정보를

6 〈로즈 게토의 아이들〉 프로젝트는 이 책의 출간시까지 지속되고 있으며, 다음 주소를 통해 방문할 수 있다. http://www.participatorymuseum.org/ref7-6/

1940년대 기간에 대해 누적해 나갈 수 있었다. 최종적인 목표는 1941년에 남은 13,000개의 서명으로부터 출발해 각 어린이의 이야기를 기록으로 완성하는 것이었다.

기관의 입장에서 〈로즈 게토의 아이들〉은 앨범 속 어린이에 관한 가치 있는 정보를 수집해 주었다. "이제 박물관은 당신의 도움을 필요로 합니다" 하고 이야기하듯 말이다. 이러한 도움은 하지만 엄청난(그러나 이해될 법한) 댓가를 요구했다. 운영진은 이 연구 프로젝트의 모든 항목을 검증했다. 시범운영 1년간, 참여자 기여 항목들 중 삼분의 일만이 정확하거나 그럴 가능성이 높은 것으로 확인되었다. 그 나머지는 유효하지 않았던 것이었다. 만약 소속 연구자가 이 일을 했다면 보다 빨리, 그리고 정확하게 하였을 것이라는 점은 분명했으나, 그럼에도 불구하고 이 기관은 프로젝트의 학습적, 그리고 사회적 가치로 인해 그것을 자신의 입장에서 해볼 가치가 있다고 판단하게 되었다. 소속 연구원들은 참여자들과의 지속적인 대화를 시작하여 그들 스스로가 연구자가 되도록 학습하게 하였다. 프로젝트 책임자 데이비드 클리번David Klevan은 다음과 같이 이야기했다.

> 나는 어떤 것도 "나쁜" 데이터라고 부르기가 망설여진다. 왜냐하면 학습자 누군가가 "나쁜" 데이터를 제출할 때마다 그들은 언제나 스스로 역사를 더 학습하여 더 나은 연구자가 될 수 있기 위한 피드백을 얻어가게 되기 때문이다.

시범 운영 개시 후 18개월 동안, 이 박물관은 약 150명의 대학생과 교사들을 참여자로 소속시켰으며 그들의 경험을 데이터 활용도와 영향, 두가지 관점에서 평가하였다. 시범 참여자들은 연구 기능 숙련과 컨텐츠 학습에 관한한 매우 높은 교육 감수성을 보였다. 뿐만 아니라, 스스로 연구를 진행함으로 인해 참여자들은 홀로코스트에 대한 감정적 결속감과 이해도 넓히게 되었다. 많은 사람들은 이제 구체적인 특정 인물과 사건을 해당 시기의 지배적 공포와 연결시킬 수 있다고 평가했다.

시범 연구를 위한 포털 사이트 상에서 가장 큰 인기를 얻은 설계 기능은 협력 연구에 대한 강조였다. 이 포털에서는 개별 어린이의 행적을 추적함에 있어서 사용자들이 서로 도와 동료의 작업을 검토하고 함께 일할 것을 강조했다. 참여자들은 다른 사람의 연구를 검토하거나 혹은 운영진 및 다른 사람들로부터 피드백을 받는 것을 매우 좋아했다고 기록하고 있다. 평가 자료에서 한 참여자는 다음과 같이 이야기했다.

> 그들의 도움으로 인해 이 프로젝트는 훨씬 스트레스가 적었고 우리가 하나의 팀으로 작업한다는 느낌을 받게 되었다. 대부분의 경우, 동료들로 인해 우리의 연구는 막다른 골목을 피해 계속 진행될 수 있었다. 진행이 막혔을 때는 미국 홀로코스트 추모관과 우리의 동료들이 뒤를 받쳐주고 있다는 사실을 느끼며 안심할 수 있었다.

박물관 운영진은 시간이 흐를수록 프로젝트를 계속 조정해 왔으며, 그것이 공개로 전환된 후에는(2010년 중반 현재) 자발성을 갖추어 보다 능력이 뛰어난 연구자들이 스스로 프로젝트를 유지해 가도록 유도할 수 있기를 바라고 있다. 운영진의 평가는 이 프로젝트에서 빼놓을 수 없는 부분으로, 만약 프로젝트가 나쁜 데이터로 가득 차게 된다면 그것이 쉽게 성장할 수는 없을 것이다. 하지만, 클리번은 연구가 질적으로 성장할 것이며 커뮤니티는 참여자들이 활동을 계속하고 그들의 연구 능력 발전에 보상할 방법을 기관이 찾게 된다면 자료의 확인도 자율적으로 가능하게 될 것으로 믿는다. 이 프로젝트는 동료간의 검토 결과를 지원, 통합하게 설계되어 있고, 개인의 연구 노력을 능동적으로 협력하게 되어 있으므로, 더 많은 사람들이 이용할수록 더 좋아질 가능성이 높아질 것이다.

일반인 방문자와의 협력

평범하게 찾아온 방문자가 전시중인 전시물과 프로그램에 대해 새로운 지식을 그 기관과 공동 창작할 수 있다면 어떨까? 협력활동을 방문자 체험 속에 포함시킬 수 있다면 누구에게나, 언제나 참여 기회가 제공될 수 있을 것이다. 전시장에서의 체험들은 그것이 관람자를 향하고 있다는 점이 명백하기 때문에 이런 종류의 협력은 단순 관람자와 참여자 두 부류를 모두 고려해야 한다. 기여적 플랫폼들은 참여자가 수동적인 관람에서 벗어나 행동을 하도록 유도되고, 그러한 행동이 다시 다른 사람에게 모델로 제공되는 선순환을 잘 만든다. 이러한 협력 프로젝트들은 시간을 지나면서 진화되도록 유지 관리만 이루어진다면 방문자와 기관 모두에게 유익한 것이 될 수 있다.

이러한 진화하는, "살아있는" 협력적 플랫폼의 좋은 예는 인터넷의 위키피디어이다. 언제나 비非기여 사용자도 그곳에 접속하여 제공 컨텐츠를 사용할 수 있으며, 한편에서는 집필자와 편집자가 끊임없이 그것을 개선시킨다. 관람자는 단지 마우스 클릭만으로 협력작업용 공간에 접근할 수 있다. 과정을 관찰, 참여하기가 어렵지 않으면서도 동시에 관람자 경험의 세련된 일관성을 보호하기 위한 최소의 거리도 유지된다. 문화적 협력 작업의 이상적인 형태도 이와 비슷하다. 방문자에게 매력적으로 다가가지만 구경하기와 능동적으로 협력하기 사이의 장벽은 얇고 투명해야 한다.

내부 프로세스의 협력

협력 프로세스를 전시장에 내놓는 것은 간단하게는 대중에게 내부의 프로세스를 공개하는 것으로도 충분하다. 온타리오 과학관Ontario Science Center은 〈웨스턴 가족창의센터Weston Family Innovation Centre〉를 개발할 때, 심도 깊게 긴 시간을 들여 시연 단계를 수행했다. 그들이 개발한 기법은 속성 아이디어 개발Rapid Idea Generation(RIG)이라는 것이었는데, 여기서 운영팀은 전시물, 프로그램, 그리고 전략적 목표에 대한 아이디어를 실제적으로 만들 때 불과 몇 시간 만에 그것을 끝낸다. RIG는 내부 프로세스에서 비롯되었다. 이 팀은 때때로 최종 시제품을 전시장에 내 놓고 방문자와의 격의없는 대화를 통해 그것에 대한 아이디어를 수렴하기도 했다. 이후, 운영진은 RIG 팀들을 방문자와 회합시키기 시작했고 나중에는 박물관 전시장의 공개장소에서 공개 RIG를 진행하게 되었다. 이런 RIG들은 대단히 협력도가 높았으며, 임원, 설계자, 현장 직원, 박물관샵 운영자, 그리고 방문자들이 한 자리에 모여 뭔가를 설계하는, 결과에 대해 개방되어 있고 팀별로 이루어지는 형식이었다. 개발 프로세스를 전시장에 내놓음으로써 운영자들은 〈웨스턴 가족창의센터〉가 지향하는 핵심 아이디어, 즉 방문자들로 하여금 언제나 뭔가를 설계하고 만들어 내도록 독려한다는 개념에 보다 익숙하게 되었다. 이는 동시에 운영진이 자신의 작업물을 구조적이고 창의적이며, 대단히 즐길만한 형식으로 만들어 방문자들과 공유하게 하는 결과를 가져왔다.

사례연구

워싱턴 대학의 실시간 방문자 협력

일반 관객의 상호 협력을 목적으로 하는 전시실을 설계한다고 생각해 보자. 그것은 어떤 모습일까? 2009년, 필자는 워싱턴 대학University of Washington의 겸임교수직을 맡고 있었는데, 일군의 대학원생과 함께 낯선 이들을 서로 대화하게 만드는 전시의 설계에 도전해 보았다. 그들은 학생회관에서 〈충고해 주세요: 주고, 받고, 뒤집고, 무시하고Advice: Give It, Get It, Flip It, F**k It〉라는 전시를 만들어 방문자들이 서로 협력해 충고를 주고받게 하였다. 〈충고〉전은 일주일간 열린 전시였지만 그동안 우리는 워싱턴 대학 방문자들이 서로, 그리고 운영진과 함께 협력하여 대량의 개인간 컨텐츠를 생산하게 하는 수많은 방식들을 관찰하고 측정하였다.[7]

〈충고〉전은 네 가지 핵심 활동으로 이루어졌다. 두 개의 보조식facilitated 활동과 두 개의 자율식 활동이었다. 보조식 활동 두 가지는 방문자가 다른 사람(방문자 및 운영자)으로부터 실시간으로 충고를 얻기 위한 충고 부스 하나와,[8] 방문자가 자신이 원하는 구절을 넣은 뱃지를 운영자의 도움을 받아 만드는 뱃지 만들기 스테이션이었다. 두 종류의 자율적 활동은 방문자들이 접착메모나 벽에 다른 사람의 질문에 대해 비실시간적으로 자신의 조언을 써 붙이는 체험들이었다.

제공된 활동들은 기여적 활동이기도 하지만, 〈충고〉전은 그 기여가 전체 전시의 컨텐츠를 바꾸어 나갔다는 점에서 협력적 활동이라고 볼 수도 있다. 방문자들은 자신의 기여가 가공, 전시될 것을 기대하고 충고를 전달한 것은 아니었다. 그들은 운영진과 함께 새로운 컨텐츠를 추가하고 그것을 재정리하며 자신에게 의미있는 것들의 우선순위를 매겼다.

---

7 〈충고〉전의 자세한 내용과 평가 보고서는 다음 주소를 이용할 것.
http://www.participatorymuseum.org/ref7-7/

8 〈충고〉 부스에 대한 상술과 그 사진은 166쪽을 참고할 것.

〈충고〉전의 방문자들은 일반적으로 질문은 큰 메모지에, 대답은 작은 메모지에 작성해 다른 이들과 공유했다.

〈충고〉전에는 상시적으로 2인의 운영자가 배치되었다. 운영자는 체험 안내를 위해 그곳에 있었던 것이 아니라 방문자에게 전시의 참여적 요소에 대해 친근하고 적극적으로 다가 오도록 하기 위해 그렇게 했다. 예를 들어 뱃지 만들기 스테이션의 운영자는 매드립스Madlibs[9] 비슷한 게임을 제안하여 방문자들로 하여금 기발하고 보통은 우스운 충고 구절을 만들어내게 하였다. 운영자는 방문자에게 단어 두 개를 말해 보라고 한 다음, 그것을 전통적인 격언에 집어넣어, "손 안의 개구리 한 마리가 피클 속의 두 마리보다 낫다"라든가 "자전거를 타기 전에 자기의 원숭이를 세어 보지 말라"와 같은 문장으로 버튼을 만들게 했다. 이런 보조자들은 방문자와 협력하거나 대화하고, 그들의 말을 청취하거나 그들과 함께 즐겼다.

---

9 매드립스는 참여자가 주어진 문장의 빈 칸에 새로운 단어를 채워 넣음으로써 우스운 구절을 만드는 게임이다.

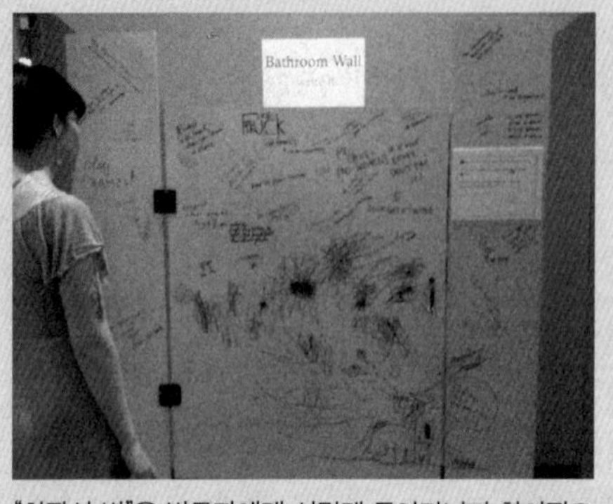

"화장실 벽"은 방문자에게 싱겁게 돌아다니며 창의적으로 분출할 수 있는 장소로 제공되었다. 그들은 화장실 벽과 포스트잇 벽이 두가지 서로 크게 다른 성질의 참여를 위한 것이라는 의도를 완벽히 이해했다.

보조식 체험이 많은 개별 관람자들을 참여로 이끌었다면, 자율식 체험이었던 접착메모지 벽은 방문자와 방문자 간의 협력이 실제로 일어났던 장소였다. 그곳의 설치는 간단했다. 운영자는 몇 개의 질문, 예를 들어 "실연으로 상심한 마음은 어떻게 치료해야 하나요?"와 같은 것을 단초로써 유리벽 뒤에 붙여놓은 후, 다양한 크기와 색깔의 접착메모지, 펜과 마커 등을 제공하여 사람들이 자신의 대답을 쓸 수 있게 하였다. 접착메모 벽의 참여도는 매우 높았다. 사람들은 우연히 주위를 지나다가 사로잡혀 20분씩 각각의 메모를 열심히 읽고 대답을 적어 대화의 고리를 이어나갔으며 새로운 질문과 충고의 말을 남겼다. 접착메모는 관리인, 학생, 운동선수, 남자, 여자 할 것 없이 그곳을 지나가는 모든 사람들을 사로잡았다.

운영자가 제공한 9개의 질문에 대해서 230개의 답변이 수집되었으며, 이보다 자유로운 형태의 장소에서는 방문자가 28개의 질문을 스스로 제출하고 147개의 답변이 수집되었다. 어떤 충고들은 상당히 구체적이었다. 예를 들어 어떤 사람은 "올 가을에 대학에 갈 17살의 소녀에게 이번 여름에 야간 통금시간을 부여해야 할까요?"라는 질문을 던졌고, 이 메모에 대해 아홉 개의 답변이 달렸는데 그중에는 같은 상황에 처한 다른 학부모도 포함되어 있었다. 어떤 방문자는 충고들(특히 수강 추천 과목이나 추천 도서 등)을 선 채로 자신의 노트에 열심히 옮겨 적기도 했다.

다른 사람이 반드시 답을 할 것이란 보장도 없고, 즉시 회답될 가능성도 매우 희박한 질문을 사람들이 시간을 들여 접착메모지에 적었다는 사실은 놀랍게 느껴질 것이다. 협력이 일어나리라는 보장은 없었다. 특히 그곳은 워싱턴 대학 학생회관에서도 왕래가 적은 엉뚱한 지역이었던 것이다. 하지만 참여에 대한 열의는 매우 높았고, 참여의 문턱도 매우 낮았다. 접착메모 용지와 필기도구가 그 자리에 있었다. 전체 전시는 누군가가 자신의 질문에 대답할 가능성을 바탕으로 이루어졌고, 그것이 성장하면 자신에게 누군가가 응답하고 있으며 인정받고 있다는 느낌도 같이 성장하는 것이었다. 우리는 많은 사람들이 반복해서 방문하면서 메모지를 읽고 새로 생긴 것을 찾아보고 웃으며, 새로운 아이디어를 벽에 추가하는 것을 발견할 수 있었다.

메모지 벽이 가장 인기 있는 곳이었지만, 〈충고〉전에서는 다양한 방법으로 의견을 수집했다. 메모지, 화장실 벽, 의견록, 음성사서함, 그리고 여러 온라인 인터페이스들이 그것이었다. 이들 인터페이스들 각각은 방문자 참여를 위한 창구로서 서로 다른 것들을 보조하였으며, 그 전반적 결과는 일관되면서도 다양하게 혼합된 주제에 부합하는 방문자 기여였다. 필자에게 가장 흥미로웠던 예는 "화장실 벽"이라는 요소였는데, 방문자들은 마커로 화장실 칸의 문과 같이 생긴 곳에 쓸 수가 있었다. 처음엔 왜 이것이 필요할지 명확하지가 않았다. 방문자들이 전시 어느 곳에서나 메모를 적어 붙이면 되는데 왜 화장실 벽도 필요할까?

하지만 화장실 벽은 뛰어난 전시 요소였음이 드러났다. 그것은 사람들이 거친 말을 쓰거나 바보 같은 그림을 그릴 수 있는, 물 내리는 손잡이와 같은 요소였다. 이 벽은 "뭐든 되는" 곳으로 계획되었다. 이곳의 컨텐츠는 접착메모와 비교하면 방향의 지시도 없었고 내용도 빼어날 것은 없었지만, 물 내리기 손잡이와 같이 가치 있는 목적을 달성했다. 접착메모에는 주제를 벗어나거나 부적절한 게시물이 하나도 등장하지 않았다. 그곳은 완전히 주어진 질문과 답에 집중되는 곳이었다. 필자가 보기에 그것이 가능했던 것도 집중을 내려놓고 마커로 장난을 치려는 사람들을 위한 구역이 마련되어 있었기 때문이었던 것 같다.

참여적 플랫폼을 전시에 설계해 집어넣음으로써 〈충고〉전의 운영자들은 접착메모지를 재분류하여 아름답게 배치하고 운영자의 관점에서 중요성이 돋보이는 방문자 컨텐츠를 집중 조명하는 등의 관리 업무를 줄일 수 있었다. 이 전시는 소규모 실험 프로젝트였지만, 기관의 경우에도 분산도가 높고, 방문자에게 쉬운 접근성과 매력을 전달하며, 자원 소모량이 적은 전시장 협력 프로젝트를 찾고 있다면 좋은 사례가 될 수 있을 것이다.

협력 프로젝트에 대한 관객 반응

기여적 프로젝트의 참여자와 마찬가지로, 협력적으로 제작된 전시나 프로그램의 방문자 역시 자신이 경험하고 있는 것을 만들어낸 독창적인 설계 과정에 특별한 관심이 없을 수 있다. 〈테크 버추얼 실험구역〉에서는 레이블에 설명된 협력적 과정에 흥미를 느끼는 성인 관객도 있었으나 대부분의 사람들은 테크 뮤지엄의 여느 곳에서처럼 인터랙티브 전시물을 사용하는 데만 집중하였다. 〈실험구역〉 전시의 경우, 협력적 절차는 박물관의 다른 곳과 비슷한 수준의 전시물을 만들어내는 것을 목표하였으므로 이 결과가 놀라울 것은 없다.

하지만 만약 협력적 절차로 획기적인 결과가 만들어지는 경우에는 그 효과가 매우 중요하다. 기여적 프로젝트에서와 마찬가지로 협력적 프로젝트는 새로운 목소리를 포함함으로써 전시와 프로그램을 보다 솔직하고 개인적이며 거리가 가깝게 느껴지도록 할 수 있다. 예를 들어, 베트남 민족학박물관의 〈배급 정책의 시대〉전에 방문한 많은 청소년들은 빈궁한 시기를 살아온 가족의 연장자들에 대해 보다 인간적인 결속감을 가져다주었다고 이야기했다. 협력적 프로젝트 참여자는 또한 자신이 참여한 프로젝트에 대해 주인의식을 가지기 쉬우며, 자신의 열의를 친구와 이웃들에게 전파하여 새로운 방문자들을 기관으로 데려올 가능성도 있다.

〈충고〉전이나 〈탑 40Top40〉전(170쪽 참고)과 같이 자신이 방문한 맥락 안에서 능동적으로 협력 참여를 요청받은 방문자들은 적극적으로 친목 활동에 참여하고 또다시 방문하게 된다. 우스터 박물관Worcester Museum의 〈탑 40〉전은 방문자의 투표에 따라 회화 작품의 순위를 매겼던 전시로서 기록적인 재방문률을 보였는데, 방문자들은 커뮤니티의 행동이 회화의 순위에 어떤 영향을 주었고 그것이 바뀌었는지를 살펴보기 위해 매주 다시 찾아왔다. 이와 비슷하게 〈충고〉전은 사람들이 접착메모를 추가함에 따라 점점 더 성장해 갔고, 많은 사람들은 어떤 질문에 대답이 달렸으며 의견을 기다리는 새로운 질문은 무엇이 생겼나를 보기 위해 계속해 돌아왔다. 브루클린 박물관의 〈클릭!〉전(181쪽 참고)조차 새로운 기회를 제공하지 않는 참여 절차로 구성되어 있음에도 불구하고 높은 재방문율을 기록하였으며, 협력자들이 선정한 전시 사진을 탐구하고 토론했던 방문자들 간에는 많은 대화가 생산되었다.

마지막으로, 협력 프로세스는 문화 기관의 운영진들이 방문자와 커뮤니티 멤버들을 바라보는 자세에 영향을 준다. 운영자가 방문자를 고객이 아닌 동료로 바라보게 되면, 프로젝트의 설계 측면에서든 일상적인 상호작용의 측면에서든 방문자를 대하는 태도가 달라질 것이다. "어떻게 생각하세요?"라는 질문도 단순히 던져보는 질문이 아닌 진솔한 요청으로 바뀌는 것이다. 협력 프로젝트를 작업하는 운영자들은, 운영

보조와 상호 대화에 있어 새로운 기술을 자주 습득하게 된다. 이렇게 얻어진 기술과 태도는 운영자들이 방문자에게 질문을 하는 법, 교육 프로그램을 진행하는 법, 그리고 새로운 전시를 위한 개념 수립 방법을 변화시킬 것이다. 이 모든 것은 운영자들에게 기관에 대한 주인의식과 결속감을 키워 줄 것이다.

운영자가 커뮤니티 소속원과 협력적 관계를 맺게 되면 그들은 흔히 참여자의 능력, 관심, 그리고 욕구에 대한 시각을 새로이 얻게 된다. 기관에 따라, 이 변화로 인해 프로젝트 기획과 개념 수립 절차마저도 단지 참여자를 위한 것이 아니라 그들과 함께 혹은 그들에 의해 수행되는 경우도 가능하다. 기관이 방문자와 함께 커뮤니티 소속원의 아이디어를 바탕으로 프로젝트를 개발하기 위한 파트너십을 수립한다면 그것은 공동제작형co-creative 관계가 된다. 공동제작은 제8장의 주제인데, 여기서 우리는 운영자와 참여자들이 함께 기관의 프로젝트를 개발하여 커뮤니티와 기관 모두가 각자의 목적을 달성하기 위한 길을 모색하게 될 것이다.

제8장

방문자와 함께하는 공동제작

공동제작 프로젝트co-creative project는 전적으로 기관의 목적만을 추구하는 것이 아니라 참여자와의 파트너십 속에서 탄생하는 프로젝트를 말한다. 어떤 커뮤니티 집단이 박물관에 찾아가 프로젝트를 실현시키고자 할 수도 있을 것이고, 기관이 외부의 참여자를 섭외하여 서로 도움이 될 프로젝트를 제안받아 운영진과 함께 만들어갈 수도 있다. 기관이 "우리는 감자를 생산하는 농부에 대한 전시를 하고 싶으니 우리가 그것을 실현시킬 수 있도록 나와서 도와주세요"라고 선포하는 것이 아니라, 운영자가 "감자 농부님, 우리와 함께 전시를 할 만한 아이디어가 없으세요?"라고 물어보는 것이다. 혹은, 감자 농부들이 스스로 뜻을 모아 박물관을 접촉하는 것이다. 공동제작형과 협력형 프로세스는 상당히 비슷한 부분이 있지만, 공동제작 프로젝트는 기관의 요구에서만이 아니라 커뮤니티로부터 시작되는 것이라는 점에서 다르다.

문화 기관이 공동제작 프로젝트에 뛰어드는 이유로는 다음 세 가지가 있다.

1. 지역 커뮤니티 소속원의 요구나 관심에 부응하여 그들에게 발언할 기회를 주기 위하여
2. 커뮤니티의 관계형성과 대화를 위한 장소를 제공하기 위하여
3. 참여자들이 스스로의 개인적, 혹은 집단적 목표를 성취할 수 있도록 기술의 개발을 돕기 위하여

공동제작 프로젝트의 책임자는 흔히 자신의 기관을 방문자의 필요에 부응하기 위한 커뮤니티 기반의 조직으로 여긴다. 기관 입장에서 가치를 두는 서비스를 제공한다고 생각하지 않는 것이다. 공동제작 프로젝트의 의미를 극단적으로 표현하자면 "수요에 의해 움직이는" 것이라고 생각하면 된다. 그리고 이때는 커뮤니티의 목표에 부응함이 기관의 목표여야만 한다. 한 예로, 글래스고 오픈 뮤지엄(261쪽)은 자신의 존재 목표를 커뮤니티 소속원이 스스로의 전시, 프로그램과 이벤트를 원할 때 필요한 사물을 제공함에 두는 공동제작형 기관이다. 그 창립자인 줄리언 스폴딩Julian Spaulding은 글래스고 오픈 뮤지엄이, "사람들이 원하는 바나 사람들이 원해야 할 것을 박물관이 생각하는 것이 아니라, 사람들이 원하는 그것을 제공하는" 기관이어야 한다고 믿었다.[1]

공동제작 프로젝트의 진행은 협력 프로젝트와 매우 유사하다. 하지만 보다 많은 권한이 참여자에게 주어진다. 운영진과 커뮤니티 파트너들은 그들이 함께 공유하는 목표를 성취하기 위해 긴밀히 협조한다. 이 프로젝트의 개발 과정은 참여자들의 취향이나 작업 스타일에 따라 공

---

1 〈변화의 촉매: 오픈 뮤지엄의 사회적 효과Catalyst for Change: The Social Impact of the Open Museum〉[PDF]는 다음 주소에서 다운로드 가능하다. http://www.participatorymuseum.org/ref8-1/

동으로 마련된다. 그 결과는 실제적으로 기관과 커뮤니티 파트너가 프로젝트를 공동 소유하는 것으로 나타난다.

사례연구

공동제작을 통해 존재하는 윙룩 아시아박물관

워싱턴 주 시애틀 소재의 윙룩 아시아박물관Wing Luke Asian Museum은 오랫동안 공동 전시 개발의 공약을 정식 문서로 갖추고 유지해 온 곳이다. 이곳의 커뮤니티 관련 절차는 기본적으로 커뮤니티 소속원들이 가장 큰 의미를 두는 이야기를 전개할 권한을 스스로 가지게 하는 데 있으며, 커뮤니티 소속원들은 전시 개발의 전 단계에 참여해 오고 있다. 윙룩 박물관의 참여적 전시 개발 성과는 널리 알려져 있지만, 그에 더하여 모범적인 대관객 전시를 생산하는 곳으로도 명성이 높다. 2002년, 커뮤니티의 주도로 만들어진 〈피로한 손의 대화: 아시아 태평양 미국인 봉재 노동자의 이야기If Tired Hands Could Talk: Stories of Asian Pacific American Garment Workers〉 전시회는 15인의 봉제 노동자들로 이루어진 팀으로부터 수집된 일인칭적 서사를 그들 스스로의 설계로 만들어낸 전시였으며, 서부박물관협회Western Museums Association로부터 최고의 전시로 지정되기도 하였다. 윙룩 박물관은 공동제작 과정을 활용하여 고품질 전시를 생산해내는 방법을 잘 아는 곳이다.

이전의 관장이었던 론 추Ron Chew는 기자이자 사회운동가라는 독특한 경력을 가진 사람으로서, 큐레이터적이거나 권위적인 컨텐츠가 아닌 구전 역사와 지역 관심사를 중심으로 하는 독창적인 전시 모델을 시작하게 되었다. 그는 2005년, 다음과 같이 말했다.

> 지금 이곳here and now의 커뮤니티가 추진하는 일이 바로 우리가 해야 할 일이라는 가정이 언제나 우리와 함께하였습니다. 박물관은 외부의 세계

윙룩 박물관은 사진 속의 100년 전 수입, 수출품 가게를 포함하고 있다. 전시의 중앙에 놓인 TV에서는 이 지역의 가게를 예전에 소유하고 운영했던 지미 마Jimmy Mar의 이야기가 상영된다.

> 를 반영하기 위해 존재하는 통로이지, 사람들이 들어와 구경할 지식의 창고가 아니라고 가정합니다. 우리가 할 일을 함에 있어 관계의 변화와 구축은 오랜 시간이 필요하리란 예상도 합니다. 우리는 물건이나 프로젝트를 위해 존재하는 사람들이 아니라, 커뮤니티로부터 솟아나는 관계와 이야기를 위해 존재하는 사람들입니다. 이야기는 물건보다 중요합니다. 박물관은 알려진 사실이 아닌, 대화의 장소입니다.[2]

그 결과로 이 기관은, 11선거구 주 하원의원 벨마 벨로리아Velma Veloria의 표현을 빌자면 "사람들의 박물관"이 되었다. 그녀는 다음과 같이 표현했다.

> 론은 저로 하여금 필리핀인임을 자랑스럽게 여기도록 만들어 주었습니다. 그는 우리들의 역사와 성취를 표출하게 해주었습니다. 우리는 더 이

2 추의 위 인용문은 커뮤니티 아트 네트워크Community Arts Network를 통해 공개된 것으로 다음 주소에서 볼 수 있다. http://www.participatorymuseum.org/ref8-2/

상 여름에 통조림 공장에나 몰리는 보잘것없는 무리가 아니었습니다…
우리가 이 나라를 세운 것입니다.[3]

벨로리아를 포함한 여러 사람에게 윙룩 아시아박물관은 없어서는 안 될 커뮤니티의 기관이며, 이러한 소속감이나 주인의식의 중심에는 공동제작 전시의 모델이 자리잡고 있다.

윙룩 박물관의 커뮤니티 프로세스는 이해하기는 쉽지만 실현하기는 어렵다. 그들의 지침서handbook는 선문답처럼 씌어 있다. "작업은 노동집약적이다. 작업은 유연성을 필요로 한다. 우리는 기꺼이 지휘권을 양도한다."[4] 이 운영진은 커뮤니티와의 관계를 최우선으로 하고 있으며, 전시 프로젝트들은 심도 깊고 때로는 논쟁적인 회의를 수반하는데, 그 이유는 다양한 배경의 커뮤니티 소속원들이 모여 운영진과 함께 자신의 이야기를 방문자 경험으로 만들어내기 위해서이다.

이 과정은 공개된 전시 제안 방식으로 시작된다. 누구든 전시를 제안할 수 있으며, 해마다 한 차례 주제, 중요도, 그리고 박물관의 미션 연관도를 고려해 제안서에 대한 심사가 이루어진다. 추진할 프로젝트가 박물관 운영진과 커뮤니티 자문위원에 의해 선정되면, 2~3년의 기간으로 개발 일정이 시작된다. 프로젝트 팀은 세 가지 집단으로 구성된다.

1. 코어 자문위원회Core Advisory Committee, CAC는 12~15인의 커뮤니티 소속원으로 구성되어 주어진 주제에 관한 구체적이고 다양한 연관성을 보유한 사람들로 구성되며, 프로젝트 개발을 주도한다.
2. 운영 스텝은 기술 자문, 프로젝트 관리 및 커뮤니티 관리자로서 진행을 돕는다.

---

3 위의 글

4 윙룩 커뮤니티 기반 전시 모델 지침서는 출간본도 있으며 다음 주소에서도 볼 수 있다. http://www.participatorymuseum.org/ref8-4/

3. 보다 비공식적으로 참여하는 커뮤니티 소속원들은 프로젝트의 기여자나 협력자로 참여하게 된다.

전시 개발 과정은 운영 스텝이 돕지만 코어 자문위원회CAC의 지도를 따른다. 각 프로젝트의 컨텐츠, 일정, 그리고 의사결정 과정은 각 프로젝트의 개발을 담당하는 사람이 포함된 특정 커뮤니티의 요구나 관계 역학에 따라 바뀔 수 있다. CAC는 "전시 개발팀의 기본적 의사결정체로서 전시 및 그와 관련된 요소들의 핵심 메시지, 테마, 컨텐츠와 형식을 개발한다."[5] CAC를 이끄는 것은 박물관 운영진이 아닌 커뮤니티 소속원이다.

전체 개념의 설정이 끝나고 나면 CAC는 커뮤니티의 다른 소속원들을 모집해 전시를 위한 사물이나 이야기를 기여받거나, 연구를 수행하거나, 혹은 현장 프로그램을 제공받는다. 그동안 운영진은 디자인, 연구와 커뮤니티 보조 등의 분야를 돕는다. 운영자들은 프로젝트 스케줄의 변경과 발맞추어 사람들의 관계를 관리하는 일도 자주 수행한다.

박물관 운영진이 설계와 제작을 주도하는 동안 CAC 소속원들은 전시물의 선정, 멀티미디어 스토리 제작, 그리고 일반적 설계에 있어서 의견과 큐레이팅 방향을 제시하여 전시가 그 목적에 맞게 제작되도록 한다. CAC 소속원들은 제작과 설치 기간 중 언제라도 찾아올 수 있으며, 특정 전시물이나 전시요소를 설치할 때 지원하도록 요청받는 경우도 있다. 모든 커뮤니티 소속 참여자들을 위한 특별 전시 오프닝 행사도 진행되며, 전시에 대한 공식적 및 비공식적 평가에도 참여자들을 초청한다. 뿐만 아니라, 커뮤니티 소속원들은 흔히 전시 기간 중 함께 진행되는 교육 프로그램을 자원봉사자나 운영진과 함께 개발하거나 그것을 지휘한다.

윙룩 아시아박물관에서는 오로지 공동제작 방식으로만 전시를 만들기 때문에 관람 경험이 모든 전시나 프로그램에서 큰 차이가 없다. 전시 설계에 있어서 관람자에 대한 고려는 공동제작 프로세스를 통해 광범위한 커뮤니티에

5 같은 글.

게 의미 있고 그들과 관련된 전시를 생산해낼 관련성에서 이루어진다. 이 박물관은 모든 전시에 대해 총괄 평가를 실시하는데, 관람객 수와 영향만이 아니라 새로운 커뮤니티 개척과 그 영향도 추가적으로 조사한다.

윙룩 박물관에서 공동제작 전시 모델과 기관의 전반적 목표 및 전략은 매우 강하게 통합되어 있기에 운영진도 박물관이 커뮤니티적 공간으로서 성공했는지를 전반적으로 평가하게 된다. 이 박물관의 성공 판단을 위한 척도는 다음과 같이 매우 구체적으로 명시되어 있다.

> 박물관 프로그램에 대한 커뮤니티의 높은 참여가 관찰된다.
> 커뮤니티 구성원들이 반복해 찾아온다.
> 사람들이 박물관 프로그램을 통해 배우고, 참여 속에서 앞으로 나아간다.
> 사람들이 전시나 행사 속에서 자기 자신의 일부를 발견한다.
> 사람들이 박물관의 회원이 된다.
> 사람들이 우리 전시에 물건이나 이야기를 기여한다.
> 커뮤니티가 박물관의 새로운 핵심 캠페인에 찬성한다.
> 구성원들이 긍정적인 평가와 부정적인 평가 모두를 기꺼이 수행한다.[6]

이 박물관의 내부 고용 및 교육 절차 역시 커뮤니티 참여에 대한 전반적인 관심을 반영한다. 윙룩 아시아박물관에서는 채용 절차에서 컨텐츠 전문성뿐만 아니라 관계형성 능력도 판단한다. 운영자의 연속성, 다양성, 그리고 젊은 직원을 미래의 지도자로 양성함이 그들이 중점을 두는 부분이다. 직원들에게는 대화와 의사소통법이 집중적으로 교육되는데, 그렇게 함으로써 박물관의 미션 수행을 돕고자 함이다. 윙룩 아시아박물관에서 공동제작과 커뮤니티 파트너십은 삶의 한 방법으로서, 여기서 행해지는 모든 일, 전시 설계로부터 임원 섭외와 기부금 모금에까지 그것이 침투해 있다.

---

6 이러한 평가 기준은 커뮤니티 아트 네트워크에 수록되어 있다.
http://www.participatorymuseum.org/ref8-6/

공동제작을 위한 플랫폼 설계

윙룩 아시아박물관과 같은 곳은 모든 것이 공동제작으로 이루어지지만, 보다 미션의 폭이 넓은 전통적 기관에서는 자신의 프로그램의 일부로 공동제작 프로그램을 포함시킨다. 성공적인 공동제작 프로젝트는 다음 두 가지 원칙에 의존한다.

1. 운영진과 참여자는 서로 상대의 목표와 이해관계를 존중하며 프로젝트를 추구한다. 이 양자는 프로젝트 진행기간 중 무엇이 허용되고 안 되는지, 그리고 무엇을 기대하는지에 대한 가이드라인을 함께 만들어내고 공유해야 한다.
2. 운영진은 프로젝트 결과에 대해 선입견을 품고 있어서는 안 된다. 그들은 프로젝트 가이드라인의 한계 안에서 참여자들에게 가장 이익이 되는 방향으로 프로젝트가 진행되도록 양보해야 한다.

성공적인 공동제작 프로젝트에서는 미리 결과를 예단하지 않으면서 참여자들을 보조scaffolding함으로써 그들이 자신의 목표를 달성하도록 한다. 이러한 보조에는 그 구조와 유연성 사이에서 작용하는 세심한 균형이 필요하다. 그것은 아주 간단한 질문으로 시작된다. "공동의 목표를 달성하기 위해 필요한 기능과 도구를 어떻게 비전문가들에게 전달할 것인가?"

윙룩 아시아박물관의 경우, 운영진은 커뮤니티 소속원들이 높은 품질의 전시를 만들 수 있도록 교육, 지원과 구조를 제공하였다. 하지만 이 질문은 보다 단순한 프로젝트에도 동일하게 적용된다. 박물관 투어를 공동제작 방식으로 접근하는 경우를 생각해 보자. 방문자들이 스스로 자신의 투어를 이끌어가려면 어떻게 그들에게 기능과 도구를 제공하여야 할까? 다음은 한 가지 방법이다.

- 방문자들이 전시물을 찾아다니는 동안 자신이 좋아하는 장소를 표시할 수 있도록 지도를 교부하고 그것을 독려한다.
- 자신이 좋아하는 장소들을 모아 그것에 주제나 제목을 붙이게 한다.
- 이 제목과 지도를 전시장 가운데에 설치하고, 자신이 고안한 투어를 다른 방문자와 실시할 시간을 함께 표시한다.
- 투어 안내자가 참조할 해석 자료나 운영진의 자문을 제공한다.

〈안티보어돔antiboredom〉이라고 스스로 명명한 게임 디자이너 집단은 이 기법을 적용해 비전문가가 자신의 게임을 설계할 수 있도록 〈SF제로SFZero〉라는 공동개발 플랫폼을 개발했다.[7] 〈안티보어돔〉 팀은 시카고에서 복잡한 퍼즐 게임을 설계하면서 이 활동을 시작했다. 그들은 사람들이 게임을 즐겨하는 것을 알지만, 퍼즐이나 게임의 도전과제를 만들어내는 것이야말로 진짜 재미있는 활동임을 깨달았다. 그래서 그들은 누구나 자신만의 게임을 만들 수 있는 게임을 개발하기로 결정하였고 그에 따라 〈SF제로〉가 탄생되었다.

〈SF제로〉는 "협력 제작형collaborative production" 게임으로서, 사람들은 도시 환경 속에서 창의적인 과제를 수행한다. 플레이어들은 과제를 설계

7 〈SF제로〉는 다음 주소를 이용해 플레이 가능하다. http://www.participatorymuseum.org/ref8-7/

"공공장소에 문을 하나 설치하기"라는 과제에 부응해 〈SF제로〉 플레이어 집단이 골든게이트 공원에 〈도어헨지Doorhenge〉를 만들었다. 이 작품은 〈SF제로〉 플레이어 10여 명이 때때로 청소하거나 보수를 하여 2개월간 유지되었다.

하고, 그것을 수행하며, 다른 사람들이 수행한 과제의 기록에 점수를 부여한다. 플레이어들은 동시에 다른 사람의 과제나 그들의 목표완수 노력을 관람하는 관람자이기도 하다. 과제는 길이가 짧고, 도발적이며, "집배원에게 혼란 주기", "도둑질 반대로 하기(가게에 물건을 집어넣음)", 혹은 "이웃의 모습을 눈에 띄는 영구 문신으로 새기기"와 같이 다소 일탈적이다. 개인적인 과제도 있는데, "자신을 표현하는 소리로 자화상을 만들기"와 같은 것이다. 그 외에는 새로운 장소를 탐방하거나 새로운 기능을 학습하라는 것도 있다.

〈안티보어돔〉 팀은 개별 게임 과제를 설계하지 않는다. 다만, 플레이어들이 새로운 과제를 제안하거나 자신이 완수한 과제에 대해 이야기를 나누는 커뮤니티 웹사이트를 관리한다. 이렇게 함으로써 〈안티보어돔〉 팀은 새로운 플레이어를 독려하고, 가이드라인을 제시하며, 게임을 지원하는 도구를 향상시키는 데 집중한다. 운영진은 게임 경험을 공동 개발할 수 있도록 보조장치를 제공하는 것이다.

도전과 타협

공동제작형 프로젝트는 참여자의 목표가 기관의 것과 일치하지 않거나 혹은 운영자들이 참여자의 목적을 시작 단계에서 완벽히 파악하지 못할 경우 문제에 봉착한다. 커뮤니티 소속원들이 어떤 프로젝트 구상을 들고 나오면, "왜"라는 문제를 완벽히 조사하기도 전에 급하게 "어떻게" 참여할지의 문제로 건너뛰는 경우가 적지 않다. 방문자와 운영진은 문화 기관이 어떻게 작동하는가, 그리고 그곳에서 무엇을 하는가를 서로 심히 다르게 이해하는 경우가 많다. 누군가가 자신의 커뮤니티 경험을 바탕으로 전시를 만들어 보겠다고 말한다면, 그 개인에게 그것이 어떤 의미인지, 그리고 그의 목표가 기관의 목표와 정말로 일치하는지를 먼저 알아보는 것이 중요하다.

사례연구

공동제작자와의 목표 조율: 〈위키피디어는 예술을 사랑해〉

〈위키피디어는 예술을 사랑해Wikipedia Loves Art〉는 기관과 참여자가 서로의 목표를 이해하기 위해 노력한 좋은 공동제작 프로젝트 사례이다. 이 프로젝트는 2009년 2월, 단기 공동제작 프로젝트로 처음 시작되었다. 이는 뉴욕 위키미디언New York Wikimedians(위키피디어 커뮤니티 소속원들)이 브루클린 박물관에게 요청한 것으로 시작되었다. 위키미디언들은 박물관에게 문화 기관에 소속된 작품을 저작권이 배제된 사진으로 찍어 위키피디어 기사의 도해 자료로 활용하도록 박물관이 협조할 수 있을지를 문의하였다. 이에 박물관들이 동의하여 미국과 영국의 15개 기관으로부터 협조를 얻어냈다.

브루클린 박물관은 위키미디언에게 삽화가 필요한 주제의 리스트를 제출해 달라고 요청했다. 박물관은 이 주제 목록을 이용해 보물찾기 목록을 만들었고 그것을 참여자들에게 배포하면서 위키피디어 기사 중 "로마시대 건축"이나 "가면"과 같은 것들을 보여줄 수 있는 예술품을 찾도록 했다. 참여자들은 소장품과 그 작품번호를 사진으로 찍어 운영자들이 그것을 알아보고 적절한 설명을 제공할 수 있게 하였다. 박물관들은 촬영 가능 범위, 그리고 참여자들이 자신의 사진을 본 프로젝트 용도로 플리커에 업로드하는 법에 대해 세부 규칙을 마련하였다.

그런데 위키미디언과 박물관들이 품은 목적은 처음 생각과는 달리 서로 일치하지 않았다. 박물관들은 이 일을 지역 사진가와의 협력하여 여러 가지 주제를 예술품으로 표현해내는 방법을 새롭게 찾아낼 기회로 생각했다. 그러나, 그와 대조적으로 위키미디언들은 문화적 컨텐츠를 디지털적으로 온라인상에 제공함으로써 그것을 저작권 구조 개방의 기회로 삼고자 했다. 박물관들에게는 참여자들이 예술품과 가까워지고 그것을 정확히 식별하게 하는 것이 중요했던 반면, 위키미디언들은 참여자들이 공개된 법적 저작권하에서 이미지 공유권을 획득하는 부분에 보다 집중했다.

기관의 시각에서는 플리커 업로딩 체계를 이용해 기여를 제한하는 것이 가장 좋은 참여자 경험을 위한 길이라고 생각했다. 기관의 대변자들은 그 소장품 이미지에 대한 지배력이 상실될 것을 걱정했으며 각각의 소장품이 정확한 정보와 연결되도록 확인이 필요하다고 보았다. 하지만 많은 위키미디언들에게 이는 기관의 자의적인 제출 포맷의 제한으로 여겨져 당혹스럽게 느껴졌다. 어떤 이는 박물관의 도판을 프로젝트의 틀 밖에서 몰래 업로드할 자신만의 방법을 개발하기도 했다. 이 일은 박물관 옹호가들의 우려를 초래했는데, 그것은 혼란을 초래할 수 있으며 지적 재산권 협의사항을 침해할 가능성도 있었기 때문이었다.

작품번호를 이용한 사물의 식별 역시 기관 운영자들에게 대량의, 그리고 예상치 못했던 업무 부담으로 다가왔다. 102명의 사진가가 15개 박물관으로부터 13,000건 이상의 사진을 업로드하였으며, 약 6,200점의 예술품에 대한 기록을 생산했다. 물론 참여자들도 사진을 촬영하기 위해 많은 노력을 투입했지만 그것을 위키피디어에서 사용할 수 있도록 확인하고, 태그와 설명을 부여하여 준비를 해야하는 것은 기관들의 몫이었다. 이 일은 어마어마한 것이었고, 운영진이 자신의 기관에서 촬영된 이미지 대부분을 확인하지 못하는 일도 벌어졌다. 브루클린 박물관의 데이터 처리자였던 에린 스위니Erin Sweeney는 하나의 이미지가 정확한 기여물인지를 확인하기 위해 10단계로 된 절차를 활용했다. 인증이 끝나면 스위니는 이미지와 연결된 사물을 식별하기 위해 이미지에 태그를 부여하였으며, 해당 이미지에 대해 팀에게 제공될 점수를 부여하고, 그 외에도 수많은 일을 해야 했다.[8] 결과적으로 모든 작업은 완료가 되었지만, 차분히 생각할 여유가 돌아왔을 때 〈위키피디어는 예술을 사랑해〉의 참여 기관들은 너무나 큰 희생을 치러야 했으며 많은 기관들은 그런식의 협력을 계속 유지될 수 없다고 판단하게 되었다.

다행스러웠던 것은 〈위키피디어는 예술을 사랑해〉가 짧은 시간에 치러졌기에 기관들은 그것을 하나의 실험으로 받아들이고 이 도전을 통해 빨리 뭔가를 배울 수 있었다는 점이다. 2009년 6월, 네덜란드 위키미디언들은 자국의 45개 기관이 참여하는 〈위키미디어는 예술을 사랑해/네덜란드〉를 만들어 냈으며 여기서는 새로운 접근법이 시도되었다. 위키미디언은 처음부터 주제의 목록을 제공하지 않고, 대신 박물관이 제공하는 사진 촬영이 허가된 특정 예술품들의 목록을 요청했으며, 그것을 이용해 참여자들이 주제에 부합하는 사물을 스스로 생각해 내고 촬영하도록 하였다. 이러한 타협으로 얻은 것은 다음의 세 가지이다.

---

8 스위니가 2009년 4월 블로그에 쓴 글, "〈위키미디어는 예술을 사랑해〉로부터 배운 것들 제4부: 통계Wikimedia Loves Art: Lessons Learned Part 4: The Stats"를 읽어볼 것. http://www.participatorymuseum.org/ref8-8/

1. 박물관은 촬영될 대상이 무엇인지 정확히 알 수 있었으므로 보다 세심하게 진행 과정을 관리할 수 있었다. 어떤 기관에서는 운영자들이 촬영 날짜를 지정해 놓고 사진가들을 갤러리로 대동하여 안내했다.
2. 위키미디언은 모든 이미지들을 사용하는 데 있어서 저작권 측면의 문제가 없으리라는 점을 알 수 있었다. 즉, 박물관으로부터 목록상의 작품을 사용하는 데 법적 문제가 없는지를 다시 확인받을 필요가 없었다.
3. 참여자들이 받은 촬영 가능한 예술품의 목록에는 번호가 매겨져 있었으며, 소장품 번호가 아닌 이 목록의 번호를 촬영 사진에 태그로 부여하게 되었다. 이렇게 함으로써 작품 식별 오류의 문제가 현저히 줄어들었으며 제출된 사진을 검토해야하는 박물관 운영진의 수고도 줄어들게 되었다.

이렇게 새로이 설계된 프로젝트는 성공적이었으며, 292명의 참여자가 총 5,447점의 사진을 제출하게 되었다. 이 프로젝트는 또한 원래의 프로젝트와 근본적으로 달랐다. 네덜란드 프로젝트는 박물관과 위키미디언 양측의 목적에 성공적으로 부합했다. 참여 사진가들에게 주어진 창의적 자유는 줄어들었을 수 있으나 동시에 그들의 혼란도 막을 수 있었다. 사진가들은 촬영할 대상을 자유롭게 고를 수는 없었지만, 어떤 기관에서는 일반적으로 대중에게 공개되어 있지 않은 소장품을 이 프로젝트를 위해 개방하기도 하였다. 참여자들은 따라서 해당 소장품에 대한 공익적 접근성을 디지털 공간에서 확보하는 중요한 역할을 한 것이다. 욜라 데 루세넷Yola de Lusenet이라는 한 네덜란드인 참여자는 다음과 같이 평가했다.

> 내가 참여한 것은 박물관들이 이미지를 자유롭게 제공해야 한다는 강한 믿음 때문이었다. 따라서 나는 반 고흐나 보슈의 작품 이미지를 이제 모든 이들이 합법적으로 사용할 수 있다는 점에서 그것을 성공이었다고 본다. (한 은행의 사적 소장품이었던 일련의 매우 흥미로운 현대 예술 작품들이 공개되기까지도 했다.)[9]

단순화와 범위 규제를 통해 〈위키미디어는 예술을 사랑해/네덜란드〉는 예술기관, 위키미디언, 그리고 사진가가 참여하는 지속가능한 형태의 공동제작 프로젝트가 될 수 있었다. 〈위키미디어는 예술을 사랑해〉 이벤트는 전 세계의 박물관들에서 계획 또는 실행중이다. 이 공동제작 파트너십은 박물관과 자유 문화 애호가들이 함께 더 넓은 디지털 관객을 위해 문화 컨텐츠를 개방해 나가면서 더욱 발전할 것으로 보인다.

공동제작과 기관의 문화

다른 방문자 참여 프로젝트에 비해 공동제작 프로젝트에서는 기관의 컨텐츠 관련 소유권과 그 관리의 문제가 더욱 부각된다. 공동제작 프로젝트를 위해서는 커뮤니티 구성원들이 과업을 완수할 것이며, 다른 사람과 협업하고, 기관의 규칙과 우선순위를 존중하리라는 "완전한 믿음"이 필요하다. 성공적으로 공동제작 프로젝트를 실행하려면 운영진은 참여자의 역량과 동기를 신뢰할 뿐만 아니라 그들의 의견 제시와 주도권 행사를 진정으로 갈망해야 한다.

공동제작을 부분적으로 수행하는 박물관이 가끔 있는데, 보통 이들은 교육부서 안에서 일어난다. 박물관 교육 담당자들은 커뮤니티 파트너나 프로그램 참여자에 대한 응대력과 협력 능력을 바탕으로 채용될 가능성이 많다. 교육 프로그램은 지금껏 컨텐츠에 대한 깊은 몰입에 그

---

9 루세넛의 의견 전문은 필자가 2010년 1월 블로그에 올린 글, "〈위키미디어는 예술을 사랑해〉는 더 좋아졌을까?Is Wikipedia Loves Art Getting Better?"에서 찾아볼 것. http://www.participatorymuseum.org/ref8-9/

초점이 맞추어져 왔고, 공동제작은 그러한 전반적인 미션과 잘 부합된다. 하지만, 이러한 프로그램은 고립될 위험도 가지고 있어서 교육부서가 더 큰 기존의 기관 전체로부터 "참여 프로그램의 섬"으로 전락되는 경우도 있다.

커뮤니티 참여자를 신뢰하는 정도가 한 문화 기관 내에서도 운영자마다 제각각이라면 어떤 일이 일어날까? 세인트루이스 과학관St. Louis Science Center의 〈청소년 과학탐험대Youth Exploring Science(YES)〉의 사례를 통해 알아보기로 하자. 〈YES〉는 250 명의 소외 청소년을 대상으로 하는 커뮤니티 기반 프로그램으로서, 지역사회의 교류 단체로부터 선발되어 과학관에서 과학 교육, 직업 개발, 그리고 지역사회에 대한 봉사 환원에 참여하도록 채택되었다. 〈YES〉 프로그램의 성인 고용자들은 학생들과 파트너십을 맺고 작업하였으며, 비록 이들이 공식적 교육을 제공한 것은 사실이지만 그것은 일반적으로 청소년이 주도하는 공동제작 환경 속에서 이루어졌다. 예를 들어, 〈학습의 장소Learning Place〉 프로젝트(국립과학재단 기금 프로젝트)에서 〈YES〉 청소년들은 지역사회 어린이 단체를 위해 인터랙티브 과학 전시물과 체험활동을 설계, 설치 및 운영하였다.

〈YES〉 청소년들은 여러 공개 소셜네트워크 사이트를 통해 컨텐츠를 발표함으로써 자신의 프로그램을 디지털적으로 홍보했다. 〈YES〉 운영자들은 〈YES〉 참여자들과 공동개발 접근적 관계를 맺고 있었으므로 청소년들의 게시물에 대해 상대적으로 개방적인 관리 지침을 가지고 있었으며, 참여자들은 자신의 과학 학습에 대한 회상으로부터 자신의 춤추는 모습 사진까지 무엇이든 공유하였다.

〈YES〉의 맥락에서 이런 활동들은 적절할 뿐만 아니라 바람직하다. 왜냐하면 이 활동은 기술적 능력을 키울 뿐만 아니라 〈YES〉 참여자들에게 자신의 프로그램에 대한 책임감을 주기 때문이다. 그러나 물론 〈YES〉 운영자들이 세인트루이스 과학관의 마케팅 부서와 온라인 활동을 두고 충돌한 적도 있다. 마케팅 부서의 관점에서는 〈YES〉의 소속 청소년들이 소셜 웹에서 기관을 대표하기에 가장 적절한 사람들은 아니다. 〈YES〉 웹사이트는 과학관의 통합 웹사이트와 합쳐지지 않았고 박물관 웹사이트를 통해 이들에 관한 정보를 찾아보려면 의도적으로 상당한 노력을 기울여야 한다. 〈YES〉 프로그램은 박물관의 미션인 "커뮤니티 전체를 대상으로 과학과 기술에 대한 이해를 자극한다"는 점을 강력하게 잘 구현하고 있지만, 그것을 미처 잘 알지 못하는 관중에게는 핵심 프로그램으로 비추어지고 있지는 않다.

이와 비슷한 충돌은 관련 커뮤니티와의 관계 형성에 대해 통일된 시각을 가지고 있지 못한 기관에서는 일반적인 것이다. 어떤 형태로든 참여 프로젝트를 막 시작하는 기관이라면 이런 도전이 다가올 것을 예상해야 한다. 가장 좋은 경우는 이를 운영자 내부적으로 대화할 기회로 삼아 기관이 궁극적으로 가져야 할 참여에 관한 전략적 정책을 논의하는 것이다.

사례연구

공동제작을 통한 기관의 진화: 캘리포니아 오클랜드 박물관

캘리포니아 오클랜드 박물관Oakland Museum에서는 교육부서의 공동제작 프로젝트가 기관의 변화를 이끌어낸 견인차가 되었다. 오클랜드 박물관은 커뮤니티에 집중하는 기관으로서의 긴 역사를 가지고 있으며 1960년대 후반과 1970년대에는 급진적으로 민주화된 박물관으로서의 뿌리를 가지고 있다. 하지만, 1980년대와 1990년대에는 관람자수가 더 이상 증가를 멈추었고 2005년, 박물관은 대규모의 리모델링 과정(2012년 완료 예정)을 통해 강력한 커뮤니티 참여에 기반한 모범적 기관으로 재탄생하려는 목적을 추구하게 되었다. 이 박물관은 과감한 관람자수의 증가를 목표로 설정했으며, 특히 지역 방문자와 박물관 인근 지역의 대단히 높은 문화다양성을 반영하는 방문자의 구성비율을 목표로 하였다. 운영진은 또한, 방문자들이 오클랜드 박물관을 자신의 목소리가 포함된 다양한 목소리를 발견할 수 있는 곳으로 여겨 주기를 원했다.

이런 목적을 달성하기 위해, 박물관은 오래된 공동제작 프로젝트, 〈망자들의 나날Days of the Dead〉 전시를 참고하였다. 〈망자들의 나날〉은 운영자들이 기관의 리모델링과 연관해 가지고 있었던 목표와 결과를 상당 부분 포함하는 전시였다. 이 프로그램은 다양한 커뮤니티의 소속원들이 참여하고 다수의 열광적인 다문화 관중을 불러들인 프로그램이었다.

〈망자들의 나날〉은 커뮤니티 제작 전시 겸 축제로서 이 박물관의 교육부서가 1994년부터 시행해 왔다. 교육부서 소속원들은 지역의 예술가, 커뮤니티 소속원, 그리고 외부로부터의 초빙 큐레이터와 협력하여 이들이 온갖 예술가, 학생 집단, 그리고 커뮤니티 소속원들을 조직하여 재단이나 망자에게 바칠 예물을 만들어냈다. 재단은 박물관내의 전용 전시공간에 설치되었는데, 장난기 섞인 것으로부터 가슴 아픈 것과 정치적인 것까지 다양한 색채로 만들어졌다. 전시는 망자의 날(11월 2일){멕시코의 전래 기념일인 망자의 날을 뜻함}을 전후로 2개월간 열리는 것이 보통이었으며, 참여 예술가들에 의한 정규적인 갤러리 토크와 투어가 실시되었다. 박물관은 망자의 날 전의 하루를 커뮤니티 축제일로 운영하였는데, 이 무료 행사에는 공예, 시범, 음악 연주와 댄스 퍼포먼스, 벼룩시장, 그리고 박물관 정원을 이용한 기념 행렬이 이루어졌다.

〈망자들의 나날〉을 기획한 것은 이 기관의 남미계 자문위원회였다. 운영자들은 커뮤니티 지도자들로 이루어진 자문 집단에게 다가가, 보다 넓은 남미계 관람자들과 연결되기 위해 무엇을 해야 하는지를 물어보았다. 이때 제안된 것이 망자의 날 프로그램이었다. 망자의 날은 라틴계 멕시코 문화에서 가장 중요한 전통이었으며, 다양한 커뮤니티를 힐링의 공유를 통해 하나로 엮어낼 가능성이 있었다. 남미계 자문위원회는, 오클랜드 박물관이 아예 남미계 인구가 많은 샌프란시스코 이스트베이 지역의 망자의 날 중심지가 될 것을 제안하게 되었다.

운영진인 에블린 오란테스와 청소년 인턴 블랑카 가르시아가 2003년 〈망자들의 나날〉전이었던 〈전지구의 애가: 망자를 위한 예술과 공물Global Elegies: Art and Ofrendas for the Dead〉 입구에 제작한 전통적 공물

〈망자들의 나날〉과 커뮤니티 축제는 대단히 성공적인 프로그램이 되었다. 박물관은 다양한 언어를 사용하는 지역 방문자들로 가득하다. 축제일에는 3,000~5,000명의 사람들이 참여하며, 해마다 7,000명에 가까운 관람자가 집계되는데 대부분은 학생 단체이다. 이 전시는 오클랜드 박물관의 전시들 중 관람 예약이 필요한 단 하나의 전시이다.

물론 〈망자들의 나날〉전에는 많은 남미계와 멕시코계 방문자들이 방문하지만, 여타의 비전형적인 방문자들도 오클랜드 박물관을 찾는다. 왜냐하면 주제가 인간의 보편적인 경험을 다루고 있기 때문이다. 이 전시에 많이 찾아오는 단체로, 건강 산업체 단체, 호스피스 가족 지원자 단체, 말기병 환자 단체, 슬픔을 겪고 있는 사람들과 슬픔 카운슬러 등이 있다. 학생 관중도 일률적이지는 않다. 헤드스타트(Headstart: 미국의 빈곤층 청소년 교육원조 프로그램) 프로그램의 지도사들은 예술교육을 목적으로 미취학 아동들을 데려오며, 초등 및 고등학생들은 문화유산과 친숙해지기 위해, 그리고 대학생 중 스페인학 및 민족학 계열 학생들도 찾아온다. 프로젝트 책임자 에블린 오란테스 Evelyn Orantes는 다음과 같이 논평했다.

> 죽음이라는 주제는 문화와 민족성을 초월합니다. 우리는 누구나 그것과 맞서게 되는 것이죠. 그런데, 이곳은 슬픈 마음을 위한 도구를 제공하는 교육적 기관입니다. 이 전시에는 여러분이 한눈에 이해할 수 있을 실제로 존재하는 친숙함이 담겨있습니다. 돌아가신 어머니나 잃어버린 자식에 대해서 말이죠. 주제가 가지고 있는 본질적인 친숙함으로 인해 박물관, 참여자, 그리고 관람자 간에도 또 다른 친숙함이 만들어집니다. 이 프로그램을 사람들은 자신의 자리, 자기의 박물관처럼 느끼게 되며, 그러한 주인의식이 깃들어 있습니다.

오클랜드 박물관 운영진은 〈망자들의 나날〉전을 경험함으로써 리모델링 과정에서 갤러리마다 무엇이 가능하고 불가능할지를 식별할 수 있었다. 윙룩 아시아박물관에서와 마찬가지로 〈망자들의 나날〉전의 공동제작 프로세스는 매우 신중하게, 오랜 시간을 들여 진행된다. 오클랜드 박물관에서는 몇 개의 리모델링된 전시실을 완전히 공동제작 방식으로 운영하게 되겠지만 대부분의 방문자 참여는 기여식 혹은 협력식의 성격으로 운영될 것이다. 방문자들은 자신의 이주 사연을 나누거나, 인터랙티브식 소식지를 활용해 예술에 대해 서로 토론하거나, 혹은 전시되고 있는 콜라주에 자신이 만든 이미지나 이야기를 기여하게 될 것이다. 이 갤러리들은 다양한 배경을 가진 캘리포니아 사람들의 협력으로 제작된 매체 전시물도 다수 포함할 예정이다. 운영진은 모든 갤러리에서 새로운 전시 요소를 시제작할 때 방문자의 참여와 도움을 수렴할 계획도 가지고 있다. (여기에는 예술품과 같이 일반적으로 전시 개발의 일부로 간주되지 않는 요소들도 포함될 것이다).

〈망자들의 나날〉전은 오클랜드 박물관에서, 기관의 목적을 달성하기위해 필요한 것이 무엇인지에 대한 대화에 의미 있는 영향을 남겼다. 기관의 변화는 쉽지 않았지만 운영진은 방문자 참여에 대한 그들 스스로의 편견과 두려움에 맞서야 했다. 커뮤니티 주도 방식을 반영하여 〈망자들의 나날〉은 개발되고 실행되며 방문자에게 수용된다. 오란테스는 다음과 같이 이야기했다.

> 어떻게 보자면 이것은 박물관 내에 커뮤니티센터를 만드는 것과 닮았습니다. 그런데 나는 〈망자들의 나날〉을 그런 잣대로 규정하기가 망설여집니다. 그렇게 이야기하면 가치를 폄하하는 것이기 때문입니다. 사람들은 우리와 함께하는 예술가들을 그냥 "예술가"라고 하지 않고, "커뮤니티 예술가"라고 부를 것입니다. 이 프로그램은 예술품을 디스플레이하는 법의 기본부터 다시 의문을 제기합니다. 우리는 평등주의적 접근법을 취합니다. 예술가, 커뮤니티 소속원, 그리고 학교 단체를 연결시켜 감으로써, 방문자들은 유명한 예술가 작품 바로 옆에서 마카로니에 반짝이를 뿌린 설치작품을 보게 되는 따위의 일도 흔히 발생합니다. 내 생각엔 박물관 사람들 중 그걸 어떻게 받아들여야 할지 고민하는 사람도 있을 것 같습니다.

〈망자들의 나날〉전의 공동제작 방식은 전통적인 박물관에서 일이 진행되는 방식에서 완전히 벗어나 있다. 오클랜드 박물관 리모델링의 일환으로 오란테스와 그녀의 교육부서 동료들은 큐레이터, 연구원, 그리고 디자이너들과 협력하여 방문자의 요구와 참여 프로젝트의 설계에 관한 자신들의 지식을 나누었다. 박물관장 로리 포가티Lori Forgarty는 이렇게 말했다. "이 일은 기관의 능력 배양을 위한 노력입니다. 오늘날의 관객들과 함께하기 위해서는 이전과 매우 다른 능력과 운영자 역할이 필요합니다." 자신들의 경험을 나눔으로써 〈망자들의 나날〉을 관리하는 운영진은 박물관이 방문자 참여를 위해 활짝 열려 있는 곳으로 만드는 데 일조하고 있다.

공동제작 프로젝트는 찾아오는 관람자들의 요구와 관심사에 호응할 수 있도록 문화 기관이 협력관계를 형성하도록 한다. 방문자들은 물론 언제나 자신만의 요구나 관심사를 가지고 박물관에 들어선다. 이러한 요구를 수용하는 데 운영자들이 관심을 가지고 그것에 의미를 둔다면 그들은 심화된 공동제작 파트너십을 통하지 않고서도 방문자들이 공간을 자신의 뜻대로 사용하게 할 프로그램을 설계할 수도 있다. 이러한 프로젝트는 다음 제9장의 주제인 참여 호스팅 모형에 속한다.

제9장

참여 프로그램의 호스팅

호스팅 프로젝트는 기관이 전시실 하나 혹은 프로그램 하나를 커뮤니티 협력자에게 위탁하는 것으로, 방문자 참여를 위한 일반적인 방식 중 한가지이다. 호스팅은 공식적 파트너 관계의 맥락에서 이루어지는 일이 많다. 기관들은 정기적으로 순회전시, 아티스트 레지던시 프로그램, 독립적 투어 운영, 그리고 특별한 행사 등을 호스팅한다. 이 장에서는 이렇게 철저히 전문화된 공식적 관계에 중심을 두지는 않는다. 그 대신, 아마추어 집단이나 평상적 방문자들에 의해 기관이 활용되거나 새로운 용도로 사용되는 경우에 집중하기로 한다.

기관이 관람자 참여에 대하여 호스팅 모형을 추구하는 넓은 목적으로는 다음 네 가지를 들 수 있다.

1. 대중이 다양한 목적하에 기관을 편히 여기고 사용하게 하기 위하여
2. 방문자들이 기관과 그 컨텐츠를 창의적으로 활용할 수 있게 하기 위하여

3. 운영진으로서는 불가능하거나 그들이 원하지 않는 다양한 관점, 전시, 그리고 공연들을 위해 장소를 제공하기 위하여
4. 관람자 중 자신의 목적에 기관이 부합되지 못한다고 생각하는 사람들을 끌어들이기 위하여

다른 참여 모형들에서는 기관이 방문자의 참여를 독려하기 위해 어떤 식으로라도 동기 부여를 행해야 할 필요가 있었지만, 호스팅에서는 그러한 제한이 없다. 단지 방문자가 원하는 일을 마음대로 할 수 있는 공개 플랫폼만이 필요한 것이다. 하지만 대부분, 그것은 그리 간단한 문제가 아니다. 문제가 발생하는 것은 기관과 참여자가 서로 어디에 가치를 두는지, 그 전망이 엇갈릴 때이다. 호스팅은 기관이 왜 스스로 방문자들에게 특정한 기회를 제공해야 하는지에 대해 분명한 이유를 가지고 있을 때만 유용한 전략이 된다. 같은 맥락에서, 방문자가 특정한 방식, 예컨대 사진을 촬영하거나 시끄럽게 대화하는 등으로 시설을 사용할 때 그것을 금지하고자 한다면 기관은 그러한 제약으로 인해 방문자와의 관계가 입을 부정적 영향에 대해서도 이해해야 할 것이다.

"말하는 시간loud hours"이란 개념을 생각해 보자. 어떤 박물관이나 도서관에서는 말하는 시간을 지정해 방문자들이 다른 때보다 자유롭게 대화할 기회를 허용한다. 말하는 시간은 방문자가 자기 자신에게 적당한 목소리 크기로 소통할 것을 명시적으로 허용함으로써 기관을 편히 느끼게 하고자 한다. 미술관에서라면 운영진은 이 시간을 활용해 방문자들이 예술에 대해 대화할 것을 장려하여, 일반적 상황에서는 방문자들에게 불편할 수도 있을 사회성을 통한 학습의 경험을 더욱 활성화할 수도 있을 것이다.

말하는 시간은 박물관과 도서관이 조용한 곳이라는 가치를 높이 사는 애호가와 운영자들에게는 혼란스럽고 당혹스러울 수 있다. 어떤 기관이 이러한 시간을 제공함에 확신을 가지려면 운영자들도 그 이익이 손해에 비해 크다는 점을 느낄 수 있어야 한다. 기관이 말하는 시간을 평가할 때는, 단지 시끄러운 소리만 내는 것이 아니라 사회적 학습과 함께 새로운 관람자의 참여를 도모할 수 있기에, 그런 가능성을 포함해 평가해야 한다. 말하는 시간이 보다 사회성 있는 참여를 이끌어내는 데 보다 효과적이려면 그 환경을 통해 방문자를 응답과 토론을 위한 확실한 계기를 제공하여야 한다. 새로운 관람자를 효과적으로 유인하기 위한 목적이라면 말하는 시간은 하루중 정해진 시간에 제공되거나, 혹은 일반적인 운영 시간을 피해 제공되는 것이 좋다.

호스팅 전략은 단순한 프로그램의 실현을 위해 채용될 수도 있지만, 기관 전체의 노력이 요구되는 프로그램에도 적용될 수 있다. 호스팅은 특정 주제나 관중에 대한 기관의 헌신을 보여 주는 전략이 될 수도 있다. 대규모 행사를 호스팅하거나 다른 기관의 커뮤니티 협력체에게 공간을 제공함으로써 문화 기관은 공익적 관계형성을 위한 "마을 광장 town square"의 기능을 소화해내는 능력을 드러내 보여 줄 수 있다.[1] 호스팅 전략은 그 바탕의 목표를 식별해낸다면 보다 기관의 목적과 방문자의 요구에 잘 부응하는 방식으로 설계될 수 있을 것이다.

---

1 호스팅을 활용해 기후 변화 주제를 중심으로 새로운 관중과의 연결을 이끌낸 기관의 예는 46쪽의 와일드센터The Wild Center 사례연구를 살펴볼 것.

평상적 활용도 증진과 이익 창출을 위한 호스팅

말하는 시간의 사례는 방문자가 문화 기관을 편안히 느끼게 하는 데 일차적으로 집중하는 호스팅 전략이었다. 기본적인 설계 고려사항, 예를 들어 편안한 의자의 수량, 개관 시관, 관람요금, 요식 시설, 그리고 장애 관람자를 위한 서비스 등은 모두 방문자에게 편안함을 느끼게 하고, 기관에서 환대받는다는 느낌을 증가시키는 영향을 가진다.

대부분의 문화 기관은 사교적 경험을 위해 방문자를 호스팅함에 익숙하다. 예를 들면 데이트하기 좋은 장소나 가족 나들이 장소를 제공하는 등이다. 많은 박물관들은 그 전체 방문자 집계에 기프트샵이나 음식점 방문자를 포함시키기도 하였으며, 전시나 프로그램에 참석하지 않는 이런 사람들도 방문자라고 주장한다. 비슷하게 많은 기관들은 특별한 행사 기능, 예컨대 결혼식이나 생일 파티의 장소로서 자신을 적극적으로 마케팅한다. 물론 대부분의 박물관들은 시설 임대자의 자격이나 행사의 목적 등을 제한한다. 난장판 파티나 정치 자금 모금행사 등은 제한되는 것이다. 하지만 시설 임대는 운영비용의 충당을 위한 중요한 활동이 되었다. 식사 만찬, 행사 기능, 혹은 기프트샵 구매를 위한 방문자들을 호스팅하는 것은 일반적으로 긍정적으로 받아들여지고 있는데, 그것은 그런 활동이 이익을 창출할 뿐만 아니라, 기관이 방문자의 개인적 삶과 느슨하게나마 연결될 가능성을 만들기 때문이다.

이익 창출이 배제된 평상적인 문화 기관의 활용에 관해서는 문제가 복잡해진다. 무료로 무선 인터넷 액세스를 제공하는 문제를 생각해 보자. 와이파이Wi-Fi는 도서관의 중요한 시혜성 사업이 되고 있는데, 그것은 시민들에게 정보 접근을 위한 개방성을 제공하기 때문이다. 하지만 박물관에서는 와이파이를 제공해야 할 명분이 덜 명확하다. 어떤 기관은 방문자가 자신의 장치를 사용해서 학습하도록 돕는 기초적 서비스로 그것을 바라본다. 다른 박물관에서는 사람들이 인터넷을 기관의 컨텐츠와 관련 없이 사용할지라도 편하게 시간을 보낼 수 있기를 독려한다.

와이파이에 관한 분분한 의견들은 한 기관이 좋은 호스트가 되기 위한 조건을 판단할 때 드러나는 문화적 편견을 보여준다. 헨리 포드 박물관Henry Ford Museum의 기술부문 큐레이터인 수잔 피셔Suzanne Fischer는 와이파이를 "방문자를 위한 필요한 서비스로서, 화장실이나 마찬가지"라고 하였다.[2] 반면, 방문자는 다른 곳에서도 와이파이를 쓸 수가 있는데 박물관에서까지 왜 그것이 필요하냐는 운영진의 반박도 있기 쉬울 것이다. 방문자들 중에서는 와이파이가 필수적이라고 하는 사람도 있겠지만, 그것은 유모차나 카페테리아의 채식 메뉴가 필수적이라고 하는 것과 마찬가지다. 운영진이 평상적 활동 중 어떤 것을 추구할 것인가를 결정하면 그것은 기관에 온 방문자중 어떤 부류의 사람들이 가장 큰 편의를 누리느냐를 좌우하게 된다.

ADMISSION
PARKING
WI-FI
EXPRESSION

All free.

INDIANAPOLIS MUSEUM OF ART
IMA

인디애나폴리스 박물관 외부의 배너에서는 와이파이가 그 기관이 제공하는 다양한 무료 편의물 중 하나로서 홍보되고 있다.

2 다음 주소를 찾아볼 것. http://www.participatorymuseum.org/ref9-2/

창의적 활용을 증진하는 호스팅

방문자들 중에는 문화 기관을 자신의 창의적 표현이나 사회적 경험을 위해 활용하는 이들도 있다. 이 일은 긍정적인 학습 경험으로 유용하며, 매력적인 결과물을 만들어냄으로써 기관의 홍보를 도울 수 있다. 하지만 동시에 그로 인한 저작권 침해가 야기될 수도 있고 운영진이나 다른 방문자들을 불편하게 만들 수도 있다. 어떤 목회자가 자연사박물관에서 회중과 함께 투어를 진행하고 있는 모습은 멋진 모습일 수도 있지만, 만약 그가 전시물을 해석하면서 창조론적 관점을 관철하고자 한다면 운영진은 당혹스러울 것이다.

다시 이것은 기관과 참여자의 요구 사이에서 균형을 찾는 문제가 된다. 기관을 자신만의 창의적 목적에 사용하려는 참여자들은 자기 자신과 자신만의 영역을 보필하는 데만 관심이 있으며, 기관이나 그곳의 더 넓은 관객에 대한 관심은 부차적일 뿐이다. 호스팅 참여자들은 관객을 기관의 관점과 전혀 다른 방향에서 바라보고 있기가 쉬우며, 그러한 차이점은 희망이 될 수도(새로운 관객을 편안히 여기게 만들어 주는 장소로서), 혼란이 될 수도(다른 방문자를 배제하거나 착각하게 함으로써) 있다.

한 예로, 〈미술관에서 점프하기Jumping in Art Museums〉 블로그는 미술관 전시실에서 점핑하는 사람들의 모습을 사진으로 보여 준다.[3] 워싱턴 DC의 예술가 앨리슨 레이머스Alison Reimus는 예술과 접할 때 "희열에 차 뛰어오르려는" 자신의 열망을 표현하기 위해 블로그를 열었다. 레이머스는 다른 사람들에게도 자신의 기쁨을 공유해 줄 것을 요청했으며, 이

3 〈미술관에서 점프하기〉 블로그를 참조할 것. http://www.participatorymuseum.org/ref9-3/

블로그에는 전 세계에서 예술품과 함께 점핑하는 사람들의 사진이 게재되고 있다.

벨기에 앤트워프의 포토뮤지엄에서 방문자와 운영진이 함께 점핑하고 있다.

〈미술관에서 점프하기〉 블로그의 방문자 중에는 박물관을 자주 방문할 것 같은 예술애호가도 있다. 하지만, 박물관에 오는 모든 사람들이 다른 사람의 뛰는 모습을 보고자하거나 혹은 스스로 뛰어보려고 하지는 않는다. 블로그의 팔로워와 같은 방문자들은 점프 행위가 즐거울 것이다. 벨기에 포토뮤지엄FotoMuseum과 같이, 블로그의 아이디어가 너무 마음에 들어 방문자들의 점핑 사진을 전문가 스태프와 함께 찍은 경우도 있다. 반면 어떤 기관에서는 운영진이나 방호요원들이 이런 점핑을 하는 행위에 불쾌해하고 우려를 나타내기도 했다.

창의적인 활용이 미션과 관련된 것일 때는 박물관 운영진이 공식적으로 허가를 제공하거나 시설을 제공하여 지지의사를 표현할 수도 있다. 그 예로, 2009년 샌프란시스코 현대미술관SFMOMA의 운영진은 관객들 중에 전시실에서 스케치를 하는 사람들이 자주 있다는 점에 주목했다. 그래서 운영진은 로비에서 특정 시간을 지정해 비공식적인 스케치하기 시간을 시작했다. 운영진이 작화 기법을 교육하거나 내용 프로그램을 제공하지는 않았지만 그들은 스케치 행위에 대해 허가를 제공하고 그에 대한 사회적 지지를 제공함으로써 그들이 권장하고자 하는 활동을 공개적으로 환영하고 축하하게 되었다.

호스트 입장에서 어떤 창의적 활동이 적절할지를 합리적으로 판단하려면 운영자들은 자신의 사적인 반응이나 취향을 기관과 방문자의 요구로부터 분리시킬 수 있어야 한다. 만약 방문자가 다른 관람자에게 비우호적인 분위기를 조장하거나 전시중인 전시물에 위해를 가할 것으로 판단되는 경우라면 운영진의 개입은 합리적이다. 하지만 운영진이 자신의 문화적 취향에 따라 그냥 싫거나 불편한 행동에 반대를 표하는 것은 합리적이지 못하다.

어떤 행동에 대한 기준이 불명확할 경우 혼란과 당혹감이 방문자와 운영자 모두에게 돌아온다. 필자는 미술관에서 아버지와 함께 녹음 장치를 가지고 돌아다닌 적이 있다. 그것은 방문자들이 전시에 관해 어떤 말을 하는지에 관한 팟캐스트를 위해 우리의 대화를 녹음하려는 의도였다. 한 전시실 직원이 우리를 붙들더니 그것을 중지하라고 요구하면서, 그 이유는 설명하지 못했다. 우리는 중앙 데스크로 가서 정책에 대해 질문을 하였고, 홍보 관리자로부터 대답을 기다려 달라는 지시를 받았다. 20분이 지난 후, 그녀는 우리에게, 우리가 자신의 대화를 녹음하는 것은 허용하겠지만 예술품에서 발생되는 소리를 녹음해서는 안되고 (저작권과 관련될 수 있으므로) 다른 방문자를 인터뷰해서도 안 된다고 하였다. (이유는 듣지 못했다.)

우리는 박물관에서 음성 녹음물을 만들고자 했던 의도가 지지받지 못한다고 느꼈고 자리를 떠났다. 박물관 직원이 아닌 개인에 의한 팟캐스트나 투어에 사람들이 "도둑질rogue"이라 표현하는 것이 이상한 것은 아니다.[4] 많은 기관은 이러한 행위가 명확히 어떤 규칙의 위반이 아니더라도, 방문자의 시설 사용법에 대한 암묵적 규칙의 위반으로 본다.

제공 프로그램 외의 호스팅

문화 기관이 자신의 컨텐츠와 시설을 창의적으로 활용하여 기관의 미션과 관련된 제공 프로그램을 개발할 때는 예술가, 지역 취미 동호회, 혹은 다른 커뮤니티 파트너들과 직접 연계하는 것이 보다 편리하다. 예술 및 문화 기관 중에는 12월에 지역 예술가들을 홍보함과 동시에 선물 쇼핑과도 연결될 수 있는 공예품 시장을 여는 곳도 있다. 보스턴 어린이 박물관Boston Childrens' Museum은 매주 농산물 시장을 여는데, 건강한 먹거리에 관해 기관이 지지하는 가치가 반영된 것이다.

이러한 창의적 파트너십은 기관이 자체적으로 제공할 수 없는 서비스나 경험을 외부 참여자들을 통해 실현할 때 가장 효과가 높다. 예를 들어 과학관의 경우, 자체적으로 시민 과학 프로젝트를 운영할 여력이 없을 때는 지역 아마추어 과학자들에게 공간을 제공해 자신의 실험을 위한 근거지로 활용되게 할 수 있다.

미술관들은 교육 프로그램 제작에 있어서 호스팅 방식을 적극적으로 추진하고 있다. 덴버, 샌프란시스코, 시애틀 등의 도시 미술관들은 젊은 전문 작가를 위한 대규모 월례 모임을 호스팅하는데, 여기에는 외부 그룹이 운영하는 협력적 예술창작 활동이 자주 포함된다. 이런 행위로는 뜨개질 동호회, 사교적 게임, 그리고 실크스크린 판화 인쇄 등이 있다.

---

4 특별히 재미있는 박물관 도둑질 팟캐스트의 사례로, 바이탈 5Vital 5 프러덕션의 〈포틀랜드 미술관에서의 비공인 오디오 투어Portland Art Museum Unauthorized Audio Tour〉에서 그 일부를 들어볼 수 있다. http://www.participatorymuseum.org/ref9-4/

덴버 미술관Denver Art Museum의 〈무제Untitled〉 프로그램에는 융 심리학자로부터 동물원 관리사 같은 예술의 비전문가가 주도하는 "디투어"{detour: '다른 길로 돌아가다'라는 뜻으로 일반적인 투어 프로그램에서 궤를 벗어난다는 의미} 프로그램을 포함하고 있으며, 그들은 전시되고 있는 작품에 대한 자신의 관찰과 반응을 교환한다. 시애틀 미술관Seattle Art Museum에는 〈리믹스Remix〉라는 심야 프로그램이 있는데, 여기에도 이와 비슷하게 객원 가이드가 진행하는 "내가 좋아하는 것들My Favorite Things"이라는 투어 요소가 있다.

이런 프로그램은 공통적으로 기관이 지원하지 않는 창의적 활용의 경험도 포함되는데, 그것은 일견 미술관의 도둑질 팟캐스트와도 유사하지만 기관이 행사의 과정을 창의적인 파트너의 섭외 기회로 삼는다는 차이점이 있다. 방문자와 외부 예술가의 직접 섭외는 참여도를 증가시키는 효과도 있다. 사람들은 직접 초청받고 그런 행동을 지지받는 경우 문화 기관의 창의적 활용에 보다 열광적으로 참여하게 된다.

새로운 관람자의 호스팅

호스팅 방식의 참여는 문화 기관을 자신의 삶이나 관심과 무관하다고 자연스럽게 느껴 온 사람들을 기관과 연결시키는 데도 효과적이다. 이러한 관람자들에게 호스팅 프로젝트는 자신이 이미 즐기고 있던 활동에 기관의 능력을 통해 가치가 더해진다는 점이 입증될 때 가장 성공적일 것이다. 예컨대, 많은 박물관은 젊은이들을 위한 "야간" 프로그램을 호스팅하는데, 전시실을 이용해 춤추고, 이성과 교제하고, 파티를 행할 수 있게 한다. 이러한 행사들은 새로운 관람자에게 박물관이 사교적 경험을 위한 신나는 장소로 여겨지게 할 것이다.

이런 프로그램이 기관에게는 이율배반적일 수도 있다. 전통을 고집하는 사람들 중에는 평상적으로 제공되지 않는 매우 상이한 프로그램에 자원을 소모해서 이익이 무엇인지를 질문하는 사람도 있다. 하지만 다국어 레이블이 박물관 전시실에서 편안함과 자신감을 줄 수 있듯, 사교적 행사는 젊은 관객층에게 박물관 환경을 편안히 느끼게 도와 준다.

비슷한 논쟁을 공립 도서관의 인기 있는 호스팅 프로그램에 대해서도 적용할 수 있다. 게임하는 날game nights이 그것이다. 많은 미국 도서관에서는 게임을 즐길 수 있는 저녁 시간을 호스팅하는데, 어린이와 십대들을 대상으로 하며 방문자들은 도서관의 컴퓨터나 콘솔 게임을 이용해 멀티플레이어 온라인 및 디지털 게임을 즐긴다. 이런 프로그램에서 도서관은 어린이로 하여금 그곳을 색다른 방식으로 활용하게 한다. 게임을 플레이하고, 뛰어다니고, 피자를 먹고, 소리를 지른다. 도서관 사서 토비 그린월트Toby Greenwalt는 2008년 일리노이 주 스코키Skokie 소재 자신의 도서관에서 가족을 위한 게임하는 날을 호스팅하면서 어린이들이 자기 생각을 나눌 수 있도록 응답 스테이션을 설치해 보았다. 어린이들은, "이제껏 도서관 왔던 날 중 오늘 저녁이 최고였어요. 정말 재미있었어요." 혹은 "여기가 최고!!!!!!!!"와 같은 평가를 남겼다.[5]

이런 호스팅 프로그램은 미션과 관련이 있을까, 아니면 어린이들에게 도서관에 대한 잘못된 이해를 전달할까? 이런 프로그램을 운영하는 도서관 직원들에 따르면, 도서관에서 게임을 즐기는 일은 커뮤니티에

5 그린월트가 2008년 작성한 블로그 "게임하는 날에 관한 사용자 평가User Comments from Game Night"를 읽어볼 것. http://www.participatorymuseum.org/ref9-5/

대해 손을 내밀고 그것과 교감한다는 기관 목적에 부합될 뿐 아니라, 매체 컨텐츠에 대한 공공의 접근성을 지원한다는 점에서도 그러하다고 한다. 스코키 공립도서관Skokie Public Library의 비전 스테이트먼트는 다음과 같이 밝히고 있다.

> 스코키 공립 도서관은 모든 나이와 가족의 구성원들이 평생 교육과 발견에 자유로이 참여하고 대중 문화와 예술을 즐기는 강렬하고 다채로운 커뮤니티를 위해 필수적이다. 주민들은 양질의 정보를 얻으며, 그들의 지적 자유와 프라이버시가 보장되고, 문화 다양성의 혜택을 누리며, 커뮤니티 생활에 적극적으로 동참할 많은 기회를 제공받는다.[6]

게임하는 날은 도서관이 가족의 발견, 즐거움과 배움에 헌신하는 강렬한 커뮤니티라는 점을 뒷받침한다. 기관의 비전에서 보이듯 게임하는 날은 점심시간의 클래식 음악이나 커뮤니티 그룹 회합과 같은 여타의 호스팅 프로그램과 마찬가지로 기관의 미션에 부합하는 활동이다.

이와 같이 새로운 관람자를 호스팅하게 되면 사람들은 기관을 통해 자기 정체성 목표가 충족될 수 있음을 이해하게 된다. 자신에게 도전하며 사회성을 키워가려는 어린이의 목표가 도서관에서 충족된다면 그 어린이는 도서관을 자신의 여가활동 선택지 중의 하나로 포함시킬 만한 긍정적이고 유용한 장소로 바라보기 시작할 것이다. 매리언 호스Marian Hose라는 도서관 직원은 자신이 게임하는 날을 운영했던 경험에 대

---

6 스코키 공립도서관의 비젼과 미션은 다음 주소를 이용할 것.
http://www.participatorymuseum.org/ref9-6/

해 이렇게 적었다. "어린이들은 많은 즐거움을 누렸으며 도서관은 신선한 얼굴들로 가득 찼습니다. 도서관 대출증을 아직 만들지 않은 어린이들은 누구나 그것을 발급받았고, 새로 온 어린이들 중 많은 이가 도서관을 '정식으로' 사용하기 위해 다시 찾아왔습니다."[7]

게임하는 날(혹은 다른 도서관 호스팅 프로그램)에 찾아오는 모든 어린이들이 도서관의 전통적인 자료나 기능을 사용하려고 다시 돌아오는 것은 아니다. 그러나 그것은 중요한 것이 아니다. 스코키 공립도서관의 비전 스테이트먼트에서는 "평생 학습과 발견" 경험 중 어떤 것이 옳은 것인지를 가치적으로 판단하지는 않는다. 만약 운영자가 이러한 비전을 진정으로 체감한다면, 그들은 제한적인 방식으로 도서관을 사용하는 방문객을 통해서도 미션과의 긍정적인 연관성을 발견할 것이다. 그것이 게임을 하는 것이든, 모임에 참석하려는 것이든, 아니면 독서를 위한 것이든.

어떤 호스팅 프로그램을 추구할 가치가 있는가의 질문은 호스팅 프로그램의 규모가 증가하고 더 큰 비용이 소모되는 경우 보다 복잡해진다. 새로운 커뮤니티와 연계함의 가치는 무엇이 될까, 그것이 많은 시간과 비용을 필요로 한다면? 이 질문은 온타리오 과학관Ontario Science Center이 다음 연구 사례에서 고민했던 부분이다.

---

7 애런 슈미트Aaron Schmidt가 2005년 블로그에 쓴, "DDR하는 날, 또 하루 성공Another Successful DDR Night"의 각주 7번을 참조할 것. http://www.participatorymuseum.org/ref9-7/

사례연구

〈888 토론토〉 회합과 호스팅의 가치

2008년 8월 8일, 온타리오 과학관OSC은 전 세계의 유튜브 사용자를 위한 〈888〉이란 모임을 호스팅했다. 〈888〉은 비용이 많이 필요했고 그 결과가 복잡했으며, 새로운 관중의 모집에 따르는 진정한 가치와 비용에 관한 많은 질문을 불러일으켰다.

OSC의 〈888〉은 성공적인 온라인 영상 공유법을 모색하기 위한 행사에서 착안되었다. OSC는 유튜브와 기타 영상 공유 사이트에서 상당한 입지를 보유하고 있었으며, 운영자가 만든 시연회의 압축본과 외부 강연자의 프레젠테이션들은 유튜브에서 수백만 뷰를 기록하고 있었다. 영상 제작과 공유 분야의 담당 디자이너였던 캐시 니콜라이척Kathy Nicholaichuk은 유튜브 커뮤니티에 깊이 관여하게 되면서 OSC의 행동을 조금 더 밀고 나가는데 관심을 가지게 되었다. 그녀는 행사담당, 프로그램 담당, 그리고 방문자 경험 팀 등의 운영자들과 협동하여 다음 세 가지 목표를 위한 회합을 고안하게 되었다.

1. 유튜브 커뮤니티에 대한 OSC의 헌신을 보여 준다.
2. 창의적이고 열정적인 젊은 비디오 제작자를 과학관으로 영입한다.
3. 기관과 회동 참가자 모두에게 이익이 될 비디오 컨텐츠를 제작한다.

니콜라이척과 다른 유튜브 팬들은 〈888〉을 유튜브 및 여타 소셜미디어 도구를 통해 홍보하였다. 많은 유튜브 사용자들은 아직 발을 들여놓지도 않은 상태에서 온타리오 과학관에 대한 이야기를 비디오로 제작해 뿌렸다. 실제 행사에 참석한 인원은 460여 명이었고, 이는 유튜브 역사상 가장 많은 사람이 모인 회합이었다. 행사는 과학관 안에서의 성대한 파티로, 장기 자랑, 전시장 갤러리 개방, 먹고 마실 것, 그리고 수많은 카메라들로 이루어졌다.

참가자는 전 세계로부터 모여들었지만 개회식에서 진행된 통계에서는 75퍼센트 이상이 토론토 지역민이거나 캐나다인이었음이 알려졌다.[8] 그중 반 정도는 19세 미만이었고 1/4은 20세에서 25세 사이였다. 사람들 중 1/3 이상이 OSC를 처음 방문하는 사람들이었고, 친구나 가족을 대동하는 경우가 많았다. 이 행사에서 만들어진 영상은 1,000편 이상이었고 인쇄, 라디오 및 TV 보도를 통해 2백만 회 이상 감상되었다. 영상 그 자체만도 수백만 뷰를 기록했고 수만 건의 댓글이 유튜브에서 생산되었다.

이런 수치는 놀랍다. OSC는 혁신을 장려하는 곳으로, 다른 과학관과 마찬가지로 십대 후반과 젊은 성인층을 끌어들이고자 고심한다. (관람객은 가족과 학생이 중심을 이룬다.) 일반 체험 운영팀Daily Experience Operations 부팀장인 케빈 폰 아펜Kevin Von Appen에 따르면, "[청소년들은] 기술을 탐구하고 발명한다. 그 점은 우리가 방문자들에게 함양해 주고자 하는 바로 그 능력, 자세, 행동이다." 〈888〉은 OSC를 젊은 성인층과 그들이 거느리고 있는 사회 관계망의 친구와 팔로워 등에게 시간을 보내기에 멋진 곳이자 사교적 경험을 위한 인기 있는 곳으로 각인시켰다.

회합 기간 중에 제작, 공유된 영상의 대부분은 사교적 성격의 것으로 참여자들이 서로를 만난 사실에 흥분하고 파티를 즐기며, 서로 농을 걸거나 시간을 보내는 것들이 많았다. 많은 영상들은 OSC를 사교적 활동의 장소로서 소개하거나 언급하고 있지만, 〈888〉 참여자들이 실제로 전시물을 사용하거나 과학에 대해 어떤 식으로라도 소통을 시도하는 모습이 담긴 영상은 매우 소수였다. 참가자는 모두 즐거운 시간을 보냈고 아무도 공격적으로 행동을 하지는 않았다. 반면 영상에 담긴 활동은 OSC의 방문자 경험을 특징적으로 대변하지도 미래의 관객에게 그곳의 경험을 전달하지도 않았다. 한편으로 이것은 예견된 것이었다. OSC가 유튜브 커뮤니티를 호스팅한 것은 스스로 유튜브를 경험하고자 했기 때문이었다. 하지만 다른 편에서는 이것이 문제가 되었는데, 왜냐하면 많은 유튜브 관람자들에게 OSC는 교육 시설이 아닌 파

---

8 〈888〉의 참석자와 효과에 대한 정보는 케빈 폰 아펜Kevin von Appen, 캐시 니콜라이칙Kathy Nicholaichuk, 그리고 캐런 해거Karen Hager가 2009년에 쓴 논문, "위튜브: 온타리오 과학관에서 실제로 만난 가상 커뮤니티WeTube: Getting Physical with a Virtual Community at the Ontario Science Centre"를 참조할 것. http://www.participatorymuseum.org/ref9-8/

티 장소로 온라인상에서 계속해 소개되고 있기 때문이다.

다시 말해, 460명의 젊은 사람들이 1,000편의 영상을 통해 과학관에서 즐기고 있는 자신을 보여 주었다. 그러면 질문이 남는다. 그 가치는 무엇인가?

참여자의 관점에서는 이 경험이 놀랍도록 소중했다. 여러 참여자들이 "내 인생에서 제일 즐거웠던시간!!… 잊지 못할 거야"와 같은 언급을 남겼다. 이 회합은 유튜브 사용자들의 바람을 잘 지원하도록 훌륭히 설계된 것이었고, 그 사용자들은 자신의 사교적이고 창의적인 목적에 따라 장소를 충분히 즐길 수 있다고 느꼈다.

기관의 입장에서는 결과가 상반되었다. OSC는 참여자 일인당 74달러(대부분 인건비)의 예산을 행사 홍보와 호스팅에 지출했다. 운영진은 더 많은 참여자들이 회동 기회를 이용해 전시물을 알게 되고 영상 기록에서도 교육적 본성이 드러나기를 바랐다. 다만 이 행사가 아니었다면 과학관을 잘 찾아오지 않았을 젊은 성인들을 이끌어들였으며, 그것으로 인해 지역 유튜브 사용자들에게는 OSC에 대한 신선한 면모를 전달할 수 있었을 것이다.

OSC 팀은 〈888〉을 소중한 실험으로 취급하고 있지만 2009년에는 이와 비슷한 방식으로 999 회합을 열지는 않기로 결정했다. 폰 아펜은 이렇게 말했다.

> 이것을 되풀이하는 것이 다음 단계라는 것은 말이 되지 않았다. 우리는 굉장히 빠르게 변화해가는 무엇인가를 시작하거나 혹은 그것과 관련을 맺었으며, 적절한 시점에 적절한 방식으로 그렇게 했고 소기의 성과도 얻었다. 그럼 이제, 다음은 무엇인가를 잘 생각할 시간이다. 우리는 이 일을 더 간편하게, 더 지역과 함께, 반복이 가능하고 심화되게 할 길을 여전히 찾는 중이다.

〈888〉 참여자들은 OSC가 혁신에 집중된 전시물이나 열린 구성의 프로그램을 통해 끌어들이고자 했던 그런 부류의 사람들이었다. 따라서 〈888〉은 온타리오 과학관을 청소년과 젊은 성인들의 체험과 관계가 있고 소구력 있는 장소로 자리매김하기 위한 시작점이었다. 이제 질문은 이와 같은 호스팅 행사를 기관의 목적에 더 잘 맞출 수 있도록 개선할 방안이 무엇인가이다.

심도 깊은 관계 형성의 출발점으로서의 호스팅

〈888〉과 같은 행사는 문화 기관의 다른 프로그램들로부터 고립되어 있다는 느낌이 강하다. 어떻게 하면 호스팅 경험을 통해 기관 프로그램과의 보다 폭넓은 연계성을 성공적으로 견인할 수 있을까?

첫번째 단계는 참여자의 이해관계와 관련성이 보이는 프로그램을 드러내는 일이다. 파티나 행사에 찾아오는 사람은 그중 소수만이 전시물을 둘러보거나 프로그램 브로슈어를 집어들게 된다. 호스팅 행사의 참여자들에게 기관의 다른 프로그램과 연계된 어떤 활동을 제공하는 것은 바람직한 일이다. 덴버 미술관의 〈무제〉 프로그램은 단지 파티로 끝나지는 않는다. 운영진은 동시에, 전시장의 예술품과 참여자들이 만나게 하는 행사도 제공한다. 비슷하게, 앞으로의 과학관이나 박물관 유튜브 회합에서는 참여자들로 하여금 전시물과 관련된 영상을 제작하는 어떤 시합 같은 것을 마련해 볼 수도 있을 것이다.

호스팅 참여자들과의 보다 깊은 관계형성을 원한다면, 그 장소에서 이미 관람자들이 즐기고 있는 활동이나 체험으로부터 출발하는 것이 좋다. 만약 사람들이 박물관을 사진 찍는 곳으로 활용한다면 그 사람들에게 미래의 행사에서 파파라치 놀이를 해보라고 권할 수 있을 것이다. 만약 박물관이 작업을 위해 활용되고 있다면, 영감을 얻기 좋은 조용한 장소나 전시를 추천해 줄 수 있다. 만약 누군가가 친구들과 함께 와서 자신만의 방식으로 해박한 지식을 전달하며 투어를 진행하고 있다면, 그에게 학교 단체나 기타 방문자를 위해 가이드로 자원해 줄 수 있는지 물어보라. 컴컴한 곳에서 즐거운 시간을 보내는 커플이 있다면… 때로는 그다지 적절치 못한 활동도 있는 법이다.

사례연구

청소년 호스팅하기: 음악체험프로젝트와 과학소설박물관

2009년, 필자는 시애틀의 음악체험프로젝트와 과학소설박물관Experience Music Project and Science Fiction Museum(EMPSFM)에서 십대 청소년의 박물관 관계 형성 강화를 위해 일하였다. 오클랜드 박물관이나 〈망자들의 나날〉전(389쪽 참조)처럼 EMPSFM은 청소년 관람자의 참여가 중심이 되는 대표 프로그램을 가지고 있다. 이 프로그램의 이름은 〈소리 질러!Sound Off!〉이며, 여기서는 13세에서 21세 나이의 연주자들로 된 밴드들이 경합을 한다. 매해 가을에 청소년 밴드들이 지원서를 내고, 그 중 선발된 12개 팀은 이듬해 봄에 순차적으로 진행될 최종 선발 콘서트에 참여한다. 이 12개 밴드들은 산업계 전문가의 멘터링, 많은 미디어의 주목, 그리고 박물관 콘서트에서 수백명의 열호하는 팬들 앞에서 공연할 기회를 얻게 된다.

필자가 처음 EMPSFM 운영진을 만났을 때 그들은 〈소리 질러!〉가 놀라운 프로그램이지만 동시에 최종선발 콘서트에 참여하는 청소년들이 박물관을 단지 멋진 락콘서트 장으로만 바라보고 있다고 느끼고 있었다. 그들은 박물관에서 매력적이거나 가치 있는 다른 경험은 찾으려 하지 않는 것이다. 운영진은 청소년들이 사랑하는 〈소리 질러!〉에 편승하여 기관 전반과의 관계 형성을 보다 증진시킬 수 있을 방법을 원했다. 이것은 연차적으로 진행되는 과정으로 청소년이 주도하는 프로그램을 개발하고 박물관 관객 중 〈소리 질러!〉에 참여하지 않는 청소년까지 확대시키는 데 목적을 두었다.

우리는 새로이 프로그램을 설계해 청소년의 참여 동기를 견인하려는 생각을 접고, 〈소리 질러!〉를 사랑하는 청소년들을 출발점으로 삼아 그들에게 매력이 느껴질 만한 다른 종류의 체험을 유추해 나가기로 했다. 그것은, 이 청소년들이 박물관을 〈소리 질러!〉 개최기간 동안 즐거운 라이브 음악 경험을 제공하는 호스트로 바라보고 있기 때문으로, 우리는 라이브 음악에 대한 기존의 관심을 사용해 지역 밴드의 연주를 시작점으로 하여 박물관 경험을 넓혀 가기로 했다. EMPSFM은 〈소리 질러!〉의 관람자들을 다음과 같은 네 가지 방식으로 박물관에 더욱 깊이 관여할 수 있게 했다.

1. 온라인상에서 운영진은 〈소리 질러!〉 애호가와 밴드들이 서로 연결되고 북서태평양 지역의 다른 라이브 음악 공연과 장소를 알아갈 수 있도록 소셜 네트워크를 개설했다. 이 온라인 커뮤니티는 십대 음악가와 그들의 팬만이 아니라 젊은 밴드 매니저와 홍보담당자들도 초대되어 그들의 활동을 소개하게 하였다. 우리는 이미 〈소리 질러!〉에 참여해온 십대들에게 청소년 자문위원단 및 기존 참가자들과 협업하여 온라인 커뮤니티의 컨텐츠를 제작, 홍보하게 하였다. 그 목표는 향후 3년간 온라인 커뮤니티의 관리를 운영자로부터 청소년 자문위원과 〈소리 질러!〉 참여자들에게 이전시키는 것이었다.
2. 교육프로그램 측면에서는, 박물관에 존재하는 교육 프로그램 중 다양한 음악 제작과 공연을 근간으로 하는 프로그램을 명확히 구분해 보여 줌으로써 십대들이 〈소리 질러!〉의 경험을 발전시켜 나갈 길을 보다 효과적으로 추구할 수 있도록 하였다. 박물관은 몇 개의 교육 프로그램을 제공하는데, 그중에는 캠프와 집중 워크숍이 포함되어 젊은 음악가들이 자신의 음악적, 그리고 연주적 재능을 키워 갈 수 있었다. 이러한 다양한 기회를 〈소리 질러!〉 경연에 참여하는 많은 밴드들은 알지 못했다. 〈소리 질러!〉 경연에 참여하는 대부분의 밴드는 최종 선발 콘서트까지 올라갈 수가 없으며 보통 그렇게 박물관과의 관계는 해당 연도에 끝나버

렸다. 운영진들은 경연자들이 교육 코스와 캠프를 적극적으로 홍보하여 그들이 다음해에는 경연에서 보다 높은 가능성을 기대할 수 있다는 점을 알려주었다.

3. 박물관 전시실에서는 전시에 〈소리 질러!〉의 최종 경연자들과 우승자의 멀티미디어 컨텐츠를 포함시킴으로써 밴드의 팬들이 박물관에 찾아와 이들 밴드에 대한 자신의 관심을 추구할 수 있게 하였다. 박물관은 〈소리 질러!〉 밴드를 기존의 현대 아티스트 중심의 역사 구술 프로젝트와 미디어 전시물에 포함시켰으며, 십대 방문자가 추가적으로 오디오 비주얼 컨텐츠를 휴대전화로 접속하거나 이를 제작할 수 있게 하는 방안도 검토하고 있다.
4. 〈소리 질러!〉의 참여적 성격이 강화되고 있다. 3년이라는 기간 동안 참여자들은 점차적으로 경연의 심판으로 초대받거나, 프로그램의 티셔츠와 그래픽을 디자인하고, 경연 참가자와 그 공연에 대한 리포터로서 소식을 전하는 등의 일에 참여해 나갈 예정이다.

커뮤니티 갤러리를 활용한 전시 호스팅

모든 호스팅 프로젝트가 행사의 성격을 가져야 하는 것은 아니다. 문화 기관에서 사람들의 예술 작품, 이야기와 컬렉션을 초대하고 전시하는 가장 보편적 방법은 커뮤니티 갤러리를 이용하는 것이다. 개인이나 커뮤니티 집단들은 이곳에서 자신의 전시를 기획 제작한다. 윙룩 아시아박물관의 공동제작 전시 개발 모델(375쪽 참고)과는 달리, 커뮤니티 갤러리들은 일반적으로 외부 참여자가 기관이 제시하는 큰 틀의 가이드라인 안에서 컨텐츠 개발, 전시 설계와 제작까지 모든 단계를 스스로 해결한다. 커뮤니티 소속원들이 전시제안서를 응모 절차에 따라 제출하면 박물관은 그 중 실행할 제안서를 선정한다. 커뮤니티 소속원들은 기관 운영직원의 도움이 거의 없이도 자신이 제안한 전시를 개발, 실현해내야 할 책임을 가진다.

성공적인 커뮤니티 갤러리 프로젝트는 몇 가지 논리적인 요소들을 갖추고 있다.

- 전시를 위한 기간이 제한되어 있다. 전시기간을 지정, 적용함으로써 기관은 다양한 목소리가 순환되게 하고, 볼품없는 커뮤니티 프로젝트의 부각을 방지할 수 있다.
- 참여자들은 작업에 대해 보수를 지급받는다. 보통 이는 재료와 개발 비용을 정액으로 지급하는 것이다. 만약 기관이 소외된 커뮤니티 소속원을 참여시키려한다면 작업에 소요될 시간을 고려해 보다 넉넉한 보상금을 책정해야 할 것이다.
- 기관은 전시 개발에 필요한 기본 일정과 외형을 제공한다. 운영자는 기간 중 정해진 스케줄에 따라 참여자를 만나 질문에 응해 주고 전시 개발이 궤도를 벗어나지 않도록 관리한다.
- 공식적 미팅 외에는 운영진이 참여자의 설계나 기술적 요청을 돕는 기회는 제한적으로 제공된다. 대화를 할 수 있는 전문가가 있다는 점은 참여자로 하여금 신뢰감을 가지게 하며 고품질 결과를 위해 자신의 실력을 향상시킬 수 있게 한다. 공동제작 프로젝트와는 달리 커뮤니티 갤러리 프로젝트의 운영자는 참여자의 상담에 소요되는 시간을 길지 않게 최소한으로 유지하는 게 보통이다.
- 참여자들은 자신의 전시를 홍보하기 위한 마케팅용 자료를 만들도록 권유받는다. 이것은 참여자가 자신의 관람자를 유치할 필요

성을 주지시키기도 한다. 그들은 보통 기관에 처음 방문하는 사람으로, 기관의 기존 방문자에만 의존하지 않는 것이다.

- 참여자들은 전시 기간 중 교육 프로그램이나 투어를 직접 실시할 것을 권유받는다. 커뮤니티 전시는 전시중인 이야기에 대해 열정적인 누군가를 통해 소개받게 될 때 생기를 얻게 된다.

커뮤니티 전시는 보통 틈새 관람자에게 높은 관심을 얻을 만한 주제를 반영할 때가 많고, 박물관 내 다른 곳의 전문가가 제작한 전시와 수준차가 있을 수 있고, 또한 기관의 디자인 스타일 가이드를 준수하지 않는 경우도 많다. 결과물은 운영진이 관리하는 다른 갤러리와 불균형이 될 수도 있다.

커뮤니티 갤러리는 운영자의 관여를 최소화하도록 설계되는 일이 많으며 최선의 전시를 만들어내는 데 목적을 두지는 않는다. 디트로이트 역사학회Detroit Historical Society의 전시 및 프로그램 감독인 트레이시 어윈Tracy Irwin은, 비록 커뮤니티 갤러리가 디트로이트 시민의 고유하고 다채로운 이야기를 반영하고 있지만 설계의 품질은 큰 편차를 보인다고 한다. 그래픽 패널에 깨알 같은 텍스트가 가득할 수도 있고, 전시물이나 레이블의 배치 높이가 사람에 따라 불편한 경우도 있다. 박물관 운영진은 자신의 전시장에서 의심스러운 설계 결정을 피해 갈 수 있는 지식과 경험을 가지고 있지만, 커뮤니티 갤러리는 파트너 집단에 의해 설계되기에 자신들이 적당하다고 판단되는 대로 전시를 설계할 자유가 주어진다.

이렇게 개입을 자제하는 방식은 참여자의 열린 창의성을 높이 평가하는 반면 창의성 제한을 통한 교육적 보조의 효용성은 낮게 평가하는 것이다. 모든 기관이 커뮤니티 갤러리를 공동제작 방식으로 진행할 시

디트로이트 역사학회의 커뮤니티 갤러리에서 열린 디트로이트 차이나타운에 관한 전시로, 연표를 과도한 텍스트로 처리하였다.

간적 여유를 가지지는 못하겠지만, 운영자들이 커뮤니티 갤러리의 전반적인 경험성을 그 참여자와 방문자 모두를 위해 높이기 위한 몇 가지 간단한 방법도 존재한다. 그것은 다음과 같다.

- 전시 디자인을 위한 교본tutorial을 제공하거나 워크숍을 실시한다.
- 커뮤니티 집단이 예술가나 디자이너를 팀원에 두도록 한다.
- 해석이나 상호작용의 창의적 형태에 집중하는 브레인스토밍 세션을 가진다.
- 커뮤니티 파트너를 현존 전시의 평가에 참여시켜 무엇이 좋고 나쁜지를 반추해 볼 수 있게 한다.
- 커뮤니티 파트너에게 계획시 전시의 프로토타입을 만들거나 방문자 평가를 수집하도록 유도한다.

일러스트레이션 작가 오제 타하다Oze Tajada는 자신의 작품 〈원하는 피카소Wanted Picasso〉에서, 위조품을 판매하는 피카소 박물관 밖의 거리 상인들을 주제로 삼았다.

- 전시 기획서에 디자인 과제를 포함시킴으로써 특징적인 해석 스타일이나 주제를 유도한다.

커뮤니티 갤러리에서는 일반적으로 참여자가 기관 내 다른 곳의 전시와 무관한 컨텐츠를 제작할 것이 요청되지만, 호스팅을 이용해 외부인의 눈으로 기관 자신의 역할을 되돌아보게 할 수도 있다. 2007년, 바르셀로나의 피카소 박물관Museu Picasso는 지역의 디자인 대학인 에이나 디자인대학Eina School of Design과 연계하여 일러스트레이션 학생들이 제작한 비전형적 커뮤니티 전시를 출발시켰다.

교수는 학생들에게, 박물관에서의 삶의 측면을 반영하는 이미지를 만들어내는 과제를 부여하였다. 스물여섯 명의 일러스트레이션 작가들은 석 달 동안 박물관에서 지내면서 사람들이 기프트숍이나 화장실, 그리고 전시실을 사용하는 모습을 지켜보았다. 그 결과전은 2009년, 〈피카소를 다시 생각하기Rethinking Picasso(Repensar el Picasso)〉라는 제목으로 소규모 전시실에서 열렸다.[9] 여기에는 기관과 그 기능에 대한 독창적인 해석이 실려 있었다. 참가자들은 화장실 청소 절차부터 방호원의 순찰 경로, 그리고 가짜 예술가들이 박물관 밖에서 싸구려 기념품을 파는 모습까지 모든 것을 활용하였다.

예술가들에게 박물관을 "다시 생각하게" 함으로써 피카소 박물관은 일러스트레이션 작가들이 그곳의 다양한 기능과 특이성들에 깊이 있게 다가가도록 하였다. 결과는 박물관 내의 가장 익숙한 작업들을 외부인의 시각을 통해 보여 준 매력적인 전시였다.

지난 네 개의 장에서는 기여적, 협력적, 공동개발적, 그리고 호스팅 프로젝트를 개발하기 위한 설계 기법을 탐구해 보았다. 만약 기관이 어떤 형태로든 참여 프로젝트를 시작하고자 한다면, 그것이 목적을 달성할 수 있으리라고 어떻게 확신할 수 있을까? 이 질문에 대답하기 위해서 우리는 제10장을 통해 참여 프로젝트를 평가하고 그 효과를 가늠하기 위한 기법들을 살펴보게 될 것이다.

9 〈피카소를 다시 생각하기〉전의 더 많은 이미지나 전시 카탈로그 다운로드를 위해서는 다음 주소를 사용할 것. http://www.participatorymuseum.org/ref9-9/

제10장

참여적 프로젝트의 평가

참여적 프로젝트에 대해 후한 평가가 적다는 사실은 아마 박물관 분야에서 그것을 빨리 수용하고 적용할 수 없게 하는 가장 영향이 큰 요소일 것이다. 평가는 지난 프로젝트의 영향을 측정하고 미래의 기획 수립을 도와줄 수 있다. 그것은 무엇이 성공했고 그렇지 않았는지를 분명히 판단하고 공유하는 데 도움을 준다. 특히 새로 열린 이 실천의 장에서, 평가는 전문가가 서로의 발전으로부터 배우고 그것을 지원하는 데 도움을 줄 수 있다.

참여적 프로젝트의 평가 기술이 여타 프로젝트와 근본적으로 다른 것은 아니지만, 참여적 프로젝트 평가에는 다음 네 가지의 독특한 고려사항이 있다.

1. 참여적 프로젝트는 과정과 결과 모두를 포함한다. 참여 프로젝트의 작동을 위해서는 사람들이 뭔가를 해야 할 것이 요구되며, 즉 평가는 참여자의 행동과 참여 활동에 따른 영향에 집중해야 한다.

기관이 제공하는 참여 플랫폼의 단순 열거는 소용이 없다. 의견 게시판의 수, 참여적 전시 요소, 혹은 제공된 대화 프로그램 등이 그런 것이다. 평가자는 반드시 참여자가 무엇을 했나를 측정하고, 참여 결과로 무엇이 일어났나를 기술해야 한다. 평가자는 참여자가 무엇을 수행했는지를 반드시 측정해야 하며, 참여적 결과로 무엇이 일어났는가를 묘사해야 한다. 참여의 성과는 방문자 간 증가한 대화의 발생률처럼 외부적일 수 있고, 새로운 기술의 발전이나 관계의 향상처럼 내재적인 것일 수도 있다.

2. 참여적 프로젝트는 단지 참여자만을 위한 것이 아니다. 목표를 설정하고 성과를 달성하는 것은 참여자뿐만 아니라 운영진이나 비참여적 관객에게도 똑같이 중요하다. 각 프로젝트에 대해, 기관과 활동적으로 협력하는 참여자, 과정을 관리하는 운영진, 그리고 참여적 생산물을 소비하는 관객을 위한 목표가 명확히 표현되어야 한다.
3. 참여적 프로젝트는 때때로 단계적incremental이고 적응적adaptive으로 평가하는 기법이 적절하다. 많은 참여적 프로젝트는 과정 중심적이다. 만약 새로운 프로그램의 디자인을 위해 3년간 커뮤니티 일원과 협력할 예정이라면, 3년이 끝나기를 기다려 전체 프로젝트를 평가하는 것은 적절하지 않다. 단계적인 평가는 복잡한 프로젝트가 그 최종 목표에서 벗어나지 않으면서, 관련된 모든 이들에 대해 프로젝트가 원활히 작동하게 함에 도움이 된다.
4. 참여 프로젝트는 평가 과정 그 자체를 참여적으로 실행하는 것도 도움이 될 수 있다. 프로젝트를 기관과 커뮤니티가 공동으로 설계한다면, 그 참여자들을 프로젝트 평가의 개발과 실행에도 포함시

키는 것이 논리적이다. 이는 특히 공동제작형 및 호스팅 프로젝트에서 그러한데, 여기서 참여자는 프로젝트의 방향성에 대해 높은 책임을 가지기 때문이다.

영향 평가하기

참여적 프로젝트의 영향 평가에는 다음 세 단계가 필요하다.[1]

1. 목표를 명시한다.
2. 이 목표를 반영하는 행동과 결과를 정의한다.
3. 성과의 영향과 발생 빈도를 관측 가능한 지표를 이용해 계측, 혹은 평가한다.

목표는 성과를 만들고 성과는 지표에 의해 측정된다. 이 세 단계가 참여적 프로젝트를 평가하는 유일한 방법은 아니지만, 참여적 프로젝트에 포함되는 목표와 성과는 전통적인 박물관 프로젝트를 평가하는 방식과 다른 경우가 많다.

윙룩 아시아박물관Wing Luke Asian Museum이 커뮤니티 미션 성취도를 평가하기 위해 사용한 광범위한 지표를 떠올려보자(379쪽을 보라). 참여자

1 성과와 영향 측정에 관한 폭넓은 접근에 관해선, 소셜 ROISocial ROI에 관한 영국 정부 보고서를 다음의 링크에서 다운받을 것. http://www.participatorymuseum.org/ref10-1a/ 정보 과학 프로젝트와 관련해 영향 평가를 위한 특정한 프레임워크는, 정보 과학 교육 프로젝트의 발전 영향을 위한 NSF 프레임워크NSF Frameworks for Evaluation Impact of Informal Science Education Projects (PDF)를 참조할 것. http://www.participatorymuseum.org/ref10-1b/

에 대해, 직원은 "사람들이 전시에 전시물과 이야기를 기여한" 정도를 평가한다.[2] 직원은 관람자에 대해 "긍정적이거나 부정적인 피드백을 편안히 주는지," "커뮤니티 일원이 계속 방문하기를 반복하는지"를 추적한다. 기관에 대해 그들은 운영진의 "대인관계의 기술"과 "젊은 직원이 리더로 성장하는" 정도를 평가한다. 그리고 더욱 광범위한 기관의 영향에 대해서, 그들은 심지어 "커뮤니티 대응 전시가 박물관에서 계속해 확산되는지"를 들여다본다. 이런 성과와 지표는 아마 평범하지는 않겠지만 모두 측정가능한 것들이다. 예를 들어, 방문자의 긍정 및 부정 의견 모두를 측정함은 단지 칭찬을 받음이 아니라 대화를 촉진하겠다는 그들의 구체적인 관심을 반영하는 것이다. 많은 박물관은 방문자로부터의 의견을 검토하지만, 긍정 의견만이 아니라 부정적 의견의 존재 사실까지도 일종의 성공으로 판단하는 곳은 거의 없다.

1단계: 참여의 목표를 명확히 하기

참여 프로젝트 평가의 첫 번째 단계는 그 성과 목표에 대해 명확히 동의하는 것이다. 특히 새롭고 친숙하지 않은 프로젝트의 경우, 운영진은 무엇을 성공이라 할지에 관해서도 서로 다른 생각을 가질 수도 있다. 어떤 사람은 일정 기간 동안 기관과 지속되는 관계에 초점을 맞추겠지만, 또 누군가는 방문자의 창의성에 우선순위를 둘 것이다. 명확한 참여적 목표는 모두가 프로젝트나 기관에 대해 동일한 비전을 공유하

2 윙룩 아시아박물관의 성공 지표의 전체 리스트를 다음 링크에서 볼 것.
http://www.participatorymuseum.org/ref10-2/

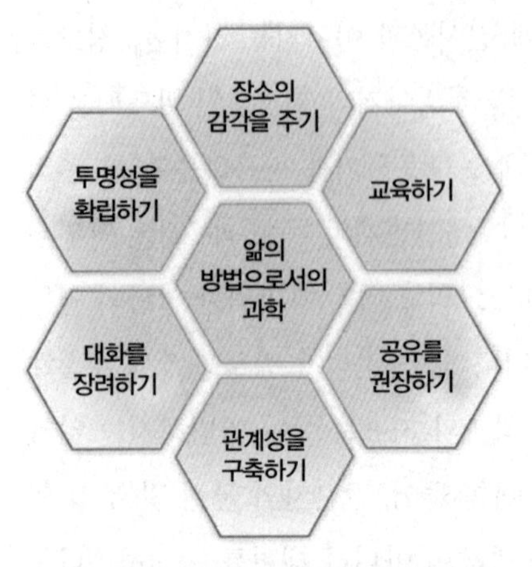

이 단순한 다이어그램은 MLS 운영진이 기관의 목표에 반하는 잠재적인 프로그램을 평가하는 데 도움을 줬다.

는 데 도움이 된다.

참여적 목표는 개별 프로젝트에 국한될 필요는 없다. 그것은 전 기관에 걸친 참여적 노력으로 일반화될 수도 있다. 예를 들어, 생명·과학박물관Museum of Life and Science(MLS)에서 벡 텐치Beck Tench는 MLS가 사회적 참여로의 진출을 달성하기 위해 모색했던 7가지 핵심 목표를 벌집 모양 다이어그램으로 보여주었다. 그것은 교육하기, 장소의 감각을 주기, 투명성을 수립하기, 앎의 방법으로서 과학을 장려하기, 대화를 장려하기, 관계를 구축하기, 공유를 장려하기였다. 이 다이어그램은 MLS의 운영진이 공유하는 언어가 되었으며, 참여적 프로젝트의 목표에 맥락을 부여했다.

이 다이어그램은 계획의 도구였다. 어떤 소셜 미디어 실험이 있다면, 텐치와 MLS의 운영진은 프로젝트가 추구해야 할 목표라고 느끼는 칸에 색을 칠해 표시했다. 그렇게 함으로써 그들은 자신의 생각에 우선순위를 부여할 수 있었고, 그 프로그램에 내포된 불균형을 파악할 수 있었다. 이후 운영팀은 같은 다이어그램을 이용해 그들이 실현하고자 했던 목표의 성취도를 평가하기도 하였다.

벌집모양 다이어그램은 MLS 운영진이 여러 가지 프로젝트의 계획과 실행 중 다양한 단계에 적용할 수 있는 간단한 틀이다. 평가 경험이나 숙련도와 상관없이 팀 소속원들이 활용할 수 있는 것으로서, 방문자와 커뮤니티 참여자도 포함된다. 따라서 그것은 누구나 쉽게 사용하고 이해할 수 있는 것이 된다.

2단계: 참여 성과를 정의하기

목표의 공유로 운영자들이 자신의 노력을 이야기하기 위한 공통 언어가 마련되었다면, 성과는 운영진이 그러한 목표의 달성으로 여길 수 있는 행위들을 뜻한다. 성과outcome와 결과물output은 두 가지의 서로 다른 것이다. 예를 들어, 기관이 "힘든 대화를 위한 안전한 공간"이 된다는 참여적 목표를 생각해 보자. 이 목표를 가진 많은 박물관들에게 첫 출발점은 "힘든 대화"를 유발해낼 만한 도발적 주제를 다루는 전시나 프로그램의 개최가 될 것이다. 하지만, 에이즈AIDS에 관한 전시나 인종주의에 관한 패널 토론을 제공한다고 무조건 대화가 유발되거나 안전한 장소로의 인지가 일어나지는 않을 것이다. 전시는 결과물이지만 그것이 소기의 성과를 보장하지는 않는 것이다.

"힘든 대화를 위한 안전한 공간"과 연결될 수 있는 성과로는 무엇이 있을까? 그런 공간은 다음과 같아야 할 것이다.

- 논쟁적인 화제에 관해 서로 다른 관점을 가진 사람을 끌어들이고 환대한다.
- 어려운 문제에 대한 참여자 간의 대화를 위해 가시적으로 기회를 준다.
- 참여자가 자신있고 편안하게 자신을 표현하도록 대화를 보조한다.

• 사람들이 이 경험 속에서 도전과 지지의 느낌을 모두 얻게 한다.

이 각각은 측정될 수 있는 성과이다. 예를 들어, "힘든 대화를 위한 안전한 공간"으로 계획된 전시의 의견 게시판을 상상해 보자. 운영진은 다음의 요소를 설계할 수 있다.

• 의견으로 제기된 서로 다른 관점의 다양성
• 의견의 어조(개인적 혹은 추상적, 존중적 혹은 파괴적)
• 방문자가 서로 간의 의견에 응답하는 정도

조사원은 또한 후속 인터뷰를 진행하며, 관람객에게 그들이 의견 게시판에 기여했는지, 게시된 의견에 대해 어떻게 느끼는지, 자신의 믿음을 나눌 때 얼마나 편히 느꼈는지, 자신의 생각을 표현하거나 다른 사람의 것을 읽음으로서 얼마나 자신의 관점이 바뀌었는지, 그리고 다음에도 그런 경험을 찾아 나설 용의가 있는지를 물어볼 수 있다.

의미 있는 측정 도구 개발하기

일단 운영진이 성취하려는 목표와 이 목표를 반영하는 성과가 무엇인지를 알았다면, 그들은 성과의 발생도를 평가하기 위한 측정 도구를 개발할 수 있다. 이것은 흔히 평가의 설계에서 가장 어려운 부분이며, 여기에는 어떤 행동과 지표가 목표했던 성과에 부합할지를 창의적으로 생각할 것이 요구된다.

신경제재단New Economics Foundation은 효과적인 평가 지표의 네 가지 성질을 정의했는데, 그것은 행동지향성action-oriented, 중요도important, 측정가능성measurable, 단순성simple이다.[3] 교육 프로그램에서, "방문자가 직원들과 더 깊은 관계를 형성한다"는 목표를 반영하는 지표를 개발한다고 상상해 보자. 운영진과 방문자 사이의 관계에 관해 가치 있는 정보를 제공해 줄 측정 가능한 지표는 무엇일까? 평가를 통해 운영진이 미래 프로젝트의 성과 발생도를 높일 새로운 전략이나 실례를 개발할 때 도움을 받을 방법은 무엇인가?

이러한 성과를 평가하기 위한 지표로 다음과 같은 것을 고려해 볼 수 있다.

- 운영진과 참여자는 프로그램 중 혹은 그 이후 각 단계에서 서로의 이름을 알아볼 수 있게 되었는가
- 프로그램 시간 외 참여자와 직원 간 교류(이메일, 폰, 소셜 네트워크)의 양과 종류
- 운영진과 참여자가 프로그램이 끝난 후 정기적으로 연락을 지속했는가

이런 지표는 "더욱 깊은 관계"를 증진시키기 위해 효과적인 행동이 무엇인지를 알게하고, 직원이 자신의 행동을 적절히 조절하도록 장려하는 데 도움을 줄것이다. 예를 들어 (71쪽에 기술한 배구 교사 같은) 몇몇

3 이 목록은 인터액트InterAct의 훌륭한 보고서 〈작업의 참여와 숙의, 공동 실행 방법을 평가하기Evaluating Participatory, Deliberative, and Co-operative Ways of Working〉로부터 왔다. PDF는 다음에서 다운 가능하다. http://www.participatorymuseum.org/ref10-3/

에듀케이터는 학생의 이름을 외움에 특별히 가치가 있음을 깨달았고, 첫 번째 시간부터 이름을 부르기 시작했다. 이런 종류의 발견은 운영진이 목표를 성취하기 위해 무엇이 중요한가를 파악하는 데 도움이 된다.

사례연구

현장 운영자의 평가 참여: 탬파 과학산업박물관

만약 수립된 지표가 측정하고 준수하기에 간단한 것들이라면 어떤 운영자나 참여자라도 조사 전문성의 수준과 상관없이 평가에 참여할 수 있을 것이다. 예를 들어 탬파Tampa의 과학산업박물관Museum of Science and Industry(MOSI)에서는 현장 운영진이 다년 프로젝트인 리플렉츠REFLECTS에 조사자로 참여하였다. 리플렉츠의 목표는 에듀케이터들을 교육시켜 가족 방문자 경험을 "능동적 몰입"이 (수동적 무관심의 반대) 가능하도록 보조scaffolding하는 것이었다. 그것을 위해 현장 에듀케이터들은 방문자가 언제 자신의 경험에 능동적으로 몰입하고 그렇게 못하는지를 효율적으로 판별할 수 있어야했고 그래서 연구 팀은 능동적 몰입의 지표로 인정되는 열한 개의 방문자 행동의 목록을 만들어냈다. 여기에는 방문자가 전시에 대한 의견을 이야기하는가, 서로 질문하고 답하는가, 예전의 경험과 연관지을 줄 아는가, 그리고 서로 다른 사람의 행동을 독려하는가 등이 포함되었다.

에듀케이터들은 자신과 가족들 간의 상호작용을 음성과 영상으로 기록하였고, 그 기록을 11개 지표 항목에 따라 코드를 부여했다. 리플렉츠 팀은 행동지표의 내용(예를 들어 방문자가 질문한 것이 개인적인 것인지, 과학에 집중된 것인지)을 판단하지는 않고 단지 부합 상황 여부를 대조했다. 그런 다음 에듀케이터들은 다시 현장에 나가 자신의 행동을 수정하는 시도를 거듭했다.

2009년, 과학기술센터연합Association of Science and Technology Centers의 컨퍼런스에서 MOSI의 운영진은 자신이 방문자들과 접촉하는 영상을 리플렉츠 프로그램 이전과 이후로 대조하여 보여 주었는데 그 차이는 놀라웠다. 에듀케이터들은 이후 영상에서도 더 많이 혹은 원활히 컨텐츠를 전달하지는 않았다. 대신, 그들은 방문자와 전시물간의 개인적인 연결을 보다 잘 보조하였으며, 방문자의 몰입을 억지로 유도하거나 그것에 실패하지는 않게 되었다.

리플렉츠 연구는 세 가지 대상 집단을 다루었다. 방문자, 현장 운영자, 그리고 기관이었다. 방문자는 운영진과의 상호작용이 보다 높은 수준으로 향상되었다. 현장 운영자에게는 권한의 증가와 전문성 개발의 기회가 되었다. 기관은 방문자와의 현장 상호작용에 있어 효율성이 개선되었다. 수석 연구원이었던 주디스 롬바나Judith Lombana가 목격한 것은 박물관이 많은 시간을 방문자와 투자해도 몰입이나 학습을 크게 증진시키지는 못한다는 사실이었다. 그 점은 사업성과도 관련이 된다. 그녀는 이렇게 이야기했다. "관람자에 따라 불필요할 수도 있는 활동이나 자원에 대한 낭비가 발행한다." 행동을 중심으로, 중요하면서도 단순한 능동적 교섭의 방법을 찾아냄으로써 리플렉츠 팀의 평가 전략은 다양한 수준에서 성공할 수 있었다.

참여에 적용 가능한 평가 기준들

참여적 실천은 아직까지 문화 기관에게 새로운 편이므로, 참여 프로젝트에 적용 가능한 평가 기법과 기구가 포괄된 사례는 많지 않다. 전통적인 평가 기법, 예를 들어 관찰, 추적, 설문, 인터뷰, 그리고 종단연구{longitudinal study: 장기간에 걸쳐 동일한 변수를 반복 관찰하는 연구 기법} 등은 참여 프로젝트의 평가를 위해 유용한 기법 도구일 것이다. 하지만, 참여 프로젝트에서는 기존의 방문자 경험에 포함되지 못하는 행동들이 자주 포함되므로, 평가 도구는 특이한 경험을 포착하고 측정해낼 수 있어야 할 것이다.

만약 전시와 프로그램에 대한 기관의 표준적 총합평가(summative evaluation: 교육과정이 끝난 후 학습 결과에 대해 이루어지는 최종평가)가 방문자의 특정 컨텐츠 요소의 학습성취도에 맞추어져 있는 경우라면, 방문자가 창의력을 발휘하고, 대화하고, 협력하는 정도를 평가할 수 있는 평가 도구로 전환한다면 큰 변화가 생길 것이다.

참여 프로젝트에 대한 평가 도구를 성공적으로 설계하려면 다음이 필요하다.

- 참여적 경험이 지원하는 특이한 기술이나 가치를 검토하여(283쪽 참조) 프로젝트의 목표가 반영될 지표가 어느 것들일지를 판단해야 한다.
- 전방위적 접근을 취해, 목표, 결과, 그리고 운영진, 참여자, 및 비참여 방문자들에 관한 지표들을 살펴본다.
- 참여자나 프로젝트 운영진과 상의하여 어떤 결과와 지표를 측정하는 것이 가장 중요할지를 파악한다.

다음은 참여적 프로젝트의 참여자, 운영진 및 방문자 경험에 특히 적용될 수 있는 몇 가지 특징적 질문들이다.

참여자에 관한 질문들

- 자발적 참여인 경우, 기꺼이 참여를 선택하는 사람들의 특징은 무엇인가? 참여하지 않기로 선택하는 사람들의 특징은 무엇인가?
- 자발적 참여의 형태가 다양할 것이라면, 창작, 비평, 수집, 혹은 관람 등의 행위를 선택하는 사람들 간의 차이점을 식별할 수 있는가?

- 사례 컨텐츠의 종류나 숫자는 방문자의 참여 의사 결정에 어떤 영향을 주는가?
- 참여자가 기관 혹은 운영진과의 관계를 묘사할 때, 다른 방문자들이 이야기할 때와 차이를 보이는가?
- 참여 과정 중 혹은 그 이후에, 참여자들은 기관이나 자신의 작업에 대해 새로운 수준의 주인의식, 신뢰감, 혹은 이해를 가지게 되었는가?
- 참여자들은 참여 과정 중 혹은 그 이후에 새로운 기능, 태도, 행동, 혹은 가치를 보여 주고 있는가?
- 참여자들은 기관의 참여 프로젝트에 계속해서 참여할 수 있는 기회를 찾고 있는가?

운영자에 대한 질문들

- 참여적 과정은 운영진의 자신감이나 기관에 대한 가치 인지에 어떤 영향을 주는가?
- 운영자들은 참여 과정 중 혹은 그 이후에 새로운 기능, 태도, 행동, 혹은 가치를 보여 주고 있는가?
- 운영자가 동료나 방문자와의 관계에 대해 묘사할 때 참여에 의해 바뀐 부분이 있는가?
- 운영자는 참여 과정 중 혹은 그 이후에 바뀐 자신의 역할에 대해 이야기하고 있는가?
- 운영자는 참여의 결과물을 어떻게 인지하고 있는가?
- 운영자는 참여 프로젝트에 계속해 관여하고자 기회를 찾고 있는가?

참여 결과물(전시, 프로그램, 출간물)을 관람 또는 소비하는 비참여 방문자에 대한 질문들

- 방문자는 참여 과정을 통해 만들어진 결과물을 묘사할 때 기존 과정의 결과물과 다르게 이야기하고 있는가? 이러한 결과물에 대해 비교를 통해 의견을 표현하는가?
- 참여 기회가 개방적이고 자율적이라면 방문자들은 그러한 참여 기회를 이해하고 있는가?
- 방문자들이 참여하지 않는 이유는 무엇인가? 그들이 참여에 관심을 가지게 하려면 무엇이 필요한가?

참여는 그 방식이 다양하므로 그것의 연구에 가장 알맞은 단 하나의 평가 질문이나 기법의 모음은 존재하지 않는다. 동기 심리학, 커뮤니티 개발, 시민 참여, 그리고 인간-컴퓨터 인터랙션HCI 등 분야의 연구자들에 의한 연구는 박물관의 참여 프로젝트에 도움이 될 것이다.[4] 타분야 연구자들과 협력함으로써 박물관 평가자는 모든 관련자들에게 서로 도움이 되는 참여적이고 협력적인 학습 커뮤니티에 동참할 수 있다.

사례연구

대화에 관해 연구하기: 〈사이언스버즈〉

방문자들로 하여금 기관의 컨텐츠에 관한 대화에 참여하도록 하는 프로젝트를 상상해 보자. 사용자들이 단순히 채팅을 하는 것인지 실제로 관심 컨텐

4 공공참여(시민 참여를 중심으로 한)에 관한 조사와 사례연구에 관한 포괄적인 자료 모음은 다음 주소를 이용할 것. http://www.participatorymuseum.org/ref10-4

츠를 중심으로 몰입하고 있는지에 관해 알아보려면 그런 토론은 어떻게 조사, 측정될 수 있을까?

2007년, 박물관·도서관 서비스 연구소Institute of Museum and Library Services(IMLS)는 이 문제를 다루기 위한 연구 프로젝트 〈테이크투Take Two〉에 자금을 지원하였다. 〈테이크투〉는 과학에 관한 웹상의 대화에 방문자들이 참여하는 〈사이언스버즈Science Buzz〉라는 참여적 프로젝트의 영향을 수사학, 박물관학, 그리고 과학 교육학 분야의 연구자들이 한 곳에 모여 평가한 프로젝트였다.

〈사이언스버즈〉는 미네소타 과학관Science Museum of Minnesota에서 운영하는 수상 경력을 가진 온라인 소셜 네트워크이다.[5] 이곳은 최근의 과학 뉴스와 이슈에 관한 기사를 놓고 박물관 운영진과 외부 참여자들이 자신의 의견을 기록, 공유, 논평하는 다수 필자의 커뮤니티이다. 또한 이곳은 미국 내 여러 과학관에 흩어져있는 실제 박물관 키오스크를 포함하지만, 〈테이크투〉의 연구는 온라인 토론으로만 한정되었다.

〈사이언스버즈〉는 두 얼굴을 가진 동물이다. 2006년부터 2008년까지 운영자와 방문자가 게시 혹은 논평한 주제는 1,500건을 초과했으며, 블로그에는 외국 관람자의 높은 트래픽도 자랑하고 있었다. 박물관은 〈사이언스버즈〉의 설계와 활용에 관해 내부적으로 형성평가(formative evaluation: 프로젝트의 시작 지점에서 실시하는 평가)를 진행한 사례가 있었지만,[6] 운영자들은 웹사이트에서 사용자들이 서로 어떻게 상호작용하며 그들의 학습에는 어떤 효과가 있는지에 관한 연구를 진행하고자 했다.

이 지점에서 〈테이크투〉가 시작되었다. 〈사이언스버즈〉가 대화를 위한 프로젝트였기에 수사학 관련 연구자들이 함께 할 필요가 있었다. 미시건 주립대학Michigan State University의 교수 제프 그래빌Jeff Grabill은 디지털 환경 속에서

---

5 〈사이언스버즈〉 웹사이트를 방문해 볼 것. http://www.participatorymuseum.org/ref10-5/

6 〈사이언스버즈〉의 형성평가 자료를 다운로드해 볼 것. http://www.participatorymuseum.org/ref10-6/

이루어지는 사람들의 작문에 관한 전문가로 이 조사를 이끌었다. 〈테이크투〉 팀은 아래 네 가지 질문에 자신들의 연구를 집중했다.

1. 〈사이언스버즈〉에서 상호작용하는 커뮤니티들의 성격은 무엇인가?
2. 온라인 상호작용의 성격은 어떠한가?
3. 이러한 온라인 상호작용이 해당 사용자 커뮤니티의 지식 형성에 도움이 되는가?
4. 온라인 상호작용은 박물관 내에서도 질문, 학습, 그리고 변화를 이끌어 내는가? 다시 말해, 박물관 현장 업무에 대해 어떤 영향이 있는가?[7]

처음의 두 질문은 사용자 특징과 함께 사람들이 웹사이트에서 어울릴 때의 대화 방식을 잘 이해함에 집중된 관찰 묘사적 질문이다. 마지막 두 가지 질문은 참여자와 운영자 양자에 대한 결과의 영향에 관한 것이다. 조사자들은 과거의 블로그 글을 검토했으므로 비참여적 관람자에게 접근한 것은 아니었다. 그들은 〈사이언스버즈〉의 컨텐츠를 소비하는 사람들, 컨텐츠를 사이트에 직접 기여하지 않는 사람들에 대한 영향은 연구하지 않았다.

〈사이언스버즈〉의 지식 형성 효과를 평가하기 위해 조사자들은 블로그 글과 댓글에 포함된 개인 발언들로서 15개 이상의 댓글이 달린 글 중 20퍼센트를 골라 그것들을 네 가지 범주로 분류coding했다. 그것은 "논제를 형성함", "새로운 아이디어를 탐색함", "화자의 정체성을 구축함", 그리고 "커뮤니티의 정체성을 구축함"이었다. 운영자들은 각각의 발언을 이 네 가지 범주로 연결지었으며, 이를 위해 각 범주에 대한 특징 지표를 활용했다.(다음 쪽의 표 참조) 개별 발언들을 이렇게 분류함으로써 조사자들은 사이트상의 논쟁들 속에서 개인적 혹은 개인 간 지식 형성의 다양한 형태를 보여주는 패턴을

7 이 연구에 관해 더 알아보려면 제프 그래빌Jeff Grabill, 스테이시 피그Stacey Pigg, 케티 위트아우어Katie Wittenauer의 2009년 논문, "테이크투: 뮤지엄 2.0 사이트의 지식 공동 개발 연구Take Two: A Study of the Co-Creation of Knowledge on Museum 2.0 Sites"를 참조할 것. http://www.participatorymuseum.org/ref10-7/

발견할 수 있었다. 사용된 대표적 표본 속에서, 연구자들은 다음과 같은 발언 유형의 분포를 확인하였다.

- 논제를 형성함 - 60퍼센트
- 화자의 정체성을 구축함 - 25퍼센트
- 커뮤니티의 정체성을 구축함 - 11.4퍼센트
- 새로운 아이디어를 탐색함 - 1.8퍼센트

논제를 형성함	새로운 아이디어를 탐색함	필자의 아이덴티티를 형성함	커뮤니티의 아이덴티티를 형성함
• 선언함 • 권위 있는 인용을 활용함 • 증거를 인용함 • 기타 논쟁	• 새로운 아이디어를 제시함 • 다른사람의 아이디어를 발전시킴 • 현황을 이야기함	• 역할을 분배함 • 장소를 환기시킴 • 학습을 환기시킴 • 상황을 환기시킴 • 가치를 이야기함 • 영향을 이야기함 • 목적 달성을 위한 기술을 이야기함	• 아이디어/사람들간의 연관 관계를 수립함 • 공유 역할을 분배함 • 공유 경험을 분배함 • 초대함

이 데이터는, 〈사이언스버즈〉 사용자들이 그것을 활용해 과학적 논제를 형성하고 있음이 분명히 드러나지만, 지식의 형성이 언제나 공동적으로 이루어지지는 않는다는 점을 보여 주었다. 그래서, 〈테이크투〉 팀은 연구 3년차에 조사 방식을 전환하게 되었다. "지식의 공동 구축"으로부터 "학습"이라는 광역적인 조사로 전환한 것이다.

그들은 국립과학학회National Academies of Science의 2009년 보고서 〈비공식적 환경하의 학습 조류Learning Strands of Informal Environments〉(LSIE)를 〈사이언스버즈〉 대화 범주화를 위한 새로운 지표 개발의 기초로 활용했다.[8] LSIE 보고서에서는 과학 학습을 위한 여섯 가지 "조류strands"를 제시하는데, 여기에는 〈사이언스버즈〉 담론 속에도 명확히 보이는 정체성 구축, 논쟁, 그리고 회

8 LSIE 보고서는 구입하거나 혹은 다음 주소를 통해 읽어볼 수 있다.
http://www.participatorymuseum.org/ref10-8/

고와 같은 것들이 포함되어 있다. 2010년 1월 현재 이 연구는 여전히 진행 중이다. 미네소타 과학관의 평가 및 조사부장 커스틴 엘렌보겐Kirsten Ellenbogen 박사는 다음과 같이 이야기했다.

> LSIE 보고서는 과학 논쟁이 박물관 전시에서는 보기 힘든 것이며, 비형식적 환경은 그것을 지원하기 위한 필요한 방법을 제시하기에도 한참 멀었다고 이야기합니다.[9] 하지만 〈사이언스버즈〉는 자연적 대화 환경으로서 우리는 그곳 어디에서나 과학적 논쟁과 토론이 일어나고 있음을 발견합니다. 우리는 〈테이크투〉 연구를 통해 그 사실을 지지하는 증거들을 모았습니다.

수사학 분야의 연구자들을 포함시킴으로써, 〈사이언스버즈〉 팀은 웹사이트상의 대화가 가진 성격과 잠재력을 보다 잘 이해하고 기술할 수 있었다. 이 연구는 동시에, 〈사이언스버즈〉나 다른 온라인 대화 사이트에 대한 새로운 질문들도 발생시켰다. 〈테이크투〉가 발견한 한 가지는 정체성 구축 발언이 과학적 논제와 자주 섞인다는 점이었는데, 누군가가 무엇을 말하는지뿐만 아니라 말하는 사람이 누구인지를 이해하는 것도 중요하다는 점이다. 이것은 당연하게 들리겠지만, 그래빌이 언급하듯 수사학자는 이성적 발언이라 간주되는 것을 영향적 혹은 "정체성 작업"용 발언, 즉 논쟁에서 중요성이 적다고 간주되는 것과 자주 구분했다. 연구의 시작 단계에서는 독립적이고 익명적인 논평으로 만들어진 발언 종류에 전적으로 집중했다면, 두 번째 단계에서는 학습을 증진하는 운영진 참여자의 특정 역할을 조사에 포함시켰다. 〈사이언스버즈〉의 미래 연구에서는 더 나아가, 개별 사용자의 상호작용이 사이트에서 시간이 흐름에 따라 그들의 학습, 자아인식, 그리고 커뮤니티에 대한 기여에 대해 어떤 영향을 주는가를 조사해 나갈 것이다.

---

9 박물관 환경에서의 과학적 논쟁이 가진 가능성에 대한 논의는 LSIE 보고서 145, 151, 그리고 162쪽을 참조할 것

〈테이크투〉 프로젝트의 어려움 중에는 익숙한 질문(과학 지식의 형성)을 새로운 환경(온라인 소셜 네트워크)에서 연구하기 위한 분석 도구를 개발해야 한다는 점이 있었다. 팀은 목적에 부합하는 연구질문에 집중하였고 그러한 질문에 대답하기 위한 합리적인 툴을 찾았으며, 그러한 툴을 엄격히 적용하여 결과를 출판하게 되었다. 앞으로의 팀들은 방문자 참여 연구에 접근함에 있어 이와 같은 수준의 엄격성, 창의성, 그리고 얻은 교훈을 학계와 나누려는 관심을 가져야 마땅할 것이다.

점층적 및 적응적 참여 기법

형식 평가formal evaluation는 분리된 단계들, 즉, 초기front-end, 형성formative, 보충remedial, 총합summative 평가로 이루어지는 것이 보통이지만, 참여적 프로젝트의 평가는 재귀수행적interative인 접근이 나을 경우가 많다. 참여 프로젝트의 한 가지 긍정적 측면은 시작부터 모든 설계가 완벽해야 하지는 않는다는 점이다. 참여 프로젝트는 참여자의 성과에 맞추어 조금씩 점진적으로 공개되는 일도 많다. 이것은 혼잡스럽고 진행 도중 설계 기법과 실험 전략의 수정이 수반할 수 있으므로, 〈테크버추얼〉과 〈위키피디어는 예술을 사랑해〉의 사례에서와 같이 참여자의 혼란이 경감될 수도, 가중될 수도 있는 문제이다. 변화는 혼란스럽고 오해를 사기도 쉽지만, 하나의 실험적인 프로젝트가 옳은 방향으로 추진되기 위해 필연적인 경우도 많다.

적응적 평가adaptive evaluation 기법은 두 가지 이유로 인해 특히 웹에 적용되기에 자연스럽고 일반적인 기법이 된다. 첫째, 사용자 행동에 관한 데이터의 수집은 비교적 간단하다. 웹 관리자로 하여금 실시간적으로 누가 어떤 페이지를 방문하며 그들이 그것을 어떻게 사용하는지를 통계적으로 측정하기 위한 무료 도구는 많이 있다. 이러한 도구들은 데이터 수집을 자동화하므로 운영진은 그 데이터의 생성이 아니라 결과의 활용에만 집중하면 된다.

두 번째로, 대부분의 웹 설계자, 특히 소셜 웹사이트를 제작하는 사람들은 자신의 작업이 시간이 흐름에 따라 진화할 것으로 기대한다. 대부분의 웹 2.0 사이트들은 "영구적인 베타beta" 상태를 유지하는데, 그것은 웹사이트들이 완성 이전에 공개가 되었으며 작업 중인 상태로 남아 있다는 뜻이다. 때론 이것이 여러 해 동안 계속된다. 그렇기에 설계자들은 관측된 사용자 행동에 따라 특정 행동을 견인하거나 다른 행동을 최소화 혹은 제거하도록 플랫폼을 수정한다.

적응적 평가는 설계자와 관리자로 하여금 자신들이 어떻게 목표를 달성하거나 그렇게 못하게 되는지를 볼 수 있게 하며, 그에 따라 자신의 추진 방향을 수정할 수 있게 한다. 예를 들어, 파워하우스 박물관Powerhouse Museum의 어린이 웹사이트에는 인기 높은 "만들고, 해보고Make & Do"라는 섹션이 있는데, 여기서는 가족 공예 활동을 위한 자료가 제공된다.[10] 하나의 공예 활동을 운영진이 만들어내는 데는 약 2주의 기간이 소모되며, 따라서 해당 팀은 웹 분석을 통해 어떤 활동이 가장 인기가 많은지를 판단하고 그것을 바탕으로 다음 회에 제공할 것을 선정하였다.

처음 2년간의 운영을 통해 웹 분석에서 드러난 것은, 다른 어느 것보다 〈왕관 만들기Make a King's Crown〉라는 공작 활동이 가장 인기가 크다는

10 〈만들고, 해보고〉 웹사이트를 방문해볼 것. http://www.participatorymuseum.org/ref10-10/

점이었는데, 이는 자신의 왕관을 오려서 만들기 위한 템플리트와 교본을 제공하는 것이었다. 처음엔 운영자들도 그에 응답해 비슷한 온라인 공작 재료를 제공하였다. 마법사 모자, 광대 모자, 사무라이 헬멧, 그리고 마스크 등이었다. 그런데, 웹 팀이 조금 더 웹 통계자료를 깊이 조사하자 〈왕관〉 페이지를 방문하는 대부분의 사람들이 오스트레일리아 외부의 거주인이란 점이 발견되었다. 〈만들고, 해보고〉 섹션의 지역적 상세를 들여다보자 오스트레일리아인들에게는 여러 모자 만들기에 비해 정원 가꾸기와 부활절 관련 활동이 훨씬 큰 인기를 누리고 있음도 발견되었다. 파워하우스 박물관은 국가 기금으로 운영되었고(또 어린이 웹사이트는 기본적으로 박물관 방문전과 후의 경험으로써 제공되려는 의도를 가지고 있었으므로), 그곳의 중심은 지역 관람자였다. 그들은 따라서 앞으로의 공작 교재에서 모자는 줄이고 뉴사우스웨일스의 오스트레일리아 사람들에게 보다 가치와 관심이 많은 체험활동으로 전환하게 되었다.[11]

〈왕관 만들기〉 페이지는 높은 트래픽을 기록하고 있었으나; 방문자 중 단지 9%만이 오스트레일리아인이었고 54%가 미국인, 14%가 영국인이었다.

적응적 평가를 물리적 장소나 방문자 경험에 적용할 수도 있겠지만 그것이 쉽지는 않다. 문화 기관은 흔히 웹과 같은 자동 분석 도구도 융통성 있는 성장 패턴도 가지고 있지 않기 때문이다. 만약 교육프로그램

---

11 더 많은 정보는 세바스티안 찬Sebastian Chan의 2010년 1월 블로그 글, "왕관을 더 만들자-웹 통계자료를 간과할 때의 위험Lets Make More Crowns, or the Danger of Not Looking Closely at Your Web Metrics"를 참조할 것. http://www.participatorymuseum.org/ref10-11/

과 전시 스케줄이 수개월 혹은 수년 전부터 확정된다면, 운영진은 방문자 의견을 참고해 방향을 전환하기 쉽지 않을 것이다. 그것은 또한 박물관에서의 보충평가(remedial evaluation: 행사가 끝난 후 보충이 필요한 부분에 대해 이루어지는 평가)가 그토록 힘든 이유를 설명해 준다. 관찰된 문제를 기초로 방문자 경험을 개선하고자 하려는 의도를 운영자가 가지고 있다고 해도, 그것을 위한 예산과 시간을 확보하기가 쉽지 않기 때문이다. 많은 운영진은 동시에 "전체를 한눈에 보기"에 더 집중하는 듯 하며, 과정 중간에 개입되는 변경으로 데이터가 훼손될 것을 우려하는 듯하다. 적응적 평가를 권장하려면 실험적 문화를 먼저 개척하는 일이 필요하다.

참여의 물리적 플랫폼에 대해서는 무대 뒤에서 완벽한 체계를 설계할 필요가 없다. 미완성 상태로 공개하여 사람들이 무엇을 하는지를 살펴보고, 그에 따라 수정한다. 만약 "사람들이 쓰면 쓸수록 좋아지는" 프로젝트를 정말로 설계하였다면, 그것은 공개이후 성장하고 변화하리라는 기대를 이미 내포하는 것이기도 하다. 운영자는 그 성장과 변화의 일부가 되어, 적응적 평가를 통해 그것을 수행하면 된다.

또한 지속적인 평가는 유용한 피드백 과정을 제공함으로써 궁극적으로 관람자 경험을 향상시킬 수 있는 새로운 설계 아이디어의 생성에 기여한다. 소박한 의견 게시판을 생각해 보자. 만약 자신의 기관에 이런 것이 하나 있다면, 방문자가 글을 쓸때 사용하는 재료를 바꾸어가면서 그것이 평가의 내용이나 양에 어떤 변화를 주고 있는지 지켜볼 수 있을 것이다. 질문을 바꾸어 던지거나, 방문자가 손쉽게 서로에게 "응답 카드"를 작성할 수 있는 메커니즘을 추가해 보거나, 혹은 운영자의 큐레이션 및 의견 관리와 관련된 전략들을 다양하게 실험해 보라. 운영 중에도 소소한 변화를 만들어 보면서 어떤 접근법이 어떤 영향을 경험에 미치는지를 쉽게 관찰할 수 있다.

참여자를 평가에 참여시키기

참여 프로젝트를 지탱하는 가치들 중 한 가지는 참여자의 의견과 제안에 대한 존중이다. 프로젝트의 소유 권한도 흔히 운영진과 참여자가 공유하게 되듯, 참여자를 평가에 참여시키는 일은 설계나 실행에 참여시키는 것과 마찬가지로 의미가 있다. 이것은 대부분의 기관이 전략을 평가할 때와 같이 참여자의 경험을 평가한다는 뜻은 아니다. 이 의미는 프로젝트 평가에 관한 계획수립, 실행, 그리고 결과의 공유를 참여자와 공동으로 수행한다는 것이다.

적응적 프로젝트에는 보통 언제라도 참여자가 프로젝트에 관한 자신의 의견을 전달하기 위한 쉬운 방법들이 포함된다. 프로젝트 운영자와 대화를 한다거나 자신의 생각을 커뮤니티 미팅이나 공청회에서 제시하는 등이다. 참여자가 자신을 한 프로젝트의 일원으로 느낄 때, 그것이 기여적 참여이든 완전한 공동제작 참여이든, 그들은 프로젝트의 성장을 이끌거나 유지하고자 돕게 된다. 참여자들은 프로젝트 운영자들의 눈에 명확히 보이지 않는 지표들을 감지할 수도 있기 때문에, 자신의 경험과 관련된 데이터의 측정과 수집을 위한 가장 효과적인 방식에 관해 소중한 의견을 제공할 수도 있다.

사례로서, 청소년들이 지역 커뮤니티센터를 위한 과학 전시물을 설계했던 세인트루이스 과학관St. Louis Science Center의 〈배움이 있는 장소

Learning Places〉 프로젝트에서는 평가가 두 가지 방식으로 진행되었다. 한 가지는 외부 평가팀에 의한 것이고, 또 하나는 청소년 참가자들의 영상 인터뷰를 통한 내부적 방식이었다.[12] 외부 평가의 중심은 십대들이 과학, 기술, 엔지니어링과 수학 개념을 이해하고 유지함에 있었던 반면, 참여자 인터뷰의 중심은 청소년의 교육과 직업 선택에 대해 프로젝트가 미친 영향에 있었다. 이렇게 서로 다른 평가 기법은 두 개의 상이한 측정 목표와 우선순위 목록으로 반영되었다. 기금 제공처(국립과학재단)는 〈배움이 있는 장소〉가 과학 학습에 어떤 도움이 되었는지에 관심이 있었지만, 청소년 참여자들과 프로젝트 운영진은 이 프로그램이 개인적, 그리고 직업적 개발에 어떤 효과가 있었는지에 관심이 있었던 것이다.

커뮤니티 소속원을 평가 기법의 설계와 실행에 포함시키는 일은 쉬운 것이 아니다. 참여적 평가에는 추가적인 자원이 소요된다. 많은 기관에서는 연구 단계에서 참여적 파트너십을 유지할 자금이 없거나, 공동설계 프로젝트를 넘어서까지 참여를 계속할 사람이 없을 수도 있다.

동시에, 참여적 평가 과정을 위해서는 조사 결과가 누구를 위한 것인지에 대한 생각도 완전히 바꿀 필요가 있으며, 박물관 분야에서는 조사자와 실무자들도 방문자 연구가 실제로 기관의 기능에 가장 도움이 될 방법을 여전히 모색하는 중이다. 더욱이, 방문자의 반응과 경험이 전문적 실무 방향에 부분적으로만 도움이 되기를 넘어, 그들의 목적이 기관이 목적하는 만큼 연구를 진척시켜 가야 한다면 그것은 더욱 더 먼 길이

12 〈배움이 있는 장소〉의 청소년 영상은 다음 주소를 이용할 것.
http://www.participatorymuseum.org/ref10-12/

될 것이다. 또한, 외부의 기금 제공처와 참여자의 목표나 이해관계가 일치하지 않는 부분이 있다면 이 일은 특히 더 어려운 문제가 될 것이다.

평가에 참여자를 포함시킬 지의 여부는 어떻게 판단하면 좋을까? 커뮤니티 소속원을 참여적 프로젝트에 참여시키기 위한 다양한 모형이 존재하듯, 그들을 평가에 참여시키는 방식에도 여러 가지가 있다. 사우스런던 지역의 〈리트머스LITMUS〉 프로젝트에서는 커뮤니티 프로젝트의 평가를 세 가지 기본 모델로 분리했다. 하향식, 협력식, 그리고 상향식이다.[13] 하향식 평가는 전통적인 평가 전략으로, 선임 관리자나 외부 평가자가 평가를 기획하고 관리한다. 협력식 평가도 외부 평가자에 의해 주도되지만, 이 모형에서는 평가자가 안내자가 되어, 참여자와 프로젝트 운영자와 함께 데이터를 수집, 분석하기 위한 평가 기법을 개발한다. 상향식 모형에서는 외부 평가자가 평가 과정을 보조하는 것은 마찬가지이지만, 그 작업은 성공의 척도 마련을 기관이 주도하지 않고 참여자와 프로젝트 운영자가 자신의 관심을 반영하여 주도하게 된다.

평가에 대한 참여자의 포함을 가장 쉽게 할 방법을 고르는 데는 몇 가지 기준이 있는데, 다음과 같은 것들이다.

- 참여자의 동기. 참여자들은 평가에 관심을 가지고 있고 참여하고자 하는가?
- 참여자의 동참 가능성. 참여자들은 자신이 끝낸 프로젝트의 평가에 계속 참여할 수 있는가? 기관은 그들의 시간에 대해 보상할 방

13 리트머스 프로젝트에 대해서는 〈참여적, 자율적, 협력적 작업 방식의 평가Evaluating Participatory, Deliberative, and Co-operative Ways of Working〉 PDF본을 다운로드하여 제5절을 참고할 것. http://www.participatorymuseum.org/ref10-13/

법을 가지고 있나?

- 참여자의 능력. 참여자들은 프로젝트의 공정한 평가를 주도할 수 있을 만큼 충분한 능력과 커뮤니티의 신뢰를 받고 있는가? 평가 지표들은 비전문적 평가자들이 측정할 수 있을 만큼 충분히 단순한가?
- 관련성. 평가 목표나 방법은 참여자의 경험과 관련이 있는가? 그들은 평가에 참여함으로써 얻어갈 것이 있는가? 그들은 자신이 관여함에 따라 새로운 행동을 취할 능력이 있는가?
- 투명성. 기관은 외부의 관여에 평가 과정을 개방하려는 의지를 가지고 있나? 참여자들이 자신의 필요에 따라 결과를 배포하거나 사용해도 그것을 허용할 수 있는가?

위의 질문에 대해 "예"라는 대답이 많다면 전통적인 연구방식 대신 협력식 혹은 상향식 평가를 추구함이 바람직할 것이다. 만약 대부분의 대답이 "아니오"라면, 운영자는 장래에 참여적 평가를 가능하도록 하기 위해서 위의 지표 관련 사항을 개선해볼 수 있을 것이다. 예를 들어, 운영자는 기존의 내부 평가자료를 공개화함으로써 투명성을 강화할 수 있을 것이고, 혹은 참여자를 전체 과정에 참여시키지 않더라도 평가항목 몇 가지의 개발을 위해 협력할 수도 있을 것이다.

참여적 평가는 실행이 복잡한 면이 있지만, 운영자가 실제로 유용한, 즉, 차후의 작업을 개선시킴에 활용할 수 있는 도구로서의 측정 기법을 설계하는 일에 도움이 될 것이다. 참여자들이 조사자로써의 활동에 몰입하게 되면 자신이 발견하는 바에 대해 운영자의 책임을 물을 것이다. 특히 장기 지속적인 파트너십, 예를 들어 운영자문위원회 등은 자신의 연구가 운영자와 커뮤니티 소속원이 프로젝트를 전체적으로 개선하는 데 도움이 되어야 할 책임감도 느껴야 할 것이다. 만약 그렇지 않다면 평가에 시간을 쏟을 이유는 없지 않을까? 이것이 참여 기법을 통해 문화 기관의 기능 향상에 평가가 보다 큰 도움을 줄 수 있는 부분이다. 그것은 참여 프로젝트에만 국한된 것이 아니라 다른 모든 일에도 해당되는 이야기이다.

이제 우리는 참여적 프로젝트의 설계, 실현, 그리고 평가를 위한 광범위한 기법들을 살펴보았다. 제11장에서는 우리의 관심을 안쪽으로 돌려, 기관의 문화에 따라 어떤 종류의 프로젝트들이 어떤 조직에서 더욱 성공하기 쉬울지를 살펴볼 것이다. 참여를 유지하는 것은 단지 방문자에게 동기를 부여하는 문제는 아니다. 여기에는 운영자들로 하여금 자신이 속한 일에 대한 후원과 열정을 느끼게 하기 위한 관리 전략의 개발이 필요할 것이다.

제11장

참여 프로젝트의 관리와 유지

제1장에서 소개한 사례로, 도서관 서적에 대해 이용자의 의견을 수렴하기 위한 세련된 방식이었던 태그식 도서 반환구(35쪽)를 기억하는가? 필자는 이 책의 집필을 마무리하면서 해당 기사를 위한 도판이 필요하다고 생각하게 되었고, 네덜란드의 친구에게 도서 반환구를 촬영해 보내 달라고 하였다. 이 책이 인쇄에 돌입하기까지 한 달여 남았을 때, 필자의 이메일 보관함에는 이런 편지가 도착해 있었다(필자에 의한 강조).

> 미안합니다만, 나쁜 소식을 전해야 되겠습니다… 오늘 오후에 할렘오스트 Haarlem Oost 도서관에 당신이 요청한 사진을 찍으러 갔습니다. 도착해 보니 도서관에서 태그 시스템이 아닌 '일반' 반환 서가를 쓰고 있음을 보았습니다. 직원 한사람에게 물어봤더니, 그 시스템을 안 쓴 지 좀 시간이 흘렀다고 합니다. 그래서 왜 그런가를 물어보니, 그녀는 그 시스템이 말하자면 자신의 성공에 의해 오히려 희생된 거라고 설명하더군요. 우선, 그 서가들은 너무 빨리 가득 차 버렸다고 합니다. (솔직히 나는 이게 문제인지는 모르겠지만 그녀는 큰 문제였다

고 하니까, 그냥 추측하기론 그들의 업무 과정에 영향이 있었겠다 싶습니다.)

다음으로, 사람들이 너무 진지하게 그 시스템을 사용해서 책을 어디에 둬야 할지, 책 한 권마다 너무 시간이 오래 걸렸다고 합니다. 그래서 흐름의 문제가 (그 작은) 건물 속에서 일어났고, 특히 붐비는 시간에는 더했다고 합니다. 사람들은 타인들의 책 반납이 끝낼 때까지 기다렸는데, 맨 앞에 도달한 후에도 자기 책을 어디 놓아야 할지 생각을 하느라 시간을 많이 소모했습니다. 태그 시스템 옆에는 흐름을 빨리 하기 위해 일반 반납구도 있었지만, 무례하게 나서기보다 사람들은 자기의 차례를 인내심을 가지고 기다렸습니다. 그래서 일반 반납구는 소용이 없었지요.

설명을 해 준 여성은 태그 시스템을 더 사용하지 않는 점을 안타까워하고 있었습니다. 그녀는, 그 시스템을 통해 사람들은 이웃이 많이 읽는 책이 어떤 것인지 잘 이해할 수 있었다고 합니다. 흐름의 문제에 대한 해법이 구해지면 도서관은 그 시스템을 꼭 다시 쓰려 한다고 했지만, 안타깝게도 그녀는 명확히 확언을 줄 입장은 못 되었습니다.

여기서 어떤 일이 일어난 걸까? 도서관이 시도한 이 참여 프로젝트는 대성공이었다. 방문자들도 이 활동을 좋아했고, 운영진은 이 프로젝트를 통해 컬렉션 사용법의 또 다른 차원을 이해하게 되었다. 그럼에도 불구하고 도서 반환구가 실패한 것은, 운영진의 기대와 행동이 흐트러졌기 때문이었다. 이 시스템은 운영진에게 새로운 과제를 가져왔다. 반환서가의 관리법이 바뀌었고, 사람들의 줄을 해결해야 했다. 이러한 과제에 적응해 가기보다 그들은 시스템을 없애버리게 되었다.

이것은 할렘오스트 도서관 직원들이 게으르거나 독자들의 관심사에 공감을 못했다는 뜻은 아니다. 그들은 새로운 도서 물류 문제를 야기한 프로젝트에 동화되고 그것을 유지시킬 효율적인 체계를 만들어 갈 수 없는 기관 문화를 가지고 있었던 것이다. 그들은 자신의 표준 관행 내에서 이 시스템을 합리적으로 운영해 나갈 능력을 (그리고 아마도 지휘권도) 가지고 있지 못했고, 따라서 프로젝트는 지속될 수 없었다.

참여 프로젝트의 성공은 기관 문화와 조율될 때만 가능하다. 아무리 기관의 미션에 부합하고 아이디어가 참신하다 해도, 운영진이 그것을 온 마음으로 껴안고 관리할 수 있다는 느낌을 가져야만 한다. 보다 참여적인 기관을 만들어 가는 것에는 교육, 지원, 그리고 운영자들의 의구심이나 우려에 대한 대응이 뒤따라야 한다. 뿐만 아니라 거기에는 인력구성, 예산관리, 그리고 프로젝트의 운영에 있어서의 새로운 접근이 요구된다. 이 장에서는 참여를 지원하고 유지하기 위한 관리 구조 개발의 청사진을 제공하는데, 이는 기관의 지도자, 운영자, 그리고 기금 제공자들이 확신을 가지고 성공적으로 방문자를 참여자로 포섭해 나가 위해서이다.

참여와 기관 문화

2008년, 온라인 컴퓨터 도서관센터Online Computer Library Center(OCLC)와 일군의 연구자가 협력한 보고서 『LAM의 격납고를 넘어: 도서관, 문서보관소, 박물관 간의 협력*Beyond the Silos of the LAMs: Collaboration Among Libraries, Archives, and Museums*』이 출간되었는데, 여기서는 몇 가지 협력 프로젝트의

실행과정과 결과가 재고찰되고 있다. 그 저자들은 어떤 프로젝트가 왜 시작할 수 없었거나 혹은 끝맺지 못하고 실패하는지에 대해 세 가지 자주 발견되는 이유를 제시하였다.

> 아이디어의 중요도가 충분히 훌륭하지 못했다.
>
> 아이디어가 설익은 것이었다.
>
> 아이디어가 너무 거창한 것이었다.[1]

첫 번째 항목은 미션과의 연관성을 이야기한다. 하지만 두 번째와 세 번째는 기관 문화가 관련되어 있다. 참여를 증진시키는 것은 기존의 문화 기관 어느 곳에서라도 쉽지만은 않다. 방문자를 협력자나 파트너로 참여시키려면 운영자들은 자신의 역할과 책임을 다시 한 번 곱씹어 볼 필요가 있다. 그것은 새로운 환경에서 자신의 능력이 어떤 가치를 발휘할지에 대해 확신이 없는 전문가들에게 위화감이나 불편함을 불러일으킬 수 있다. 참여 프로젝트를 성공적으로 출범시키려면 운영자들은 참여의 가치, 미션과의 연관성, 그리고 가능성들을 직접적으로 대면할 필요가 있으며, 그것은 기관 전체적으로나 운영자 개인에게나 마찬가지이다.

참여적 프로젝트를 제안하거나 계획할 때 발생하는 공통 사안으로는 다음과 같은 다섯 가지가 있다.

---

1 다이앤 조리치Diane Zorich, 군터 바이벨Gunter Waibel, 리키 어웨이Ricky Erway가 쓴 보고서 〈LAM의 격납고를 넘어〉[PDF]를 다운로드하여 읽어볼 것. http://www.participatorymuseum.org/ref11-1/

1. 문화 전문가 중에는 참여적 경험을 큰 매력이 없는 유행으로만 생각하는 사람도 있다. 사람들 중에는 소셜 네트워킹 혹은 관련 활동이 거품이 많고 시시한 유흥이며, 금세 꺼질 것이라 보는 이들이 있다. 이러한 인식을 특히 키우는 것은, 호의적인 전문가가 소셜 웹이나 참여 활동을 옹호하면서 "요즘 누구나 하는 일"이라고 말해버리거나, 빨리 행동하지 않으면 혼자 뒤처질 것이라고 위협을 가할 때이다. 이런 식의 설교는 비록 완전히 틀린 말은 아니라 해도 오히려 협박성 전략임으로 인해 비판적 입장의 사람들을 더욱 반대편 궁지로 모는 결과를 초래하기가 쉽다. 미션과의 연관성에 집중하는 것이 오히려 거품 넘어 존재하는 참여의 잠재적 가치를 보여주는데 유리할 것이다.
2. 참여 프로젝트는 기관에게 위협이 되는데, 그것은 관리 권한의 일부를 양보해야 하기 때문이다. 다른 혁신적 노력, 예를 들어 기술적 투자와 같은 것에는 큰 재정적 위험부담이 따르지만 참여적 프로젝트는 개발하고 유지하는 비용이 크지 않다. 참여 프로젝트를 성공적으로 출발시키려면, 참여로 인한 기관의 브랜드 가치와 내용의 확산 및 변경의 가능성에 대해 기금 제공자를 끌어들여 대화할 준비가 있어야 한다. 방문자 참여로 인한 긍정적이고 부정적인 성과 모두를 함께 논의하게 되면 운영진은 자신의 우려를 전달함과 함께 대안적 방향도 모색할 수 있을 것이다.
3. 참여 프로젝트는 근본적으로 기관과 방문자 간의 관계를 변화시킬 것이다. 운영진이 방문자를 막연한 소비자의 무리로 바라본다면, 방문자의 목소리와 경험을 박물관 컨텐츠 경험에 통합시키는 일의 가치를 확인하기까지 오랜 과정이 필요할 것이다. 또, 운영자

가 방문자에게 마음을 열고 개인적으로 다가가도록 허용되지 않는다면 대화를 보조하거나 커뮤니티 프로젝트를 관리하는 데 성공하지 못할 것이다. 참여를 독려하는 일에 성공하려면, 운영진과 방문자 사이에 어느 정도 수준의 상호 신뢰와 진정한 관심이 있어야만 한다.

4. 참여 프로젝트로 생겨나는 새로운 방문자 경험은 기존의 박물관 평가 기술만으로는 평가가 불가능할 것이다. 많은 문화 기관에게 참여 프로젝트의 목표를 이야기한다는 것은 곧 새로운 종류의 방문자 행동과 성과를 이야기하는 일이 될 것이다. 주도권의 이양과 커뮤니티 대화 등의 성과는 영향이 아니라 결과물만을 측정해 온 기관과 그 기금 제공처가 지금껏 적용해 온 도구와 잘 부합되지 못한다. 필요한 것은 참여 프로젝트의 목표와 성과를 다룰 대안적 틀을 관리자나 기금 제공처에 설명하고, 평가 도구의 개발도 프로젝트 개발 과정과 예산에 포함시킬 수 있도록 설득하는 작업이다.
5. 참여 프로젝트는 개발에 비해 더 많은 작업 시간과 운영 예산을 필요로 한다. 문화 기관의 프로젝트는 많은 결과물, 즉 프로그램, 행사, 전시, 공연 등을 생산하며, 그것은 완성된 형태로 정해진 기간 동안 공개된다. 반면 참여 프로젝트는 "초기" 단계에 공개되며 시간이 지남에 따라 성장한다. 예를 들어, 대규모의 현장 관객 기여를 포함하는 전시는 그것이 종료될 때까지 "끝난 것이 아니며", 오프닝 이후에 다른 프로젝트로 옮겨가야 할 컨텐츠 및 설계 직원들이 계속하여 진행 기간 내내 프로젝트의 관리에 매달려야 할 수도 있다. 프로젝트 전반에 소요될 참여 프로젝트의 요구사항에 현실적으로 대응할 수 있도록 예산과 인원 투입 계획을 확실히 해두어

야 한다.

위의 다섯 가지 문제들에 대처함으로써 참여 프로젝트를 어떻게 기관이 수용할 수 있을 지를 증명해 보일 수 있다. 이제 다음 단계는 프로젝트의 개발을 운영진의 문화와 맞추는 일이다. 모든 기관에는 어떤 프로젝트 성공 가능성에 영향을 미칠 강점과 약점이 모두 존재한다. 예를 들어 관객 지향 컨텐츠를 개발할 때 오래 편집자 리뷰 과정에 몰입하는 성향의 직원을 보유한 기관이라면 아마도 커뮤니티 블로그나 현장 기여 프로젝트를 성공시킬 가능성이 많을 것이다. 그런데, 그렇게 움직임이 느린 기관이라면 개인화된 현장 체험이나 보다 장기간의 커뮤니티 파트너십과도 매우 잘 어울릴 수 있다. 각 프로젝트가 기관의 미션이나 프로그램의 목표를 충실히 따라야 하는 것처럼, 참여는 현존하는 작업 패턴을 염두에 두고 그 속에서 기능이 발휘되도록 설계되어야 한다.

사례로써, 미네소타 역사학회가 크라우드소싱 방식으로 〈MN150〉 전시를 시작했을 때, 그 설계팀은 방문자의 목소리를 포함시키면서도 프로젝트 전반에 대한 관리권을 유지하려는 운영자의 요구를 수용할 방법을 찾았다. 운영진은 초대된 시민에게 전시 주제를 추천받았을 뿐 그 이상의 권한을 양도하지는 않았다. 방문자에게는 주제 선정을 위한 투표권도 주어지지 않았고, 선정 과정에의 참석도 없었으며, 심지어 운영진은 공개적 추천 절차가 수포로 돌아갈 경우(그런 일은 없었지만)를 대비한 "플랜 B"까지 동시에 마련해 두었다. 추천이 쏟아져 들어오기 시작하자 선임 전시개발자인 케이트 로버츠Kate Roberts는 다음과 같이 회고했다.

〈MN150〉의 운영진과 자문위원이 전시에 포함될 주제에 관해 깊이 심사숙고하고 있다. 이 시점, 그들은 역사학자, 주제에 관한 전문가, 그리고 교육자들에게 검토를 요청했던 40제안건 400개의 리스트를 놓고 조사하였다.

> 우리는 스스로를 추천 목록과 함께 어느 방에 가두어버렸다. 그런 다음 우리 팀은 우리 자신의 기준인 지역 분포, 경험의 다양성, 주제 분포, 연대 분포, 실제 변화의 도화선이 되었다는 증거, 미네소타 내부에서의 발생여부, 전시 가능성, 그리고 추천의 품질에 따라 제안들을 걸러냈다. 여기엔 수없이 많은 대화가 이루어졌다.

몇 개월 후, 그들은 150건의 주제 목록과 전시 계획을 들고 등장했다. 이 프로젝트는 전시개발자, 큐레이터, 그리고 디자이너들이 방문자 참여를 독려하라는 압박에 시달리거나 불편해하지 않도록 설계되었다.

모든 기관은 어떤 프로그램이나 실무과정에 대해서는 심각하게 보호하고자 하는 부분이 있다. 중요한 것은, 최종 목표를 기관 전체에 걸친 변화에 둔다고 하더라도 참여에 대해 안전하고 개방 가능하다고 여겨지는 프로젝트로부터 시작하는 일이다. 예를 들어, 필자는 방문자 참여 프로젝트를 실험적으로 시작하려는 매우 전통적 성향의 박물관과 함께 일을 하면서, 매우 다양한 범위의 시작 지점을 제안했던 경우가 있었다. 이내 필자는 박물관 운영진이 웹상의 방문자와의 대화는 허용하였으나 모든 방문자가 접착메모지를 가지고 자신의 질문을 박물관 여기저기에 붙여대는 것은 원치 않음을 알아차렸다. 접착 메모지는 온라인 실험과 비교하면 훨씬 적은 자원을 소모하는 것이었지만 그곳의 큐레이터들은 두 가지를 걱정했다. 메모지가 전시를 보기 싫게 만들 우려와 방문자가 부정확한 질문과 답을 주고받으며 박물관 안에서 부정확한 정보가 유포될 가능성이었다. 그들은 박물관의 관람자 수도 사실상 매우 적고, 많은 사람들이 게시판보다는 웹사이트 읽기를 더 선호한다는 사실은 잊은 채 그렇게 믿고 있었다.

이러한 상황이라면 운영자가 편히 여기는 방향으로 전략을 구사하는 편이 대화를 참여의 방향으로 움직이게 하는데 유리하다. 물론, 그들이 불편하게 여기는 부분에 대해서도 대화를 계속 시도하는 것은 중요하다. 그러나 이 박물관의 운영자들은 웹을 출발점으로 삼는 것을 보다 편안해 하였고, 이는 동시에 그들 자신을 참여로부터 격리시킬 방편이었다. 그들은 참여를 신성한 전시실 바닥이 아닌 "어딘가 저 멀리"에서 일어나는 일이라고 여겼다. 우리는 토론 속에서 그들이 전시실의 방문자 경험을 스스로 만들어내고 통제하려는 크나큰 의지를 가지고 있음을 알게 되었고, 보다 본질적인 참여 프로젝트를 현장에서 이루어내는 움직임을 위해서는 분명한 전략적 비전과 함께 공동의 협조된 노력이 필요함이 확실해졌다.

참여는 운영진으로부터 시작된다

문화 기관에서 참여 기법을 처음 도입하기에 가장 좋은 장소는 바로 운영진과 자원봉사자를 대상으로 하는 내부이다. 운영진이 참여 프로젝트를 지원하거나 주도하는 일을 불편하게 생각한다면, 이런 기획은 멀리 나아가기 어려울 것이다. 방문자와 마찬가지로 직원들에게도 새로운 일을 시도할 때는 보조scaffolding와 격려가 필요하다. 참여 프로젝트의 개발 과정에 이들을 참여시키고 교육시킴으로서 운영진도 이런 새로운 시도를 편안하게, 그리고 자신 있게 받아들이도록 도울 수 있다. 참여적 기관은 방문자의 기여에만 관심을 두고 응답하는 곳은 아니다. 그것은 기관 전체에서 운영자와 투자자들로부터의 기여를 열렬히, 그리고 효율적으로 통합하는 곳이다.

한 예로, 노스캐롤라이나 주의 생명·과학박물관Museum of Life and Science(MLS)은 2007년 소셜 미디어의 활용 비중을 늘렸는데, 그들은 박물관 전체의 운영자가 참여할 수 있도록 장려하는 통합적 접근을 취하였다. 이러한 노력의 일환으로 MLS는 벡 텐치Beck Tench를 웹 경험팀장으로 영입하였다. 텐치는 운영진과 투자자를 개별적으로 만나 참여 기술이 각 분야별 부서에 어떤 도움이 될 수 있을지를 조사했고, 이후 기관 전체를 대상으로 온라인 소셜 방식의 참여와 기술을 실험할 수 있는 작은 실험을 준비하였다.

원예학 팀원들은 MLS 식물 컬렉션 중 특이한 샘플을 사람들에게 소개 함에 관심을 가지고 있었다. 텐치의 도움하에, 그들은 〈플리커 식물 프로젝트Flickr Plant Project〉를 시작하였다. 원예학 팀원 중 한 명이 매주 한 건씩 플리커에 희귀식물의 사진을 관련 정보와 함께 업로드하였고, 플

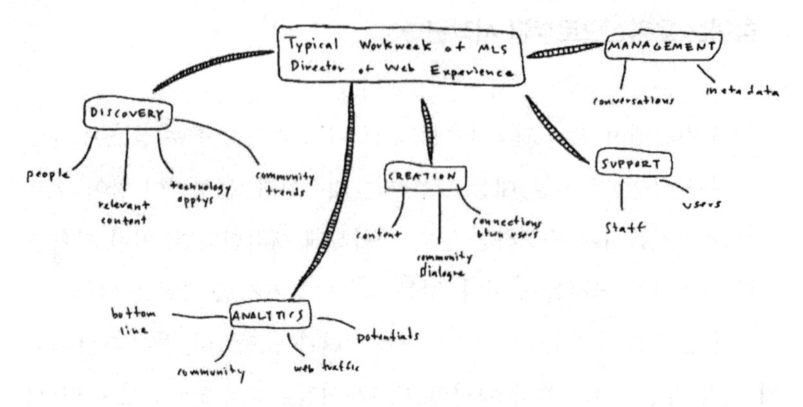

벡 텐치가 도해한 자신의 업무. "웹 체험팀장"이라는 직함과는 상관없이 그녀는 자신의 업무 영역에 발견, 창작, 지원, 관리, 그리고 분석 등이 포함된다고 정의하고 있다.

리커의 다른 개인들도 동일한 식물에 대한 자신의 사진과 의견을 올릴 수 있게 유도해 나갔다. 사업 시작 후 6개월간, 운영진은 스물 세 장의 식물 사진을 올렸고, 186건의 사용자 기여 이미지, 137개의 의견, 그리고 3,772회의 조회수가 기록되었다. 프로젝트의 설계에서는 원예학 팀원들의 희망에 따라 아주 적은 분량의 컨텐츠를 만들어내면서도 세상의 사람들과 식물에 대한 대화를 열어가고자 했던 의도가 존중되었다.

그와 대조적으로, 텐치는 MLS의 동물 관리사들과 함께 때때로 짓궂기 짝이없는 동물 관리 업무의 막후 사정을 블로그를 통해 공유할 수 있도록 도왔다.[2] 처음 동물 관리사들에게는 프로젝트에 대한 회의감도 없지 않았다. 그러나 최종적으로 그들에게는 헌신적이고 열렬한 관람자를 확보할 뿐만 아니라 기관의 중요성을 새로이 자각하게 되었다는 보상이

---

2 MLS 동물 관리자의 블로그는 다음 주소를 이용할 것. http://www.participatorymuseum.org/ref11-2

돌아갔다. 동물 관리자들은 일주일에 서너 차례, 박물관의 동물에 대한 새로운 이야기, 사진, 그리고 자신들의 작업 영상을 업데이트 하였다. 또한 그들은 유튜브를 통해, "먼치캠MunchCam" 영상을 시작하기도 했는데, 이는 서로 다른 동물들의 먹이 먹는 모습을 담은 짧은 영상이다.[3]

온라인 활동 외에도, 텐치는 매주 금요일, 인근의 맥주집에서 해피아워happy hour를 열었고 운영진 중 소규모 그룹별로 브레인스토밍, 네트워킹, 그리고 관계형성을 이루어갔다. 2009년, 그녀는 〈익스피리먼스Experimonth〉라는 개인 프로젝트를 시작했는데, 매월 자신의 목표(예를 들어, 생 재료 음식만을 먹기, 매일 팔굽혀펴기 하기, 매일 누군가와 끼니를 나누어 먹기 등)를 설정하고 동료와 친구들에게도 같은 실험을 하고 그 경험을 함께 블로그에서 나누자고 요청하였다.

이러한 활동들은 생명·과학박물관을 실험하기 좋은 장소로 보이게 하는 데 기여하였으며, 그것은 각 개인들이 한 두 가지의 기회에만 선택적으로 참여한 경우라도 도움이 되었다. 텐치는 이에 대해, "내 작업중 많은 부분은 운영자들로 하여금 자신의 일과 명성이 다양한 디지털 참여를 겪더라도 위협받지 않을 것이라는 느낌을 전달하고 독려하는 데 있었다"고 이야기했다. 운영자들이 편안히 시작점을 찾을 수 있게 도움으로써 그녀는 기관을 보다 전반적으로 참여적인 분위기로 이끌었다.

문화의 변화

운영자 팀이 어떻게 하면 보수적인 실험에서 벗어나 보다 의미 있는

3 먼치캠은 다음 주소에서 볼 수 있다. http://www.participatorymuseum.org/ref11-3/

참여로 탐구의 영역을 전환시킬 수 있을까? 자신의 기관이 진실로 "확장"될 만한 프로젝트를 추구한다면 편안함을 쌓아가고, 운영진의 참여를 독려하며, 피드백과 점층적 평가의 기회를 지속적으로 제공함이 필요하다.

방문자의 관심사에 보다 잘 호응하게 한다는 간단한 목표 과제를 생각해 보자. 필자가 관여한 많은 기관에서는 이런 말을 흔히 들을 수 있었다. "우리는 방문자들과의 대화를 시작하고 싶지만, 어디서부터 시작해야 할지 모르겠어요." 그런 박물관의 운영진은 일선 업무 담당자 외에는 방문자와 거의 상호작용하지 않으며, 또 흔히 방문자가 누구이며, 왜 찾아오며, 무엇이 그들의 관심을 얻는가도 분명히 이해하지 못하고 있다. 많은 운영자들은 심지어 방문자와의 관계를 대립적인 것으로 보는 선입견도 가지고 있어서 그들의 주의력 부족을 탓하거나, 그들에 의한 공간과 전시물 훼손을 두려워하기도 한다.

이것에 대한 가장 간단한 대처법은 운영자들이 일선에서 방문자와 함께 시간을 보낼 기회를 제공하는 것이다. 위험 부담이 적은 상황 속에서 방문자와 함께 직접 어울리고, 그들과 함께 전시물에 대해 대화하거나 그들에게 자신의 경험을 물어보게 한다면, 운영자들은 방문자를 잠재적인 동료이자 신뢰하는 참여자로 바라보게 될 것이다.

때로는 사무실에 갇혀있는 운영자의 업무를 전환시켜 외부에서 방문자를 맞이하거나 행사에서 입장객 확인 업무를 담당하게 하는 기관도 있다. 뉴욕 현대미술관MoMA의 운영자들 모두는 한달에 정해진 시간을 안내 데스크에서 근무해야 한다. MoMA의 경우, 방문자의 질문에 대답하며 몇 시간을 보내는 것만으로도 운영자들은 다른 업무 속에서도 방문자의 요구를 기억하게 된다고 한다. 이러한 일은 온전한 의미의 참여

기획이라고 보기는 힘들겠지만 그 시작점으로는 충분할 것이다.

이런 방향으로 조금 더 깊이 추구하여, 운영자들이 프로그램을 진행하거나 방문자 조사를 수행하게 함으로써 그들을 보다 방문자 요구사항을 가까이하도록 유도하는 기관도 존재한다. 뉴욕의 주택박물관Tenement Museum은 다운타운의 주택에 대한 정확한 역사와 이주민 경험을 한 시간 분량의 외부 투어로 제작, 제공하는데, 모든 직원은 아무리 "사무실 깊은 곳에" 있어야 할 사람이라도 한 달에 한 차례 이를 진행해야 한다. 이 정책은 모든 사람들을 기관의 중심 미션과 관람자의 곁에 항상 가까이 있게 하는 데 도움이 되고 있다.

사례연구

기관 전반의 투명성 제고: 인디애나폴리스 미술관

인디애나폴리스 미술관Indianapolis Museum of Art(IMA)의 관장 맥스웰 앤더슨Maxwell Anderson은 소속 기관의 투명성을 보다 증가시키기로 하고, 이 변화 속에 기관의 모든 운영진을 참여시킬 방법을 찾고자 했다. 〈큐레이터Curator〉지에 2007년 기고한 글에서 앤더슨은 다음과 같이 말했다.

> 미술관 관장은 더 이상 진공 속에서 일을 할 수는 없게 되었다. 투명한 리더십은 이전까지 민감한 정보라고 여겨졌던 것, 예컨대 박물관이 구입한 소장품과 그 구입처 관련 상세, 박물관이 조성한 지원금의 획득 방법과 지출처, 어떤 대상에게 잘 봉사하고 있는지, 그리고 그 성공을 어떻게 측정했는지 등을 모두 공개할 것을 요구한다.[4]

4 출처: Anderson, "Prescription for Art Museums in the Decade Ahead" in *Curator* 50, no. 1 (2007). http://www.participatorymuseum.org/ref11-4/

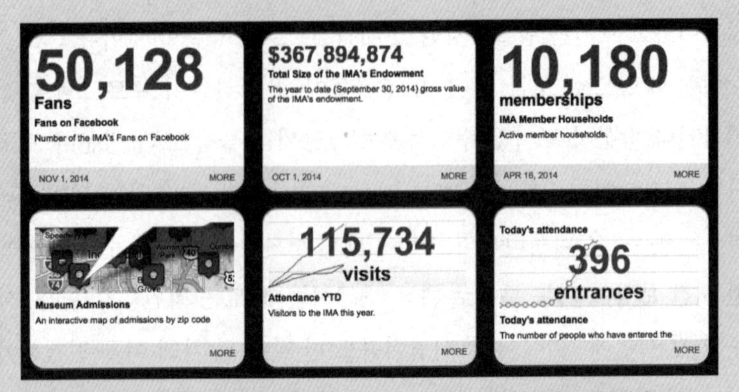

IMA의 대시보드에서는 기관의 넓은 범위의 기능들이 현재와 과거 데이터로 제공된다.

보다 공개성을 적극적으로 추구하기 위해 IMA는 박물관 운영에 관한 모든 측면에서 데이터를 수집, 공유하는 내부 프로젝트를 시작했다. 우편번호에 따른 각 지역별 방문자 수, 전시에 동원된 작품의 수, 매일 건물이 소모하는 에너지의 양 등이 그것이었다. 2007년 가을, 이 데이터는 IMA의 웹사이트에 공개되었으며, 그 영역은 대시보드Dashboard라고 명명되었다.[5] 대시보드의 방문자는 기관 전체로부터 수집된 실시간 통계와 정보를 볼 수 있다. 보통 비밀로 간주되는, 예컨대 현 시각의 기금 액수, 운영자의 수, 운영비용, 그리고 소매 판매액과 같은 데이터에까지도 방문자의 접근이 허용된다.

대시보드는 기관의 모든 부분과 접촉되는 여러 가지 작은 부속 요소들로 구성된, 구체성을 가진 프로젝트이다. 대시보드의 업데이트는 정원 관리인으로부터 소장품 관리자까지 기관의 모든 사람이 웹기반 시스템에 데이터를 입력함으로써 이루어진다. 최고정보관리자CIO인 로버트 스타인Robert Stein은 다음과 같이 대시보드를 설명하였다.

> 대시보드의 목적으로는 박물관의 제도적인 최우선 사항을 반영하고 공공을 위한 정보원으로써 기능함이 있었지만, 운영자가 박물관의 운영을

5 대시보드는 다음 주소를 이용할 것. http://www.participatorymuseum.org/ref11-5/

파악하기 위한 도구로서도 의미가 있었다. 우리가 에너지 절약이 중요하다고 이야기하려면 그 정보를 장기간 추적하고, 우리의 효율성을 감시할 방법이 있어야 한다. 대시보드의 동작 원리는 박물관 모든 곳의 직원들에게 그들의 책임 영역과 관련된 대시보드 통계를 부여하는 방식이다. 이러한 측정행위는 이미 누구에게나 업무상 책임의 일부로서 존재한다. 대시보드는 통계치의 최신성을 유지하기 위해, 이전의 성과 맥락을 함께 복기시키는 기능을 탑재하고 있다. 우리는 우리가 중요하다고 하는 통계치를 항상 머릿속에 우선적으로 두게 하면서도 통계치의 최신성을 유지하기 위한 실제 데이터 입력 작업은 최대한 간소화하는 데 그 목표를 두었다.

대시보드는 방문자만을 위한 것은 아니며, IMA의 전반에서 투명성과 참여의 문화를 형성하기 위한 도구이기도 하다. 운영자가 의식적으로 로그인하고 데이터를 업로드하여 공유할 때마다 그는 더 큰 기관의 노력에 동참하게 된다. 자원봉사자나 박물관 회원이 대시보드에 로그인해 조금 더 알게 되는 그 모든 순간, 그는 자신이 일조하고 있는 기관을 조금 더 이해하게 된다. 물론 모든 운영자가 자신의 "때 묻은 빨랫감"을 웹에서 떠들며 즐길 수는 없겠지만, 그 일을 독립적으로, 촉각적으로, 또 분산된 방식으로 수행하게 함으로써 기관의 모든 사람은 보다 박물관의 변화 양상을 편안히 느끼게 된다. 대시보드는 IMA의 웹 부서만을 위한 프로젝트가 아니라 모든 사람을 위한 것이다.

참여 관리를 위한 조직 운영 전략

커뮤니티 프로젝트의 관리 기술과 전통적인 기관 프로젝트의 관리

기술은 근본적으로 상이하다. 그래서 많은 기관들은 중요한 참여 프로젝트에 임할 때 내부적으로든 외부 협력을 통해서든, 전담 "커뮤니티 관리자"를 두어 그것을 보조한다. 커뮤니티 관리자는 커뮤니티 관계부서, 인사 부서, 혹은 전략 기획 부서에 소속될 수 있다. 또한, 많은 참여 프로젝트가 웹에서 시작되기도 하므로 온라인 관리자(MLS의 벡 텐치와 같이)가 이 역할을 담당하는 경우도 많다.

좋은 커뮤니티 관리자는 어떤 사람일까? 커뮤니티 관리자는 다양한 참여자들에게 참여 동기를 부여하고 그들과 좋은 관계를 형성해야 한다. 프로젝트 관리자가 예산과 일정을 추적하는 책임을 가지고 있다면, 커뮤니티 관리자는 사람들을 추적, 관리하거나 지원한다. 그렇기 때문에 커뮤니티 관리자의 능력이나 그의 성격적 특징은 참여자 집단의 구성, 태도와 경험에 지극히 큰 영향을 미친다.

이상적인 커뮤니티 관리자는 넓은 범위의 이해관계 속에서 커뮤니티의 운영자, 자원봉사자와 방문자들을 서로 연결시키는 사람이라고 할 수 있으며, 프로젝트의 모든 곳에서 모든 참여자들과 직접 접촉하는 단 한 사람을 뜻하지는 않는다. 커뮤니티 관리자가 방문자 관여를 혼자 책임지게 된다면 두 가지 문제가 발생한다. 첫째, 그들의 노력은 기관의 업무 전체와 완벽히 통합될 수 없을 것이며, 기관과 커뮤니티 간의 상이한 요구 사이에서 다툼을 야기할 수 있다. 둘째, 그들이 관리하는 커뮤니티가 관리자의 인성이나 능력에 의존하게 되면서 건강함을 잃을 수 있으며, 커뮤니티 관리자가 기관을 떠나게 되는 경우 문제가 발생할 수 있다. 건강한 커뮤니티는 둘러싸인 영토가 아니라 연결된 그물망이다.

커뮤니티의 관리자가 한 사람일 때는 문제가 있을 수 있다. 필자는 테크뮤지엄에서 〈테크 버추얼〉 커뮤니티를 개발하고 이끌었을 때(350쪽)

온라인 전시물 개발 커뮤니티에 다양한 운영자들을 관여시키고자 하였으며, 그것을 통해 아마추어와 전문가 사이의 상호작용과 관계 형성을 분산시키고자 하였다. 불행히도 테크뮤지엄의 관장은 그 커뮤니티 전담이 아닌 직원들이 참여자들과 시간을 보내는 것을 "시간 허비"라고 치부해버렸다. 초기부터 열광적으로 관여해 온 기술자와 제작자들은 계속 참여하기를 금지당했다. 혼자 남게 된 필자는 가장 친절하고도 다채로운 표정을 지어가며 몇 안되는 자원봉사자들과 함께 계속 커져가는 아마추어 전시 설계자들의 커뮤니티를 관리해야만 했다.

필자는 빠르게 변해가는 프로젝트에 관한 정보를 전달받고자 하는 참여자들이 상대할 수 있는 유일한 사람이 되었다. 필자는 치어리더이고, 코치이고, 개인의 상대자가 되어 모든 커뮤니티 소속원에게 봉사하는 유일한 사람으로서 건강하지 못한 관계를 이어갈 수밖에 없었다. 필자는 커뮤니티 지도자로서 발휘한 에너지와 열정으로 그룹의 와해는 막을 수 있었지만, 필자가 박물관을 떠난 후 커뮤니티는 흔들리기 시작했다. 후속으로 박물관 직원들이 프로젝트를 계속하였지만 커뮤니티는 필자를 자신들의 초점 속에 여전히 붙잡아두고 있었다. 새로운 담당자 중 참여자들에게 높은 참여율을 이끌어낼 수 있는 사람은 존재하지 않았다.

이 이야기는 필자에게 자랑거리가 될 수는 없다. 〈테크 버추얼〉 커뮤니티가 필자의 재임기간 이후에 살아남지 못한 데는 필자의 잘못도 있다. 그렇게 관리와 커뮤니티 개발을 수행하고자 설립했던 체계는 무분별한 것이었다. 이 프로젝트는 겉으론 좋아보였고, 새로운 참여자도 계속 모였다. 하지만 그것은 유지될 수 없었다. "나를 여러 번 포기하지 못하게 했던 것은 오로지 니나의 한없는 격려 때문이었어요"[6]와 같은 커뮤니티 소속원의 언급은 하나의 경고등이었다. 그렇게 참여자를 프로젝트에서 이탈하지 못하게 하는 끈은 단지 사람 한 명에 불과했다. 동적이고 카리스마 있는 인물 한 사람을 중심으로 하나의 커뮤니티를 달리게 하는 것은 빠르고 손쉬운 일이다. 하지만 그것과 비교도 할 수 없는 것은 건강하게 오래 유지되는 프로젝트이다.

커뮤니티 관리를 분산화하기

처음부터 이런 일이 왜 일어난 것일까? 어떤 조직이 커뮤니티 활동을 한 명의 인물 중심으로 집중시키게 되는 두 가지 좋은 이유가 있다. 특정 전략 추진에 소요되는 자원을 통합, 관리할 수 있게 되고, 커뮤니티 소속원의 의사소통이 단순해지기 때문이다.

기관들은 개별 운영자에게 특정 프로젝트와 함께 관련 자원을 부여하는데 익숙해져 있다. 하지만 커뮤니티 관리자는 일선 직원과 마찬가지로 기관에 관여하는 넓고 다양한 집단의 사람들과의 상호작용을 책임진다. 그들은 인간적 관계를 통해 소규모의 목표 집단 개인들을 계발시키는 직원 교육 담당자와 비교될 수도 있다. 차이점은 그들이 어떤 프로젝트에 참여하는 모든 사람을 대상으로 기관의 얼굴이자 목소리가 되는 사람이라는 점이다. 홀로 최전선을 지켜내는 병사처럼 말이다. 이는 큰 문제이다. 만약 한 사람이 박물관 전시실을 담당한다면, 그리고 그 사람이 놀라운 카리스마와 기발함을 지닌 자라면, 그의 인간성은 현

---

6 필자의 2008년 블로그 글, "커뮤니티 전시 개발: 테크 버추얼에서 배운 것Community Exhibit Development: Lessons Learned from The Tech Virtual"에 등장하는 리처드 밀류스키Richard Milewski의 장문의 회고를 읽어볼 것. http://www.participatorymuseum.org/ref11-6/

장 경험 속에 독창적이면서도 구체적인 각인을 남길 것이다. 어떤 방문자에게는 호감이, 다른 사람들에겐 비호감이 될 수도 있을 것이다. 온라인이나 참여적 커뮤니티도 이와 다를 수 없다.

기관 커뮤니티가 한 사람을 중심으로 돌아가기 시작하면 운영자들은 후속 대책을 세워야 할 것이고 그 커뮤니티 관리자가 떠난 후 일어날 일에 대비해야 한다. 커뮤니티 관리자가 아무리 좋은 의도를 가지고 있다고 해도, 자신의 고유한 성격과 스타일까지 새로운 운영자에게 전달할 수는 없을 것이다. 친구 집단에서 가장 인기가 높았던 사람이 떠나면서 그 사회망 속의 자신의 자리에 새로운, 잘 모르는 사람을 지정한다고 상상해 보자. 그것은 불가능이나 마찬가지다.

내부에 다양한 목소리가 많으면 많을수록 커뮤니티 관리팀은 모든 종류의 커뮤니티 소속원들을 더욱 잘 맞이할 수 있게 된다. 〈사이언스 버즈〉 블로그는 미네소타 과학관의 전시 개발자, 과학 필자와 일선 직원들이 포함된 팀이 관리하는 곳으로, 다양한 목소리와 의견을 포함시킬 수 있는 다각적 커뮤니티 관리의 좋은 사례이다. 그곳의 운영자 대표들은 심지어 블로그 댓글을 통해 논쟁을 벌이기도 하면서 건강한 과학토론의 사례를 보여 주는데, 그러한 것은 커뮤니티 관리자가 한 명이라면 수행할 수 없는 것이다.

강력한 커뮤니티 관리자는 교육자인 동시에 실무자이다. 그들은 다른 운영자들이 커뮤니티의 관심사와 관계맺을 기회를 이해하도록 도와주며, 기관 전반에서 운영진의 역량과 자원에 크게 영향을 받을 커뮤니티와 함께 작업해나갈 개인들에 대한 지원과 교육을 제공한다. 생명·과학박물관의 벡 텐치를 다시 생각해 보면, 그녀는 박물관 전체의 운영자들을 도와 그들이 과학 카페에서 동물 관리사 블로그와 전시물까지, 방문자 피드백이 가능할 모든 것에 대해 참여 프로젝트를 시작하도록 도왔다. 텐치는 이런 모든 프로젝트를 관리하고 지원하지만 그 중 어느 것 하나도 혼자 주도하지는 않는다.

이상적인 커뮤니티 관리자는 서커스 조련사보다는 결혼 중매자와 같다. 그는 방문자를 관심이 있는 네트워크로 안내함으로써 자신이 원하는 커뮤니티에서 봉사할 수 있게 돕는다. 그는 기관 커뮤니티의 요구에 부합하는 일에 열정적이고 힘이 넘친다. 모든 프로젝트의 얼굴로서, "제일 먼저 생각나는" 사람으로서 커뮤니티 관리자를 두는 것은 좋은 일이다. 단, 궁극적으로 그 사람의 역할은 방문자를 참여할 새로운 장소로 안내하는 것이어야 한다. 결국, 기관에 찾아오는 모든 사람이 단 한 사람과 관계를 맺는다는 것은 바람직하지 않다. 방문자는 자신에게 가장 큰 반향을 일으키는 이야기, 체험, 혹은 사람들에게 연결될 수 있어야 한다. 좋은 커뮤니티 매니저는 그것이 일어날 수 있게 하는 사람이다.

조직 내부의 참여를 증진하기 위한 전략적 접근

기관의 목소리가 여러 운영자들에게로 분산되면, 자신의 질문을 받아 줄 한 사람을 찾는 방문자에게는 혼란이 일어날 수도 있다. 이것은 특히 커뮤니티 프로젝트가 여러 사업과 온라인 플랫폼에 널리 펼쳐져 있을 경우 가능한 우려이다. 명확성을 유지하기 위해서는 커뮤니티 참여를 담당할 지정자로 한 사람을 두는 것이 효율적이다. 하지만 그 사람은 커뮤니티 상호작용의 코디네이터이자 관리자로서 기능해야 하지 모든 상호작용을 전적으로 주관하는 사람이 되어서는 안 된다.

이것은 내부용 프로젝트와 관객용 프로젝트 모두에 해당되는 말이다. 예를 들어 뉴욕 공립도서관New York Public Library(NYPL)의 디지털 전략 및 장학부장으로 부임한 조시 그린버그Josh Greenberg는 내부의 사서와 학자들의 "전문성 발휘"를 한 가지 목표로 설정했다. 그는 기관 전체의 운영자들이 블로그와 기타 디지털 프로젝트를 통해 커뮤니티로 서비스할 것을 요청했다. 그 결과로, 블로그, 팟캐스트podcast, 그리고 요리, 공예, 시와 연장자 방문객 흥미 분야 등이 포함된 시리즈 영상물 등이 포함된 NYPL의 컨텐츠 채널 목록이 만들어졌으며, 각 편은 각각 해당 운영자 혹은 팀에 의해 관리되었다.[7] 그린버그는 관객용 컨텐츠를 직접 만드는 대신 직원들의 조율과 지원에 집중함으로써 내부의 새로운 디지털 컨텐츠 제작자 커뮤니티를 효율적으로 관리하고 그들에게 영감을 줄 수 있었다.

그린버그는 NYPL의 고위 임원이다. 커뮤니티 관리자가 반드시 부장이나 부관장급이어야만 하는 것은 아니지만, 그렇게 되어야 조직 전반의 목표와 미션에 관한 전략적 고려가 가능할 것이다. 고위 커뮤니티 관리자들은 기관의 모든 부서장들과 접촉하기가 한결 쉬울 것이며, 각종 직원들의 커뮤니티 관여의 수준을 적절하게 조율할 수 있을 것이다. 커뮤니티 관리를 분화시켰을 때 발생할 수 있는 흔한 문제 중 하나는, 낮은 직급의 운영자가 지나치게 커뮤니티 봉사에 함몰되어 그런 프로젝트가 전체 업무 요건과 어떻게 부합될지에 대한 시각을 잃게 되는 일이다. 커뮤니티 프로젝트가 고위급에서 조율되게 되면 관리 임원들이 각

---

7 뉴욕 공립도서관의 블로그, 영상, 음성 제공물을 살펴볼 것.
http://www.participatorymuseum.org/ref11-7/

운영자들의 참여 정도를 함께 협의하고 균형 조절을 이루어내기가 보다 수월해질 것이다.

뉴욕 공립도서관의 경우, 그린버그는 참여 프로젝트의 운영자 관여를 제고하기 위해 세 단계 전략을 추구하고 있다.

1. 실험 개시. 이 단계에서 NYPL의 지휘부는 도서관 전체의 열정적인 운영자들과 함께 블로그를 시작하거나 디지털 컨텐츠를 제작하도록 그린버그에게 허가를 내린다. 진정으로 헌신적으로 몰입하고 있는 사람들이 "전문성을 발휘"하도록 그린버그의 팀은 NYPL의 디지털 컨텐츠 공유 가능성을 모색하기 시작한다.
2. 기관 정책의 개발. 최초 실험의 성공으로 그린버그는 다른 NYPL 부서장들과도 보다 넓은 디지털 및 커뮤니티 기획의 운영자 참여를 위한 전략 고안을 위해 협력하기 시작한다. 이 목적을 위해 그는 웹에서의 운영진 참여를 독려하기 위한 공공 인터넷 커뮤니케이션을 위한 정책을 고안한다. 이 정책을 승인함으로써 NYPL 이사진은 실무자들이 안심하고 디지털 참여 프로젝트에 착수하도록 기관 차원의 지지를 표현한다. 그린버그는 동시에 직원 계발부Office of Staff Development와도 협조하여 NYPL 분관들도 자신의 서비스와 소장품을 중심으로 관련 커뮤니티와 연결될 수 있도록 기술적 활용 방법을 이해시킨다. NYPL의 목소리가 분열되리라는 마케팅 부서의 걱정을 안심시키고, 디지털 참여에 대한 일관되고 명확한 기대를 확산시키기 위해 모든 운영자들은 NYPL 웹사이트에 디지털 컨텐츠를 제작하기 전, 1회의 교육 시간을 이수하도록 한다.
3. 사업의 제도화. 이 단계는 2010년 현재, 아직 미래의 계획으로 남

아 있다. 그린버그는 디지털 커뮤니티 참여 기술과 함께 그것과 관련한 운영자 전반의 참여율 성장을 평가하여 NYPL 관리자들이 이런 노력을 도서관의 핵심 사업으로 바라보게 하려고 소망하고 있다. 그렇게 되어야만 NYPL은 커뮤니티 연계와 디지털 아웃리치outreach 사업에 대한 기대를 인사 수급, 업무 직능, 그리고 직원 계발 정책과 합치시킬 수 있을 것이다.

NYPL이 디지털 커뮤니티 연계사업을 야심차고 통합적으로 전개할 수 있었던 것은 그린버그의 리더십의 덕분이었다. 참여를 전략적 목표로 하는 기관이라면, 관리 측면과 커뮤니티 연계 측면 모두의 요구사항을 이해하는 고위급 책임자를 지정하는 것이 좋다.

참여 프로젝트를 장기간 관리하기

참여 프로젝트 실현에 있어서 가장 어려운 부분은 그것을 제안하고 개발하는 것이 아니라 유지하는 것이다. 참여 프로젝트는 정원과 같아서, 지속적인 뒷바라지와 개발을 필요로 한다. 이 일은 전통적인 박물관 프로젝트처럼 대규모 예산의 투입이나 개관전 계획을 필요로 하지는 않지만, 일단 참여자들에게 공개된 후에는 지속적인 관리를 필요로 한다. 그 말은, 프로젝트 예산의 보다 큰 비중이 운영, 관리와 보조원에게 할당되어야 함을 뜻한다.

온타리오 과학관 〈웨스턴 가족창의센터Weston Family Innovation Centre(WFIC)〉의 관리 사례를 생각해 보자. WFIC의 유지에는 지속적인 새로운 종류의 컨텐츠 제작, 관리와 지원이 필요하다. 한 장소에서 일상 물품, 가위, 그리고 글루건을 이용해 자신의 신발을 디자인한 방문자는 받침대를 들고 다니며 전시장 내에 자유롭게 그것을 전시하게 된다. 이런 활동을 유지하려면 다음과 같은 노력이 필요하다.

- 지속적으로 일상 물품을 보급하기 위해 지역 공장의 기부와 대량 주문을 매달 활용한다.
- 전시 관리자는 매일 소요될 재료를 준비해야 하며, 여기에는 스폰지와 천을 잘라 준비하기, 글루건의 글루스틱을 교체하기, 그리고 재료함을 채우기 등이 포함된다.
- WFIC 코디네이터는 매일 그날의 신발들을 정리하면서, 전시에 올릴 좋은 사례들만 남기고 나머지는 관리직원을 통해 재활용 처분한다.
- 전기 담당자는 글루건과 도구를 매일 시험하여 방문자 사용에 문제가 없는지 확인한다.
- 관객 맞이 요원들은 공간을 감시하고 부족한 재료함을 채우며, 방문자들이 자신의 신발을 제작, 전시하거나 집에 가져갈 수 있게 도와준다.
- 미화 요원들은 공간을 대상으로 매주 1회 대청소를 실시한다.

신발 만들기 체험은 대단히 많은 자원과 노동력을 소모한다. 동시에 이것은 고품질의 인기 있는 체험활동으로써, 평가에서는 〈WFIC〉가 추구하고 있는 특정한 창의능력 향상이 실현되고 있음이 드러난다. 이러한 이유로 운영진은 계속하여 이를 지원하고 있으며, 동시에 보다 효율적으로 이를 진행할 방법도 찾고 있다.

〈WFIC〉의 다른 부분들은 시간이 지남에 따라 방문자 효과와 이를 관리하는데 필요한 비용 간의 균형 잡기에 따라 진화되어 왔다. 예를 들어, 〈뜨거운 구역Hot Zone〉에서는 현대의 과학 관련 스토리를 영상과 보조에 의한 연극으로 제공한다. 〈WFIC〉를 처음 시작할 때 운영진은 매일 다섯 개의 새로운 스토리를 제공했다. 이 일은 너무나 인력 소모적이었고, 동시에 운영자들은 새로운 컨텐츠를 보러 매일 오는 사람이 거의 없거나 적다는 사실을 깨닫게 되었다. 따라서 해당 팀은 연속되는 중심 스토리를 주당 1회 제공하면서 매일 2~3편, 짧고 신선한 단편을 보조로 제공하였다. 이 방법을 통해 투입 노동력을 합리화하여 최신 컨텐츠를 제공할 수 있게 되었다.

〈WFIC〉 관리자인 사브리나 그로이프너Sabrina Greupner는 WFIC의 운영이 마치 일간지를 발간하는 일과 같다고 묘사하였다. "매일 변화하는 우선도 순위를 놓고 저글링을 하는 것 같다. 그래서 우리는 '시스템적' 접근을 취하려고 한다"고 그녀는 평가하였다. 온타리오 과학관의 다른 곳과는 달리 〈WFIC〉는 전담 관리자뿐만 아니라 전담 코디네이터까지 두고 있다. 매일 아침 코디네이터는 자신의 위치로 들어가 그날 하루 동안 추구해야 할 우선순위 목록을 만든다. 관리자와 코디네이터는 시스템과 기초적인 필요사항에 집중하며 그것을 통해 방문자 경험에 창의적으로 임할 수 있게 한다.

모든 참여 프로젝트가 〈웨스턴 가족창의센터〉에서와 같이 복잡한 것은 아니지만, 이 모든 것에는 평소의 프로그램이나 전시 관리와는 다른 전략적 접근이 요구된다. 심지어 간단한 의견 게시판에서조차 방문자 컨텐츠를 지속적으로 중재, 정리할 필요가 있다. 참여적 플랫폼의 관리,

WFIC 운영진은 최신 과학 뉴스 영상 컨텐츠의 제작 방식을 변경해, 방문자 경험을 해치지 않으면서도 보다 관리하기 쉽게 만들었다.

기록, 지원을 위한 일관된 체계를 개발함으로써 이 작업이 지나치게 비대해 지는 것을 방지할 수 있다. 이것은 바로 할렘 오스트 도서관이 도서 반납대 프로젝트를 중지할 수밖에 없게 된 문제와 같다. 그곳의 운영자들은 태그 부여활동을 위해 준비된 서가가 모자라 반납자가 붐비게 된 상황에 대처할 수 있는 좋은 체계를 가지고 있지 못했다.

참여를 다루기 위해 좋은 체계를 개발할 때는 참여 지원을 위한 창의력 뿐만 아니라 경계를 설정하는 일도 필요하다. 이것은 특히, 정상적 업무시간을 쉽게 넘나드는 온라인 커뮤니티 관리에 있어서도 그러하다. 온라인 커뮤니티 담당자는 밤 시간과 주말에도 방문자에게 지속적으로 응대할 필요가 없지는 않겠지만, 관리자는 그들이 "응답 중"에서 벗어나도 되는 합리적인 시간 경계를 설정하도록 도와야 한다. 그 정보가 방문자에게도 제공된다면 누구나 언제 소통이 가능하거나 그렇지 못할지를 알 수 있게 된다.

사례연구

참여의 관리: 산호세 미술관

작은 박물관일수록 참여 플랫폼에 합리적인 경계를 설정하는 일이 그 성공의 열쇠가 된다. 예를 들어, 산호세 미술관의 운영진은 2008년, 준비 중인 〈로드 트립Road Trip〉 전시의 홍보와 겸하여, 실제 갤러리에 인터랙티브 요소도 추가하고자 하나의 부속 기획을 마련했다. 그들은 도로 여행을 하는 실제 사람들로부터 엽서를 받아 이를 전시에 추가하기로 하였다. 그들은 엽서 프로젝트를 홍보하기 위해 기발한 영상을 제작하여 유튜브에 게시하고, 엽서가 들어오기를 기다렸다.

그 후 어떻게 되었을까? 처음 8주간은 별로 진행된 일이 없었다. 유튜브 영상은 1,000회 가량의 조회수를 기록하고 있었고 8월 15일까지 20장의 엽서가 접수되었다. 그런데, 그 순간 이상한 일이 일어났다. 인터랙티브 기술 관리자 크리스 알렉산더Chris Alexander가 금요일 오후 퇴근하려던 무렵, 유튜브 시청 기록이 급상승하기 시작했다. 집에 도착했을 때는 영상을 새로 시청한 사람이 10,000명에 달했다. 잠시 어리둥절했지만, 그는 이 영상이 유튜브 시작페이지에 등장했음을 알게 되었다. 유튜브는 〈로드 트립〉 영상을 최고 순위로 등단시켰고, 그러자 시청 횟수는 기록적으로 폭증했으며 (현재까지 80,000회) 댓글과 영상 답글이 쇄도하게 되었다. 댓글의 응대는 그때까지 이루어지고 있지 않았는데, 갑자기 자신의 목소리를 유튜브 홈페이지에서 표출하고자 하는 기회주의자들로 넘쳐나게 되었다. 알렉산더는 댓글들을 중재하고 영상이 새로 얻은 유명세를 관리하느라 힘들지만 의미 있는 주말을

〈로드 트립〉 기간 동안 수령한 엽서들은 대부분 진부한 길가의 볼거리를 다루고 있었다. 이것은 유튜브 영상과 궤를 같이한 것이었는데, 그 영상에서 산호세 미술관 직원들이 캘리포니아 캐스트로빌의 세계 최대의 아티초크 조형물을 방문하고 있었기 때문이다.

지내게 되었다.

유튜브 홈페이지에 게재됨으로써 얻어진 관심으로 인해 전 세계로부터 엽서들이 쇄도해 들어오기 시작했다. 전체적으로 박물관은 250건의 엽서를 받았다. 그것은 전시장에서 공개되었으며 영상감상을 위한 작은 좌석 구역도 마련되었다. 그리고 프로젝트가 끝나고 나면 박물관의 인터랙티브 아카이브에 보관될 예정이다.

이것은 비교적 빠른 프로젝트로서 박물관에 대해 긍정적 홍보효과와 대규모 참여를 생산한 것이었다. 하지만 운영진이 감당할 수 있는 한계는 거기까지였다. 박물관 팀으로서는 엽서를 스캐닝하거나 옮겨 적을 수도 없었으며 온라인이 아니라 박물관에서만 보게 할 수 있을 뿐이었다. 운영진은 또한 엽서를 보낸 사람들과 개인적으로 연결을 이어갈 시간도 마련할 수 없었다.[8] 이것은 영상을 올리고 엽서를 수집하는 일회성 접근이었기 때문이다. 엽서

8 이러한 두 가지 활동들은 자원봉사자의 도움을 통해서 수행될 수도 있었을 것이다.

를 보낸 사람들은 (직접 전시를 방문하지 않는 한) 자신의 컨텐츠가 소장품의 일부가 되는 모습을 볼 수 없었고 자신이 기여한 사실이 온라인상으로 알려졌다면 소식을 전하거나 약간의 유명세도 얻을 수 있었겠지만 그것도 이루어지지 못했다. 이 프로젝트는 전시의 밖에서는 아무런 삶도 누리지 못했다.

관리적 측면에서 보자면, 〈로드 트립〉 엽서 프로젝트 팀은 이미 엽서에 대해 자신들이 감당할 범위가 명확히 결정된 상태였다. 그들은 그것을 수령하고 분류하여 전시하였지만 스캔하지는 않았다. 이렇게 스스로 부여한 예산 관련 제약에도 불구하고 그들은 여전히 예기치 못한 관리적 상황을 피할 수 없었다. 알렉산더는 유튜브 홈페이지 게재와 함께 찾아온 온라인 참여와 스패밍의 봇물을 주말을 모두 희생해 막아내야 했다.

제어 가능한 설계 결정과 예기치 못한 돌출상황의 엇갈림은 많은 참여 프로젝트의 공통점이다. 프로젝트가 변화하도록 설계가 되었다면 운영자들도 그 진화를 받아들일 준비를 해야 할 것이다.

참여를 지속시키기

이 책에서 다룬 많은 프로젝트들은 일회성 이벤트, 프로그램 혹은 전시였다. 문화 기관이 방문자 참여를 실험을 넘어 핵심 기능과 서비스로서 포함시켜 장기간 유지하려면 어떻게 해야 하는가? 이를 위해 운영자들은 참여 기법이 기관의 미션 수행에 도움이 될 뿐만 아니라, 동시에 운영자와 커뮤니티 소속원 모두에게 매력적이고 가치 있는 것임을 보여 주어야 한다.

이것은 기관의 고위층에서부터 새로운 전략 방향을 "만남의 장소" 혹은 커뮤니티센터로 집중할 때 가능하다. 2010년 현재 커뮤니티 참여를 새로운 방향으로 재설정한 박물관과 기관 네트워크는 다수 존재하며, 이런 기관은 최고위 임직원이 공식적으로 방문자 참여와 새로운 업무방식을 지지한다. 기관의 리더십은 기관 문화의 변화와 그것을 위한 지원 환경 조성에 매우 중요하며, 그것을 통해 운영자들은 참여를 실험하고 새로운 업무 기술을 습득할 수 있다.

하지만 이러한 변화가 아래에서 위로 일어나는 것도 가능하다. 궁극적으로 참여의 성공과 유지는 CEO나 임원진에 의한 것이 아니라 현장의 운영자와 자원봉사자에 의한 것이다. 모든 기관 소속원들은 참여 기획의 보조나 주도에 있어서 수행할 수 있는 역할이 있다. 현장 담당자는 방문자와 개인적으로 연결되는 모든 순간에 관계를 형성한다. 큐레이터는 자신의 전문성을 아마추어들과 공유하는 모든 순간에 참여자의 신기술과 지식 발달을 돕는다. 설계자는 방문자의 기여물을 위한 진열장을 설계하는 모든 순간 매회 방문자의 참여와 창의적 작품을 예우해 준다. 관리자는 참여 경험의 관리를 위해 보다 효율적인 방식을 찾아내는 모든 순간, 운영자와 방문자의 협력을 돕는다.

뉴욕 공립박물관New York Public Library(NYPL)의 운영자 제시카 피그자Jessica Pigza가 희귀본 사서로부터 참여 프로젝트의 지도자로 진화해 간 이야기를 살펴보자. 디지털 전략부장 조시 그린버그의 "열정을 발휘하자"는 직원 대상의 공개 초청에 고무된 피그자는 NYPL의 소장본 중 수공예와 관련된 아이템을 다루는 도서관 블로그를 시작했다.[9] 블로그는 피그자와 같이 레이스 제작, 누비질quilting, 그리고 제본기술bookbinding에 관심을 가진 골수 관람자들을 조금씩 불러들이기 시작했다.

9 피그자의 NYPL 블로그를 방문해 볼 것. http://www.participatorymuseum.org/ref11-9/

피그자가 블로그를 시작했을 때, 그녀는 박물관 소장서 자원의 사용법(도서관 용어로는 "서지학 교육")을 일반 대중들에게 가르치고 있었다. 이 교실은 공공 프로그램 담당부서와 함께 제공하는 것으로 약 10명의 청중들이 보통 수강했다. 피그자는 이 사회적 활동에 청중 중심적 접근법을 활용할 기회가 있다고 느꼈고, 공예자들에게 특화된 서지학 강의를 개발하여 참여를 증진시킬 것을 희망했다.

피그자는 〈핸드메이드Handmade〉라는 강의를 공예자를 대상으로 개설하고 "자신의 DIY 노력에 도서관 자료가 어떤 도움과 영감을 가져다 줄 수 있을지"를 강의했다. 동시에 그녀는 외부 디자인 블로거인 디자인 스폰지Design Sponge사의 그레이스 보니Grace Bonney와 팀을 이루어 "책에 의한 디자인Design by the Book"이라는 미니 다큐멘터리 시리즈를 공동제작했다. 이 시리즈에는 다섯 명의 지역 예술가가 등장하여, 도서관에 찾아와 소장서로부터 뭔가를 학습하고 되돌아간 후, 그 경험을 바탕으로 창작 작업을 수행하는 모습이 담겨 있었다. 이 영상들은 유튜브에서 수만 회의 시청수를 기록했고 많은 열광적인 댓글이 뒤따랐다.[10] 이 강의와 영상들은 새로운 영역의 파트너십을 열었고, 솔직한 공예가들의 답변을 유도해 냈다.

그 시점에 피그자는, "뉴욕에는 엄청난 수의 호기심 어린 일반인들이 있고, 그들은 시각 소장품의 접근 방법을 가르쳐줄 친근한 누군가의 도움이 있다면 도서관 오기를 사랑하게 될 것"임을 깨닫게 되었다. 피그자는 다시 파트너십을 형성했는데, 이번엔 〈크래프터눈Crafternoon〉이란 책의 저자 마우라 매든Maura Madden이 대상이었다. 이 책은 공예자들이 도

10 "책에 의한 디자인" 시리즈를 시청해 볼 것. http://www.participatorymuseum.org/ref11-10/

2009년 9월에 있었던 행사에서 〈크래프터눈〉 참여자들은 NYPL의 소장 도서(위 사진의 빈티지 어린이 책을 포함)를 디자인 자료로 활용해 자수를 놓은 카드embroidery punch card를 만들었다.

서관에 찾아와 함께 알아보고 예술품을 제작하는 행사인 〈핸드메이드 크래프터눈Handmade Crafternoon〉을 위한 것이었다.

〈크래프터눈〉은 피그자, 매든과 초청 예술가들의 협력으로 이루어졌다. 매월 초청 아티스트가 찾아와 자신의 작품을 설명하고, 기법을 가르치거나, 혹은 자신에게 영감을 준 도서관의 소장품에 대해 뭔가를 이야기했다. 30분 정도 소개가 끝나고 나면 관람자들은 친교를 나누고, 공예 작품을 만들고, 주어진 주제와 관련된 소장 자료를 확인하는 시간을 가졌다.

무료로 진행된 이 행사에는 40에서 120명의 사람이 모였으며, 그들 중 다수가 자신의 재료와 금액을 기부하여 공예 시간에 다른 이들과 공유하였다. 〈크래프터눈〉은 서지학적 지식을 협력과 창의적 기운과 함께 불어넣었다. 참여자들은 피그자에게 다가와, "저는 제가 이 건물에 들어올 수 있다는 것도 몰랐어요"라거나 "1940년대의 여성용 뜨개질 모자에 관한 개인적인 계획이 있는데, 조사를 좀 도와주실 수 있나요?"와 같은 말을 전했다. 피그자는 새로운 예술가, 젊은 전문가, 그리고 나이 든 공예가들과 관계를 만들었으며, 그들은 도서관을 자신의 커뮤니티와 관심에 도움이 되는 곳으로 바라보게 되었다.

이 모든 프로젝트들은 한 달 만에 실현되었다. 초빙 예술가나 협력자들을 포함해 아무도 자신의 시간이나 기여에 대한 보상금을 받지는 않았다. NYPL은 참여 프로젝트에 대한 공식적인 보상금 제도를 마련하는 방향으로 움직이고 있지만, 아직은 실행되지 않는다. 이상적으로는 운영자나 파트너들에게 커뮤니티 작업 보상금이 지급되어야겠지만, 현재로서 피그자와 그 지지자들은 도서관을 통한 공예 커뮤니티와의 연결 가능성만으로도 만족하고 있다. 피그자는 다음과 같이 말했다.

> 저의 상급자는 제가 이 일에 만족하고 있다는 것도 알고 있지만, 동시에 이 일이 기관 전체적으로도 좋은 것임을 인지하고 있습니다. 그는 수공예와 역사, 그리고 희귀본 간의 연관성도 알고 있는 사람입니다. 저는 대부분의 작업을 주말, 저녁시간, 그리고 휴일에 진행하고 있습니다. 항상 쉬운 것은 아니지만, 저는 여기서 일하면서 개인적인 열정을 추구할 훌륭한 기회를 누리고 있습니다. 모든 기관에서 이런 식으로 저를 지원하지는 않을 것입니다. 이 일은 저의 전문성에도 좋고 만족스럽습니다. 그만두는 일은 없을 것 같습니다.

뉴욕 공립도서관의 미션은 "평생 교육, 지식 향상과 우리 커뮤니티의 강화에 영감을 준다"고 되어 있다.[11] 공예자와 함께한 피그자의 참여 작업은 그녀와 소속된 기관에게 지금까지 상상도 못한 방식으로 이러한 목적을 달성할 수 있는 기회를 가져다줬다.

기관의 지도자들이 자신의 직원들(그리고 방문자들)이 가진 창의적 기여 능력을 신뢰하게 되면 특별한 일들이 생겨난다. 아무도 제시카 피그자에게 공예 기획이 자신의 업무 영역 외라고, 혹은 공공 프로그램의 영역을 지나치게 침범하고 있다고 지적하지 않았다. 누구도 그녀 혼자만의 마케팅을 가로막거나 외부 파트너십의 형성을 금지하지 않았다. 오히려 그녀의 상관들은 그녀가 미션과 관련된 방향으로 자신의 열정을 쏟을 수 있도록 독려하고 지원하였다.

참여는 기관이 제시카 피그자와 같은 열정적 직원을 지원할 수 있는 체계를 개발해야 유지가 가능하다. 이는 유연성, 집중, 그리고 신뢰의 문제이다. 관리자에게 그것은 직원들에게 가능한 것을 찾도록 돕고, 다음으로 그들의 노력이 가장 효율적으로 유도될 수 있게 하는 메커니즘을 개발하는 문제이다. 현장 직원과 자원봉사자들에게는, 자신의 작업이 가진 가치와 영향력을 증가시킬 수 있는 새로운 참여 메커니즘의 방식을 찾아내는 문제이다.

모든 기관에는 이미 이 일을 일어나게 할 사람들, 즉, 관리자, 운영자, 자원봉사자와 이사진들이 존재한다. 필자가 독자에게 제안하는 것은, 스스로 자신의 기관에 참여 기획을 소개하는 사람이 되라는 것이다. 그 일은 부서 간 협력을 통해, 몇 명의 동료와 함께, 혹은 자신 혼자서도 필요에 따라 행할 수 있다. 자신의 미션과 연관되는 참여의 목적을 찾고, 그것에 도달할 수 있는 길을 만들어 보라. 작은 일로 시작하고, 방문자

---

11 뉴욕 공립도서관의 미션은 필자가 본 것 중 가장 명쾌하게 프로그램과 가치를 연결시키고 있다. 전체를 읽어보려면 다음 주소를 이용할 것. http://www.participatorymuseum.org/ref11-11/

에게 질문을 하거나 창의적 문제 해결을 도울 자원자를 포섭하라. 이야기를 듣고, 협력하고, 자신의 예측을 실험해 보고, 다시 시도해 보라. 조금만 지나면 참여는 자신이 일을 하는 방식이자, 그것이 확대되면 자신의 기관이 기능하는 방식이 될 것이다.

이것으로써 이 책의 전략 관련 부분이 모두 끝났다. 이제 마지막 부분인데, 여기서는 참여의 미래가 가지고 있는 가능성을 엿보게 될 것이다. 그 미래는 우리 모두가 함께 만들어갈 희망의 미래이다.

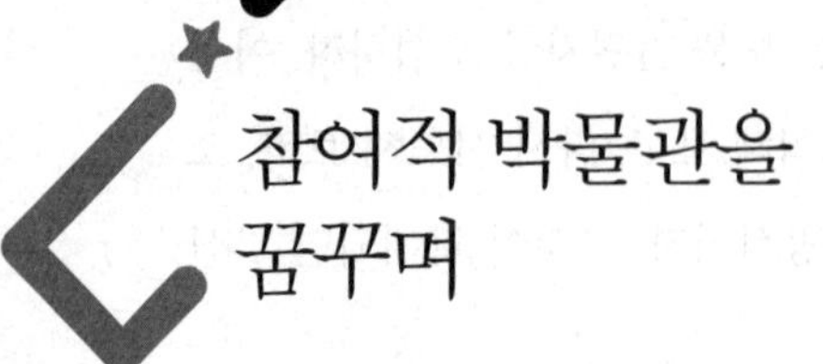

참여적 박물관을 꿈꾸며

이 책의 처음부터 끝까지 필자는 참여적 기법들이 설계 전략으로서 특별한 가치를 가지고 있으며, 문화 기관에 적용되었을 때 강력한 효과가 발생함을 기술했다. 이러한 기법들은 추가적인 설계 방법론으로 적용될 수 있으며, 기존의 전략을 대치하기 위한 것은 아니다. 참여는 "또한and"이지, "또는or"이 아닌 것이다.

이러한 입장을 확신하는 필자는 참여적 기법으로 새로운 종류의 기관이 탄생할 것을 믿는다. 그것은 인터랙티브 설계 기술로 인해 20세기 후반 과학관과 어린이박물관의 확산이 이루어진 것과도 같다. 오늘날 모든 박물관은 종류에 상관없이 어느 정도 인터랙티브 기술을 도입하고 있으나, 특히 어린이박물관과 과학관은 그 자체가 인터랙티브하다고 보아도 좋을 것이다. 최근의 선도적인 과학관과 어린이박물관들은, 예컨대 보스턴 어린이박물관Boston Children's Museum이 보여 주듯 전통적 전시기관의 모습을 완전히 탈피하였다. 익스플로러토리움The Exploratorium이나 이와 비슷한 박물관들은 1960년대와 70년대에 걸쳐 탄 생한 이후,

새로운 종류의 방문자 경험을 선사하게 되었다. 이러한 기관들에서는 상호작용적 체험이 관객의 학습, 여가, 그리고 탐색을 유도하기 위한 기본 전달체로서 활용되고 있다.

필자는 이와 비슷한 미래의 전시기관을 꿈꾼다. 그 전체가 참여적이며, 참여적 체험을 전달체로 하여 관객 경험을 선사하는 곳을. 상상해보라. 그곳에서는 관객과 운영진이 자신의 관심과 기술을 서로와 공유한다. 각자의 행동이 다른 이의 그것과 연결되어 누적되고 전환되며 전시, 공유, 재조합된다. 전시된 사물에 대해 친구나 타인과 토론하며, 다양한 이야기와 해석이 공유된다. 의도를 살려 설계된 환경하에 관객들이 끊임없이 초대되어 자신의 경험을 기여하고, 협력하고, 같이 만들어내며, 함께 채택한다. 공동체와 운영진이 그 효과를 함께 평가한다. 더 많은 사람들이 사용할수록 더욱 좋아진다.

그 최종적인 결과는 오늘날의 박물관과 다른 모습일 지도 모른다. 어쩌면 커피숍이나 지역 문화센터와 같은 모습이 될지도 모르겠다. 오늘날 볼 수 있는 공동 작업실이나 바느질 공방같은 모형을 통해 운영될 수도 있을 것이고, 상명하달식 프로세스가 아닌 보다 민주적인 절차에 기반한 컨텐츠를 선사할 수 있을 것이다. 기존의 보존과 수집 관행보다는 변화하는 전시 디스플레이가 선호될 수도 있을 것이고, 권위의 목록이 아닌 다중 의견이 우선시될 수도 있을 것이다. 기관의 소유도 분산되어 회원으로부터 자금 지원을 받을 수도 있을 것이다. 보다 많은 자금을 전시 제작이 아니라 대화 활성화에 편성하게 될 수도 있을 것이다.

독자의 기관도 그러한 곳이 될 수 있을까? 위에서 상상해 본 기관은 기존의 박물관과 근본적으로 다른 곳일 수 있겠다. 하지만 보스턴 어린이박물관의 전시 디스플레이도 그 이전의 어린이 대상 전시물과는 다르게 보인다. 해당 기관은 어린이와 가족에 "관한about" 기관이기를 포기한 대신 그들을 "위한for" 기관이 되었다. 그런데 여기에 그들과 "함께하는with"이라는 모습이 더해지면 어떨까?

이 질문은 많은 기관이 이미 오래 생각해 온 과제인데 그것은 충분한 이유가 있다. 문화 기술의 전환과 그에 따른 소셜 웹social web의 등장으로 사람들은 의미 있고 호소력 있는 경험이 무엇인지를 다르게 기대하게 되었다. 사람들은 더 이상 기관의 컨텐츠를 바라보기만 하지 않는다. 그들은 컨텐츠를 공동 선택하고 재배포할 권리를 주장하게 되었다. 그들은 직접 진행하거나 자신이 소비한 매체에 대한 반응을 창의적으로 표현할 기회를 찾고 있다. 그들은 자신의 독특한 관심사가 존중받고, 대답이 돌아오기를 원한다. 그들은 자신의 존재가 보여지기를 원하고, 세상의 공감 공동체와 연결되고자 한다. 이러한 전환은 박물관으로부터 도서관과 영리적 "체험 상품"에 이르기까지, 모든 기관의 행동 변화를 이끌어낼 것이다.

이러한 전망으로 인해 문화 기관은 자신의 근원적 목표에 한 걸음 더 다가서게 될 것이다. 소장품 중심 기관들은 공동체의 창의적이고 진솔한 대화를 지원할 자신만의 기구를 가지고 있다. 컨텐츠를 둘러싼 사람들 간의 상호작용으로 다양한 관객의 관계성이 강화될 수 있다. 참여적 활동은 소중한 가치를 지닌 시민적 교육 경험을 제공할 수 있다. 무엇보다 중요한 것은 다수의 문화 기관이 채택하고 있는 미션 스테이트먼트에 표현된 바와 같이 관객을 전통과 연관시키고, 새로운 아이디어를 찾아내게 하며, 비판적 사고를 증진하고, 창의성을 향상하며, 실제적으로 행동에 나서게 하는 것이 참여적 기법의 실행으로 가능하다는 점이다.

세상은 창의적이고 공동체적 사고를 가진 사람들로 넘쳐난다. 그들은 문화 기관을 방문하고, 그곳에 기여하며, 참여를 통해 자신의 관심을 추구하고자 한다. 많은 이들이 자신의 열정을 온라인 공동체에서 추구하고 있지만, 보다 거대한 기회가 열릴 곳은 실제 공간으로, 사람들은 자신에게 의미있는 이야기와 사물을 중심으로 함께할 것이다. 이러한 실제 공간은 역사연구 모임, 과학 카페, 문화센터나 도서관 같은 곳일 것이다. 다양한 규모와 형태의 박물관도 마찬가지이다.

사람들이 지역의 동호단체에서 따뜻한 환영을 받으며 새로운 사람과 만나고, 복잡한 생각에 참여하고, 또 창의력을 발산하고자 한다면 그들은 의미심장한 시민적, 문화적 효과를 만들어낼 것이다. 세상에 존재하는 수천 개의 참여적 기관들이 노력을 모아간다면 세상은 바뀔 것이다. 동호회와 참여를 찾는 사람들에게 이러한 기관들이 지금껏 "있어도 나쁠 것 없는 곳"이었다면 이제는 반드시 필요한 곳이 될 수 있을 것이다.

자신의 전문적 업무에 어떻게 참여를 접목시킬 수 있을까? 자신의 기관, 그 곳의 방문자, 그리고 더 넓은 관람자인 커뮤니티 구성원과 박물관 지분 소유자들에게 참여는 어떤 이득이 될 것인가?

이러한 질문이 단순한 수사로만 끝나지 않기를 바란다. 독자들은 누구나 www.participatorymuseum.org에 접속하여 이 책에 관한 온라인 대화에 참여할 수 있다. 여기에는 이 책의 전문과 함께 모든 참고 자료로의 링크, 그리고 자신의 참여적 사례연구, 의견, 그리고 질문을 공유하기 위한 공간이 마련되어 있다.

이 책은 호수에 돌을 던지듯 작은 시작에 불과하다. 이 책이 독자들의 기획적 사고에 도움이 되길 바라며, 자신의 생각과 혁신을 우리 모두와 공유하게 되어 이 새로운 참여적 세상을 함께 걸어갈 수 있기를 기대한다.

저자 후기

이 책을 위해 자신의 시간, 금전과 관심을 투자해 주신 여러분들께 감사드립니다. 이 책이 독자에게 참여적 관람자 경험을 개발, 실행, 평가함에 있어서 유용한 실무 가이드가 되기를 희망합니다. 만약 그렇다고 한다면, 그것은 이 책에 영감을 주고, 그것의 형태를 잡고, 또한 편집해 준 환상적인 사람들의 적지 않은 수고에 의한 것입니다.

제가 이 책을 쓰도록 가장 큰 영향을 준 세 명의 전문가 영웅이 있습니다. Elaine Heumann Gurian, Kathleen McLean, 그리고 John Falk 입니다. 이 책을 보고 흥분이 된다면 "그 원본을 찾아가서" 그들의 책도 읽어보실 것을 높이 권하고자 합니다. 일레인, 캐시, 그리고 존을 저는 영광스러운 멘터이자 친구로 여기며, 영감으로 가득한 그들의 사례가 없었다면 저는 이 책을 쓸 수 없었을 것입니다.

동료들은 이 책에 오직 영감만을 준 것이 아닙니다. 그들은 적극적으로 이 책의 개발에 참여하였고 그 직접적인 영향으로 큰 향상이 있었습니다. 만약 박물관 학계에서 동료 평가peer review 기능이 사라졌거나 저조하다고 생각하는 분들이 있다면, 자신의 작업 과정을 동료들의 눈과 의견 앞에 개방해 보라고 권하고자 합니다. 필자는 이 책을 위키wiki 사이트로 공개하여 집필하였으며, 그 기간 동안 Museum 2.0 블로그의 동료와 열의 있는 독자들을 초청해 자신의 의견, 통찰, 그리고 사례를 추가해 달라고 요청했습니다. 그들의 기여는 특히 편집 단계에서 무한히 소중한 것이었습니다. 그들은 무엇이 중요하거나 그렇지 못한지를 지적해 주었고, 새로운 사례를 공유해 주었으며, 책의 내용, 구성이나 필체에 대해 큰 변화가 필요할 때 격려해 주었습니다.

몇 분은 자신의 시간을 몇 시간이나 들여 이 책을 더 발전시키기 위해 노력해 주었습니다. 이들 편집자들 중 일부는 필자가 직접 섭외한 것이지만, 대부분은 저와 관계가 없었던 박물관 전문가나 관심 있는 사람들이었습니다. 따로 순서는 없이 내용을 검토해 준 이 분들께 감사를 전하고자 합니다. 그들은 다음과 같습니다. Conxa Rodà, Sarah Barton, Mark Kille, Barbara Oliver, Bruce Wyman, Cath Styles, Susan Spero, Chris Castle, Claire Antrobus, David Kelly-Hedrick, Ed Rodley, Georgina Goodlander, Linda Norris, Kevin Von Appen, Darcie Fohrman, Maria Mortati, Haz Said, Jody Crago, Jonah Holland, Kerrick Lucker, Kristin Lang, Daniel Spock, Eric Siegel, Lauri Berkenkamp, Rebekah Sobel, Andrea Bandelli, Louise Govier, Lynn Bethke, John Falk, Peter Linett, Ruth Cuadra, Maureen Doyle, Marc Van Bree, Patricia Sabine, Heidi Glatfelter, Susan Edwards, Jane Severs, Phillippa Pitts, Jana Hill, Mariana Salgado, Melissa Gula, Robert Connolly (and his museum practices students), Becky Menlove, Mia Ridge, 그리고 Michael Skelly.

원고 교정 역시 자발적인 협력의 작업으로 이루어졌습니다. 이 책이 잘 읽힐 수 있도록 소소한 문장부호와 문법 교정까지 맡아 주신 다음 분들께 감사드립니다. Dave Mayfield, James Neal, Buster Ratliff, Lizz Wilkinson, Tikka Wilson, Jody Crago, Erin Andrews, Lisa Worley, Monica Freeman, Matthew Andress, Barbara Berry, Kaia Landon, Rhonda Newton, Jonathan Kuhr, Lynn Bethke, Susan Edwards, 그리고 L. Corwin Christie.

Robin Sloan과 Scott Simon 님은 이 책이 전반적으로 개선될 수 있도록 편집 역량을 기울여 주셨음에 감사합니다. 또한 Sibley Simon과 Sarina Simon 님께는 수시로 예고 없이 의견을 요청해도 관대하게 응답해 주셨음에 감사드립니다. 표지를 예쁘게 디자인해 주신 Jennifer Rae Atkins 님, 그리고 이 책에 포함된 많은 웹 이미지 작업에 도움을 주신 Karen Braiser 님께 큰 감사를 드립니다.

이 책은 수많은 기관의 전문가들과의 대화와 인터뷰로부터 대단히 많은 정보를 얻었습니다. Evelyn Orantes, Shelley Bernstein, Wendy Erd, Tsivia Cohen, Kris Morrissey, Jeff Grabill, Kirsten Ellenbogen, Kelli Nowinsky, David Chesebrough, Stephanie Ratcliffe, Jane McGonigal, William Cary, Jamee Telford, Barbara Henry, Kathleen McLean, Kevin Von Appen, Sabrina Greupner, Vishnu Ramcharan, Robert Stein, Chris Alexander, Bridget Conley-Zilkic, David Klevan, Nancy Zinn, Jackie Copeland, Josh Greenberg, Jessica Pigza, Lori Fogarty, Beck Tench, Jeff Stern, 그리고 그 외 셀수도 없이 많은 분들이 이 책을 위해 자료, 이미지, 그리고 영감을 전달해 주셨으며, 그에 감사드립니다.

이 책에 포함되었을 수도 있는 모든 오류나 누락에 대해서는 저에게 모든 책임이 있으며, 웹사이트 www.participatorymuseum.org를 통해 새로운 사례연구, 의견과 질문을 공유해 주시기를 독자 분에게 부탁합니다. 이 사이트에는 또한 책에 포함된 모든 참고문헌의 직접 링크를 포함하고 있으며, 향후 3년간 필자는 그것을 가능한 만큼 개정해 가고자 합니다. 자신의 의견을 나누어 주세요. 그것은 모든 사람에게 내용이 보다 좋은 경험으로 돌아오게 할 것이며, 여러 방향으로 열린 대화의 기회를 활짝 열 것입니다.

마지막으로, 이 책의 아이디어를 숙고해 주셨음을 감사드리며, 독자의 일에 저의 작업이 함께 할 수 있기를 희망합니다. 저는 여러분이 무엇을 선택해 활용하게 될지, 벌써 궁금합니다.

도판 크레딧

표지 및 내부 일러스트레이션: Jannifer Rae Atkins

47쪽: ADKAP youth summit: Photo courtesy The Wild Center

60쪽: Side Trip posters: Photos courtesy Denver Art Museum

88쪽: Bookshop Santa Cruz staff picks: Photo by Dave Mayfield

93쪽: Heroes cards and tag: Images courtesy Walters Art Museum

95쪽: "Talk to Me" label: Photo © Carolin Seeliger

101쪽: Apartheid Museum entrance: Photo by Charles Apple

123쪽: Skyscraper Challenge: Photos courtesy Chicago Children's Museum

133쪽: Tina, We Salute You loyalty wall: Photo by Jessie Cutts

137쪽: 1stfans event with Swoon: Photo by Melissa Soltis

146쪽: Near: Photo © Scott Snibbe

157쪽: Spinning Blackboard: Photo © Exploratorium

160쪽: Internet Arm Wrestling: Photo by Ryan Somme

165쪽: Human Library: Photo courtesy Human Library

202쪽: Race: Are We So Different?: Photo by Terry Gydesen

206쪽: Visitors in Phillips Collection: Photo by Linda Norris

218쪽: Side Trip rolodexes: Photo courtesy Denver Art Museum

224쪽: World Without Oil comic by Jennifer Delk

242쪽: Question: Photo by Darcie Fohrman

245쪽: The Odditoreum: Photography by Paula Bray. Reproduced courtesy of the Powerhouse Museum, Sydney.

255쪽: MP3 Experiments: Photo by Stephanie Kaye

275쪽: Winter Birding: Photo by Deborah Phillips, courtesy NAS

291쪽: COSI Labs in Life: Photo courtesy of COSI

299쪽: Denver Community Museum: Photo by Jaime Kopke

304쪽: MN150 at the State Fair: Photo courtesy Minnesota Historical Society

314쪽: On the Road: Photos courtesy Lowell National Historical Park

318쪽: From Memory to Action pledge wall: Photo by U.S. Holocaust Memorial Museum/Max Reid

329쪽: In Your Face make stations: Photos © Art Gallery of Ontario 2007

337쪽: Investigating Where We Live: Photos courtesy National Building Museum

346쪽: Vietnam Museum of Ethnology editing session: Photo by Pham Minh Phuc

376쪽: Wing Luke Asian Museum: Photograph by Dean Wong, courtesy of the Wing Luke Asian Museum

382쪽: SFZero Doorhenge: Photo by anna one aka Alanna Simone

391쪽: Days of the Dead ofrenda: Photo courtesy Oakland Museum of California

399쪽: IMA "Free" banner: Image courtesy Indianapolis Museum of Art

401쪽: Jumping in the FotoMuseum: Photo by FotoMuseum Provincie Antwerpen/Sofie Coreynen en Tanja Vrancken.

417쪽: Detroit's Chinatown timeline: Photo courtesy Detroit Historical Society

418쪽: Rethinking Picasso illustration by Jose Luis (Oze) Tajada Gracia

453쪽: MN150 vetting session: Photo courtesy Minnesota Historical Society

456쪽: "A Day in the Life" illustration by Beck Tench

472쪽: Question of the Day: Photo © Ontario Science Centre 2010

474쪽: Road Trip postcards: Image courtesy San Jose Museum of Art

478쪽: Crafternoons: Photo by Shira Kronzon

참고문헌

이 문헌 목록에는 이 책을 개발함에 있어 필수적이었던 분량이 있는 저작을 선별해 담았다. 최신의 참고문헌의 전체 목록은 www.participatorymuseum.org를 참고하기 바란다.

Abergel, Ronni, Antje Rothemund, Gavan Titley, and Peter Wootsch. *The Living Library Organiser's Guide*. Budapest: Council of Europe, 2005.

Allen, Sue and Josh Gutwill (2004). "Designing with multiple interactives: Five common pitfalls." *Curator* 47(2): 199~212.

Center for Advancement of Informal Science Education. *Public Participation in Scientific Research: Defining the Field and Assessing Its Potential for Informal Science Education*. Washington D.C.: Center for Advancement of Informal Science Education, 2009.

Chinn, Cassie. *The Wing Luke Asian Museum Community-Based Exhibition Model*. Seattle: Wing Luke Asian Museum, 2006.

Falk, John. *Identity and the Museum Visitor Experience*. Walnut Creek: Left Coast Press, 2009.

Falk, John and Lynn Dierking. *The Museum Experience*. Washington D.C.: Whalesback Books, 1992.

Falk, John and Beverly Sheppard. *Thriving in the Knowledge Age: New Business Models for Museums and Other Cultural Institutions*. Walnut Creek: AltaMira Press, 2006.

Hein, George. *Learning in the Museum*. London: Routledge, 1998.

Heritage Lottery Fund. *A Catalyst for Change: The Social Impact of the Open Museum*. London: RCMG, 2002.

Heumann Gurian, Elaine. *Civilizing the Museum*. London: Routledge, 2006.

Humphrey, Thomas and Josh Gutwill. *Fostering Active Prolonged Engagement: the Art of Creating APE Exhibits*. San Francisco: Exploratorium, 2005.

IDEO. *Human-Centered Design Toolkit*. San Francisco: IDEO, 2008.

Illich, Ivan. *Deschooling Society*. New York: Harper and Row, 1971.

InterAct. *Evaluating participatory, deliberative, and co-operative ways of working*. Brighton: InterAct, 2001.

Jenkins, Henry. *Convergence Culture: Where Old and New Media Collide*. New York: New York University Press, 2006.

Jennings, Gretchen, ed. "Visitor-Generated Content and Design." *Exhibitionist* 28(2).

Koke, Judy and Marjorie Schwarzer, ed. "Civic Discourse: Let's Talk." *Museums & Social Issues* 2(2).

Li, Charlene and Josh Bernhoff. *Groundswell: Winning in a World Transformed by Social Technologies*. Boston: Harvard Business School Publishing, 2008.

McLean, Kathleen. *Planning for People in Museum Exhibitions*. Washington D.C.: Association of Science and Technology Centers, 1993.

McLean, Kathleen and Wendy Pollock, ed. *Visitor Voices in Museum Exhibitions*. Washington D.C. Association of Science and Technology Centers, 2007.

National Endowment for the Arts. *2008 Survey of Public Participation in the Arts*. Washington D.C.: National Endowment for the Arts, 2009.

Norman, Donald. *The Design of Everyday Things*. New York: Doubleday, 1990.

Shirky, Clay. *Here Comes Everybody: The Power of Organizing without Organizations*. New York: Penguin Press, 2008.

Stanton, Philip, ed. *Repensar el Picasso*. Barcelona: Agpograf, 2009.

Zorich, Diane, Gunter Waibel, and Ricky Erway. *Beyond the Silos of the LAMs: Collaboration Among Libraries, Archives, and Museums*. Dublin, Ohio: Online Computer Library Center, 2008.

사례연구 색인

THE PARTICIPATORY MUSEUM

색인

0~9, 알파벳

ㄱ

ㅇ

ㅎ